全国司法职业教育“十三五”规划教材

罪犯教育

全国司法职业教育教学指导委员会　审定

主　编◎刘　斌

副主编◎包杨川

撰稿人◎（以撰写单元先后为序）

刘　斌　殷艳梅　马英辉

宋剑英　罗丽美　骆洋萍

解添明　谢　薇　陈卓生

包杨川　张云霄　刚　彦

池　恒

中国政法大学出版社

2020・北京

图书在版编目（CIP）数据

罪犯教育/ 刘斌主编. —北京：中国政法大学出版社，2020. 6（2024. 8重印）
ISBN 978-7-5620-7073-3

Ⅰ. ①罪…　Ⅱ. ①刘…　Ⅲ. ①犯罪分子—教育学　Ⅳ. D916. 8

中国版本图书馆CIP数据核字(2020)第087583号

书　名　罪犯教育 ZUIFAN JIAOYU
出版者　中国政法大学出版社
地　址　北京市海淀区西土城路 25 号
邮　箱　fadapress@163.com
网　址　http://www.cuplpress.com (网络实名：中国政法大学出版社)
电　话　010-58908435(第一编辑部) 58908334(邮购部)
承　印　保定市中画美凯印刷有限公司
开　本　720mm × 960mm　1/16
印　张　24
字　数　457 千字
版　次　2020 年 6 月第 1 版
印　次　2024 年 8 月第 3 次印刷
印　数　10001 ~ 14000 册
定　价　59.00 元

作者简介

刘　斌　男，1966年6月出生，广东始兴人，硕士，广东司法警官职业学院教授、科研处处长，中国司法行政戒毒协会新型合成毒品戒治研究专业委员会副秘书长，广东省中小学教师教育发展中心德育委员副主任；《司法警官职业教育研究》杂志主编。主编教材《监狱人民警察职业道德修养》(2008年）和《大学生职业生涯规划与就业指导》(2010年)，担任《罪犯教育》副主编（2010年、2013年、2016年)，参编《监狱突发事件应急管理》；主持中国监狱协会2017年度监狱理论研究课题《监狱人民警察专业化建设路径的探析》和中国职业技术教育学会德育工作委员会2018-2020年度职业院校德育课题《正念训练在提升高职学生心理素质中的应用研究》等省部级科研课题4项，参与省部级课题4项，主持市厅级科研课题8项，参与市厅级科研课题8项；发表论文《论司法警察道德行为选择的自由与责任》《监狱人民警察专业化建设路径探析》等48篇，其中《监狱人民警察专业化建设的现状及原因分析》获司法部司法行政改革理论研究征文优秀奖（2018年)。

包杨川　男，1981年1月出生，四川达州人，硕士，四川司法警官职业学院副教授，刑事司法系副主任，全国司法职业教育指导委员会专委会委员，国家二级心理咨询师。主编教材《刑务处理》(2015年）等2本，参编教材4本；参与《社会参与刑罚执行监督的意义与对策》等多项省部级课题；发表论文《暂予监外执行制度过程中的问题与对策》《基于职业教育视角的校企合作法律法规完善对策》等13篇。

刚　彦　女，1976年9月出生，河北肃宁人，硕士，河北司法警官职业学院副教授，河北省法学会社区矫正研究会会员。参编教材《中国监狱史》《罪犯教育学》；主持省部级研究课题《“社区矫正适用范围亟待前延”——

国外审前转处制度之借鉴》等3项；发表论文《社区矫正适用范围亟待前延——国外审前转处制度之借鉴》等5篇。

殷艳梅　女，1978年10月出生，安徽合肥人，硕士，安徽警官职业学院副教授，安徽省法学会会员，国家二级心理咨询师，国际经贸风险管理师。参编教材《罪犯教育》；主持、参与省部级教科研课题9项；发表论文《我国侦押分离制度研究》等16篇。

宋剑英　男，1972年2月出生，吉林辽源人，大学本科，吉林省监狱学会会员，吉林司法警官职业学院副教授、狱政矫正教研室主任。参编教材《监狱法学》等3本；参与完成国家级学会及省、厅课题4项；发表《警察职业院校学生实战技能培养方式探讨》《高职院校专业人才培养方案的PDCA优化》等论文10余篇。

马英辉　男，1980年3月出生，河北石家庄人，硕士，广东司法警官职业学院讲师、办公室副主任。参编教材《罪犯教育》等3本；参与省级研究课题3项，主持市厅级重点科研课题1项；发表论文《简论罪犯教育工作实务课程的系统开发》《高等司法警官职业教育办学体制机制研究——以广东司法警官职业学院为例》等8篇。

谢　薇　女，1983年出生，湖南涟源人，硕士，湖南司法警官职业学院讲师。主持科研课题《以湖湘民俗文化促我省女性服刑人员改造的实证研究》等2项；参与刑事执行专业国家级教学资源库《罪犯教育矫正》课程建设（2015年）；发表论文《绘画心理治疗危机中的青少年渡过心理危机的有效保障》《湖湘民俗文化融入青年女犯思想教育的路径研究》等数篇。

解添明　男，1981年7月出生，河北承德人，硕士，江苏省司法警官高等职业学校讲师，刑事执行专业科副主任，江苏大学廉政法治研究与评估中心特聘研究人员。主编《科学认知监狱警察》（2014），副主编《行政执法实务》（2011），参编教材3本；参与科研课题1项（2016年）；发表论文《经济发展视野中的市民刑法》等8篇。

张云霄　女，1988年9月出生，河北怀来人，硕士，新疆兵团警官高等专科学校教师、科员。参与国家社科基金项目“新疆地区危害国家安全类罪犯矫正研究”和省部级课题《兵团监狱对危害国家安全类罪犯矫正教育研究》。

池　恒　男，1986年5月出生，江苏镇江人，大学本科，国家法律职业A类资格，宁夏警官职业学院教师，警察培训教研室主任。发表论文《浅论转型发展背景下的〈狱政管理学〉教学改革路径》《〈罪犯教育学〉实战化教学探析》等数篇。

罗丽美　女，1988年11月出生，江西南昌人，大学本科，江西司法警官职业学院高职讲师。发表论文《浅析一物二卖的防范与救济》（2014）等3篇。

骆洋萍　女，1966年9月出生，广东乐昌人，在职研究生，广东省女子监狱副监狱长（2010年至2017年分管罪犯教育工作），国家三级心理咨询师，国家二级婚姻家庭咨询师。参与撰写的论文《罪犯个别矫正研究》《女犯行凶危险性评估工具与干预方法研究》分别在第二届、第三届全国女犯改造理论研讨会中获一等奖，《浅谈女犯教育机制的创新——以重新犯罪罪犯教育为例》在全国女犯改造理论研讨会中获三等奖，《循证矫正在顽固犯教育转化工作中的探索与实践》在中国监狱工作协会教育改造学专委会“2013年教育矫正论文研讨会”中获三等奖。

陈卓生　男，1971年6月出生，心理学硕士，法学博士，心理学博士后，刑事诉讼法博士后，硕士生导师，中国心理学会法律心理学专业委员会委员，中国监狱学会学术委员会委员、理论研究专家，司法部全国重新犯罪问题研究以及罪犯危险性评估专家组成员，中国政法大学犯罪心理学研究中心、中山大学司法体制改革研究中心特聘研究员，广东省教育学会国学教育专委会常务理事，正念教育研究中心主任，广东省番禺监狱评估中心、正念中心主任。出版专著1本，参编书籍4本，发表论文20余篇。

出版说明

为贯彻落实党的十九大精神和习近平总书记关于教育的系列重要讲话要求，充分发挥教材建设在提高人才培养质量中的基础性作用，促进现代司法职业教育改革与发展，全面提高司法职业教育教学质量，全国司法职业教育教学指导委员会于2017年11月正式启动了司法职业教育“十三五”规划教材的编写工作。

本次规划教材编写以习近平新时代中国特色社会主义思想为指导，以司法类专业教学标准为基本依据，以更深入地实施司教融合、校局联盟、校监所（企）合作、德技双修、工学结合为根本途径，强化需求导向和问题导向。在坚持实战、实用、实效原则的基础上，继续完善实行行业指导、双主体团队开发、多方人员参与、院校支持、主编负责、行指委统筹审定、分批次出版的编写工作机制，适时更新教材内容和结构，大力开发大类（专业群）专业基础课程、专业核心课程教材，倡导编写典型案例化、任务项目化教材，并运用现代信息技术创新教材呈现形式，着力加强实训教材和数字化教学资源建设，逐步建立符合我国国情、具有时代特征和行业特色的现代司法职业教育教材体系。本规划教材包括已有规划教材的全新修订、新增专业课程教材和司法类国控专业更新课程教材的编写。在编写内容上，必须顺应新时代、新要求，回应全面深化依法治国，尤其是深入推进司法体制改革的新需求、新期盼，力争符合司法类专业人才培养目标达成需要和相关课程标准要求，与司法职业一线岗位任职标准（岗位技能要求）相衔接，体现“原理与实务相结合”的特点，注重培养学生应用理论、规则解决实际问题的能力。

经过全体编写人员的共同努力和出版社编辑们的辛勤付出，现在首批教材已陆续出版，欢迎大家选用，并敬请各使用单位和广大师生在选用过程中提出意见和建议，行指委将及时根据教材评价和使用情况，丰富教材内容，优化教材结构，促进教材质量不断提高。

全国司法职业教育教学指导委员会

2019 年 6 月

编写说明

罪犯教育课程是司法职业教育类“法律执行专业”的核心课程。作为“全国司法职业教育‘十三五’规划教材”之一，《罪犯教育》编写组坚持正确的法治理论引领，坚持以马克思主义法治思想和习近平新时代中国特色社会主义思想为指导，紧紧围绕党的教育工作方针，遵循现代司法职业教育规律，依据刑事执行专业教学标准和课程标准，紧密联系监狱工作实践，以罪犯教育职业岗位的相关执法工作过程和工作任务为导向，以培养职业素质和职业能力为基础，选取和序化教材内容，设计学习模块和学习单元，突出教材内容的职业性、教学活动的实践性、教学过程的直观性和教学效果的针对性。在继承和发扬原有司法职业类教材建设成果的基础上，本教材主要特色体现在突出罪犯教育工作过程和工作流程，以掌握罪犯教育工作岗位技能为目标，以应用能力为主线设计教材的知识、体系和结构，注重理论与实践相结合，突出操作实务，使学习者更容易掌握罪犯教育的过程、内容、方式、方法和技巧，懂得如何更好地合理利用各种教育资源，做好罪犯的教育工作。本教材适用于普通高职高专公安司法类院校相关专业、政法干警招录培养体制改革试点相关专业，同时还适用于监狱在职警察业务培训。

教材内容共分为理论基础和实务操作 2 个学习模块。学习模块一，包括罪犯教育基础知识和罪犯教育工作警察 2 个学习单元，共 8 个学习任务，是理论基础部分，简要介绍罪犯教育的概念、性质、意义、指导思想、基本原则、任务、目标、现状和发展趋势以及罪犯教育工作警察的岗位职责、工作任务和职业要求等内容。学习模块二，包括入监教育、中期教育、出监教育、集体教育、个别教育、罪犯心理危机干预、分类教育、监区文化建设、社会帮教和罪犯教育管理，共 10 个学习单元，49 个学习项目，是实务操作部分，着重介绍罪犯教育具体工作项目的任务说明、具体任务、任务要求、任务流程、任务示范和技能训练等内容。

本教材由刘斌担任主编，包杨川担任副主编，并由多年从事公安司法高职高专罪犯教育课程教学的教师以及长期在监狱基层一线从事罪犯教育工作的警察共同编写。全书由主编拟纲，集体定纲，全国司法职业教育指导委员会审纲，分头撰写，集中统稿，然后由主编统一修改定稿。本书由全国司法职业教育指导委员会法律执行专业指导委员会主任委员、宁夏警官职业学院副院长薛芳教授担任主审；全国司法职业教育指导委员会法律执行专业指导委员会副主任委员、浙江警官职业学院刑事司法系副主任殷导忠副教授，广东司法警官职业学院党委委员办公室主任李忠源副教授担任副主审。

各学习单元撰稿人分别是（以撰写学习单元先后为序）：

刘　斌（广东司法警官职业学院）：学习单元1；

殷艳梅（安徽警官职业学院）：学习单元2；

马英辉（广东司法警官职业学院）：学习单元3；

宋剑英（吉林司法警官职业学院）、罗丽美（江西司法警官职业学院）：学习单元4；

骆洋萍（广东省女子监狱）：学习单元5；

解添明（江苏省司法警官高等职业学校）：学习单元6；

谢　薇（湖南司法警官职业学院）：学习单元7；

陈卓生（广东省番禺监狱）、罗丽美（江西司法警官职业学院）：学习单元8；

包杨川（四川司法警官职业学院）：学习单元9；

张云霄（新疆兵团警官高等专科学校）：学习单元10；

刚　彦（河北司法警官职业学院）：学习单元11；

池　恒（宁夏警官职业学院）：学习单元12。

本书参考、借鉴了罪犯教育方面的有关教材、著作、论文和网络信息资料，并运用了一些监狱教育改造工作方面的文字、案例、数据和图片等资料，恕不能一一注明（来自网络信息资料，我们注明了网址和访问时间，但有些信息资料可能会被新的内容更替，读者上网时或许再无法找到相关内容，见谅!)，谨向原作者表示衷心感谢！在成书过程中，定纲会和统稿会分别得到了广东司法警官职业学院、浙江警官职业学院、四川司法警官职业学院和宁夏警官职业学院的大力支持与帮助，在此一并致谢。

本课程网络教学资源被纳入国家职业教育专业教学资源库，教学平台为“智慧职教”网站，网址为：https：//www.icve.com.cn。有需要的师生可进入“智慧职教”网页，注册并登录后，搜索“罪犯教育”课程，即可获取网络教学资源或者进行学习。

书中难免有不妥之处，敬请读者批评指正。

《罪犯教育》编写组

2019 年 9 月 23 日

课程网络教学资源地址

国家职业教育专业教学
资源库教学平台
《罪犯教育》课程

目录 CONTENTS

学习单元一　罪犯教育基础知识

学习目标

了解罪犯教育的基本原理，掌握罪犯教育的基础知识，弄清罪犯教育的概念、性质、意义、指导思想、基本原则、任务、目标、现状和发展趋势。

重点提示

罪犯教育任务；基本原则；发展趋势

学习任务1　罪犯教育的内涵和意义

一、罪犯教育的概念

教育是人类社会所特有的、有意识地培养人的活动。广义的教育，是指增进人的知识和技能，影响人的思想的活动。狭义的教育，是指教育者根据一定社会（或阶级）的要求，有目的、有计划、有组织地对受教育者的身心施加影响，把他们培养成为一定社会（或阶级）所需要的人的活动。

罪犯教育是人类社会教育中的一种特殊教育，其概念也有广义和狭义之分。广义的罪犯教育是指对罪犯的教育改造，是指国家刑罚执行机关依法对罪犯强制实施的，有目的、有计划的、有组织的系统影响活动，包括监管改造和劳动改造等，也就是我们通常所说的“大教育”。狭义的罪犯教育是指国家刑罚执行机关依法对罪犯强制实施的以转变罪犯思想、矫正罪犯恶习、将罪犯改造成为守法公民和自食其力的劳动者为核心内容的，有目的的、有计划的、有组织的、系统的教育影响活动。

二、罪犯教育的性质

罪犯教育是监狱的一项重要职能，罪犯教育的性质由监狱的性质所决定，罪犯教育不仅具有“行刑”属性，而且具有“强制教育”的特征。

（一）罪犯教育是实现“总体国家安全观”和“监狱安全观”的关键因素

总体国家安全观的核心内容是以人民的安全为宗旨，走一条中国特色的国家安全道路。要求既重视外部安全，又重视内部安全。监狱安全观包括监狱底线安全观和监狱治本安全观。监狱底线安全观是指监狱立足把罪犯“收得下、管得住、不出事、跑不了”为己任，做好监狱的各项工作。监狱治本安全观的本质是指监狱立足自身职能，以罪犯教育改造成为守法公民为己任，以向社会输出合格“产品”为最终目标。监狱安全是国家内部安全的重要体现，要实现总体国家安全必须要确保监狱安全。

要确保监狱安全，做好罪犯教育工作是关键。如果把罪犯教育改造好了，他们就会认罪悔罪，改恶从善，即使没人看管，也不会跑、不会闹事，从而实现监狱底线安全；同样，如果把罪犯教育改造好了，他们就会自觉接受改造，认真学习政治、文化、专业技术和职业技能，学会一技之长，努力把自己改造成为自食其力的守法公民和建设社会主义事业的有用之才，从而实现监狱治本安全。犯罪是除了战争之外对人类最大的威胁，减少犯罪是维护社会长治久安的必然要求。监狱不只是关押罪犯的场所，更是教育改造罪犯的场所。只有刑满释放人员回归社会后不再危害社会或重新犯罪，社会内部的安全才有保障。由此可见，罪犯教育是实现“总体国家安全观”和“监狱安全观”的关键因素。

（二）罪犯教育是实现行刑目标的基本内容

我国刑罚的目的是预防和打击犯罪。监狱作为刑罚最主要的执行机关，一方面，要通过依法剥夺或暂停罪犯的一些权利，限制罪犯的人身自由，依法对罪犯实行严格管理，并强制其履行特定义务，使罪犯感受到一定的痛苦和不适，以便他们逐渐反省自己过去违法犯罪的思想和行为，认识自己犯罪的根源和危害，感受到刑罚的威慑力，减少重新犯罪的可能；另一方面，监狱还要通过对罪犯的教育，把他们改造成为守法公民。因此，罪犯教育是监狱执行刑罚的一项基本内容，充分体现了监狱行刑的要求。

（三）罪犯教育是实现监狱职能的关键手段

我国监狱是惩罚和改造罪犯的刑罚执行机关。监狱工作的目的，就是把罪犯改造成社会的守法公民。《中华人民共和国监狱法》（以下简称《监狱法》）第4条规定：“监狱对罪犯应当依法监管，根据改造罪犯的需要，组织罪犯从事生产劳动，对罪犯进行思想教育、文化教育、技术教育。”这就明确了监狱对罪犯实施惩罚改造过程中有狱政管理、教育改造和劳动改造三个基本手段。这三个手段相互支持、相互配合，共同完成了把罪犯教育改造成为守法公民的任务。

狱政管理是改造罪犯的前提和保障，但如果只停留在“管得住”的层面，那只能说是最基本的要求。生产劳动是改造罪犯的基础和重要手段。绝大多数罪犯是因为好逸恶劳而走上犯罪道路的，生产劳动不仅有利于洗涤罪犯的思想和灵魂，潜移默化地影响他们的日常生活，使罪犯逐步养成劳动的习惯，而且在劳动中他们还能学会一技之长，以便刑满释放回归社会后能自食其力，不再危害社会。罪犯教育与前两者相比较，其改造罪犯的作用更加突出和明显，是监狱改造罪犯的一个关键手段。因为罪犯世界观、人生观和价值观的改变，归根到底要靠教育。重视和突出罪犯教育是我国监狱工作中的显著特征和传统优势。犯罪心理的形成、犯罪行为的实施，除了受到一些不良环境的影响外，还受到剥削阶级的腐朽思想意识和不正确世界观、人生观、价值观、道德观和法纪观的作用和影响。而这些意识形态的问题，单靠强迫命令和压服是解决不了的，只有依靠全面的、系统的、经常性的思想教育工作才能解决。以社会主义的新思想、新道德、新风尚、新法纪去批判、破除和占领罪犯灵魂深处的不良意识，使他们逐步树立正确的世界观、人生观、价值观、道德观和社会主义的法治观，从根本上消除违法犯罪的思想根源。罪犯教育这种转化思想、破旧立新、根除恶习的作用和功能，是其他任何改造手段都无法代替的。由此可见，罪犯教育在监狱改造罪犯过程中是最有效、最主动、最灵活的手段，是处于核心地位的。

（四）罪犯教育是保障罪犯权利和促使罪犯履行义务的根本途径

《中华人民共和国教育法》第9条第1款规定：“中华人民共和国公民有受教育的权利和义务。”罪犯虽然触犯了刑律，在监狱服刑改造，但他们仍然是中华人民共和国公民，因此，他们同样有受教育的权利和义务。《监狱法》第五章规定：监狱应当对罪犯进行法制、道德、形势、政策、前途等内容的思想教育；应当根据不同情况，对罪犯进行扫盲教育、初等教育和初级中等教育，经考试合格的，由教育部门发给相应的学业证书；应当根据监狱生产和罪犯释放后就业的需要，对罪犯进行职业技术教育，经考核合格的，由劳动部门发给相应的技术等级证书；鼓励罪犯自学，经考试合格的，由有关部门发给相应的证书；罪犯的文化和职业技术教育，应当列入所在地区教育规划；监狱应当设立教室、图书阅览室等必要的教育设施；应当组织罪犯开展适当的体育活动和文化娱乐活动。《监狱法》第7条第2款规定：“罪犯必须严格遵守法律、法规和监规纪律，服从管理，接受教育，参加劳动。”从以上规定可以看出，我国法律保障罪犯享有受教育的权利，同时，也要求罪犯必须履行受教育的义务。罪犯教育就是保障罪犯权利和促使罪犯履行教育义务的根本途径。

三、罪犯教育的意义

监狱教育改造工作是刑罚执行活动的重要组成部分，是改造罪犯的基本手段之一，是监狱工作法治化、科学化、社会化的重要体现，贯穿于监狱工作的全过程，具有重要意义。

（一）罪犯教育的宏观意义

1. 提高教育改造质量是落实总体国家安全观的客观要求。总体国家安全观，其核心内容是以人民的安全为宗旨，走一条中国特色的国家安全道路，既重视外部安全，又重视内部安全。监狱安全是国家内部安全的重要体现，全面落实监狱安全观，对监狱工作提出了新的更高的要求。把罪犯改造成为守法公民，使他们顺利回归社会，减少重新违法犯罪，是最大限度地减少不和谐因素、最大限度地增加和谐因素的重要工作，是维护社会稳定、构建社会主义和谐社会，实现国家总体安全的客观要求。积极探索、切实把握新形势下罪犯改造工作的规律，创新改造理念，完善改造手段，坚持以政治改造为统领，统筹推进监管改造、教育改造、文化改造、劳动改造的“五大改造”新格局。充分发挥教育改造在转变罪犯思想、传授知识等方面的作用；充分发挥技术教育在矫正罪犯恶习、培养罪犯劳动习惯、提升罪犯劳动技能等方面的作用；充分发挥心理咨询、心理矫治在罪犯改造工作中的重要作用，普及心理健康知识，引导罪犯形成正确的社会认知，树立积极乐观的服刑心态。

中华人民共和国成立后，我们成功教育改造好了大批日本战犯，其中许多人刑满释放后成为中日友好的使者；成功教育改造好了无数国民党战犯，不少人刑满释放后愿意为中国共产党、中央人民政府和广大人民群众工作，成为统战对象；成功教育改造好了数以百万计的各类刑事犯罪分子，绝大多数人刑满释放后成为守法公民和建设社会主义事业的有用之才。可见，罪犯教育工作对国家总体安全具有重要的意义。

2. 罪犯教育是监狱工作的重要任务。惩罚和改造罪犯，把罪犯改造成为守法公民，是法律赋予监狱的重要职责。根据《监狱法》的相关规定，监狱工作主要有三大任务：刑罚执行、狱政管理和罪犯教育。刑罚执行和狱政管理主要是通过依法剥夺或停止罪犯行使一些权利，限制罪犯的自由，实行严格管理，强迫其履行特定的义务，使罪犯感受到一定的痛苦和损失，感受到刑罚的威慑力，逐渐认识到自己的犯罪根源和危害，深刻反省自己犯罪的思想和行为，并被改造成为守法公民。罪犯教育则主要是通过深入贯彻党的监狱工作方针，紧紧围绕提高罪犯改造质量，大力开展对罪犯的法制、思想、道德、文化和职业技术等教育，使罪犯在服刑期间增强法律意识和道德观念，树立正确的世界观、人生观和价值观，从而顺利地回归社会。对罪犯的改造，并不是单纯的“行刑”，更不是简单的惩罚，而是通过教育来转变罪犯的思想和矫正罪犯的行为及恶习，真正将罪犯改造成为守法公民。

3. 罪犯教育是改造社会、改造人类的一项重要任务。我国还处在社会主义初级阶段，在政治、经济、文化、道德等方面存在与社会发展不相适应的地方。因此，建设中国特色社会主义，还面临着改造社会、改造自然和改造人类的艰巨任务。在改造社会、改造自然和改造人类的过程中，我们在思想上和行动上双管齐下：一是改造自然，大力发展生产力；二是改造社会和改造人类，坚决打击各种危害社会的犯罪活动。罪犯教育就是运用监狱学、教育学、社会学、心理学等学科的方法、理论，对罪犯施加系统的、有目的的影响，祛除他们的各种腐朽思想，引导他们树立正确的世界观、人生观和价值观，树立社会主义的崇高道德风尚，增强社会主义的公民意识、法律意识，把罪犯塑造成为社会主义的守法公民。

（二）罪犯教育的微观意义

1. 有利于罪犯转化思想、增长知识、掌握技能。狭义的罪犯教育主要包括思想政治教育、文化教育和职业技术教育。思想政治教育包含：世界观、人生观、价值观教育，道德教育，法制教育，形势、政策、前途、理想教育等内容，其目的和意义就是要转化罪犯的犯罪思想，让他们改变原有的世界观、生活方式和行为方式，使他们自觉接受符合社会规范和大多数人利益的生活方式和行为方式，为罪犯最终成为守法公民提供坚定的思想支撑。文化教育包含：扫盲教育、小学教育、初级中等教育、自学高等学历教育等，其目的和意义就是要提高罪犯的文化知识水平和学历层次，为罪犯改造思想、学习职业技术和专业技能提供足够的知识支撑。职业技术教育包括：技术教育和职业技能培训等，其目的和意义就是要提高罪犯自食其力和适应社会的能力，为罪犯回归社会成为守法公民提供必要的能力支撑。由此可见，罪犯教育的目的和意义在于转化他们犯罪的思想、增长他们的综合知识、使其掌握自食其力的技能。

2. 有利于其他改造罪犯手段的实施。我国《监狱法》规定，改造罪犯的手段主要包括狱政管理、劳动改造和罪犯教育三大基本手段。罪犯教育的意义，不仅仅在于其本身对罪犯教育的功能和作用上，同时，它能为狱政管理和劳动改造这两个基本手段的实施创造极其有利的条件。

我们对罪犯执行刑罚的目的，不仅仅是使罪犯产生畏惧，更重要的是要使罪犯深刻反省自己，能充分认识到犯罪后受到刑罚的必然性，认识到犯罪行为的社会危害性和违法性。这就需要通过罪犯教育的疏导和灌输，来强化罪犯对犯罪行为的罪恶感和刑事处罚的畏惧感。狱政管理中的军事化管理，或纪律约束及奖惩考核，都不是刑罚执行的目的，而只是改造罪犯的一个手段。通过这个手段，让罪犯从被强迫到自觉，并充分认识和深刻了解这一系列制度的意义，使他们逐渐形成与之相适应的思想意识、道德意识和行为意识，逐步养成良好的生活习惯和行为习惯。在这一过程中，罪犯教育恰恰能发挥其说教的能动作用，使罪犯从强制接受到自觉遵守这些规章制度。在行为、认识、情感上保持同步，以此最大限度地调动罪犯改造的积极性和自觉性，为狱政管理工作创造有利条件。

罪犯教育不仅能为狱政管理创造有利条件，同样也能为劳动改造创造有利条件。为了改变和建立起一种新的社会存在关系，使罪犯在社会物质生活的生产方式中所处的地位和关系发生变化，我国对有劳动能力的罪犯进行强制生产劳动。在生产劳动中，罪犯原有错误、落后、扭曲的思想逐渐得到了改造，并产生和接受了新的意识。但是，仅靠一般性的生产劳动，并不能使罪犯自发地产生正确的新思想，只有在劳动改造之时，辅之罪犯教育等其他手段，把新的意识从外面灌输进去，通过系统的劳动意义、劳动态度和劳动纪律的教育，才能使罪犯树立正确的劳动观，培养劳动情感，养成劳动习惯。

3. 有利于稳定狱内秩序。狱内秩序主要包括监管改造秩序、劳动生产秩序和日常生活秩序三大罪犯改造秩序。罪犯教育对三大改造秩序的建立和发展起着不可估量的促进和推动作用。

良好的监管改造秩序是保证刑罚有效执行和罪犯改造工作顺利开展的前提条件。这个秩序的建立，首先依靠物防、技防和人防，堵塞罪犯逃避惩罚和改造的漏洞，消除狱内违法犯罪的隐患；有效管理、控制罪犯的活动范围和行为方式，形成一个有纪律的改造整体。但是，罪犯能否遵守监管制度，除去监管制度的严格和科学外，罪犯能否有正确的改造态度也是一个关键。因为，即便处于严格的监管之下，没有正确改造态度的罪犯，也会寻机以各种方法逃避和对抗改造。这种逃避和对抗行为，无疑对狱内的改造秩序是一种破坏。而罪犯教育工作，恰恰能帮助罪犯逐步树立起正确的改造态度，并把教育接触掌握的情况作为采取相应监管措施的依据。由此可见，罪犯教育对建立良好监管改造秩序能起到推动和促进作用。

良好的狱内劳动生产秩序，是保证监狱生产和罪犯改造顺利进行的有利条件。正常的生产秩序需要有严密的生产制度、生产组织和生产纪律保证，需要劳动者具备适应生产需要的劳动技能和劳动态度。罪犯作为社会的消极个体，对于强制他们进行劳动生产，他们本能会存在对抗心理和情绪。在这种情况下，罪犯走上生产岗位，势必给正常的生产秩序带来影响。罪犯教育在劳动态度及劳动技能方面的教育和训练，使罪犯掌握一定的知识技能，养成遵守劳动纪律的习惯，并了解劳动的目的和意义，认识劳动在社会发展和个体改造方面的作用，了解良好的生产秩序对自身发展的必要性。这样，既适应了生产的需要，又对建立正常的生产改造秩序起到促进作用。

良好的狱内日常生活秩序，直接关系到罪犯的衣、食、住、行和正常的精神生活，这是稳定罪犯改造的一个重要基础。我国监狱机关坚持社会主义的人道主义，从法律和制度规定，物资、设施和环境等方面，都为狱内建立良好的日常生活秩序创造了有利条件。建立良好的日常生活秩序，发挥其在改造罪犯中的作用，也离不开罪犯教育工作。教育罪犯养成良好的生活习惯，做到日常生活制度化，在改造罪犯中有一定的作用。实践表明，不经过一定的教育和训练，平日懒散成性的罪犯是不易养成良好习惯的。罪犯难免出现各种各样的思想问题和实际问题，及时且有针对性的教育工作，有助于消除他们的思想混乱和波动。

学习任务2　罪犯教育的指导思想、原则和方法

一、罪犯教育的指导思想

（一）以马克思列宁主义、毛泽东思想、邓小平理论、“三个代表”重要思想、科学发展观、习近平新时代中国特色社会主义思想为指导思想

罪犯教育的指导思想是：以马克思列宁主义、毛泽东思想、邓小平理论、“三个代表”重要思想、科学发展观、习近平新时代中国特色社会主义思想为指导思想，按照全面依法治国的要求，紧紧围绕提高罪犯改造质量，落实治本安全观，创新改造理念，完善以五大改造（政治改造、监管改造、教育改造、文化改造、劳动改造）为根本的罪犯改造体系，坚持以人为本，全面推进教育改造工作的科学化、专业化和社会化，把罪犯改造成为守法公民。

马克思列宁主义、毛泽东思想、邓小平理论、“三个代表”重要思想、科学发展观、习近平新时代中国特色社会主义思想是党和国家的指导思想。其中，关于教育人、改造人的问题，有许多著名的论断，如：马克思主义的认识论、方法论和劳动学说；毛泽东关于人是可以改造的思想；社会主义社会人人都要改造的观点；关于无产阶级改造社会、改造人类的思想；关于社会主义刑罚教育作用的思想；关于社会主义初级阶段阶级斗争和人民民主专政的理论；以人为本的思想；关于构建社会主义和谐社会的理论；关于社会主义法治的理论；等等。这些论断奠定了罪犯教育坚实的理论基础，为罪犯教育工作指明了方向。

（二）以《监狱法》为依据，贯彻落实党的监狱工作方针

《监狱法》是开展罪犯教育工作的基本法律依据。《监狱法》第3条规定：“监狱对罪犯实行惩罚和改造相结合、教育和劳动相结合的原则，将罪犯改造成为守法公民。”坚持惩罚和改造相结合，正确执行刑罚。依法监管罪犯，强制他们矫正恶习，转变犯罪思想；依法严格管控罪犯，强制他们遵守监规纪律，规范

行为养成。坚持教育和劳动相结合，加大罪犯教育力度，全面推进罪犯思想教育、文化教育和职业技术教育，提高他们的思想道德素质、遵纪守法意识、文化知识水平和职业技术能力。根据改造罪犯的需要，组织罪犯从事生产劳动，改造他们好逸恶劳的恶习，检验他们改恶从善的成效。科学准确把握罪犯改造工作规律，创新工作思路，创新改造方式、方法和改造手段，统筹推进监管改造、教育改造和劳动改造，不断提高罪犯改造质量。全面落实监狱治本安全观，创新改造理念，完善以五大改造为根本的罪犯改造体系，坚持把教育人、改造人、挽救人放在第一位，以人为本，充分发挥监狱内外各种教育资源的作用。在监狱的整体工作中，始终突出罪犯教育工作的主导性地位，充分发挥刑罚执行、狱政管理、生活卫生管理和劳动改造等部门的积极作用，积极争取罪犯家属、社会有关部门和人员的支持、协调和配合，充分利用社会资源开展帮教工作，全面提高教育改造工作实效。

（三）全面推进罪犯教育的科学化、专业化和社会化

尊重罪犯教育工作规律，正确运用科学的理论、观念、方法和手段，依法对罪犯进行科学、文明、有效的教育改造，使罪犯教育工作适应监管改造工作的需要、监狱生产劳动的需要、罪犯身心健康发展及其回归社会的需要，科学施教，全面提高罪犯教育的质量和效能，促进社会主义司法文明，维护社会和谐稳定，实现国家安全，全面推进罪犯教育工作的科学化。不断提升罪犯教育工作的专业化水平，实行因人施教、分类教育、以理服人的原则，采取集体教育与个别教育相结合、狱内教育与社会教育相结合的方法。加大心理矫治和行为矫正的力度，把传统教育改造手段和现代教育矫正技术结合起来，全面推进罪犯教育工作专业化。加大罪犯教育工作的开放力度，多层次、全方位、多渠道、多形式向社会延伸，把罪犯教育纳入社会教育的体系，共享社会教育资源，教育成果社会认可，形成全社会关注、参与、服务罪犯教育改造的新格局，推进罪犯文化教育、职业技术和岗位技能培训工作的社会化，提高他们回归社会后自食其力的本领，做好罪犯出监前与社会的衔接工作以及出监后适应社会的帮扶工作，全面推进罪犯教育工作的社会化。

二、罪犯教育的基本原则

罪犯教育的基本原则，是指在对罪犯实施教育改造过程中应当遵循的基本准则。《监狱法》第 61 条规定：“教育改造罪犯，实行因人施教、分类教育、以理服人的原则……”

（一）因人施教原则

罪犯教育中的因人施教原则，是指监狱人民警察在教育改造罪犯过程中，根

据罪犯的犯罪性质、犯罪原因、文化程度、社会经历、思想特点和改造表现等不同情况，采用不同的教育内容和方法，开展有区别、有针对性的教育工作。尤其对重点类型、重点罪犯，要重点采取教育改造措施，实现教育改造效果的最大化。

1. 要注意调查研究，掌握罪犯基本情况和特点。全面、详细、准确地掌握罪犯信息是因人施教的前提。监狱人民警察只有在实施教育行为前充分掌握罪犯的基本情况，特别是罪犯的犯罪历史、主观恶习、个性特点、犯罪思想和现实改造表现等，才能在施教中做到有的放矢，从而提高教育效果，否则就有可能会丧失教育良机，造成不可挽回的损失。现实工作中，一般要求监狱人民警察掌握罪犯四个方面的基本情况，即“四知道”。“四知道”内容包括：姓名、别名、编号、出生年月、文化程度、家庭住址、案由、刑期、刑期起止、原有特长、体貌特征、捕前职业、工种、捕前单位、家庭主要成员及社会关系、主要犯罪事实、简历、主要表现、奖惩情况等。此外，还有所谓的“新四知”，即罪犯的历史、犯罪思想、个性特点、家庭变故及主要改造表现等。

2. 要制定详细的教育计划，开展针对性的教育。因人施教，通俗的说法，就是“一把钥匙开一把锁”。监狱人民警察在罪犯教育过程中，要根据罪犯的不同情况，制定出具有针对性的、详细的教育计划，做到“知彼知己”“对症施治”。教育过程中切忌“一刀切”和“一锅煮”。

3. 善于发现罪犯的特点，长善救失。中国古代教育名著《学记》中称：“知其心，然后能救其失也。教也者，长善而救其失者也。”罪犯教育活动与普通教育的一个不同之处就在于它是一种“救失”教育，也就是要在“破”中求“立”，要剔除罪犯思想当中的消极因素，然后再注入积极的因素。要做到这一点，就要求负责罪犯教育的警察要善于发现罪犯的优点和缺点，帮助罪犯发挥其积极因素，克服其消极因素，为罪犯提供一种自我教育的有效方法。

（二）分类教育原则

罪犯教育中的分类教育原则，是指监狱人民警察根据不同类型罪犯的特点，分门别类地采取有针对性的教育内容、措施和方法的教育原则。对罪犯进行科学、合理的分类是做好分类教育的前提；针对不同类型的罪犯，制定出具有针对性的教育计划、采取适宜的教育手段、方法和内容，做到有的放矢，是做好分类教育的关键。对罪犯实行分押和分管，是做好分类教育的保障。

1. 对罪犯实施科学、合理的分类是做好分类教育的前提。依据什么标准对罪犯进行分类教育，理论界有不同的观点。按照原司法部劳改局在《对罪犯实行分押、分管、分教的试行意见（修改稿）》中的规定，可以依据犯罪类型进行分类，也可以依据罪犯恶习程度进行分类，还可以依据罪犯现实改造表现进行分类。现实工作中，应该密切结合罪犯改造实际，科学、合理地分类，正确处理分教同分押、分管以及集体教育、个别教育等方面的关系。只要有利于提高罪犯教育改造质量，各种分类都可以探索。

2. 针对性教育是分类教育的关键。针对每类罪犯的特点，采取适宜的教育内容、教育手段和教育方式、方法，制定科学、合理的教育计划进行施教。在现实工作中，监狱人民警察应把握住这个"类"字，始终保持对罪犯"类型化"特征的敏感性，可以从个别教育的"集体化"和对集体教育的"个别化"的角度去深刻理解和准确把握这一原则。

3. 对罪犯实行分押和分管，是做好分类教育的保障。《监狱法》第39条规定："监狱对成年男犯、女犯和未成年犯实行分开关押和管理，对未成年犯和女犯的改造，应当照顾其生理、心理特点。监狱根据罪犯的犯罪类型、刑罚种类、刑期、改造表现等情况，对罪犯实行分别关押，采取不同方式管理。"这是进行分类教育的法律保障，只有实现分押和分管，才有可能进行分类教育。

（三）以理服人原则

罪犯教育中的以理服人原则，是指监狱人民警察在教育改造罪犯中，要坚持摆事实、讲道理，不以权压人、以势欺人，对罪犯开展耐心细致的疏通引导和说服教育，使罪犯心悦诚服地接受改造的原则。尊重罪犯人格、提高警察自身素质是以理服人的前提；摆事实、讲道理是以理服人的关键；允许罪犯陈述和申辩是以理服人的保障。

1. 尊重罪犯人格、提高警察自身素质是以理服人的前提。罪犯虽然戴罪服刑，部分权利被剥夺或受到限制，但他们也是中华人民共和国公民，在人格上和监狱人民警察是平等的。在教育过程中，罪犯教育工作警察只有充分尊重罪犯人格，才能拉近与罪犯的心理距离，增加罪犯对自己的信任；才能使罪犯敢于实事求是地暴露自己的思想和行为，敢讲话、讲实话。罪犯暴露出来的思想不一定都是正确的，罪犯教育工作警察需要用自己所掌握的知识去分析、判断罪犯暴露出来的思想和行为是否正确，并用正确的理论、观点和事实等去说服罪犯。这就要求罪犯教育警察必须具备较高的综合素质，如果心中无物，就无法说服罪犯。要想以理服人，自己首先要掌握真理，一方面，要有言教，以事实和科学为内容开展正面教育或反驳教育；另一方面，还要有身教，罪犯对罪犯教育警察也会听其言、观其行，身教甚至会重于言教。

2. 摆事实、讲道理是以理服人的关键。事实就是客观存在的事物或现象，道理就是从客观存在的事物或现象中抽象出来的正确理论。罪犯教育警察要善于从所摆的事实中或所摆事实与其他事物的联系中，抽象总结出是与非的道理，使罪犯形成是与非的正确的理性认识。例如，通过摆积极改造获减刑和重新犯罪被加刑的事实，讲积极改造有前途和抗拒改造无出路的道理。

3. 允许罪犯陈述和申辩是以理服人的保障。罪犯陈述和申辩是他们暴露思想的一个重要窗口，只有充分允许罪犯陈述和申辩，让他们知无不言，言无不尽，罪犯教育警察才能更详细地了解和掌握罪犯思想，才能保障说教工作更具针对性，做到以理服人。

三、罪犯教育的方法

《监狱法》第61条规定："教育改造罪犯，……采取集体教育与个别教育相结合、狱内教育与社会教育相结合的方法。"

（一）集体教育与个别教育相结合

集体教育是指在罪犯教育改造过程中，为了解决罪犯中存在的普遍性和倾向性问题，将罪犯集中起来进行教育的方法。其具有规范性、权威性和快速传播性的特点。个别教育是指在罪犯教育改造过程中，为了解决罪犯个体存在的特殊性问题，针对个别罪犯所采取的特殊教育的方法。其具有针对性、灵活性和特殊性的特点。罪犯接受教育的过程，既有普遍性和倾向性问题，也有个别性和特殊性问题，只有科学、合理地运用好集体教育和个别教育这两个方法，把它们有机地结合起来，形成合力，才能全面地、行之有效地做好罪犯教育工作。

（二）狱内教育与社会教育相结合

狱内教育是指监狱机关为了将罪犯改造成为守法公民，在监狱范围内采取的一切教育改造罪犯措施的总和。其具有封闭性、强制性和规范性的特点。社会教育是指监狱机关从有利于罪犯教育改造和刑满释放顺利回归社会成为守法公民的目的出发，借助各种社会力量参与和积极影响罪犯教育改造工作的一切措施的总和。其具有开放性、易受性和实效性的特点。《监狱法》第4条规定："监狱对罪犯应当依法……进行思想教育、文化教育、技术教育。"狱内教育主要是转化罪犯的犯罪思想、根除罪犯恶习，增长罪犯文化知识，提升他们的职业技术和职业能力，为他们回归社会成为自食其力的守法公民打下坚实基础。《监狱法》第68条规定："国家机关、社会团体、部队、企业事业单位和社会各界人士以及罪犯的亲属，应当协助监狱做好对罪犯的教育改造工作。"社会教育是提高教育改造质量，降低重新犯罪率的必要手段，是罪犯重新社会化的重要措施，是实现监狱治本安全观的重要保障。罪犯教育能否卓有成效，能否最终将罪犯教育改造成为守法公民，是一个受多种因素影响的复杂社会问题。只有将狱内教育与社会教育有机地结合起来，形成合力，才能全面地、行之有效地做好罪犯教育工作。

学习任务3　罪犯教育的任务和目标

一、罪犯教育的任务

（一）转化思想，矫正恶习

人的思想和行为是相互联系、相互影响的，思想支配行为，行为反映思想。毛泽东同志曾经说过，思想是行动的指南。一个人走上犯罪道路，主要原因是其思想观念出现了偏差，导致其行为偏离了社会规范的要求。因此，转变罪犯思想，矫正罪犯恶习，是罪犯教育工作的核心任务。通过法制教育，使罪犯知法和守法，充分认识法律禁止不可为，法律界线不可越，从而树立正确的法制观念，养成遵纪守法的良好习惯。通过道德教育，使罪犯懂得社会主义道德规范的主要内容，认识劳动改造世界、改造人类、创造物质文明和精神文明的真理，从而树立正确的世界观、人生观和价值观，自觉用社会主义的道德规范来约束自己的言行举止。通过形势、政策、前途教育，使罪犯认清形势，充分了解党的政策，澄清模糊认识，消除思想顾虑，从而树立信心，积极改造，争取光明前途。

（二）传授知识，培养技能

从罪犯构成来看，罪犯的总体文化程度相对低于社会平均水平，知识欠缺是一个人犯罪的重要因素。通过文化知识的学习，可以增长知识，提高辨别是非的能力。有了文化，才能学习政治、科学和技术。而教育则是传授知识的主要途径。所以，我国把开展罪犯教育，提高罪犯文化知识素质，作为罪犯教育的一项重要任务。《监狱法》第63条规定："监狱应当根据不同情况，对罪犯进行扫盲教育、初等教育和初级中等教育，经考试合格的，由教育部门发给相应的学业证书。"《监狱法》第65条规定："监狱鼓励罪犯自学，经考试合格的，由有关部门发给相应的证书。"

培养罪犯劳动技能，是罪犯教育改造工作的法定任务。《监狱法》第64条规定："监狱应当根据监狱生产和罪犯释放后就业的需要，对罪犯进行职业技术教育，经考核合格的，由劳动部门发给相应的技术等级证书。"《监狱法》第70条规定："监狱根据罪犯的个人情况，合理组织劳动，使其矫正恶习，养成劳动习惯，学会生产技能，并为释放后就业创造条件。"好逸恶劳、缺乏劳动技能和法制观念，容易诱发一个人走上犯罪道路。因此，必须依法对罪犯开展形式多样的劳动技能教育。首先，这是改造罪犯思想的需要。罪犯只有在学习劳动技能的过程中，才能体会到劳动的艰辛，懂得劳动成果来之不易，才能逐渐改变好逸恶劳的思想，从而树立正确的世界观、人生观和价值观。其次，这是监狱劳动生产的需要。对罪犯开展劳动技能教育，可以将罪犯的精力和聪明才智引导到学习技术上来，激发罪犯潜能，把原来对社会的消极、破坏因素转化为积极的建设因素，促进监狱生产，为社会创造财富。最后，培养罪犯劳动技能，是罪犯回归社会的需要。

当今社会的发展日新月异，科学技术是第一生产力的理念已被世人普遍接受。如果罪犯经过服刑改造后仍无一技之长，没有掌握自食其力的本领，就很可能重蹈犯罪的覆辙。只有让他们有一技之长，掌握了谋生的本领，才能立足于社会，服务于社会，成为守法公民。

（三）重塑人格，促进发展

罪犯的人格或多或少都存在一定的缺陷。从犯罪心理学的角度看，犯罪行为受行为人犯罪心理的支配。犯罪行为的发生，固然要具备一定的外部条件，但总是与罪犯缺乏自我调控能力，已经形成并趋向稳定的不良个性心理有关。所以，要从根本上转变罪犯的犯罪思想，矫正其恶劣的行为习惯，除了进行思想、文化和技术教育外，还必须有针对性地开展心理健康教育，重塑他们的人格，提高他们的心理调控能力，增强其社会适应能力，根除其犯罪内因。

罪犯在改造过程中，由于与社会相对隔离，普遍会存在抑郁、焦虑、人际关系敏感、恐怖、烦躁等心理状态，在改造中表现出不愿参加集体活动、逃避劳动、厌学、不服管理和混刑期等情绪，甚至会出现自杀、行凶、寻衅滋事等严重问题。这些不健康的心理，严重影响了罪犯接受惩罚和改造的效果。所以，开展心理健康教育，让罪犯学会自我调节、自我控制、不断完善自己的人格，为其自觉接受改造提供良好的心理基础，是罪犯教育的一个重要任务。

促进罪犯身心健康发展，也是实现罪犯教育目的的需要。罪犯经过一定时期的改造，最终是要回归社会，成为社会的一员，但由于长期监禁，他们也或多或少会存在心理缺陷。所以，要有针对性地组织他们开展心理健康教育，矫正他们的心理缺陷，提高他们的心理调控能力，增强其社会适应能力，让他们学会用积极的、平衡的、正常的心态去适应当前和今后发展的需要，不断完善自己的人格，以健康的行为方式适应不断发展和变化的社会，做到重新融入社会。

二、罪犯教育的目标

罪犯教育的主要目标是：监狱机关通过各种教育改造措施、手段和方法，使罪犯在服刑期间，认罪悔罪、遵守规范、认真学习、积极劳动、自食其力、奉献社会。

（一）认罪悔罪，遵守规范

所谓认罪悔罪，是指罪犯承认犯罪事实，认清犯罪危害，对自己的犯罪行为表示悔恨，服从法院判决，不无理缠诉。罪犯能否认罪悔罪，是接受惩罚、管理和教育的前提和基础。因此，罪犯教育的首要目标就是让罪犯承认犯罪事实，正确分析犯罪原因，认清犯罪危害等，教育罪犯纠正不认罪的错误思想观点，开展坦白交待余罪、检举揭发监狱内外犯罪活动的教育。遵守规范是指罪犯遵守法律、法规，遵守服刑人员基本规范、生活规范、学习规范、劳动规范、文明礼貌规范。遵守规范是罪犯教育的核心目标。罪犯不仅在监狱服刑期间要遵守规范，刑满释放回归社会后同样需要遵守法律、法规和社会规范。

（二）认真学习，积极劳动

《监狱法》第 4 条规定：“监狱对罪犯应当依法监管，根据改造罪犯的需要，组织罪犯从事生产劳动，对罪犯进行思想教育、文化教育、技术教育。”由此可见，教育罪犯认真学习、积极劳动，是罪犯教育的法定目标。认真学习是指罪犯积极接受思想、文化、职业技术等教育，遵守学习纪律，学习成绩达到要求。积极劳动是指罪犯积极参加劳动，遵守劳动纪律，服从生产管理和技术指导，掌握基本劳动技能，严格遵守操作规程，保证劳动质量，完成劳动任务。

（三）自食其力，奉献社会

罪犯教育的最终目标，就是要让罪犯自食其力、服务社会、奉献社会。对于一个充满激烈竞争的现代社会来说，罪犯刑满释放回归社会必将面临生存竞争的巨大压力，他们往往工作难寻，就学、就业困难，生活窘迫，婚姻不如意等，难以自食其力。因此，罪犯教育必须教会罪犯生存和生活的本领，努力做好社会帮教、社会接荐和社会救助工作。罪犯只有自食其力才不至于再次危害社会；也只有自食其力，才能真正为社会做出贡献。

学习任务 4 罪犯教育的现状和发展趋势

一、罪犯教育的现状

（一）罪犯教育的经常化

1951 年 5 月，《第三次全国公安会议决议》规定：“对参加劳动的犯人，应有适当的政治、思想、文化教育和必要的卫生医疗工作，应按其劳动和政治表现的好坏，给以恰当的和严明的精神和物质奖惩……”1952 年，第一次全国劳改工作会议决议指出：“要经常地系统地在罪犯中进行认罪服法教育，以启发罪犯劳动改造自己、重新做人的自觉性。”1954 年政务院颁布的《中华人民共和国劳动改造条例》（已失效）第 52 条规定，罪犯学习时间可以按照具体情况规定，但是平均每天不少于1小时。第26条规定，对犯人应当经常地有计划地采用集体上课、个别谈话、指定学习文件、组织讨论等方式，进行认罪守法教育、政治时事教育、劳动生产教育和文化教育，以揭发犯罪本质，消灭犯罪思想，树立新的道德观念。对犯人可以组织他们进行适当的体育和文化娱乐活动。1982年公安部《监狱、劳改队管教工作细则》规定，监狱党委会和狱务会要把罪犯教育改造工作列入重要议事日程，并由一名领导干部分工主管。在实际工作中，监狱人民警察对罪犯的教育贯穿于罪犯服刑的全过程，只要有利于罪犯改造需要，就经常地、反复地做罪犯教育工作。

（二）罪犯教育的制度化

1962年，公安部《劳动改造管教队工作细则》对罪犯教育的目的、内容、任务等分章作了规定，使罪犯教育有章可循，罪犯教育工作体系得以逐步确立。1982年，公安部《监狱、劳改队管教工作细则》规定了罪犯教育的任务、内容，确立了理论联系实际、以理服人等原则，集体教育与个别教育相结合，理性教育与感性教育相结合，狱内教育与社会教育相结合等方法，共性教育与分类教育相结合 、辅助教育等制度，使罪犯教育的制度趋于健全，逐步形成制度。《监狱法》总则和第五、六章对罪犯教育目标、任务、原则、方法等作了明确的规定，使罪犯教育的法律制度更加健全和完善，确立了科学的罪犯教育制度。

（三）罪犯教育的规范化

1981年第八次劳改工作会议明确提出："要加强对罪犯的教育改造工作，把劳改场所办成改造罪犯的学校。"1982年，公安部《监狱、劳改队管教工作细则》界定了罪犯教育的任务、内容、原则、方法、出入监教育、劳动改造积极分子委员会和罪犯教育的组织领导等内容，第108条第1款规定："对于新入监（队）的犯人，要用1个月至2个月的时间集中进行入监教育。要针对犯人初入监时的思想情况，进行劳改政策、监规纪律、犯人守则、认罪服法、劳动生产、改造前途等教育。入监队实行半天教育，半天劳动。"第109条规定："监狱、劳改队对于刑期将满的犯人，应当进行出监教育。所在中队应在犯人刑期届满3个月开始，全面检查改造质量。要根据检查的情况，进行针对性的补课教育，以巩固改造成果，并做好出监鉴定。在释放前的半个月，要将他们集中到监狱、劳改队的出监队。由出监队适当介绍当前社会形势和有关政策，教育他们出监后应当遵守法纪、正确对待就业等问题。对出监队的犯人，可以半天劳动、半天学习，管理上也可适当放宽。出监时还应当个别了解他们对劳改工作和干部的意见。"《监狱法》总则和第六章还专门规定了未成年犯教育改造的内容。这些规定和要求，标志着我国的罪犯教育工作进入了规范化轨道。

（四）罪犯教育的系统化

从1952年第一次全国劳改工作会议到1962年公安部《劳动改造管教队工作

细则》；从1981年第八次劳改工作会议到1982年公安部《监狱、劳改队管教工作细则》；从1989年《司法部劳改局关于对罪犯实施分押、分管、分教的试行意见》到1994年12月《监狱法》的颁布实施，罪犯教育的任务、内容、原则、方法等已经形成内容充实、体系完备的法典。在工作中，监狱人民警察正是依据这些法律法规，全面、系统地开展罪犯教育工作。

二、罪犯教育的发展趋势

20世纪50年代以来，世界各国在监狱行刑思想理论上不断地出现新的观点和主张，促使监狱罪犯教育制度发生了一些重大变化。概括地说，主要突出地表现在四个方面，即罪犯教育的社会化、个别化、科技化和国际化发展趋势。

（一）罪犯教育的社会化发展趋势

当今许多国家不再把监狱看作是单纯的国家机器。监狱不仅具有惩罚罪犯的性质，而且被视为社会事业的一种，是解决犯罪这一社会问题的场所。因此，强调社会应予以协助，加强对罪犯的帮助教育及出狱后的保护救助。对出狱人的保护教育早在18世纪就引起了西方资产阶级的注意，其最早渊源是1776年美国费城成立的出狱人保护协会。1885年罗马国际监狱会议，1935年柏林会议曾就此讨论并作出决议。出狱人保护一般分为收容保护、观察保护和暂时保护等形式。一些现代国家的重返社会训练所、团体之家、归途之家等社会团体机构都是出狱人的保护教育场所。社会力量的广泛参与，使监狱罪犯教育职能延伸于社会，其发展日趋社会化。

《监狱法》第68条规定："国家机关、社会团体、部队、企业事业单位和社会各界人士以及罪犯的亲属，应当协助监狱做好对罪犯的教育改造工作。"以此为法律依据，监狱始终把罪犯教育工作置于社会综合治理的整体架构中，积极推进罪犯教育社会化。一是向前延伸。对接侦查、起诉、审判的公、检、法机关，科学开展罪犯入监前评估，充分了解、掌握罪犯的案情，以便有针对性地制定详细的教育改造方案。二是向外延伸。充分利用各种社会资源，逐步实现罪犯教育工作社会化。一方面，通过政府向社会购买服务的形式，实现罪犯教育工作的社会化。监狱将罪犯文化教育、职业技术教育和心理矫治等罪犯教育工作交由社会上有相关资质的机构承办，监狱则根据罪犯取得相应小学、中学、大学毕业证书、职业技术等级证书和罪犯心理康复证书的结果，付费给相应的社会机构。另一方面，使罪犯服刑期间的社会帮扶有机融入监狱罪犯教育改造工作中。监狱实行亲情教育制、探亲休假制、外出参观学习制等开放式教育，建立专门的教育改造信息系统，大力开发形式多样、内容丰富的罪犯教育软件，充分利用现代远程教育和互联网信息资源，适应不同层次罪犯接受教育改造的需求。紧紧依靠罪犯亲属、朋友、基层组织和各种社会力量，聘请法律专家、心理治疗专家、爱国宗教人士、社会志愿者等专业力量，充分发挥专业性、慈善性、公益性的社团专业优势，共同做好罪犯教育工作。三是向后延伸。为给罪犯刑满释放，顺利回归社会创造良好的条件，政府建立社区矫正中心，统一组织、指挥、协调罪犯社会帮教工作。重点解决刑满释放罪犯回归社会后的接纳工作、思想教育、就业帮扶、技能培训、政策扶持、生活特别困难的刑满释放罪犯最低生活保障等实际问题。

（二）罪犯教育的个别化发展趋势

罪犯教育依据共性理论和普遍性制度，以集体教育、分类教育为主。应该说，罪犯教育在培养罪犯集体主义观念，矫正罪犯以自我为中心、极度自私自利的恶习方面取到了非常好的教育效果。但是，罪犯教育在如何重视人的个性发展，坚持以人为本，做好罪犯教育工作方面则相对欠缺。现代西方社会，在教育理念上则更重视人的个性发展。20世纪90年代前后，美国、加拿大等发达资本主义国家的监狱已经广泛应用个案矫治模式来做罪犯教育工作，并取得了较好的实践效果。罪犯的个性化教育，是指在集体教育和分类教育的基础上，根据每个罪犯的年龄、社会阅历、思想、性格、犯罪动因、罪行轻重、刑期长短、认罪态度、主观恶习和人身危险性程度等的不同，充分运用教育学、心理学、精神病学、犯罪学、管理学和人类学等相关知识和原理，对每个罪犯制定一套行之有效的教育矫治方案。

共性问题可以通过集体教育和分类教育来解决，个性问题则只有通过个别教育和个案矫治来实现。《监狱法》第61条规定："教育改造罪犯，实行因人施教、分类教育、以理服人的原则，采取集体教育与个别教育相结合、狱内教育与社会教育相结合的方法。"这正体现了以人为本，实行有针对性的分类教育和个别教育。随着监狱治本安全观的深入，真正做到向社会提供守法公民，罪犯教育发展更日趋个性化。

（三）罪犯教育的科技化发展趋势

罪犯教育的科技化是监狱行刑合法化、合理化、规范化和个性化的必然趋势。教育理念的科学化包括依法施教的理念，即严格依照相关法律实施罪犯教育；科学施教的理念，即科学认识罪犯服刑改造的规律，尊重罪犯服刑改造规律，严格按照罪犯转化成为守法公民的规律教育罪犯；全面素质教育的理念，即要树立治本安全观，积极探索、切实把握新形势下罪犯教育改造工作的规律，创新教育改造理念，完善以五大改造为根本的罪犯改造体系。教育制度的科技化，是指监狱机关运用生物学、遗传学、心理学、社会学、教育学、管理学以及统计学等知识，查明犯罪原因和罪犯的品行、性格、教育改造的难易程度等，综合运用各种矫治手段，制定罪犯教育矫治方案，建立科学的符合罪犯教育改造规律的监狱罪犯教育体系。在罪犯教育工作中，应广泛运用现代科技成果。例如，美国监狱制定了教育、文娱、宗教和犯人自助等各种矫治方案，并形成心理疗法、交往分析法、现实疗法、环境疗法、情感成熟指导法、生理的行为控制法和暗示疗法等具体治疗方法，还制定了罪犯分类方案及重返社会教育方案，从而形成较"科学"的罪犯教育制度体系。教育内容的科技化，是指监狱机关运用现代科学技术，如大数据分析技术、程序控制技术和自动化控制技术等精心编排的罪犯教育计划和课程。例如，有的监狱使用《程序控制逻辑自动教育矫正计划》，有23个程序控制逻辑自动教育计算机终端，提供大约400节精心编排的各种课程，供罪犯选择使用。美国监狱还利用电子计算机详细报道医务工作、建筑工业、机械工业、服务行业和农业的有关情况，监狱机关根据计算机提供的材料、数据，按照行业人员的需要、职业特点、技术水平、行业发展趋势等编制职业培训计划，应用于罪犯职业教育训练中。[1] 教育手段和方法的科技化，是指监狱机关运用现代远程教育技术、互联网通信技术、数字电视技术等高科技成果组织开展对罪犯的教育工作，如远程视频授课、远程视频帮教和亲情视频通话等。

（四）罪犯教育的国际化发展趋势

犯罪是阶级社会共有的现象，随着人类社会不断走向文明和进步，世界各国都在积极探索如何预防和减少犯罪、如何保障罪犯服刑期间的待遇、如何使罪犯刑满释放后顺利回归社会等刑事法律难题，以促进监狱行刑教育制度的国际交流与合作，推动国际性监狱罪犯教育规则的制定和实施。从1846年至1950年，先后召开了14次"国际监狱会议"。1955年后，先后召开了多次"联合国预防犯罪与罪犯待遇大会"。其中，许多会议都广泛讨论了罪犯的道德、宗教教诲、文化教育、职业培训、社会教育、出狱人保护教育、少年犯教育、犯人教育方法、分类累进处遇教育等监狱行刑教育的重大问题，并逐渐把对犯人实施感化教育、使其回归社会作为监狱制度的宗旨，并在各国得到广泛响应。国际监狱会议发布的文件、决议对各国监狱罪犯教育制度的完善和发展也产生了重大的影响。

我国已正式加入联合国《囚犯待遇最低限度标准规则》《少年司法最低限度标准规则》等国际性监狱规则。《囚犯待遇最低限度标准规则》规定，"监所应该利用适当可用的改造、教育、道德、精神和其他方面的力量及各种协助，并设法按照囚犯所需的个别待遇来运作这些力量和协助""应该设法对可以从中受益的一切囚犯继续进行教育，包括在可以进行的国家开展宗教教育。文盲及青少年囚犯应接受强迫教育""在可行的范围内，囚犯教育应同本国教育制度结合，以便出狱后得以继续接受教育而无困难""监所应设置图书室，购置充足的娱乐和教

---

〔1〕 赵卫宽主编：《罪犯教育》，中国政法大学出版社2016年版，第17页。

学书籍，以供各类囚犯使用，并应鼓励囚犯充分利用图书馆”“一切监所均应提供文娱活动，以利囚犯身心健康”。以上规定使罪犯教育的有关制度在国际范围内得到了广泛的认可和实施。罪犯教育的国际交流与合作，有力地推动了罪犯教育事业的发展，是人类社会文明进步历程中的重要内容。[1]

范例习作

刘××，女，46岁，广东省××市××区人，大学本科毕业。2000年3月，刘××因拐卖妇女、儿童罪被判处有期徒刑10年。2000年5月9日，被投入××省女子监狱服刑。2004年10月16日，刘××因改造期间有悔改表现，成绩优异，获减刑1年。2008年6月8日，刘××再次因改造期间有悔改表现，成绩优异，获减刑6个月。2008年6月18日，刘××刑满释放回家。2008年12月28日，刘××在当地政府相关部门的关心、支持和帮助下，创办了“××爱心养老院”和“××希望之星幼儿园”，因经营规模不断扩大，刘××分别于2012年8月、2014年8月和2016年8月3次回××省女子监狱招聘刑满释放表现好的姐妹到她公司工作。目前，刘××公司中有曾经服刑人员26名。2017年10月，刘××光荣地当选为××省××市××区人大代表。2018年3月，××省女子监狱邀请她回监狱向全监服刑罪犯现身说法。她在报告中亲切地说：“是党和政府，是××省女子监狱的人民警察给了我今天的一切。入监狱时，我也曾经悲观和失望，是监狱警察及时找我谈心，希望我换位思考：自己也是为人之母，如果自己的孩子被人拐卖，自己又该如何面对今后的人生？监狱警察还鼓励我知罪、认罪、悔罪，要把刑期当学期，好好利用服刑改造的时间，学好知识，学好本领，争取立功赎罪，回报社会。为此，我在服刑期间参加了自考本科学习，并于2006年6月拿到了行政管理专业的本科毕业证书。同时，我还参加了监狱举办的护理班的职业技术培训，并取得了有关人力资源与社会保障部门颁发的劳动技能证书。出狱后，我创办公司。这其中也有许多心酸和无奈。例如，公司创办之初人们都不愿意把老人和孩子托付给一个曾经因拐卖妇女、儿童被判过刑的人，是政府的相关部门协助我按规定办理了工商营业执照、税务登记证和特殊行业经营许可证等。通过真心、真情、知识和管理水平，群众慢慢相信了我，我的公司不断地发展壮大。”

刘××现象只是我国监狱教育改造罪犯中的一个缩影，这样的实例数不胜数。例如，“最美的哥”广东省××监狱假释人员陈××，面对熊熊大火挺身而出，被广东省××市见义勇为基金会授予“见义勇为”称号；广东省××监狱刑释人员“老

---

〔1〕 赵卫宽主编：《罪犯教育》，中国政法大学出版社2016年版，第18页。

船长”于×，65岁千里走单骑，专程从上海骑行到广东省××监狱探望曾经管教过他的警察；广东省××监狱刑释人员王××，创办了“阳光下之家”，多次回到监狱对服刑人员进行现身说法，开展帮教，并积极协助警方开展民间劝逃；广东省××监狱刑释人员“华南神偷”罗××，刑满释放回家后，将自己的亲身经历编著成《防盗手册》，进行公益宣传防盗，从“神偷”转型成为一名防盗义工。

问题：透过现象看本质，正确运用所学的罪犯教育基础知识，解析范例中监狱的罪犯教育工作。

思路：可从罪犯教育的目的、意义、指导思想、目标任务、基本原则和发展趋势等角度进行分析。

单元小结

重点让学生熟悉罪犯教育的基本原理，掌握罪犯教育的基础知识，形成对罪犯教育工作全面性、概括性、客观性的认识。

问题思考

1. 什么是罪犯教育？为什么要开展罪犯教育？如何开展罪犯教育？
2. 罪犯教育的任务、目标和基本原则是什么？
3. 什么是罪犯教育的法制化、科学化和社会化？

拓展阅读

1. 吴宗宪：《当代西方监狱学》，法律出版社2005年版。
2. 全国十二所重点师范大学联合编写：《教育学基础》，教育科学出版社2014年版。
3. 张远煌、吴宗宪主编：《犯罪学通论》，北京师范大学出版社2017年版。

学习单元二 罪犯教育工作警察

学习目标

了解罪犯教育工作组织机构的基本体系，明确罪犯教育工作警察的岗位职责、工作任务和职业要求。

重点提示

岗位职责；工作任务；职业要求

学习任务1 罪犯教育工作组织机构的基本体系

一、罪犯教育工作的中央领导机构

《监狱法》第10条规定：“国务院司法行政部门主管全国的监狱工作。”国务院司法行政部门是指中华人民共和国司法部。司法部是主管全国监狱工作的最高领导机关，主管全国的监狱和未成年犯管教所的工作，也是全国罪犯教育工作的最高主管机关。但这种主管关系是间接管理关系，行使直接管理权的是在司法部设立的负责全国监狱工作的专门机构，即司法部监狱管理局。司法部监狱管理局直接行使管理监狱和未成年犯管教所工作的权力，负责全国的监狱工作。可以说，它是全国罪犯教育工作最高的直接领导机构，主要是在宏观上制定适应全国范围内的罪犯教育规定、纲要、制度、办法、标准、方法和要求等，并对全国监狱罪犯教育工作进行宏观组织、指导、监督和调控。

司法部监狱管理局是从宏观上对监狱进行管理，对罪犯教育进行组织、指导和监督，对司法部直属监狱行使直接管理权。因此，司法部监狱管理局在内部设有负责组织实施罪犯教育工作的专门部门，即罪犯教育改造处。它是专门负责对罪犯进行教育改造的职能部门。此外，司法部监狱管理局狱政管理处、刑罚执行处、生活卫生处、生产管理指导处等职能机构所进行的活动，在很大程度上也与罪犯教育工作密切配合、相辅相成，形成了对罪犯教育改造的合力，而不能各自为政。

二、罪犯教育工作的省级领导机构

省级行政区域的监狱工作主管机关是各省、自治区、直辖市和新疆生产建设兵团司法厅（局）。各省、自治区、直辖市和新疆生产建设兵团司法厅（局）主管行政区域内的监狱工作，这种主管也是一种间接的管理关系。省级行政区域监狱工作的直接管理部门是各省、自治区、直辖市和新疆生产建设兵团司法厅（局）下属的监狱管理局。各省、自治区、直辖市和新疆生产建设兵团监狱管理局具体管理本行政区域内的监狱工作，主管本行政区域内的监狱和未成年犯管教所，负责对本行政区域内监狱工作的管理和指导。可以说，监狱管理局是各省级行政区域罪犯教育工作的直接领导机构。同时，省级监狱管理局在业务上又受司法部监狱管理局的领导。

省级监狱管理局对本区域内的监狱、未成年犯管教所行使直接管理权。省级监狱管理局在内部设有负责组织实施罪犯教育工作的专门部门，即罪犯教育改造处。它是专门负责对罪犯进行教育改造的职能部门，根据司法部监狱管理局在罪犯教育方面的规定和要求，结合本行政区域内的实际情况，制定适合本行政区域的罪犯教育规章和制度，组织、指导、检查和评定本行政区域的监狱、未成年犯管教所的罪犯教育工作。同样，省级监狱管理局狱政管理处、刑罚执行处、生活卫生处、劳动改造处等职能机构所进行的活动，在很大程度上也与罪犯教育工作密切配合、相辅相成，形成了对罪犯教育改造的合力，而不能各自为政。

三、罪犯教育工作的市级领导机构

20 世纪 80 年代以来，随着国家政治、经济和社会治安形势的发展，全国监狱的发展发生了较大变化。一些原来由省级监狱管理局直接管理的监狱以及一些新建的监狱，下放到地级市人民政府进行管理，由地级市司法局具体行使管理权，所以也称之为市属监狱。这类监狱在业务上接受省级监狱管理局的指导，然后结合本市具体情况，制定适合自身发展的计划和措施，具体组织实施罪犯教育工作。

四、罪犯教育工作的基层执行机构

根据《监狱法》第 2 条和第 4 条的规定，监狱是国家的刑罚执行机关。依照《刑法》和《刑事诉讼法》的规定，被判处死刑缓期二年执行、无期徒刑和有期徒刑的罪犯，在监狱内执行刑罚。监狱对罪犯应当依法监管，根据改造罪犯的需要，组织罪犯从事生产劳动，对罪犯进行思想教育、文化教育、技术教育。因此，监狱是罪犯教育工作的主要执行机构。其主要职能是：贯彻执行“惩罚与改造相结合，以改造人为宗旨”的监狱工作方针，依法管理和教育改造罪犯，组织罪犯劳动改造，确保监管场所的稳定，提高罪犯改造质量。

五、罪犯教育组织机构的关系

（一）中央领导机构和地方领导机构在罪犯教育工作上的关系

在我国，主要是由省级人民政府直接负责监狱的管理和领导工作，具体由司法厅（局）下属的监狱管理局直接负责监狱的领导和管理工作。而司法部监狱管理局作为罪犯教育的最高领导机构，实际上是对全国的罪犯教育工作进行宏观组织、指导、检查和评定，制定一些原则性的规定、纲要、制度、办法、标准、方法和要求等。各省、自治区、直辖市和新疆生产建设兵团监狱管理局根据司法部监狱管理局的要求，在司法部监狱管理局的统一指导下，结合本区域内的实际情况，制定适合本地区的具体计划和措施，具体负责组织实施本行政区域内的罪犯教育工作。这种工作关系是一种业务指导关系，而省级监狱管理局是省级人民政府的工作部门，接受省级人民政府的领导。

（二）司法部监狱管理局与司法部直属监狱在罪犯教育工作上的关系

司法部直属监狱又称为中央直属监狱。直属监狱是相对地方监狱而言的。中央直属监狱由司法部监狱管理局直接领导和管理，所以司法部监狱管理局和中央直属监狱在罪犯教育工作上的关系是领导与被领导的关系。针对直属监狱的特点，司法部监狱管理局对中央直属监狱的罪犯教育工作进行组织、领导、检查和监督，制定适合中央直属监狱特点的具体计划和措施，组织中央直属监狱实施，并进行监督和检查。中央直属监狱在司法部监狱管理局的直接领导下，具体组织实施罪犯教育的各项工作，接受司法部监狱管理局的监督和检查。

（三）罪犯教育工作地方领导机构之间的关系

省级监狱管理局是本行政区域内罪犯教育工作的主管机关。它根据本地区的实际情况，制定适合本地区实际的具体计划和措施，组织省直属监狱实施，同时指导市（地级）属监狱实施，并进行协调、监督和考核。从当前我国监狱管理体制看，由省级人民政府领导和管理监狱是当前最主要的管理体制，即由省级人民政府的监狱管理局来进行直接领导和管理，所以又称为省直属监狱。省直属监狱根据省级监狱管理局在罪犯教育工作上的要求，在其领导下，具体组织实施罪犯教育工作；市（地级）属监狱根据省级监狱管理局在罪犯教育工作上的要求，在其指导下，结合本市（地级）实际，具体组织实施罪犯教育工作。二者都要接受省级监狱管理局的协调、监督和考核。省级监狱管理局和省直属监狱在罪犯教育工作上的关系是领导关系，省级监狱管理局和市（地级）属监狱在罪犯教育工作上的关系是指导关系。

学习任务2 罪犯教育工作警察的岗位职责

一、司法部监狱管理局教育改造处的主要职责

（一）制定罪犯教育工作计划

教育改造工作是有计划、按步骤进行的。教育计划是实施教育改造、实行教学管理的基础。教育计划依据政策法律和上级指示，围绕教育任务和改造要求，根据形势发展和罪犯的实际情况制定，并通过一定的形式和方法指导、督促、检查，确保计划的有效实施。司法部监狱管理局教育改造处负责全国性的罪犯教育计划的制定。

（二）组织编写罪犯教育教材

教材是具体实施教育的工具，是教学的依据和手段。教材质量的高低直接关系到教学质量的好坏。教材应根据教育的总目标和要求，依据教学计划和教学大纲，采用适当的形式和方法编写。现阶段，罪犯教育的统编教材主要有：思想教育教材、文化知识教育教材和职业技术教育教材。司法部监狱管理局教育改造处主要负责组织编写适用全国罪犯教育的基本教材。

（三）开展罪犯教育工作调查研究

罪犯教育改造工作是一种政策性、专业性、针对性很强的工作，必须使之适应国内外形势的变化、国家政策的变化以及罪犯自身的变化。因此，广泛深入地开展调查研究，及时掌握罪犯的新情况、新特点，研究罪犯教育改造工作的新问题、新方法，不断探索罪犯教育改造的规律，不仅能为罪犯教育正确决策提供可靠的客观依据，而且能不断改进罪犯教育改造工作，不断提高教育改造的质量。司法部监狱管理局教育改造处主要负责主持全国性的、政策性的、比较重大的有关罪犯教育工作课题的调查研究，起草罪犯教育改造工作规定、纲要、规章、制度等。

（四）检查指导罪犯教育工作

罪犯教育工作是严格依据法律和政策，按照既定的计划和要求进行的。但是各地的情况不一样，做法和效果不尽相同。司法部监狱管理局教育改造处应随时了解和掌握全国各地罪犯教育工作情况，采取有力措施进行督导和检查，考核罪犯教育的成效，确保罪犯教育政策和教育计划落到实处、收到实效。司法部监狱管理局教育改造处主要负责对省、自治区、直辖市和新疆生产建设兵团监狱管理

局组织开展罪犯教育工作的情况进行宏观监督、检查和指导，同时直接负责对中央直属监狱罪犯教育工作情况进行监督和检查。

（五）总结交流罪犯教育工作经验

罪犯教育工作虽然都是严格依据国家法律和政策，按照司法部监狱管理局制定的计划和要求进行的，但由于各监狱的实际情况、工作思路、工作方法不一样，其效果也不尽相同。那些思路开阔、敢闯敢试、方法得当的监狱往往会走在全国罪犯教育工作的前列，探索出成功的经验。司法部监狱管理局教育改造处应认真总结罪犯教育工作经验、发现罪犯教育工作典型，负责在全国范围内组织经验交流，推广典型的罪犯教育改造工作方法。

（六）加强宣传，争取社会的理解和支持

罪犯教育工作是一项政策性、专业性很强且相对封闭的工作。由于工作的性质比较特殊，社会对这项工作缺乏应有的了解，但它又迫切需要社会的理解和支持，共同做好对罪犯的教育工作。司法部监狱管理局教育改造处负责做好顶层设计，在全国范围内加大对罪犯教育工作的宣传力度，积极与相关部门沟通和协调，争取他们的理解和支持，动员全社会的力量，共同营造一个良好的、有利于罪犯教育改造的社会环境。

二、省级监狱管理局教育改造处的主要职责

（一）制定区域内罪犯教育工作计划

省级监狱管理局教育改造处应根据司法部监狱管理局罪犯教育的计划和基本要求，结合本区域内罪犯特点和教育改造情况，具体制定切实可行的罪犯教育工作计划，并提出具体实施意见。省级监狱管理局的罪犯教育工作计划和实施意见，在贯彻上级精神的同时，重点应放在针对性和可操作性上，确保计划的有效实施和顺利推进。

（二）组织编写区域内罪犯教育教材

罪犯教育的基本教材，应由司法部监狱管理局教育改造处统一组织编写，但是仅有基本教材是不够的。一是政策形势的发展，会不断提出新的适应性的教育要求；二是区域性犯罪的特点：少数民族地区分裂祖国的犯罪、边境地区的贩毒犯罪和外籍犯等，会对罪犯教育提出一些特殊的要求；三是各地罪犯改造活动的不同特点，也会对罪犯教育提出一些特殊性的需求。省级监狱管理局教育改造处应根据区域内罪犯教育的不同需要，组织编写教材，对罪犯及时开展针对性教育。区域相近、罪犯特点大体相同的省（自治区、直辖市），可以互相协作，共同组织编写适合区域罪犯教育需要的教材。

（三）主管区域内罪犯教育工作

省级监狱管理局教育改造处主管区域内监狱对罪犯的入监教育、出监教育、

思想教育、文化教育、职业技术教育、电化教育、个别教育、心理健康教育、心理矫治、监区文化、社会帮教、改造质量评估、教育改造工作目标考核等工作；主管区域内罪犯教育改造工作重要政策、规定、制度和综合性材料的组织起草工作。

（四）检查、监督罪犯教育工作

省级监狱管理局教育改造处是具体组织实施罪犯教育工作最直接的业务主管部门，负责检查、指导和考核区域内监狱罪犯教育工作。一是督促各监狱落实罪犯教育工作计划；二是指导各监狱组织开展罪犯教育工作；三是考核各监狱开展罪犯教育工作成效。

（五）制定罪犯教育管理制度

省级监狱管理局教育改造处负责组织制定区域内罪犯教育管理的相关制度，具体包括罪犯教育工作的台账、罪犯教育工作的各类报表、罪犯教育工作考核标准和实施办法、个别教育能手和标兵的评选办法、罪犯年终思想教育考核和评审工作等。

（六）负责罪犯教育信息调研

省级监狱管理局教育改造处负责区域内罪犯教育改造工作信息的收集、整理、上报工作；负责组织区域内罪犯教育改造政策研究和工作调研，总结、推广罪犯教育工作成功经验和做法。

（七）组织、指导开展社会帮教工作

省级监狱管理局教育改造处负责制定区域内年度社会帮教工作计划；负责指导、管理和规范区域内各监狱社会帮教工作；指导区域内各监狱开展刑释人员安置帮教工作；负责区域内刑释人员数据管理工作。

（八）负责报刊的编辑出版工作

省级监狱管理局大多办有一份面向罪犯、服务罪犯教育改造的报刊。具体由省级监狱管理局教育改造处负责报社日常管理工作；稿件的统稿和审稿工作；编辑出版工作等。

三、监狱教育改造科工作职责

1. 贯彻执行党的监狱工作方针政策和《监狱法》。依据《监狱法》及上级的罪犯教育改造工作部署，组织实施各项罪犯教育改造工作，强化罪犯教育改造职能，探索和总结罪犯教育改造经验，提高罪犯教育工作成效，完成监狱对罪犯的教育改造工作任务。

2. 根据省级监狱管理局教育改造处的部署，紧密联系监狱实际，拟定罪犯思想、文化、职业技术教育的长期规划和年度计划，开展全方位、多层次、多形式的罪犯教育工作，并抓好组织实施。

3. 负责检查监狱罪犯教育基础工作的实施情况，审查教学计划，考核效果。抓好年度评比和年终总结评审工作，提高教学质量。

4. 负责组织、开展罪犯入监教育和出监教育；组织罪犯离监探亲和离监外出参观学习。

5. 负责调查、掌握、分析和综合各时期罪犯的思想动态，每月分析 1 次，按时上报省监狱管理局，并依据罪犯思想动态的特点，适时开展有针对性的专题教育。

6. 负责建立、健全罪犯心理矫治管理网络体系；负责罪犯心理卫生、心理健康教育及宣传活动；负责罪犯心理测试和评估；建立和完善罪犯心理档案；负责罪犯心理咨询和心理疾病的治疗和跟踪工作；负责组织开展罪犯心理研究和进行相关的学术交流；负责指导监区开展罪犯心理矫治工作。

7. 负责组织开展监区文化建设；紧扣时代脉搏，围绕监狱中心工作，利用报刊、电视、广播等新闻进行辅助教育；办好图书室、阅览室，组织开展形式多样、丰富多彩的文体活动，促进罪犯积极改造。

8. 负责组织开展社会帮教工作；做好罪犯教育改造工作向前、向外、向后延伸工作。积极与有关部门和人士联系，争取和运用社会力量，建立、健全各种教育改造网络，扩大罪犯与社会的联结点，确保社会帮教覆盖面达到指标，充分调动罪犯的改造积极性。

9. 负责组织罪犯改造质量跟踪调查工作，总结研究罪犯教育改造工作经验，加强罪犯教育改造经验的交流，提高教育改造工作质量。

10. 负责与教育、人力资源和社会劳动保障等部门联系，办理罪犯的文化毕业（结业）和技术等级证书，做好监狱自学考试考点的管理和发展工作。

11. 负责督促、检查监狱警察所包管罪犯的“四知道”和个别教育等基础工作。

12. 负责监狱的监区文化建设，组织和指导监区具体开展监区文化建设。

四、监区罪犯教育工作警察职责

1. 根据监狱教育改造科的统一安排，负责制定全年各阶段罪犯教育工作计划及有针对性的教育改造工作对策。

2. 根据监狱教育改造科的统一安排，具体组织罪犯开展思想教育、文化教育、职业技术教育、辅助教育和罪犯服刑指导。根据罪犯实际情况进行编班，维护课堂纪律和教学秩序，保证教育效果。

3. 负责罪犯教育改造方面的考核和奖惩工作。

4. 落实罪犯的心理健康教育、心理测试和心理矫治工作。

5. 落实罪犯分类教育和个别教育。

6. 落实监区文化建设。具体组织和指导罪犯开展各种文体活动，做好重大节日活动安排，丰富监区文化活动。

7. 负责组织罪犯年终总结评审工作。

8. 负责管理监区图书室、阅览室、电教室等教育场馆和设施设备，按要求对监区墙报、黑板报、阅报栏等教育宣传设施的内容进行定期更新。

9. 负责罪犯通讯员的管理和教育。

10. 落实“顽危犯”的教育转化工作，至少每半个月研究、分析 1 次罪犯思想动态。

11. 落实社会帮教工作，签订各类帮教协议。

12. 建立、健全罪犯教育改造工作台账，提供相关业务数据，及时上报各类教育改造工作计划、总结和报表。

五、分监区罪犯教育工作警察职责

1. 对辖区的监室实行“五包”，即包管理、包教育、包卫生、包生产、包安全。每周至少研究、分析 1 次罪犯思想动态。

2. 抓好罪犯政治学习和军事化训练，管好监室内务和罪犯劳动纪律及生产质量。

3. 对分管的罪犯做到“四知道”，即知道基本情况、主要案情、诉讼进程和思想动态，有针对性地做好罪犯思想教育工作。

4. 坚持对罪犯进行政策、法制、道德、形势、前途和文化知识等教育，促使在押人员服管服教。对新入监的罪犯要在 24 小时内进行第一次谈话。

六、小组（队）罪犯教育工作警察职责

1. 负责本小组罪犯的直接管理教育。

2. 掌握本小组罪犯的基本情况、思想动态等。

3. 抓好对本小组罪犯的日常行为养成。

4. 主动、深入地了解、收集犯情，及时发现问题，加强请示报告，对“顽危犯”进行包夹控制，制订教育转化措施，进行个别教育和个案矫治。

5. 直接对本小组犯人进行日常考核、管理、教育。

6. 建立罪犯教育管理工作档案，做到资料齐全。

7. 负责有关教育工作台账、报表、审批材料的填写、审核。

学习任务3　罪犯教育工作警察的工作任务

罪犯教育工作警察，是指在监狱工作中，组织实施或直接实施罪犯教育工作的警察，包括各级监狱机关的主要领导、分管罪犯教育工作的领导和负责罪犯教育业务工作部门的人民警察，监区主要领导、分管罪犯教育工作的领导、监区教育干事以及在基层直接从事罪犯教育工作的警察。

罪犯教育工作警察，既是执法者，依据法律和法规对罪犯实施教育改造；又是教育者，根据教育原则和规律对罪犯实施思想改造、知识传播和技能传授；同时，罪犯教育工作警察还是管理者，依法依规对罪犯实施科学管理、文明管理和严格管理，保障各种教育手段和方法的实施。罪犯教育工作警察的工作具有法定性和权威性。在罪犯教育中，罪犯教育工作警察处于绝对的支配地位，发挥主导作用。罪犯必须依法接受教育，处于被支配地位，必须无条件地接受教育。罪犯教育工作警察的工作任务主要有：

一、改造罪犯思想

罪犯教育工作警察，通过理论灌输以及其他多种形式的教育工作和教育活动，使罪犯认罪悔罪，对罪犯的思想改造发挥主导作用。其内容集中在三点：一是帮助罪犯端正政治态度。教育、引导罪犯以政治改造为统领，拥护中国共产党的领导，拥护社会主义，热爱祖国，热爱人民，努力让自己由一个社会主义的破坏者转变为一个社会主义的建设者。二是帮助罪犯树立正确的“三观”。树立正确的世界观、人生观和价值观，有利于罪犯正确认识世界，坚定改造信念，积极改造；有利于端正罪犯对人生目的、意义和道德的根本看法和态度，从而树立正确的幸福观、苦乐观、生死观、荣辱观和恋爱、婚姻、家庭观等；有利于罪犯抛弃利己主义、享乐主义、拜金主义，由一个危害社会和人民的人，转变为一个有益于社会和人民的人。三是帮助罪犯掌握正确的方法论，正确认识社会、认识生活、认识自己、认识身边的人和事，采用正确的态度和方法，避免重蹈覆辙。罪犯的思想改造是一个渐进的、反复的过程，罪犯教育工作警察在这个过程中起主导作用，必须始终把握正确的政治方向，用正确的政治态度、正确的世界观、人生观、价值观和正确的方法论去教育和引导罪犯改恶从善。

二、矫正罪犯恶习

一般来说，犯罪是不良思想和行为恶性发展的结果。罪犯通常都不同程度地存在各种各样的恶习，这些恶习通过教育会逐渐得到矫正。罪犯恶习的矫正有一个由不自觉到自觉的过程，在这个过程中，罪犯教育工作警察要发挥引导作用，始终把握矫正的要求、力度和效能。一是通过制度规范，把良好的思想和行为要求融于制度之中、用严格的制度抑制恶习的发展；二是通过激励引导，对正确的、上进的、有序的思想和行为给予鼓励和奖励，激发和支持罪犯的进步思想和行为，使其不断固化；三是发挥惩戒作用，对错误、消极的思想和违法乱纪的行为进行坚决的斗争，必要时给予严厉的惩戒，让罪犯充分感受到由此而产生的痛苦和需要付出的代价，从而引以为戒。矫正罪犯恶习，既要重视思想上的引导，又要重视行为上的引导。一方面加深罪犯对恶习危害的认识，增强主观能动性；另一方面加强对罪犯的指导和监督，帮助他们逐渐养成良好的行为习惯。

三、传导知识技能

随着社会的进步和发展，对人的素质的要求越来越高。提高人的素质是社会主义精神文明建设的重要内容，而文化知识和职业技能更是人赖以生存和发展不可缺少的基本素质。罪犯之所以走上犯罪的道路，不能完全归结于素质不高，但绝大多数罪犯的基本素质低下、知识贫乏、缺少谋生的职业技术和基本技能是不争的事实。因此，教育改造罪犯从增长知识、提高职业技术和基本技能入手，进行系统的文化知识和职业技能教育培训，实践证明这是十分有效的。在这个过程中，罪犯教育工作警察起着文化知识和职业技术、职业技能的传导作用。一方面，他们通过组织课堂教学的方式直接向罪犯传授文化知识、职业技术和职业技能；另一方面，他们通过组织罪犯生产劳动的方式，让罪犯掌握一定的职业技术和职业技能，学会一技之长。

四、重塑罪犯人格

罪犯在服刑期间的人格或多或少都存在一定的缺陷，有的罪犯入监前就存在人格缺陷，有的罪犯在服刑期间出现了人格不健全。不管是什么原因引起的，人格不健全都会对罪犯的服刑改造和今后刑满释放回归社会产生不利的影响。因此，罪犯教育工作警察的重要任务之一就是重塑罪犯人格。其具体工作任务主要包括：组织罪犯开展心理健康教育；组织罪犯进行心理测试和评估；对有心理问题的罪犯进行有针对性的心理矫治和心理危机干预。

学习任务4　罪犯教育工作警察的职业要求

一、素质要求

罪犯教育工作警察直接从事罪犯教育改造工作，其自身素质的高低，直接关系到罪犯教育工作的成效，关系到罪犯改造质量的高低。因此，罪犯教育工作警察必须具备极高的综合素质。罪犯教育工作警察是监狱人民警察的一部分，在具备监狱人民警察基本素质要求的基础上，还应具备以下几方面的素质要求：

（一）政治思想素质

1. 要有坚定的政治立场。罪犯教育工作警察必须坚决拥护中国共产党的领导，拥护社会主义制度，具备坚定的共产主义理想信念；必须坚持不懈地学习中国特色社会主义理论体系，认清社会发展的规律，加强道路自信、理论自信、制度自信和文化自信；必须牢固树立“四个意识”：政治意识、大局意识、核心意识和看齐意识；做“四讲四有”的合格人民警察：即讲政治有信念、讲规矩有纪律、讲道德有品行、讲奉献有作为；坚持完善以五大改造为根本的罪犯改造体系。不断提升政治站位，始终坚持党对监狱工作的绝对领导，在政治立场、政治方向、政治原则、政治道路上同党中央保持高度一致；必须认清社会主义初级阶段还存在一定范围内的阶级斗争，有时还会比较复杂和尖锐这一不争的事实。罪犯教育工作警察处于罪犯教育工作的第一线，必须始终保持清醒的政治头脑，坚持正确的政治立场，保持高度的政治敏锐性。

2. 要始终坚持中国特色的社会主义，坚持社会主义精神文明。坚决同不正确、不健康的社会思潮以及罪犯的各种错误政治观点、思想观念作斗争，同一切反改造活动作斗争，把握政治思想教育的主动权，用正确的政治态度和政治观点教育和主导罪犯的思想改造。

3. 要严格按党的政策办事，坚决维护国家和人民的利益。有明确政策规定的，应当严格按政策办事；政策规定不明确的，应当具体问题具体分析，按照有利于国家、有利于社会、有利于人民、有利于监管安全、有利于罪犯改造的原则办事。要始终坚守“忠诚、为民、公正、廉洁”的政法干警核心价值观，坚决抵御各种不正确政治思想观念的冲击，牢固树立忠诚、担当、敬业、干净干事的政治品格，紧紧依靠党的政策和国家的法律法规，做好罪犯教育工作。

（二）职业道德素质

1. 爱岗敬业。爱岗敬业是罪犯教育工作警察做好本职工作最基本的职业道德素质。罪犯教育改造工作使命神圣，责任重大，是一个艰苦的、长期的活动过程。罪犯恶习的矫正，犯罪思想的祛除，正确世界观、人生观和价值观的形成，良好道德行为的养成，个性的磨练，实非一日之功。有的要经过几年、十几年，甚至几十年的教育改造，才能取得成效。罪犯教育工作警察所从事的劳动是集脑力劳动和体力劳动于一身的极其复杂的劳动。这种劳动集多种职能于一身。这种劳动性质要求罪犯教育工作警察必须具备忠心耿耿、认真负责、兢兢业业、鞠躬尽瘁、不畏劳苦、甘于奉献的敬业精神，以及热爱党的监狱工作事业的强烈社会责任感和工作事业心。罪犯教育工作警察要充分意识到自己所担负的历史责任，以极大的热情投入到罪犯教育当中去。

2. 进取奉献。一是要学习。把学习当作迅速提高自己工作能力的重要途径。不及时学习“充电”，水平和能力就会跟不上工作发展的需要，就不利于提高罪犯改造质量。二是要勤奋。勤能补拙，勤能出巧，勤奋能出经验、出成果，优秀警察的成长都是勤奋进取的过程。要经常深入罪犯改造三大现场，在罪犯教育工作中做到“脑勤、嘴勤、手勤”。罪犯教育工作警察要树立亲力亲为的勤政意识，在罪犯教育工作中不嫌麻烦，不回避问题，要有信心、恒心和细心。三是要肯奉献。罪犯教育工作，有许多是8小时以外的工作，因为罪犯思想的变化不会因警察下班而停止。同样，做罪犯思想教育转化工作的最好切入点绝大多数也不在警察的上班时间，往往在下班时间。罪犯教育工作警察也只有利用休息时间来进行自身学习、提高。因此，罪犯教育工作警察如果不具备开拓创新、无私奉献的精神，就无法胜任此项工作。

3. 公正廉洁。罪犯教育工作警察既是教育者，又是执法者和管理者，在对罪犯的奖惩、减刑、假释等方面都握有一定的权力。能否严格、公正、客观执法，既关系到每位罪犯教育工作警察的形象，也关系到监狱警察队伍的整体形象，最终会直接影响罪犯教育的成效。因此，罪犯教育工作警察必须时时处处严格要求自己，做到客观公正、勤政廉洁、不徇私情、不谋私利、严格管理、文明执法、科学施教。善于运用法治思维和法治方式推动工作，凡是涉及罪犯的权利、待遇和奖惩方面的问题，都应依法、依规、公平、公开、公正处理，以公正无私的执法者形象影响罪犯，以身作则，言传身教，提高教育改造的公信力，提高教育改造效果。

（三）专业技能素质

1. 精通罪犯教育的专业知识。一是必须具备较强的综合分析能力，善于从罪犯的犯罪经历、日常改造的表现和言行举止中综合分析出罪犯的思想动态，掌握他们的特点，组织开展有针对性的教育。二是必须具备能够开展罪犯个别教育的素质。个别教育包括个别谈话和个案矫治。个别教育是罪犯教育工作警察的基本功，是教育改造罪犯、转变罪犯思想最基本、最有效、最直接的手段之一。罪犯教育工作警察要善于把握个别谈话的时机、方式、方法和技巧；制定和组织实施个案矫治方案。三是必须具备教育管理方面的素质。罪犯教育是一种特殊教育，作为教育者，必须具备教育管理方面的基本素质，熟悉教育教学规律，擅长组织各类教育教学活动。四是必须具备较强的组织指挥能力。罪犯教育工作警察需要经常组织罪犯开展形式多样、丰富多彩的有利于罪犯身心健康和积极改造的大型活动，为确保这些活动安全、有序地开展，并达到预期的教育目的，罪犯教育工作警察必须具备较强的组织指挥能力。

2. 熟悉罪犯教育工作业务。罪犯教育的业务范围主要包括：入监教育、中期教育、出监教育、集体教育、个别教育、心理危机干预、分类教育、监区文化建设、社会帮教和教育管理等。作为罪犯教育工作警察，必须熟悉所有罪犯教育工作的业务，并能得心应手地操作所有业务工作。

3. 了解罪犯教育发展的历史和趋势。罪犯教育工作并非今天才有，古今中外有许多罪犯教育方面的经验值得我们去研究和借鉴，有许多教训值得我们去总结和吸取，罪犯教育工作警察只有客观了解历史，科学预测未来，才能更好地做好当今的工作。

（四）文化知识素质

罪犯教育工作是一项做人的思想教育转化的工作，因此，对教育者来说，必须具有较高的文化知识才能胜任。当然，文化程度并不等于能力和水平，但是文化程度是所受教育的记录，受教育多，积累就多，潜力就大，能力和水平提高就快。马克思曾经说过："人是教育和环境的产物。"接受什么样的教育，就会有什么样的人，低文化程度与高文化程度的人在素质上是有明显区别的。罪犯教育工作警察应当具有较高的文化程度和合理的知识结构。

1. 具备广博的文化基础知识。罪犯教育工作是一项复杂的工作，它要求罪犯教育工作警察要成为一名"大家"和"杂家"。罪犯教育工作所要处理的问题是多方面、多层次、宽领域的，而运用到的知识也是多学科、多领域、全方位的。罪犯结构的复杂多样也对罪犯教育工作警察的知识广博提出了较高的要求。同时，罪犯教育场所从形式上来看是封闭的，但其实质上却又是开放的。罪犯教育工作警察每天要处理大量的信息，要正确分析和处理好这些信息，就必须具备广博的文化基础知识，包括人文社科知识和自然科学知识。首先，要具备较好的理论功底。懂得哲学、政治经济学、科学社会主义的基本原理，掌握马列主义、毛泽东思想和中国特色社会主义理论的基本知识。其次，要具备伦理学、社会学、史学、逻辑学、美学、行为学、信息学以及相关自然科学知识。

2. 具备精深的专业知识。精深的专业知识，是罪犯教育工作警察做好工作的前提。社会进步和时代的发展、现代化文明监狱的创建，需要具备丰富专业知识的警察从事罪犯教育工作。罪犯教育工作警察的专业知识一般有三个层次：第一层次主要包括法学、教育学、心理学、犯罪学、管理学等方面的知识。第二层次主要包括监狱学、罪犯教育学、罪犯心理学等方面的知识。第三层次主要包括罪犯教育工作警察所承担的各类教育教学或专门工作所涉及的专业知识。

3. 具备相关的学科知识。与罪犯教育相关的学科主要包括：狱政管理学、狱内侦查学、罪犯劳动改造学、监狱生产经营管理学、中外监狱史学、语言文学等。

（五）身体体能素质

身体体能素质是指罪犯教育工作警察应该具有的身体和体能方面的要求。强健的身体是从事罪犯教育改造工作的重要条件，是其他素质赖以形成和发展的物质基础。罪犯教育工作警察工作危险性大，劳动强度高，工作时间长，随时会遇到各种突发紧急情况，必须快速投入应急行动之中。如果身体病弱无力，不仅难以胜任本职工作，而且可能因无力应付突发事件制服罪犯而危及自身，给自己、家庭或给国家带来不应有的损失。罪犯教育工作警察的身体素质是多方面的，主要包括以下内容：

1. 具备良好的体能。罪犯教育工作警察的工作环境艰苦，工作任务繁重，工作时间持久，这要求罪犯教育工作警察必须具备应对超负荷工作的特殊体能。

2. 具备充沛的精力。充沛的精力影响罪犯教育工作警察的意志、情感与身体活动的强度、速度、稳定性等。因此，罪犯教育工作警察必须具备充沛的精力。

3. 具备较强的适应力。罪犯教育工作警察特殊的工作环境、艰苦的工作条件、超负荷的工作强度，决定了罪犯教育工作警察必须具备良好的对环境的适应能力和对疾病的抵抗能力，以便提高工作质量和效率。

（六）心理健康素质

心理健康素质是指罪犯教育工作警察在心理过程（认知、情感、意志）和个性心理特征（能力、气质、性格）方面的素质。由于职业的特殊性，罪犯教育工作警察长期处在高风险、高压力、高强度的工作环境中，这容易导致其心理健康水平下降。罪犯教育工作警察以特殊的人为工作对象，其工作主要是心与心的较量，具有复杂性、隐蔽性、尖锐性、突发性以及理智与情感共同作用等特点。罪犯教育工作警察心理健康状况如果不好，会带来比其他从业人员更加严重的后果。如果罪犯教育工作警察长期处于焦虑状态，遇事将不够冷静，或者产生过激反应，造成处理问题的方法简单粗暴，甚至会无法控制自己的情绪而打骂、体罚或是虐待罪犯，从而导致罪犯产生误解以及抵触的心理和过激行为，甚至不由自主地违法犯罪，致使教育改造质量降低，造成不良社会影响。此外，心理健康状况不好的罪犯教育工作警察会产生职业倦怠、人际关系不协调、身体健康受损等不良现象，削弱幸福指数与职业荣誉感，严重影响到生活、学习、工作等。因此，良好的心理素质是罪犯教育工作警察必备的条件之一，是做好罪犯教育改造工作的前提条件。罪犯教育工作警察良好的心理素质主要包括以下内容：

1. 具备成熟的自我意识，包括自我观察、自我评价、自我体验、自我监督、自我调节和自我控制。

2. 具备丰富、积极的情感和顽强的意志。罪犯教育工作警察对自己所从事的教育改造罪犯工作要有必胜的信念、坚持不懈的奋斗精神和克服困难的坚强毅力。

3. 具备良好的心理品质，包括具有正确的世界观、人生观和价值观、全心全意为人民服务的思想和坚忍不拔、百折不挠、处变不惊的良好意志品质等。

二、能力要求

能力是完成一项目标或任务所体现出来的综合素质。罪犯教育工作警察在对罪犯进行教育改造的工作中应具备良好的履行职务的能力，这些能力主要包括以下几个方面：

（一）综合分析能力

“综合”是指人们在头脑中将事物的各个部分或组成要素按照一定的内在逻辑概括出一般特征。“分析”是指人们在头脑中将组成事物的整体分解为若干部分或者按照要素逐一说明其内在本质的过程。人们认识事物的过程就是分析和综合的辩证过程。综合分析能力主要包括：认识问题的能力、分析问题的能力。

1. 认识问题的能力，是指透过某些现象认识其本质或规律的能力。认识问题的核心是具备良好的观察能力。观察能力是一种特殊形式的感知能力，是指人在感知活动过程中通过眼、耳、鼻、舌、身等感觉器官准确、全面、深入地感知客观事物特征的能力。

罪犯教育工作警察认识问题的能力是指通过对罪犯的日常行为、言行举止、神情姿态等习惯或变化的观察，发现罪犯在不同时期、不同阶段的思想变化和问题的能力。只有具备了这种能力，罪犯教育工作警察才能及时采取有针对性的教育改造措施。

2. 分析问题的能力，是指对某一现象所进行的有理有据的、逻辑严密的剖析能力。罪犯教育工作警察对罪犯的思想、言行及罪犯之间的问题应具有能够进行正确分析、判断的能力。

罪犯教育工作警察在工作中，始终处于真假、虚实、错综复杂且千变万化的环境之中，面临随时可能发生的突发事件。分析问题的能力就是要求罪犯教育工作警察能够分析罪犯思想和言行的真相，擅长进行去伪存真、由表及里、由此及彼的分析判断，抓住事物的本质，始终保持清醒的头脑，慎重应对千奇百怪的事态及形形色色的罪犯，处事不乱、处变不惊、临危不惧、灵活应对、透过现象看本质。

（二）政策理解与落实能力

政策理解，是指准确把握政策出台的目标和意义，也就是说，准确把握出台政策是为了解决什么问题。政策落实，是把制定的目标转化为看得见、摸得着的现实成效。一分部署，九分落实。不落实或不会落实，不仅影响政策落地见效，而且会损害党和政府的形象和公信力。好政策，只有贯彻落实，才有生命力。

罪犯教育工作警察是党和国家政策的具体执行者，能否准确理解和及时落实党和国家的政策，直接关系到罪犯教育的成效和改造质量的高低。因此，罪犯教育工作警察必须具备较强的政策理解与落实能力。

（三）计划组织能力

计划组织能力指能够清晰分析任务目标，合理调配资源，正确安排各项工作任务，对计划执行过程中的重要环节重点监控，对潜在问题有所准备的能力，主要包括信息获取能力、调查研究能力、宣传鼓动能力和活动策划能力等。

罪犯教育改造过程是一个极其复杂的系统工程。罪犯教育工作警察为此需要做大量的工作，其中包括全面、详尽、客观、准确获取罪犯改造信息，广泛开展调查研究，积极宣传党和国家的各项方针政策，策划形式多样、丰富多彩的各种有利于罪犯改造的活动等。这都要求罪犯教育工作警察具备足够的计划组织能力。

（四）应变处突能力

应变处突能力是指人们处于突发意外的压力情境下，能够迅速反应，抓住需要解决的问题，并寻求合适的方法，使事情得以妥善解决的能力。

罪犯教育工作警察工作的对象是罪犯，他们每天都在进行改造与反改造的交锋和较量。许多罪犯具有狡诈、阴险，甚至凶残的特点，且思想、言行和情绪往往都难以控制，偶尔会出现一些难以预测的突发现象。罪犯教育工作警察只有具备应变处突能力，才能胜任本职工作，否则可能会给国家或自身带来不必要的损失。

（五）沟通协调能力

沟通能力是指能针对不同的对象采取不同的语言或行为方式、风格，将自己的思想准确无误、清晰而有条理地表现出来，让对方接受并能引起反响的能力。协调能力是指能通过合适的方法将工作需要的各种资源、各个环节、各个要素组合起来，达到工作目标、取得工作效果的能力。

罪犯教育工作警察在对罪犯实施教育改造的过程中，不仅需要监狱内部的政工部门、狱政管理部门、狱内侦查部门、生活卫生部门、生产经营管理部门、行政后勤部门等的紧密配合，而且还需要社会上的教育部门、人力资源与劳动保障部门等的大力支持和密切配合，这就需要罪犯教育工作警察具备很好的沟通协调能力。

（六）语言表达的能力

语言表达能力，是指在口头语言（说话、演讲、作报告）及书面语言（写作）的过程中运用字、词、句、段的能力。口头语言与书面语言均以语言为基础媒介。虽然书面语言可以是对口头语言的归纳和总结，但是两者并无直接关系，口才不好不一定笔才也不好。语言表达能力具体指用词准确、语义明白、结构妥帖、语言简洁、文理贯通、语言平易、合乎规范，能把客观事物概念表述得清晰、准确、连贯、得体，没有语病。

罪犯教育工作警察的主要工作任务就是对罪犯进行说教、授课以及完成一些应用文书的写作。因此，语言表达能力是罪犯教育工作警察的必备能力。

范例习作

陈××，男，1971 年出生，1992 年 6 月参加工作，法学博士，广东省××监狱罪犯危险性评估中心及正念训练中心主任，兼任中国法学心理学专业委员会理事，广东省教育学会国学教育委员会常务理事、学术部部长，华南师范大学、华南农业大学兼职硕士生导师，中国监狱学会理论研究专家、高级心理咨询师。

陈博士爱岗敬业，刻苦钻研，做到干一行、爱一行；爱一行，钻一行。他当初就读的是中专层次的广东司法警察学校，毕业分配到监狱工作后，他在工作的实践中深深地意识到，要想当好一名合格的监狱警察，特别是罪犯教育工作警察，只凭警校 2 年的书本知识和干好工作的决心还远远不够。从此，他暗下决心，要不断学习进取。他为自己制定了详细的学习计划和目标，不断向书本、工作实践、周围同志们学习。在监狱领导的大力支持下，通过自己不断努力，他相继完成了法律本科和法学研究生的学业，最终取得了中国政法大学法学博士学位，并成为中国科学院心理研究所的心理学博士后、澳门大学法学院博士后。他先后出版专著《犯罪的相对剥夺论》，参编《犯罪心理学》《检查人员心理健康读本》《监狱法的修改与完善》等统编教材和著作，在 SCI 等级别学术刊物发表论文多篇。

陈××说得最多的一句话是："我的成长得益于监狱工作的具体实践和监狱警察这个好集体。我从老一辈监狱人民警察的身上学到了如何做好各类罪犯教育改造工作的方法，学到了如何用爱心、细心、诚心和恒心真诚帮助罪犯，学到了如何应对突发事件，沉着冷静、处变不惊的工作态度，学到了艰苦奋斗、勇于创新、刻苦钻研、无私奉献的优秀品质。”陈××先后与罪犯个别教育谈话五千多次，做罪犯的心理治疗和心理辅导一千多次，使几百名罪犯的心理得到康复，放下了思想包袱，积极投入改造；使几十名罪犯打消了自杀念头；使几十名危险犯和顽固犯思想得到了转化；成功教育转化了多名在全国有较大影响的特殊类罪犯。他首创的“罪犯正念训练中心”，在全国监狱系统得到了广泛推广。

陈××也得罪过一些人。有些罪犯家属试图通过他为自己的亲人争取减刑，其中也不乏陈××的亲戚和朋友。他说：“我不能为了那点钱置国家法律于不顾。”对于别人送给他的钱，他都坚决拒收，全部送还当事人，实在不行的，就上交给单位纪委。

问题：试结合陈××的成长及工作成绩，谈谈如何做好一名罪犯教育工作警察？

思路：可从罪犯教育工作警察的岗位职责、工作任务和职业要求等方面进行分析。

通过学习，让学生了解罪犯教育工作组织机构的基本体系，明确罪犯教育工作警察的岗位职责、工作任务和职业要求，从而不断加强学习和修养。

问题思考

1. 罪犯教育工作组织机构的基本体系是什么？
2. 罪犯教育工作警察的岗位职责是什么？
3. 罪犯教育工作警察的工作任务有哪些？
4. 罪犯教育工作警察的职业要求有哪些？

拓展阅读

1. 李永清主编：《警察法学》，中国民主法制出版社 2008 年版。
2. 岳平：《监狱人民警察职业素养概论》，中国法制出版社 2013 年版。
3. 陈连喜主编：《监狱人警察概论》，中国政法大学出版社 2013 年版。
4. 杨殿升主编：《监狱法学》，北京大学出版社 2008 年版。

学习单元三　入监教育

学习目标

通过本单元的学习，了解和掌握入监教育、入监评估、服刑指导、行为养成、考核验收等内容及操作要求。能够根据入监教育知识和要求，较为熟练地组织开展入监教育工作，处理好相关问题。

重点提示

入监教育；入监评估；考核验收

基础知识

根据《监狱法》《监狱教育改造工作规定》《教育改造罪犯纲要》等法律、规章的有关要求，对新入监的罪犯，应当建立服刑改造专档，集中进行2个月的入监教育。重点是开展法律常识教育和认罪悔罪教育，使罪犯了解在服刑期间享有的权利和应当履行的义务，了解和掌握罪犯的行为规范。教育引导罪犯认罪悔罪，明确改造目标，适应服刑生活。用科学的手段和方法，了解和掌握新入监罪犯的基本情况、认罪态度和思想动态，对其危险程度、恶性程度、改造难度进行评估，提出关押和改造建议。入监教育结束后，监狱要对罪犯进行考核。对考核不合格的，应当延长入监教育时间，时限为1个月。

项目3-1　组织开展入监教育

一、任务说明

（一）入监教育概念

入监教育是监狱教育改造工作的第一个环节，是针对新入监的罪犯法律意识淡薄、权利义务模糊、身份意识不确定、对监狱改造生活不适应而设定的阶段性教育，是监狱教育改造工作的起始环节。通过入监教育使罪犯知晓享有的权利，明确身份和义务，从而认罪悔罪，养成良好的改造行为，为罪犯服刑中后期顺利改造打下坚实基础。

（二）入监教育的法律法规

根据《监狱法》《监狱教育改造工作规定》《教育改造罪犯纲要》等法律、规章等有关要求，入监教育应当做好以下五个方面工作：

1. 对新入监的罪犯，应当将其安排在负责新收分流罪犯的监狱或者监区，建立服刑改造专档，集中进行为期 2 个月的入监教育。

2. 新收罪犯入监后，监狱（监区）应当向其宣布罪犯在服刑期间享有的权利和应当履行的义务。罪犯在服刑期间享有下列权利：人格不受侮辱，人身安全和合法财产不受侵犯，辩护、申诉、控告、检举以及其他未被依法剥夺或者限制的权利。罪犯在服刑期间应当履行下列义务：遵守国家法律、法规和监规纪律，服从管理，接受教育改造，按照规定参加劳动。

3. 监狱（监区）对新收罪犯，应当进行法制教育和监规监纪教育，引导其认罪悔罪，明确改造目标，适应服刑生活。

4. 监狱（监区）应当了解和掌握新收押罪犯的基本情况、认罪态度和思想动态，对罪犯进行分析和心理测量，对其危险程度、恶性程度、改造难度进行评估，提出关押和改造的建议。

5. 入监教育结束后，监狱（监区）应当对新收罪犯进行考核验收。对考核合格的，移送相应类别的监狱（监区）服刑改造；对考核不合格的，应当延长入监教育，时限为 1 个月。

（三）入监教育的内容

入监教育的重点是开展法律常识教育和认罪悔罪教育，使罪犯了解在服刑期间享有的权利和应当履行的义务，了解和掌握服刑人员的行为规范。具体有以下六个方面：

1. 监狱知识教育。监狱知识教育的目的是让罪犯正确认识监狱，正确处理与警察、其他罪犯的关系，树立接受惩罚与改造的罪犯角色意识。要以《监狱法》为基础，对罪犯进行监狱知识教育，让他们充分认识到我国监狱是人民民主专政的工具，是刑罚执行机关；监狱的任务是惩罚与改造罪犯，监狱的工作方针是“惩罚与改造相结合、以改造人为宗旨”；改造主要有政治改造、监管改造、教育改造、文化改造和劳动改造五大手段。同时，还要阐明警察的职责和纪律、罪犯的法定权利与义务等。

2. 认罪服法教育。认罪服法教育一般分为三个阶段：第一阶段是正面灌输教育，指出认罪服法对改造思想的重要性，让罪犯了解与自己有关的刑事法律知识；针对新收押罪犯中存在的不认罪服法情况进行分析、批驳。第二阶段是清算危害阶段，通过组织罪犯算危害账、开展“假如我是受害者”等系列活动，使罪犯认识到犯罪造成的严重后果和恶劣影响。第三阶段是“交揭查”阶段，让罪犯交待自己的余罪、检举揭发他人的违法犯罪线索、查找自己的犯罪原因等。

3. 行为规范教育。根据《监狱服刑人员行为规范》，结合罪犯改造生活实际，逐章逐条宣讲基本规范、生活规范、学习规范、劳动规范、文明礼貌规范的具体含义。在讲解的基础上，要求每个罪犯达到“三会”：会背诵，是指会背诵《监狱服刑人员行为规范》条文或者简化的“顺口溜”；会遵守，是指在罪犯改造中全方位地按照《监狱服刑人员行为规范》的要求去做；会操练，是指能够根据警察的口令熟练地进行队列操练。

4. 岗前知识培训。这项教育需要入监教育警察和劳动改造部门的警察联合起来，根据本监狱劳动项目的具体情况进行。要让罪犯了解监狱劳动的两重性，既要有利于劳动改造罪犯思想，又要讲究科学生产和劳动效率，遵循客观经济规律；要结合监狱具体劳动项目，组织罪犯参加习艺劳动，讲授劳动技术基本知识、劳动安全注意事项；要教育罪犯服从劳动岗位和工种分配，积极接受劳动改造。

5. 改造前途教育。教育罪犯放下思想包袱，正确处理与家庭、亲友的关系，变刑期为学期，以积极的态度投入改造；结合刑满释放人员安置帮教的法律法规，讲清政策，消除顾虑；结合社会主义市场经济的特点和做出突出贡献的刑满释放人员实例，鼓励罪犯树立改造信心。

6. 服刑指导。服刑指导主要是对罪犯在学习、劳动和生活中遇到的问题和困难进行指导和帮助。服刑指导主要包括服刑初期指导、服刑中期指导和出监指导。罪犯入监初期，由于角色转换，暂停行使部分权利，人身自由受到限制，原有社会地位丧失，生活环境急剧变化，心理落差加大，在认知、情感、意志、行为上有时难以适应监狱生活，情绪不稳定；又由于罪犯不熟悉监狱环境，不了解监狱纪律要求，不知道如何度过刑期，在学习、劳动、生活、心理和行为等方面都不适应，需要对其进行服刑指导。入监教育时的服刑指导属于服刑初期指导。这一阶段，主要是让罪犯了解监狱的规章制度，掌握监狱基本知识，了解简单的法律常识，熟记主要的监规监纪，明确认罪服法的必要性，明确自己的权利与义务，树立改造信心和目标，了解在今后的服刑过程中需要注意的事项、可能遇到的问题、解决问题的途径和方法等。

二、具体任务

罪犯入监，首先，要对其进行收监，再对其进行管理训练和教育安排。其次，入监教育结束前对其进行改造难度评估分类，提出分类建议和制定改造方案。最后，进行入监教育的验收，对验收合格后的罪犯分流到相应的监狱（监区）。罪犯入监教育时间不得少于2个月，如果本次入监教育考核验收没有通过，可以延长1个月。入监教育的任务主要是：

（一）全面了解罪犯的基本情况及特点，为有效地教育改造罪犯打下基础

通过观察、调查、测验、分析，全面了解罪犯的社会经历、家庭情况、社会关系、兴趣特长、文化水平、行为特征、心理特点、恶习程度、对犯罪和改造的态度等情况，为教育、挽救、改造罪犯提供科学依据；为罪犯合理地调配到相应的监狱或监区、劳动岗位进行服刑改造，提供必要的依据；为做好日常教育阶段的安全控制工作，有效地维护监管改造秩序，推动监狱劳动生产的发展，打下良好的基础，创造有利的条件。

（二）消除罪犯的入监适应障碍心理，使其尽快适应监狱生活和顺利投入服刑改造

罪犯刚进入监狱时，由于不了解监狱，不适应监狱环境，思想情绪波动较大。他们往往都很怀念过去的自由生活，担心被亲友及家庭、社会抛弃，不知道能否度过或如何度过艰苦漫长的刑期，因而常常苦恼烦躁，顾虑重重，思想包袱沉重，对前途悲观失望，很难安下心来改造。通过入监教育，他们会了解我国刑罚制度的先进性，明确服从监管和改造的必要性，对今后的改造生活有所了解并做好充分的思想准备；进一步认清形势，学懂政策，打消顾虑，逐步消除悲观、紧张、焦虑和惶恐不安的情绪，树立改造的信心和勇气，主动接受惩罚和改造。

（三）使罪犯练好“基本功”，为开展监狱日常教育打下基础

罪犯在入监教育期间要过“三关”。一是“认识关”。罪犯通过教育认识到监狱是人民民主专政的国家机器，监狱警察代表国家行使刑罚执行职能，警察与罪犯是执法与服刑、惩罚改造与被惩罚改造的关系，罪犯之间是相互监督、相互帮助的改造关系。过了这样的“认识关”，罪犯在投入改造后就能够正确认识自己的角色，妥善处理自己与警察、与其他罪犯之间的关系。二是“规范关”。《监狱服刑人员行为规范》是每个罪犯必须遵守的行为准则。罪犯通过行为规范的学习和训练，熟知或熟背规范内容，比较规范地进行队列操练，一言一行严格按照规范执行。三是“培训关”。警察结合监狱生产劳动特点对罪犯进行生产知识、劳动安全知识的培训，使罪犯较快地适应监狱生产劳动，顺利地接受劳动改造。

三、任务要求

对新入监的罪犯，应当将其安排在负责新收分流罪犯的监狱或者监区，集中

进行入监教育。入监教育要遵循集体教育与个别教育相结合、课堂教育与分组学习讨论相结合、法律知识教育与行为养成训练相结合、心理疏导与强制约束相结合的原则，实行滚动式教学模式。新犯心理健康档案建档率应达到100%。在入监教育期间应做到五个强化，即强化对罪犯的入监评估，强化对罪犯的入监教育验收，强化对罪犯的认罪服法教育，强化对罪犯的行为规范教育，强化对罪犯的帮教工作。

（一）时间要求

对新入监罪犯，监狱应当保证教育时间。罪犯入监教育时间为2个月，对入监教育结束后验收不合格的罪犯应延长1个月教育时间。

（二）教育内容要求

1. 课堂教育主要内容。课堂教育以《监狱法》《入监教材》《监狱罪犯行为规范》《监狱罪犯普法教育读本》《罪犯心理健康读本》等为主要内容，并结合开展监规纪律教育、劳动意识教育和安全生产常识教育等。

2. 五项基本科目训练。

（1）内务整理：训练罪犯折叠摆放被褥、衣服，摆放日用生活用品、鞋子、凳子，保持室内“五条线”。

（2）报告词训练：训练罪犯遇到下列情形时应如何报告，如进入警察办公室、遇见警察及来宾、有事需要警察解决时等。

（3）行为养成教育：让罪犯学习在监狱服刑期间应知、应会的基本内容，养成良好的行为习惯。

（4）队列训练：教会罪犯掌握整齐报数、停止间的转法、齐步走、跑步走、正步走等队列动作的基本要领、具体要求和操作。

（5）个人安全防范技能教育：组织罪犯学习生产安全知识和遇到自然灾害、火灾等的自我保护知识。

3. 权利和义务教育。

（1）向罪犯讲清其法律地位，教育罪犯明确身份。

（2）罪犯应该享有哪些法定权利。

（3）罪犯在服刑改造期间应该履行哪些义务。

（4）罪犯的权利与义务与普通公民相比有什么差别。

4. 适应性教育。

（1）监狱的性质和任务。

（2）监狱警察的法律地位及权利。

（3）监狱的基本情况介绍。

（4）如何建立良好的心态和正常狱内人际关系。

四、任务流程

入监教育工作流程为：基本信息收集→编班→确定责任警察→编制教学计划→教学实施、建立心理健康档案→质量评估→入监教育验收→分流。

（一）了解罪犯基本信息

1. 罪犯个人基本情况：姓名、年龄、籍贯及家庭详细住址、案情、刑期、婚姻等。

2. 犯罪前科情况。

3. 身心健康状况：有无病史、精神上是否正常。

4. 文化程度、认知能力。

5. 家庭主要成员及社会关系。

（二）编班

1. 罪犯入监时间不统一，每批罪犯数量也不相同，但是为了保证教育质量，要成批进行编班。

2. 在编班之前，要充分考虑罪犯对入监教育的接受程度，对罪犯的文化程度和身体状况进行调查统计。初中以上文化程度以及身体健康的罪犯编为一个教学班，其余为一个教学班。

3. 每个班罪犯数以 50 名为宜。

4. 每个班要确定特殊岗位罪犯作为班委，协助警察管理教育。

（三）确定责任警察

1. 罪犯入监教育由监狱入监监区组织，监区长负第一责任。

2. 监狱教育改造科对罪犯入监教育进行督促、指导，同时要积极参与入监教育。

3. 每个班原则上责任警察不得少于 5 人，其中班主任 1 人，政治教员 2 人，行为养成训练教员 1 人，其他人员根据监狱警力确定。

4. 责任警察负责制定新犯入监教育计划、计划实施、教学、组织罪犯生活检讨会、教学阶段总结等工作。

5. 罪犯入监教育阶段质量评估和心理健康档案的建立由监狱罪犯心理健康指导中心和入监监区共同完成。

6. 罪犯入监教育验收由监狱教育改造科牵头，管教部门共同参与。

（四）编制教学计划

1. 按照罪犯受教育程度编制教学计划。

2. 教学计划按照 200 课时进行安排，每 45 分钟为 1 个课时。

3. 主要教学内容分为两大部分：课堂教育和行为养成训练。课堂教育以

《监狱法》《入监教材》《监狱罪犯行为规范》《监狱罪犯普法教育读本》《罪犯心理健康读本》等为主要内容，同时结合监规纪律、劳动教育、安全生产常识等；行为养成训练主要抓好五项基本科目训练：内务整理、报告词、行为养成、队列训练、日常安全生产技能。

4. 编制每天的教学课程表。

（五）教学实施

1. 由班主任（警察）组织。

2. 教学前将罪犯带到指定场所。

3. 清点罪犯人数，对罪犯进行教学考勤，组织唱服刑改造歌曲。

4. 按照课表组织教学。

5. 布置作业或讨论题。

（六）建立新入监罪犯心理健康档案

1. 由监狱罪犯心理健康指导中心和入监监区共同负责。

2. 对罪犯进行心理健康普测和分析。

3. 填写罪犯心理健康档案中的各种表格。

4. 实行一犯一档，由心理健康指导中心统一管理。

（七）质量评估

1. 入监教育阶段评估在罪犯入监教育 2 个月后进行。

2. 由入监监区收集基本情况。

3. 由入监监区负责掌握罪犯犯罪情况。

4. 由教育改造科提供测评软件，测评罪犯个性心理特征，作出罪犯心理特征分析。

5. 由教育改造科牵头考核入监综合改造表现。

6. 形成《入监罪犯评估报告》，对摸排出的有脱逃、自杀、行凶、破坏等危险性倾向的罪犯进行重点评估。

7. 提出分流建议和管理教育建议。

（八）入监教育验收标准

1. 收押法律文书齐备、《入监登记表》填写详细完整，罪犯体检和照相落实到位，罪犯财物保管清楚。

2. 《入监教育日志》、备课本健全，有教育计划并按要求落实。

3. 队列操练时，罪犯队列整齐，报数整齐划一，报告词清楚。

4. 罪犯个体记背《监狱服刑人员行为规范》熟练。

5. 有下列情形之一的，视为验收不合格，必须延长 1 个月的入监教育时间：《监狱罪犯行为规范》的记背率低于 95%；罪犯言行举止不规范超过 20%；未完成入监教育规定的内容；未达到入监教育时间；入监教育期间发生重大恶性狱内案件；其他情况需要延长的。

（九）入监教育验收程序

1. 由监狱组织对入监教育进行验收。

2. 入监教育期满的，由入监监区向监狱教育改造科提出书面申请，同时要附上各种报表和待验收罪犯花名册。

3. 教育改造科在接到验收申请后3个工作日内，组织验收。

4. 教育改造科在申请报告中填写验收情况，签注意见。

5. 经验收不合格的，由教育改造科通知按照规定延长1个月入监教育时间。

（十）分流

1. 入监教育结束后，罪犯进入服刑中期改造。监狱应按照相关规定，将罪犯分流到各监区继续执行改造。

2. 分流之前，入监监区要完善罪犯副档的全部内容。

3. 每个罪犯入监改造质量评估结果要随罪犯异动而异动。

4. 在每批罪犯分流时，教育改造科应组织相关入监监区和接收监区召开会议，对罪犯进行一次思想动态分析，为罪犯中期教育改造提供参考情况。

5. 入监监区要对每批罪犯在中期的改造情况进行跟踪，并对跟踪结果进行分析，改进入监教育方式方法。

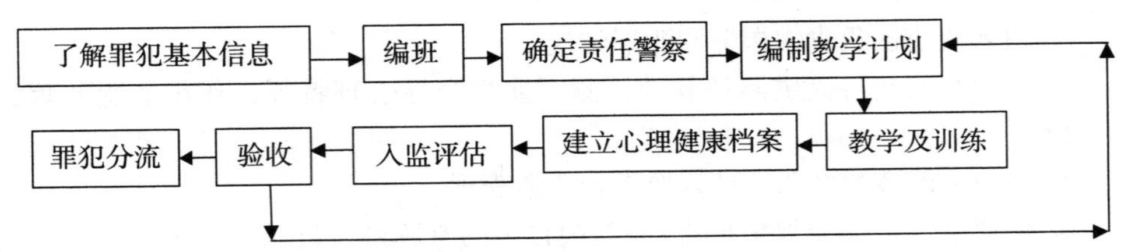

图3-1 罪犯入监教育工作流程图

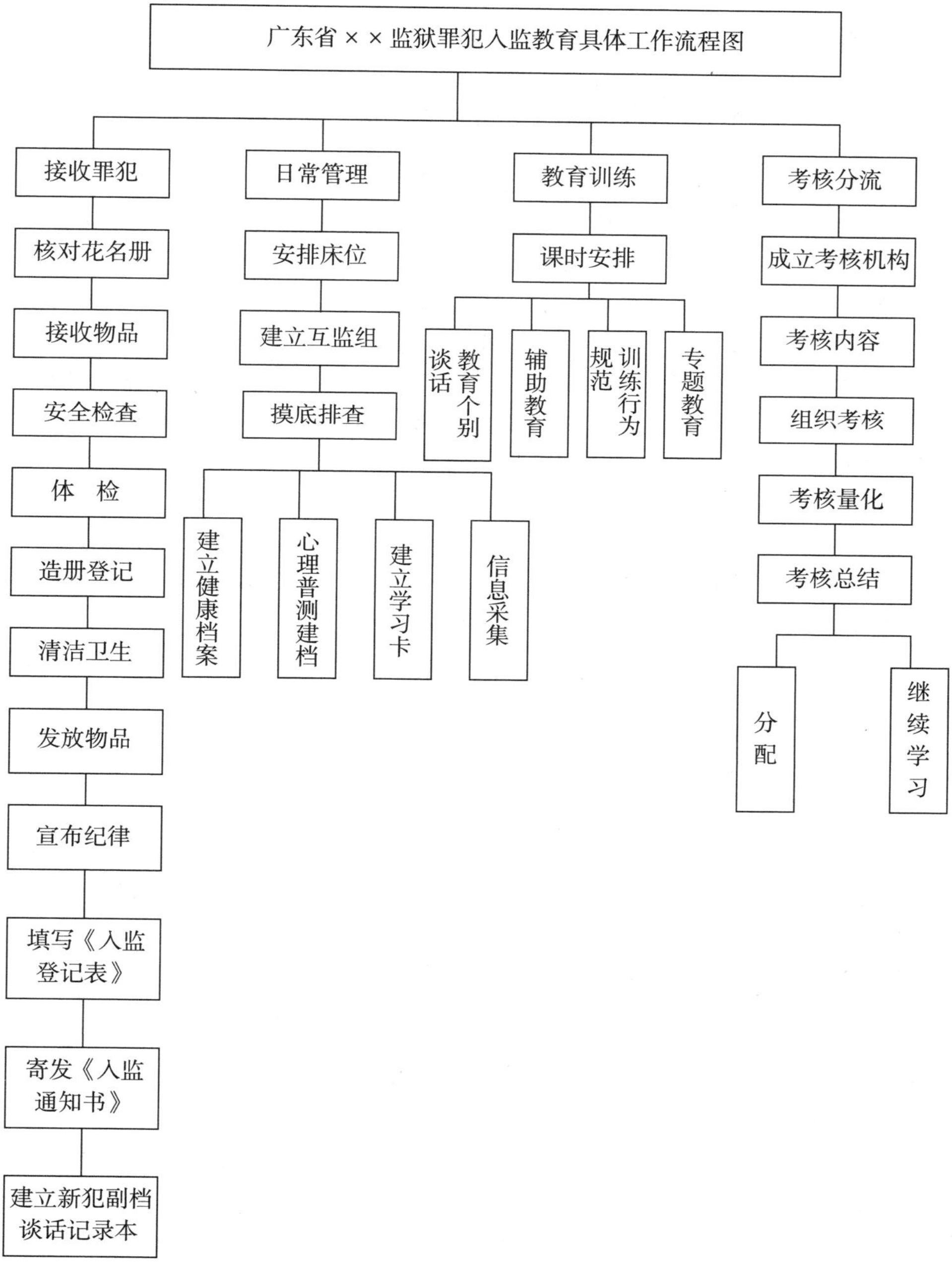

广东省××监狱罪犯入监教育具体工作流程图

- 接收罪犯
  - 核对花名册
  - 接收物品
  - 安全检查
  - 体　检
  - 造册登记
  - 清洁卫生
  - 发放物品
  - 宣布纪律
  - 填写《入监登记表》
  - 寄发《入监通知书》
  - 建立新犯副档谈话记录本
- 日常管理
  - 安排床位
  - 建立互监组
  - 摸底排查
    - 建立健康档案
    - 心理普测建档
    - 建立学习卡
    - 信息采集
- 教育训练
  - 课时安排
    - 教育个别谈话
    - 辅助教育
    - 训练行为规范
    - 专题教育
- 考核分流
  - 成立考核机构
  - 考核内容
  - 组织考核
  - 考核量化
  - 考核总结
    - 分配
    - 继续学习

图 3-2　广东省××监狱罪犯入监教育具体工作流程图

五、任务示范

贵州省××监狱用好“六字诀”狠抓入监教育管理

近年来，贵州省××监狱摸索总结出入监教育管理六字诀：“严、快、准、细、实、恒”，积极引导新入监罪犯尽快适应狱内改造生活，不断推动入监教育规范化，工作成效显著。

“严”字当头。一是严格纪律。对新犯入监首先是规范言行，要求人人能熟记并遵守《监狱服刑人员行为规范》，对违反规范或监狱纪律的罪犯，给予相应处罚，绝不姑息迁就。监狱通过规范新入监罪犯的言行，促使其增强身份意识，认清改造形势。二是严格教育。创新教育内容，以开展优秀课件和优质课堂评比活动为契机，进一步提升警察教师课堂教学能力和水平，要求入监教育的课件必须制作成 PPT，并按规定授课。三是严格考核。将改造常识、队列训练、手语操、改造歌曲等常规项目作为考核项目，2 个月的入监培训结束后，由监管改造业务科室人员组成考核组进行考核验收，对考核不合格的罪犯延长入监教育时间，切实解决新入监罪犯管理教育不严的问题。

“快”字为先。按照面谈注重及时、全面、重点的原则，对于新入监罪犯，1 日内完成面谈，形成《警察面谈记录表》，对于有异常情况的重点人员，由监区、分监区领导分别谈话，及时化解危险因素；2 日内完成入监体检并填写《身体检查表》，及时摸排罪犯身体状况；3 日内警察认真阅档，发放生活必需品和胸牌，并建立罪犯生活档案；4 日内服刑人员会唱《入监队之歌》《犯罪教训要记牢》等歌曲，学做手语操和工间操，熟背“十八个一”；5 日内进行心理测试，完成入监评估，向服刑人员亲人寄出《入监通知书》；1 周内拨打 1 次亲情电话，熟记《监狱服刑人员行为规范》；半月内进行 1 次思想汇报；2 个月内完成入监教育。通过八个步骤，加快罪犯角色转换，使其尽快适应环境，促使行为养成。

“准”是保障。一是身份信息核实要准。除听取罪犯本人口述外，还要与该犯刑事判决书或裁定书认真核对，确保信息准确。二是管控建议要准。通过面谈、心理测试、入监评估等方式，提出合理化的管控建议，并将相关材料随罪犯副档一起移交到收押监区，实现个别教育的延续性。三是教育矫治工作要准。针对新入监罪犯刑罚体验不深、认罪悔罪态度不明了和容易产生焦虑、恐惧甚至绝望等负面心理问题，监狱结合《入监教育教材》，合理安排教育内容和开展心理矫治工作，确保教育矫治工作的精准性。

“细”是关键。一是细化一日规范化管理。对罪犯的起床、整理内务、洗漱、打扫卫生、学习、收看电视等制定作息时间表。二是细化内务管理。洗漱柜物品摆放从分人摆放改为分类摆放，晾衣间分设晾衣、晾裤、短裤、床单、被褥区，鞋架分拖鞋、囚鞋、皮鞋、棉鞋区。通过大力改进，力求整齐划一、美观大方，营造良好的改造氛围。三是细化考核。从监规纪律入手，以行为规范为切入点，以入监教育为着力点，以内务卫生为落脚点，处处细化，事事责任到人，让入监新犯全面了解监狱改造生活的相关内容和要求。

"实"是重点。一是课堂化教学要实。监狱对入监教育课程进行统一安排，要求警察教师课件必须精心准备，按时到课、认真授课。由教育改造科审定课件，监狱分管领导到现场督导，并对授课效果进行评估，提出改进建议和要求。二是服刑人员学习要实。入监监区对入监新犯学习的内容、规范、歌曲、队列、内务等每周开展1次检查评比，突出实效，坚持队列训练、内务整训常态化，从而改变罪犯陋习，使其养成良好习惯。

"恒"是保障。一是对于分流到监区的新入监罪犯，监狱加强管理教育，常态化跟踪考核，着重考察其入监教育期间的良好习惯是否继续保持，是否适应并融入每个改造环节。二是监狱将入监教育管理工作中的先进经验和好的做法制度化、规范化，制定了《入监教育管理办法》《新入监服刑人员行为规范》等系列管理制度和措施，并持之以恒贯彻落实，常抓不懈，营造规范、文明、持续的入监管理氛围，真正从源头上提高罪犯教育改造质量。(来源：贵州省××监狱)

六、技能训练

李×，1978年6月12日出生，广东省潮州市人，汉族，初中文化，因犯抢劫罪于2011年10月19日被广东省高级人民法院终审判处死刑缓期二年执行。李×于2011年11月10日入监，由于刚到监狱服刑，对改造环境不了解，加上刑期长，改造没有方向，短时间内看不到前途和希望，导致李×紧张、焦虑、烦躁，还经常晚上失眠，不喜欢与人沟通交流。这种情况已经持续了十多天。

问题：针对李某入监后的表现情况，请写出对罪犯李×的入监教育工作方案？

思路：可从入监教育工作的具体任务、要求和工作流程思考。

项目3-2　组织开展入监评估

一、任务说明

入监评估是罪犯评估工作的起点，其工作质量的高低决定着罪犯入监后改造目标的实现、关押等级的确定、处遇计划的落实。监狱要用科学的手段和方法，了解、掌握新入监罪犯的基本情况、认罪态度和思想动态，对其危险程度、恶性程度、改造难度进行评估，提出关押和改造建议。从罪犯入监开始，综合分析罪犯的心理状况、文化程度、犯罪原因、社会经历、犯罪危害、恶习程度等因素，建立罪犯个别化改造方案和分阶段的具体教育改造目标，进而对具体改造目标和个别化改造方案的实施情况进行全过程、全方位的跟踪考评。

二、具体任务

（一）对犯罪前生活状况评估

对罪犯基本情况的调查，包括犯罪情况、生活经历、工作经历、家庭状况和社会关系等生活状况评估。

1. 家庭及家庭关系、家庭气氛、家庭教养方式评估。通过他们在陈述过程中的情绪变化，了解他们对特定的人或事件的感受。

2. 当时生活水平与经济状况评估。评估罪犯犯罪前的生活水平与经济状况，目的在于区分其是由于生活所迫（过度贫穷）还是由于贪图享乐而犯罪，或是职业犯罪以及因其他原因犯罪。

3. 生活中重要他人的评估。有些罪犯的犯罪是受各种外部环境因素的影响，使其将某些黑恶人物形象内化为自己的榜样，从而走向犯罪道路。同时，了解生活中对罪犯影响比较大或是罪犯特别尊重和崇拜的人，或许对罪犯今后的服刑改造有所帮助。

4. 同辈群体状况评估。该评估主要了解罪犯犯罪前曾经交往的同辈群体行为、习气、学业状况、该罪犯以前在群体中充当的角色等，分析罪犯的人际交往的范围和接受外界影响的特点。

5. 生活史采集。它包括：教育成长过程、家庭与近邻的历史情况、经济情况、人际关系情况、恋爱婚姻情况、学业职业情况、兴趣娱乐爱好、违纪违法犯罪以及各种处分记录等。

（二）对罪犯入监后生活环境评估

1. 监狱环境。监狱环境是罪犯服刑中不可回避的问题，对罪犯心态的调整有重要影响。监狱环境包括监狱的文化环境、劳动环境、生活环境、监狱管理者塑造的监狱气氛等。

2. 罪犯人际关系评估。罪犯人际关系包括罪犯与罪犯之间、罪犯与警察之间的关系。评估罪犯的人际关系，适时对其予以指导，对促进罪犯改造和预防重新犯罪都有重要意义。

3. 服刑后认罪态度和思想状况评估。该评估主要了解罪犯入狱后是否认罪悔罪，是否能够遵守监规监纪，是否服从警察的管理教育以及积极参加劳动等。

（三）对罪犯心理健康状况评估

1. 心理困扰评估。对罪犯心理困扰要及时给予评估和疏导，并有专人记录和管理。

2. 行为异常评估。对行为异常的罪犯，应综合评定，排除为躲避劳动、寻求保外就医、逃避惩罚等原因后，请医生和心理治疗师甚至是精神治疗专业人士共同诊断。

3. 精神异常评估。对精神失常罪犯的心理评估，包括诊断精神疾病诈病和真正的精神病，并及时采取控制措施，能有效避免这些精神失常者带来的监管秩序混乱。

4. 认知能力与认知偏差评估。认知上的偏差常常是导致罪犯走上犯罪道路的重要原因。常见的认知偏差有：对社会不公正现象的放大、对社会比较结果的过度体验、对自尊与“面子”的夸大、对自我的极端认识——自卑或自大、对人生价值的简单化、对人生发展的悲观信念、对社会规则的蔑视、对英雄的理解偏差等。

5. 人格发展评估。通过人格评估分析罪犯人格的缺陷和不完善之处。鼓励罪犯寻求人格发展，追求人生价值的真正实现，是人格发展评估的终极目标。

（四）罪犯危险性评估

1. 暴力危险性评估。一般采用《中国罪犯心理分析测试量表》测评，分析人格因素得分剖面图，着重从内外向、情绪稳定性、同众性、冲动性、攻击性、报复性、信任感、同情心、自信心、焦虑感、聪慧性、心理变态、犯罪思维模式等13项内容分析，确定罪犯是否具有暴力危险性人格。

2. 自杀危险性评估。该评估包括对罪犯自杀危险因素的评估、对自杀意念和采取自杀行为的可能性大小评估，以及对准自杀和自杀态度的评估等。

3. 动态刺激因素危险性评估。动态刺激因素是指能引起罪犯情绪波动的刺激因素，如家庭来信中的有关刺激、犯罪之前的朋友的各种信息、同案犯信息、监狱警察对罪犯的态度、违反监狱纪律后的处理、罪犯之间的人际冲突等。

（五）罪犯改造难度评估

在入监教育即将结束之前，要对罪犯进行改造难度评估。该评估主要通过心理测验的方式进行，包括罪犯个体改造难度评估内容，对罪犯改造难度预测评估并进行等级划分、结果分析，提出下一步的管理教育建议，制作预测汇总，制定教育改造方案。

1. 改造难度评估的内容。其内容主要有十项：身体健康状况、家庭关系、犯罪情况、对定罪量刑的认识、悔罪程度、心理健康状况、对监狱的认识、服刑态度及身份意识、对人生目的及前途的认识、入监教育期间的表现。

2. 改造难度评估的结果。要对每一名罪犯进行个体改造难度评估。评估分值一般为：易改造级（20~30 分）；较易改造级（31~50 分）；一般改造级（51~70 分）；较难改造级（71~90 分）；难改造级（91~100 分）。

3. 改造难度评估的实施。要在监区管教办公室，由监区个体改造难度评估工作小组对罪犯进行个体改造难度评估，包括个体改造难度评估等级评估、个体改造难度评估结果分析和个体改造管理教育建议。罪犯个体改造难度评估结果分析表应分别由监区领导、分监区领导和主管警察签字。在罪犯入监教育结束被分流到各个监区后，还要对罪犯进行改造难度预测评估的随访，检验评估的准确性，及时调整教育改造方案。

三、任务要求

（一）成立入监评估机构

监狱要负责组织专门的警察对入监罪犯进行入监评估。在必要的情况下，监狱和监区可以成立专门的罪犯入监评估机构，配备专门的入监评估警察，负责对新入监罪犯进行入监评估。

（二）明确入监评估内容

入监评估的依据和内容要明确具体，具有一定的可操作性。通过科学的手段和方法，了解、掌握新入监罪犯的基本情况、认罪态度和思想动态，对其危险程度、恶性程度、改造难度进行评估，并提出科学合理的关押和改造建议。

（三）组织做好入监评估工作

入监评估要在入监评估小组的组织下，根据罪犯的个性差异、罪错情况、心理差异、认罪服法情况和现实表现等，依法、有序、规范地进行。

（四）做好入监评估鉴定

根据入监评估的情况，认真填写入监评估表，撰写入监评估报告，提出有针对性的入监教育意见和建议，为做好入监教育工作打下坚实的基础。

四、任务流程

（一）全面收集罪犯资料，了解罪犯基本情况

通过查阅档案、访问、面谈、观察等手段，掌握罪犯的详细资料。主要项目有：姓名、性别、年龄、文化程度、出生地、犯罪类型、原判刑期、有无重大疾病和精神病史、大脑是否受过损伤等。必要时，可将罪犯的“副档”调出以了解其犯罪经历，判断其是否受过强烈的精神刺激或相对强烈的精神刺激。面谈是了解罪犯情况的主要方式，在入监阶段需要持续 1~2 周的时间。面谈的内容包括罪犯的外观特征和行为表现、心理健康状况、教育和工作背景、社会成长史、

家庭状况、犯罪的动机与过程、罪犯入监后的需求以及面谈后的总体分析评价等。了解新收监罪犯情况的工作程序是：

1. 了解罪犯基本情况，并进行填表归档。警察通过阅读罪犯法律文书、发函调查、与罪犯谈话和心理测试等手段，比较全面地了解罪犯的成长过程、犯罪过程、犯罪原因、家庭和社会关系、行为特征、思想心理特点和改造态度等基本情况，对其入监后的改造态度可以作出大致的预测，并将这些情况逐一详细填入罪犯入监教育鉴定和罪犯综合情况分析表之中，为“三分”工作奠定基础。

2. 将需要防范的特殊罪犯列入重点对象，进行有针对性的严格管理。将那些属于暴力犯罪、团伙犯罪、流窜作案、2次以上判刑、有脱逃史、有危险个性心理倾向的罪犯列为重点对象，并进行有针对性的严格管理和教育。

3. 了解罪犯的兴趣爱好、特长、优势和个性特点，为罪犯劳动生产和岗位安排提供必要的依据。通过对罪犯情况调查分析、心理测试，了解罪犯的兴趣爱好、特长与优势。对那些文化水平较高、有技术特长的罪犯，可以分配到文化技术教员岗位或生产技术骨干岗位；对那些受过部队训练、原是公务员或企业管理人员的罪犯，可以培养、教育他们在警察的直接管理下协助做好罪犯的自我管理和自我教育工作。另外，根据罪犯个性特征安排不同的岗位，比如：有暴力倾向或抑郁症的罪犯不适合接触刀具等危险工具，不适合做伙房炊事员的工作。对一些重要的生产劳动岗位和危险性大的工种，还要考虑罪犯的心理状况。

（二）组织心理测评

1. 心理测量。监狱对罪犯进行心理测量，通常采用团体测验和个体测验两种形式，而且多采用问卷测量法，即让受试罪犯根据自己的情况，回答一些问题，以推测其心理品质。在我国的监狱系统中使用较多的是SCL-90、MMPI、16PF、EPQ、EPPS、智力测验等。目前，我国自行研制的专门适用于我国监狱的专用量表《罪犯个性分测验》COPA-PI也在监狱中推广。对于自诉有精神症状的罪犯、同组罪犯反映有精神症状或有异常行为的罪犯以及警察通过观察发现有异常行为表现的罪犯，应做细致、全面的检查，如通过投射测验、焦虑测验、抑郁测验、应付能力测验等，了解罪犯在需要上的倾向，从而了解其人格特质，对罪犯是否有自杀企图、是否诈病、是否有暴力倾向等作出预测。根据不同的评估目的，选取合适的心理测验项目进行测验，将测验结果进行汇总，发现并记录被评估罪犯的心理问题。

2. 心理诊断与分类。评估小组对罪犯进行综合评估，并对罪犯的个性特征、行为方式、心理状况等，按照量表的要求和分析方法对测验的数据及相关因素进行综合分析评价，诊断出罪犯的心理特征、类型及存在的心理问题。根据心理测试和调查的结果，对罪犯的心理状况进行综合评定。上述各方面的材料由评估小组进行专门的分析，根据罪犯改造的需要，对罪犯作出整体性的结论，主要包括罪犯的危险等级、心理、认知和行为特征、建议分押等级、分管类型等。将诊断的结果进行详细记录，建立心理档案，为临床心理治疗和制定改造方案提供科学依据。

（三）进行入监教育计分考核

对入监教育质量的考核，必须坚持从实际出发的原则，通过观察罪犯的日常行为表现、审阅书信、思想汇报材料及个别谈话等手段，及时掌握罪犯的思想变化情况及认罪态度；通过对罪犯口试考试、操练情况考核等，了解罪犯行为养成与认罪服法表现。然后由主管警察进行计分考核，将罪犯成绩填入《罪犯入监教育鉴定表》。

（四）综合分析，写出评估报告

建立以罪犯心理、行为为主要结构的评估模式。警察根据评估结论指导和帮助罪犯设计服刑目标方案和改造规划，并在改造进程中不断改进和修订。入监评估小组进行分析汇总，编写综合性的评估报告并记录在案。

（五）提出分类建议，制定教育改造方案

根据心理诊断结论和考核成绩，提出分类建议、心理咨询与治疗方案和相应的管理教育措施。矫治方案包括团体矫治方案和个体矫治方案。罪犯测验诊断结论要作为罪犯岗位安排、调配工种的重要依据。

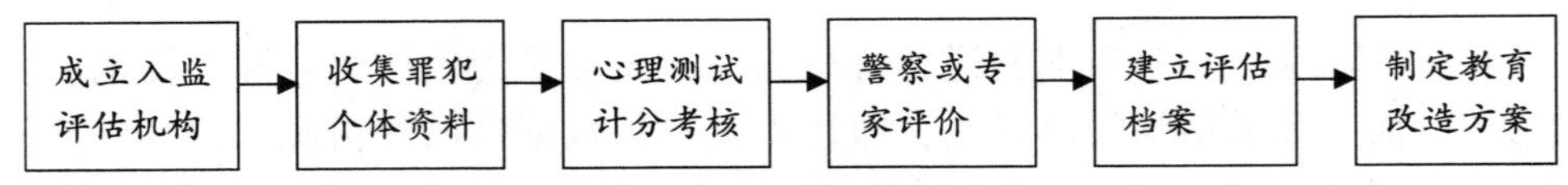

图 3-3　入监评估流程图

五、任务示范

上海市新收犯监狱扎实推进罪犯危险性评估工作

上海市新收犯监狱立足新收功能定位，牢牢把握入监评估要义，以完善方法、规范流程、健全机制、培养队伍为重点，扎实推进罪犯危险性评估工作。

集约优势，研发量表，力求评估工具科学化。面对日益复杂的犯情、不断加大的监管压力，新收犯监狱在多年探索形成《新收罪犯危险度警戒提示评测表》《个别化矫治手册危险度提示》的基础上，充分借助社会优势资源，加快研制新收罪犯狱内危险性评估量表，努力形成可复制、可推广、可借鉴的危险性评估工具。在市监狱管理局业务部门指导下，监狱专门成立危险性评估量表研制课题组，与上海师范大学签署合作协议，有效整合监狱实践经验和高校专业理论资源，提高课题攻关能力和水平。量表研制历时两年多，先后查阅参考文献 70 余份，召开专题研讨会 6 次，召开警察座谈会 5 次，完成自评量表样本调查 1300 份、他评量表样本调查 500 份，最终确定自评量表 9 个维度 107 个因子项、他评量表 5 个维度 26 个因子项，危险倾向分为自杀自伤自残、脱逃、暴力三个类别，危险等级分为极高危险、高度危险、中度危险、低度危险四个等级。在此基础上，完成量表试用样本 3000 个，后续跟踪调查个案 500 份，以此进一步检验量表的信度和效度，完善修正量表。目前，该量表已经在全局 15 家监狱全面推广使用。同时，依托局教育改造处和科技处优势资源，开发完成危险性评估管理系统软件，将其纳入警察网络办公系统，并和罪犯信息系统对接，实现评估工作信息化。

严格标准，明确职责，推进评估队伍专业化。监狱按照队伍专业化建设要求，积极打造“1 名专职+1 名兼职”模式的监区评估员实战团队。一是严格资质，公开遴选。监狱坚持高标准、严准入，从个人兴趣、教育背景、工作经历、专业资质、分析研判能力等多个方面设定条件，通过个人申报、专业知识笔试、个别化矫治手册纠错、模拟情景访谈等形式，公开遴选专职评估员和兼职评估员。二是明确职责，分工协作。专职评估员职责分为基本职责和专业职责，基本职责主要是履行正常的值班、备勤、学习培训、应急处突等；专业职责主要包括指导实施评估、评估复核、撰写评估专报、制作个案分析报告、个案跟踪调查、评估相关理论研究等，是评估员队伍专业化的根本体现。兼职评估员根据评估员职责协助专职评估员共同完成监区评估工作。三是注重实战，加强培训。开展“三个一”活动，先后邀请局有关专家领导来监开展危险性评估政策讲座 2 次、召开评估现场观摩会 1 次、举办评估知识技能竞赛 1 次。通过多层次、多形式的教育培训，强化警察对评估工作重要性和必要性的思想认识，提升评估队伍的专业素养和业务能力。

紧贴实际，健全机制，实现评估运行规范化。一是建立三级评估架构。第一级为监狱新收犯集训评估中心，成员由监狱专职评估员，教育、狱政、刑罚执行、心理矫治等经验丰富的警察及外聘专家组成。第二级为监区评估小组，由监区领导、监区专兼职评估员及其他具有心理咨询师资质或管教经验丰富的警察组成。第三级评估主体为监区专兼职评估员。二是规范评估操作流程。评估流程为自下而上模式，主管警察收集相关评估信息材料后，监区专兼职评估员通过材料分析、个别谈话、行为观察、量表测试等综合方法，对罪犯危险性作出评估结论，形成评估报告。对评为高度危险以上及有争议的罪犯提交监区评估小组复评、合议。对于重大特殊疑难个案由监狱评估中心审核、评定。这既保障了评估

员的专业权威，又发挥了集体合议的审核作用，提高了评估的准确性。三是完善评估制度体系。在前期专业评估员试点的基础上，结合危险性评估试点工作，监狱出台了《监区专职评估员资质标准》《监区兼职评估员资质标准》《监区专业评估员岗位职责》《专兼职评估员管理考核办法》《新收罪犯评估工作实施办法》《新收罪犯危险性评估操作办法》等评估规程，为评估工作顺利推进提供了制度保障，将整个评估工作纳入了法治化轨道。

服务引领，强化实践，应用评估结果常态化。评估的价值在于结果应用，监狱以服务功能为引领，积极探索新收罪犯危险性评估结果的实践应用。一是作为罪犯分流，进行分类关押的重要依据。新收罪犯通过集训考核验收后，局狱政管理部门根据危险性评估等级，将新收罪犯分流至相应戒备等级监狱。危险等级发生变化的，对分流去向及时做出调整。二是作为实施个别化矫治，提高罪犯改造质量的重要举措。入监教育是罪犯改造的第一阶段，是罪犯后续改造的基础。危险性评估涉及罪犯的个人基本情况、违法犯罪史、婚姻家庭状况、生理心理状况、犯罪成因、现实改造表现等。通过评估确定危险因素，提出相应的矫治建议，制定针对性的改造方案，提高罪犯改造质量。三是作为对罪犯有效实施管控，维护监狱持续安全稳定的重要手段。监狱把危险性评估结果作为犯情研判的重要内容，将评估结果及时反馈、发布和通报。根据评估结果，对罪犯实施分级管理，采取相应的管控措施。在组织劳动生产时，安排适合的劳动岗位，有效防控风险，确保监狱持续安全、稳定。（来源：上海市监狱管理局）

六、技能训练

夏×，男，42 岁，陕西人，高中文化，已婚，育有一子。2017 年 8 月，夏×因故意伤害罪被判处有期徒刑 10 年。在被分到某监狱的入监监区后，夏×由于对改造环境不了解，加上刑期长，改造没有方向，看不到前途，产生了焦虑、烦躁、紧张情绪，睡眠和饮食也受到一定影响，而且不敢与人沟通。这种情况持续时间已经有十多天，夏×自己也感觉很痛苦。

问题：根据以上材料，假如你是监狱警察，应如何对罪犯夏×进行入监评估？

思路：训练目的是掌握如何对罪犯进行入监评估，分析思路可从入监评估的内容和流程等方面着手。

项目3-3　开展罪犯服刑指导

一、任务说明

服刑指导主要是对罪犯在劳动、学习和生活中遇到的问题和困难进行指导和帮助。服刑指导主要包括服刑初期指导、服刑中期指导和出监指导。罪犯入监初期，由于角色的转换，原有社会地位的丧失，生活环境的急剧变化，心理落差加大，在认知、情感、意志、行为上一时难以适应监狱生活，情绪不稳定；又由于罪犯不熟悉监狱环境，不了解监狱生活，不知道如何度过刑期，在心理、行为、生活等方面都不适应，需要对其进行服刑指导。

二、具体任务

入监教育时的服刑指导属服刑初期指导。这一阶段，主要是让罪犯了解监狱的制度和规则，掌握监狱基本知识，了解简单的法律常识，熟记主要的监规纪律，明确认罪服法的必要性，明确自己的权利与义务，树立改造信心和目标，了解在今后的服刑过程中需要注意的事项、可能遇到的问题、解决问题的途径和方法。主要包括五个方面的任务：

（一）监狱的基本常识指导

告诉罪犯监狱的性质、监狱工作方针政策、监狱教育罪犯的内容；警察的权限、法律地位、工作纪律；罪犯的权利和义务；罪犯日常行为规范等。

（二）监规纪律指导

让罪犯了解监规纪律的内容、遵守监规纪律的重要性、违反监规纪律的后果。

（三）认罪服法指导

教育罪犯认清犯罪对国家、社会、家庭和个人造成的危害，剖析犯罪原因，从而促使罪犯服从法院判决，自觉接受教育。

（四）心理调适指导

针对罪犯入监初期心理上存在的后悔、痛苦、彷徨、焦虑、失望等心理特点，有针对性地做好心理疏导，缓解罪犯心理压力，使其放下包袱，积极改造。

（五）安全生产知识指导

对罪犯进行安全生产常识指导，使罪犯了解监狱生产的项目、流程，安全生产的重要性，为其分流到监区从事劳动生产奠定基础。

三、任务要求

（一）时间有保证

罪犯对监狱环境从不熟悉到熟悉有一个过程，对监狱的了解、对服刑前途的设计、对自己要改造什么都需要深入的思考。这一阶段是罪犯困惑最多的时期，因此，入监教育 2 个月的时间必须要保证。

（二）内容要全面

《入监教育教材》中规定的内容必须让罪犯了解和掌握，警察还须对罪犯进行身份甄别，了解罪犯的犯罪史、成长史、家庭史，全面掌握罪犯的基本情况，对罪犯做好针对性的指导。

（三）指导要规范

对于罪犯提出的问题，警察在解答、指导的时候必须有政策、法律依据和科学依据；对于心理测量和心理调适的内容，必须要具有心理咨询师职业资格的教育工作者才能进行测试和解答，必要的时候可以邀请相关的专家给予指导。监狱可以将罪犯需要了解的教育事项编印成《罪犯服刑指导手册》，在罪犯入监时发给罪犯，使其了解服刑期间的有关要求、享有的权利、应尽的义务、获得救济的途径等。同时，着重指导罪犯增强自己的角色意识、身份意识，为下一步的改造奠定基础。

四、任务流程

（一）了解和掌握罪犯所面临的困难和问题

新入监罪犯普遍存在角色转变困难、环境适应困难、需求满足困难等问题。警察要及时了解和掌握罪犯的具体情况和困难，这是对罪犯进行服刑指导的前提。

（二）对罪犯的困难和问题进行分析研究

通过对罪犯的困难和问题进行认真分析、系统比较、科学研判，及时找到罪犯的问题根源。

（三）结合实际，采取有针对性的解决办法和措施

根据罪犯的具体情况，制定有针对性的教育改造方案，确保问题能够及时、有效的解决，确保罪犯能够适应入监教育的各项要求。

（四）评估入监服刑指导效果

通过入监服刑指导评估，全面了解掌握罪犯能否适应监狱的各项要求、遵守监狱的各项规章制度、掌握劳动生产的技能。这既为罪犯今后的服刑指导提供依据，又为入监服刑指导提供宝贵经验。

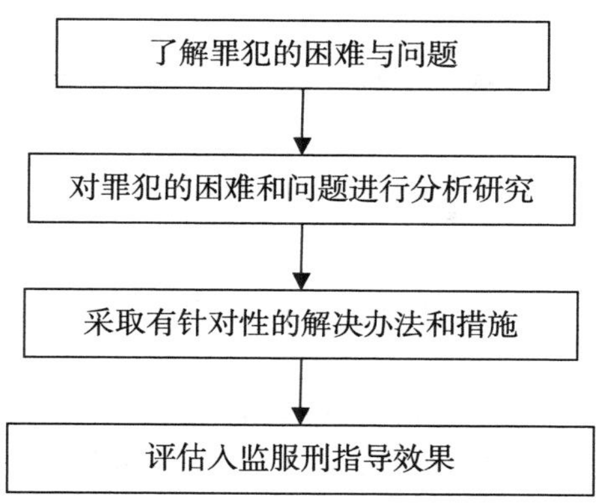

图 3-4　罪犯服刑指导工作流程图

五、工作示范

北京市××监狱推行集中入监教育为罪犯“立规矩”

自 2013 年 5 月开始，每名新入监的京籍男性罪犯都要在北京市××监狱接受为期 3 个月的集中入监教育，这也成为他们今后顺利适应服刑生活的“转型桥”。

走进北京市××监狱，每个监舍内都是一样的整齐划一。被子叠成有棱有角的“豆腐块”，床铺平整干净，水杯统一摆放在床角，个人物品则用整理箱装好放在床下……六分监区副分监区长范××告诉《法制日报》记者，他们对所有新入监罪犯都实行军事化管理，入监教育前 3 天，罪犯学习的主要内容就是如何摆放物品、如何整理内务，强化他们的行为养成。“罪犯之所以会触犯法律，很多都是因为纪律意识淡薄，我们的军事化管理正是为了帮助罪犯培养规则意识，强化他们的组织纪律性。”

据范××介绍，在正式开始入监教育前，罪犯要学习一些改造行为规范，背诵一些服刑人员应知应会的内容等。“这个期间就像是一个给入监教育打基础的前奏阶段，入监教育所学的内容都会有涉及，只是以班为单位在监舍内进行。同时，警察也会利用这一时期，对使用假姓名、假住址、假身份的‘三假’罪犯进行重点筛查，核实其个人信息。”

范××所说的“军事化”管理，可不是仅仅停留在入监前 3 天的内务整理和时间遵守上，进入正式教育阶段，新入监的罪犯还必须通过一项“军事”必修课——队列训练。

每天上午8时45分至11时20分，××监狱的操场上都会准时响起队列训练的口号声，身穿统一服装的罪犯在管教警察的指挥下，认真抬腿、摆臂，严格程度丝毫不亚于正规军训。六分监区教研组组长李××介绍说，队列训练同样是为了强化罪犯的纪律和规则意识，除了部分身体确有残疾无法参加训练的人员外，所有罪犯都必须修满75个课时的队列训练方能过关。

完成一上午的“沙场练兵”，下午的集中教育时段则是入监教育的另一“重头戏”。服刑指导教育、认罪悔罪教育、坦白检举教育、监管法规教育等9个方面的课程，涉及罪犯教育改造的方方面面。

教育改造科科长刘××告诉记者，在课程设置上，××监狱还会针对在押犯结构的变化随时进行课程调整。“比如，某一阶段诈骗类犯罪的罪犯增多，我们就会增加诚信教育的内容；面对罪犯亲情缺失的状况，还会设置有关孝道教育的课程。我们尽量通过合理安排课程学习，让罪犯尽快度过新入监的心理适应期。”

张×患有较为严重的抑郁症，还有过自杀经历，因犯罪被判处无期徒刑。从他进入监狱的第一天起，他的情况就引起了警察的特别注意。通过入监教育，警察了解到，张×对家庭非常重视，随即在张×入监教育结束的评估报告里加上了这样一条建议：“日后改造过程中建议加强对他的心理疏导，特别要防范日后张×家庭一旦出现变动，会刺激张×的心理。”

每一位从××监狱完成入监教育的罪犯，最后都会和张×一样，拿到一份含有详细改造建议的评估和改造报告。刘××介绍说，入监教育结束后，罪犯就要进入下一阶段的服刑改造。入监教育的收尾部分就是为每个罪犯画一份详细、立体的“画像”。参与该名罪犯管理的人都要参与进来，包括管班警察、分监区领导、教研组警察、心理咨询室警察等。大家对罪犯的日常表现、考核结果等情况进行综合研判，最后出具评估和改造报告。

“经过3个月的了解，作出的虽然是一份初步诊断，但这份诊断对后续的‘治疗’很关键。可以让参与后续‘治疗’的警察少走弯路。”刘××说。据了解，当这幅“画像”接近完成时，罪犯也进入入监教育最终的考核阶段。在××监狱，考核已经形成了一整套完整的方案，从卫生内务到背诵应知应会内容都在考核范畴内，日常考核和结业考核各占一定比重。如果未能通过考核，对罪犯来说就意味着无法分流到其他监狱，还要重新进行入监教育，直到合格为止。（来源：法制网）

六、技能训练

罪犯陈×，43岁，广东省博罗县人，因犯受贿罪被判处有期徒刑5年6个月，原为博罗县某镇党委书记（正科级）。入监后，陈×产生了较明显的焦虑、抑郁情绪，思想表现复杂，心事重重，对自己的改造前途充满恐惧感，自诉患有精神病，向他犯说担心自己是否有命出监，平时经常表现出走神的状态，思想不能集中且多虑，不服从警察的管理和教育，队列训练不认真，内务整理不规范，表现极为散漫。

问题：针对罪犯陈×的情况，如何对其进行服刑指导？

思路：了解罪犯陈×的具体情况，找出问题的症结，提出解决问题的办法。

项目 3-4　培养罪犯行为养成

一、任务说明

罪犯良好行为的形成，不是单纯依靠一般教育机制，它与对罪犯的刑罚执行同步，带着一定的强制性，是在严格的监督、管制下实现的。而司法部制定的《监狱服刑人员行为规范》是罪犯在监狱这一特定环境条件下进行行为养成应该遵守的准则和应该达到的标准。

入监教育阶段通过对罪犯开展基本规范、生活规范、学习规范、劳动规范、文明礼貌规范、队列操练规范教育，强化罪犯的纪律意识、服从意识、集体观念。而行为养成教育是罪犯养成良好行为最为关键的途径，其具体要求是：行动军事化、行为规范化、生活制度化、学习正规化、劳动集体化和语言文明化。

二、具体任务

根据《监狱服刑人员行为规范》，结合罪犯改造生活实际，逐章宣讲基本规范、生活规范、学习规范、劳动规范、文明礼貌规范、队列规范的具体内涵。在讲解的基础上，要求每名罪犯达到“三会”。

1. 会背诵。罪犯要会背诵《监狱服刑人员行为规范》条文或者简化的“顺口溜”。

2. 会遵守。罪犯在改造生活中能够严格遵守《监狱服刑人员行为规范》的各项内容。

3. 会操练。罪犯能够根据口令熟练地进行队列操练。

三、任务要求

加强罪犯的行为养成教育要做到以下几点：

（一）严格

对罪犯的日常管理，从严格落实《监狱服刑人员行为规范》到从早到晚的“一日行为准则”，从上下班队列到“三大现场”，从一言一行到一举一动，从规范意识到行为养成，都要以“严”字当头，让罪犯在监规纪律的严格约束下，增强规范意识，养成良好的行为习惯。对于屡犯监规、屡教不改的罪犯，监区要加强其规范化训练，加大严格管理力度。

（二）细致

对罪犯着囚服、佩胸牌是否规范作严格要求，对罪犯文明礼貌、个人卫生等方面进行检查，对检查中存在的问题在监区内给予通报，并限期改正。对表现较好的罪犯进行表扬，给予奖励，发挥典型示范作用。

（三）扎实

警察要深入罪犯小组，对于行为养成不好的罪犯，掌握其基本情况、思想状况、改造表现等，以便及时发现问题和解决问题，做更细致、更有效的个别教育工作。

（四）认真

罪犯行为养成不是一朝一夕就能完成的事，警察在履职时要增强自己的工作责任心，对工作要肯下功夫、肯花心思。特别是在教育转化抗拒改造的罪犯过程中做到细心、诚心、热心和耐心，经得住罪犯的语言冲撞和态度蛮横的刺激，坚持以柔克刚、以静制动、以理服人、以情感人。

队列训练是行为养成的重要方式，以集体训练为主，力求达到动作熟练规范、整齐划一，从而培养罪犯的集体观念；或者说对罪犯进行队列训练就是一种纪律训练，使罪犯养成令行禁止的纪律作风，树立严格的组织纪律观念。

四、任务流程

（一）讲解行为养成教育的内容

1. 基本规范：规定罪犯在服刑期间的基本行为准则，是对罪犯行为要求的高度概括，特别是禁止性规范内容必须讲清、讲透。

2. 生活规范：要求罪犯在日常的衣食住行、医疗、卫生等方面必须严格遵守的言行准则，是考核罪犯在生活卫生等方面改造表现的基本内容。

3. 学习规范：罪犯接受思想、文化、职业技术教育等学习的要求、方法、内容以及纪律等标准。

4. 劳动规范：主要包括劳动纪律、技术质量和安全文明生产等方面。

5. 文明礼貌规范：主要是对罪犯在言行举止方面制定的一系列强制性要求。

6. 队列规范：包括原地动作和行进动作规范。

（二）进行行为养成教育训练

1. 熟记并遵守《监狱服刑人员行为规范》和监狱的规章制度。

2. 严格遵守在日常的衣食住行、医疗、卫生等方面的准则要求。

3. 认真接受思想、文化、职业技术等方面的教育。

4. 积极参加岗位技术培训和劳动技能教育，遵守劳动纪律，掌握岗位技术和劳动技能。

5. 懂得文明礼貌的规范和要求，培养集体主义观念。

6. 认真进行队列训练，掌握原地动作和行进动作规范，增强集体意识。

（三）考核行为养成教育效果

1. 考核新入监罪犯了解和掌握《监狱服刑人员行为规范》以及监狱的各项规章制度的程度。

2. 考核新入监罪犯日常内务卫生是否规范。这主要包括内务的叠放是否标准、监舍卫生是否标准、个人卫生是否整洁等。

3. 考核新入监罪犯是否掌握劳动安全知识和监狱劳动技能。这主要包括安全生产知识、各类消防器材的使用、安全生产突发事故的处置等。

4. 考核新入监罪犯队列训练效果。这主要包括立正、稍息、停止间转法、出入队列动作、行进与立定、坐下和起立、整理服装、报告、集队、报数等。

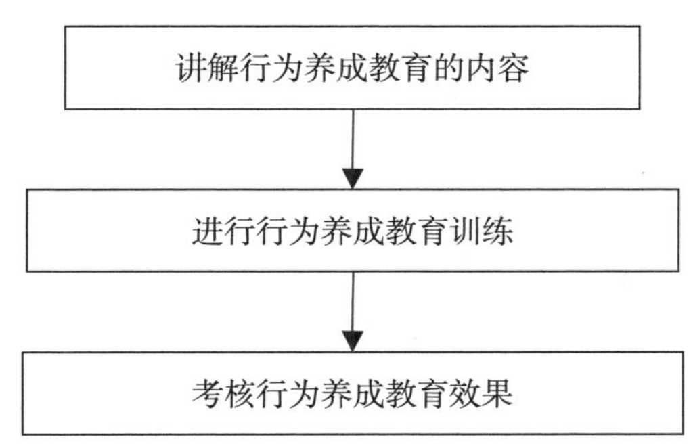

图 3–5　罪犯服刑行为养成教育工作流程图

五、任务示范

安徽省××监狱："六个一"促进行为养成教育整治

近日，安徽省××监狱在罪犯行为养成教育整治活动月中，大力推行"六个一"专项教育。着力引导罪犯积极面对改造，以阳光心态规范自己的言行举止。

1. 组织一次"以案说法"。在罪犯讲评大会上进行经典案例警示教育，通过违纪罪犯的现身说法，使每一名服刑人员加强遵守行为规范的自觉性。

2. 签订一份"改造规划书"。组织罪犯在承包组警察的指导下，深入剖析自己的犯罪根源和改造中存在的不足，提出自己努力的方向，对今后的改造作出庄严承诺，结合行为规范整顿月活动制定出具体的改造规划书。

3. 举办一次"学规范，促改造，争做守法新人"征文活动。在监狱《青欣报》开辟专栏，开展征文活动，对获奖作品进行奖励，营造"讲规范、促改造"的良好氛围。

4. 举办一次知识竞赛。举办以"学规范、用规范"为主题的知识竞赛，考核全体罪犯对应知应会和"30个怎么办"的掌握情况。

5. 开展一次学用规范典型宣传活动。总结行为规范月活动中涌现出来的规范典型，进行专题宣传教育，在《青欣报》进行刊登宣传，通过典型引路的方式，调动全体服刑人员学用规范的积极性。

6. 开展一次板报、墙报评比活动。要求各押犯单位刊登2期以上有关行为规范月活动开展情况的板报、墙报，并由监狱统一进行检查评比。（来源：安徽监狱网）

六、技能训练

罪犯梁×，男，广州市天河区人，初中文化，汉族，1968年5月18日出生，犯盗窃罪，原判2年有期徒刑，有2次前科，曾在新疆、湖南等地监狱服刑，在看守所期间多次因打架行为受戴脚镣处理。2017年6月，该犯进入广东省××监狱服刑。梁×入监后自恃有多次服刑经历，表现出"老油条"的状态；改造思想、态度极不端正，行为自由散漫；以自己身体不好为由提出诸多逃避改造的无理要求，且态度极其嚣张；对警察使用"打死我""送我禁闭"等挑衅性言语；对警察的教育谈话不当一回事又企图以拒绝进食及撞墙进行威胁；在规范训练时该犯又以身体不好为由企图逃避或对抗改造；警察找其谈话教育时无理狡辩。

问题：针对罪犯梁×的情况，如何对其进行行为养成教育？

思路：通过对罪犯开展队列训练、生活常规训练，强化罪犯的纪律意识、服从意识、集体观念，对其进行行为养成教育。

项目 3-5 组织入监教育考核验收

一、任务说明

根据司法部《教育改造罪犯纲要》的要求，罪犯入监教育结束后，监狱要对其进行考核。对考核不合格的，应当延长入监教育时间，时限为 1 个月。加强对罪犯接受入监教育的考核和管理，既可以为顺利开展入监教育工作创造良好的条件，又有助于提高入监教育的质量；既可以促使罪犯端正认罪态度，明确改造的方向，又可以使监狱的各级领导了解本单位入监教育工作的情况，及时改进工作。

入监教育期满，应对新入监罪犯进行考核。考核项目包括：背诵《罪犯改造行为规范》、队列训练与内务整理、专题教育、认罪悔罪、日常表现和劳动改造岗位基础知识教育培训等六项。其中，劳动改造岗位基础知识教育培训以获得相关部门颁发的上岗证书为达标，所有考核项目全部达标，入监教育视为合格。考核完成后，入监教育考核合格的罪犯应正式分流到各监区，进入下一阶段的服刑改造；不合格的，应当延长入监教育时间，时限为 1 个月。

表 3-1 广东省××监狱罪犯入监教育考核分流一栏表

步骤	内容	时间	考核方式	考核结果
1	背诵《罪犯改造行为规范》	考核当天	口试考核	错漏 1/3 以上的为不合格
2	队列操练、内务整理	考核当天	现场考核	出现 3 次以上错误动作或达不到要求的为不合格
3	认罪服法	入监教育期间	定级考核	评定为“差”的为不合格
4	日常表现	入监教育期间	计分考核	凡受到一次性扣 3 分以上、期内累计扣分达 4 分以上或受警告以上处罚的为不合格
5	写《保证书》	考核前 1 周	书面考核	不符合要求的为不合格

续表

步骤	内容	时间	考核方式	考核结果
6	写《认罪悔罪书》	考核结束当周	书面考核	不符合要求的为不合格
7	入监教育全部内容	考核结束1周	综合考评	合格的分流到各监区，不合格的延期入监教育
8	重点跟踪、查漏补缺	考核后1个月	继续考核	延期考核仍不合格的，扣3分后，分流到各监区加强学习

二、具体任务

入监教育考核的主要依据是《监狱教育改造工作规定》《监狱服刑人员行为规范》等有关规定。具体任务为：

（一）认罪服法，服从管理

罪犯能承认犯罪事实，服从法院判决，认清犯罪危害，坦白交待余罪，服从管理教育；无不认罪言行和无理申诉、缠诉现象，按要求如实书写个人情况和《认罪服法保证书》。

（二）消除疑虑，放下包袱

罪犯能正确认识犯罪和刑罚，信任警察，正确处理家庭和个人问题，精神振奋，思想稳定，态度良好，积极接受改造。

（三）学法守法，认清形势

罪犯能了解监狱的性质、任务和教育改造工作方针政策，懂得自身的权利和义务，了解社会政治、经济等方面时事。

（四）遵规守纪，规范言行

罪犯能遵守《监狱服刑人员行为规范》和监规纪律，规范改造言行，逐步养成良好生活习惯，积极维护监管秩序；掌握《罪犯百分考核实施细则》《罪犯分级处遇管理规定》等规章制度；能背诵《监狱服刑人员行为规范》等。

（五）积极劳动，安全生产

罪犯能积极参加适应性劳动，服从分配，不怕苦、不怕脏，保质保量，安全低耗地完成生产任务。

（六）队列训练，内务卫生

罪犯能熟练掌握各种队列要领，做到动作准确，整齐划一，报告规范；内务卫生统一、整洁，个人卫生好。

三、任务要求

（一）加强组织领导

入监教育结束后，监狱应当对新收罪犯进行考核验收。监狱成立考核验收小组，考核验收工作由分管领导组织，多个职能部门共同参与，监狱教育改造科牵头负责实施。考核一般实行百分制量化考核，要遵循严肃认真、实事求是的原则，准确、及时、客观地反映新犯改造表现和本质。

（二）做好考核管理

考核完成后，由入监（分）监区进行入监教育总结，并根据考核结果，合格的进行分配；考核项目中 1 项以上（含本数）不合格的，应当延长入监教育时间，时限为 1 个月。

四、任务流程

（一）成立考核机构

由教育改造科牵头，狱政管理科、生活卫生科、狱内侦查科、刑罚执行科、劳动改造科及各监区警察共同组成考核小组，负责对入监教育期满罪犯的考核。

（二）明确考核内容

罪犯入监教育考核主要包括：入监教育期间表现、考试成绩、认罪悔罪程度、遵规守纪情况、参加学习和活动情况等。

（三）组织考核

采取观察、谈话、笔试、现场演练等方式，定期和不定期相结合，进行综合考核。建立考核台账，最后量化计分。考核的流程是：

1. 在罪犯接受入监教育的过程中进行考核。通过观察罪犯的日常行为表现、审阅书信、思想汇报材料及个别谈话等手段，及时掌握罪犯的思想变化情况，并根据变化了的情况及时修改教育的内容和方法。这类考核主要由入监监区组织进行。

2. 在入监教育结束时进行的验收考核。通过检查罪犯入监教育档案、对罪犯口试、看罪犯操练等方法，了解教育时间安排与内容实施情况、罪犯行为养成与认罪服法表现，以及罪犯在接受入监教育过程中违纪违规的情况等，来评定罪犯是否达到接受入监教育所应达到的要求。对于达不到要求的罪犯，应找出原因，及时进行补课教育，并限期达标。此类考核一般由监狱组织实施。

3. 进行分流后跟踪考察。运用信函、直接谈话等方法，与分流到监区的罪犯本人接触，对分流到各监区改造半年内的罪犯进行认真考察，了解他们的思想表现、劳动表现，以及对日常教育阶段的适应情况，以便检验入监教育的质量，改进入监教育工作。此类考核一般由监狱组织实施。

（四）验收分流

入监教育最后一个流程是对学习结束的入监教育罪犯进行验收。对验收达标的罪犯向各监区进行分配时，刑罚执行科签分配意见，狱政管理科开具调犯令，向接受监区移交达标罪犯。对验收未达标罪犯，安排其重新进行入监教育，可以延长1个月。分流罪犯因入监教育质量问题，在1个月内发生脱逃、发生监内重大事故的，要追究入监教育监区主要领导和管理警察的责任。验收分流流程是：

1. 对罪犯进行综合考核。这包括罪犯在入监教育期间的表现、考试成绩、认罪悔罪程度、遵规守纪情况、参加学习和参加活动情况等。

2. 根据最后的综合情况填写《罪犯分配意见表》，提出分配意见。

3. 罪犯分流验收。参加验收的人员包括主管教育的监狱领导、教育改造科、生活卫生科、狱内侦查科、刑罚执行科、狱政管理科、劳动改造科以及入监监区的领导和相关警察。

4. 根据验收结果，由监狱领导及职能科室领导签字，确定验收合格罪犯的分流人数及分流方向。

5. 刑罚执行科确定分配意见，狱政管理科开具调犯令，向接受监区移交罪犯及个人物品和副档，并办理交接手续。

6. 对有下列情形的不得分流，继续集训学习：一是入监教育期限不满的；二是学习内容未完成的；三是考核不合格，验收不过关的；四是“四假”罪犯，在没有查清楚真实情况前不得分流。另外，狱外劳动监区（点）新犯不准分流；对老、弱、病、残、痴和外籍罪犯，应根据其特点，各监狱制定相应的考核标准；对重点犯和累、惯犯应从严考核验收。

（五）建立副档

入监教育部门向接受监区移交罪犯时，需要将罪犯的思想状态、改造表现向接受监区介绍清楚。所以，要建立罪犯副档。建立健全副档是罪犯分流到监区后，掌握其情况的重要材料，副档随罪犯一并移交至接受监区。副档主要包括：

1. 生效的法律文书。这包括刑事判决书、执行通知书、结案登记表、起诉书副本。

2. 新入监罪犯建档材料。这包括《入监登记表》、《罪犯情况综合分析建议表》、《罪犯入监教育鉴定表》、《保证书》、《认罪悔罪书》自传、改造规划、《罪犯个体改造难度预测结果表》、《交、揭、查登记表》。

3. 其他需要归档的配套材料。这包括《罪犯被服表》《罪犯计分考核表》《个别教育谈话记录》。

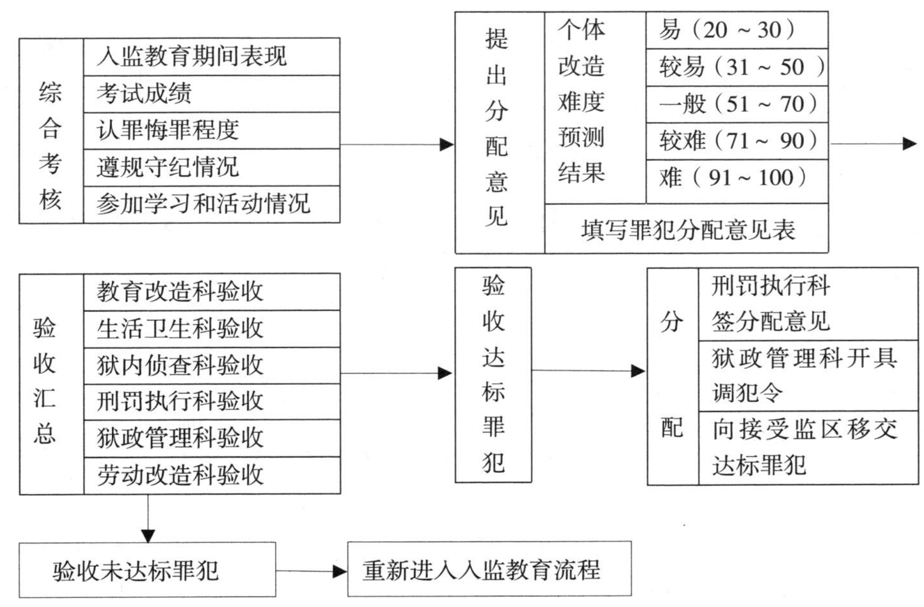

图 3-6　考核验收分流流程图

表 3-2　广东省××监狱罪犯入监教育考核分流一览表

工作步骤	工作内容	工作程序和标准	责任人	考核要求	台账
步骤1	成立考核机构	教育改造科牵头，狱政管理科、生活卫生科、狱内侦查科、刑罚执行科、劳动改造与安全生产科及各监区组成考核小组，负责对期末新犯的考核。	新犯考核小组成员	按时成立考核机构	监狱相关文件

续表

工作步骤	工作内容		工作程序和标准	责任人	考核要求	台账
步骤2	考核内容		1. 背诵《罪犯改造行为规范》《十四种不得为行为》《狱务公开》； 2. 队列、工间操、广播操、八段锦、心理保健操； 3. 内务卫生； 4. 专题教育成绩、认罪服法及日常表现。	分管教育领导、教育干事、教员	按规定实施	《考核成绩登记表》
步骤3	组织考核	整理名册	讲解考核的有关注意事项，整理《新犯考核名册》报给教育改造科。	教育干事	考核前1周/按时呈送	《入监教育验收罪犯名册》
		楼层考核	对完成学习任务的罪犯的学习情况进行考核。	教员	考核前1至2周	《入监教育考核成绩表》
		组织写保证书	组织入监教育考核的罪犯写遵规守纪“保证书”。	教员	考核前1周	《保证书》
		监区初考	对参加考核的罪犯进行考核。	分管教育领导、教育干事、教员	考核前3天	《入监教育考核成绩表》
步骤4	考核量化	制度规范	背诵《罪犯改造行为规范》《狱务公开》等，以口试方式进行，错漏1/3以上为不合格。	考核小组成员	罪犯考核合格率95%以上	《考核成绩登记表》
		队列操练与内务整理	以面试方式进行，错误动作出现3次以上或达不到效果要求的为不合格。	考核小组成员		《考核成绩登记表》

续表

工作步骤	工作内容		工作程序和标准	责任人	考核要求	台账
		改造态度	1. 认罪服法：按照《罪犯认罪悔罪评估实施办法》进行； 2. 日常表现：按照《罪犯奖罚考核规定》实行计分考核，凡受到一次性扣3分以上、期末累计扣分达5分以上或警告以上处罚、期内累计扣4次及以上为不合格。	入监（分）监区全体警察		《罪犯记分考核登记表》
		专题教育	由教育改造科命题、考核，达到80分以上的为合格。	教育改造科、教育干事		《考核成绩登记表》
步骤5	考核总结	举办入监教育总结会	组织罪犯进行集体表决心；矫正与刑务办公室领导宣布考核结果。	分管教育领导、教育干事	考核当天	《罪犯发言稿》
		组织写认罪悔罪书	干事与承包警察按规定组织罪犯写认罪悔罪书。	教育干事、教员、管教员	考核结束当周	《认罪悔罪书》
		填写鉴定表	新犯入监教育考核合格后，填写《入监教育鉴定表》，归入罪犯副档。	狱政干事	考核结束当周/填写规范	《入监教育鉴定表》
		罪犯个别化改造指引	制定分流后的个性化管理教育转化方案。	教员	考核结束当周	《个别化管理教育转化方案》
			入监（分）监区根据心理评估及考核结果，向狱政管理办公室提供符合条件的下队新犯名单，并按照罪犯的危险程度提出分流建议。	教育干事		《罪犯考核登记本》

续表

工作步骤	工作内容		工作程序和标准	责任人	考核要求	台账
			综合入监鉴定阶段考核成绩评出“入监学习优秀学员”。	教育干事		《优秀学员证书》
		继续学习	考核验收不合格者，按照《教育改造考核办法》规定扣2分，并在入监（分）监区继续接受为期1个月的入监管理和教育。对延期考核仍不合格的，扣3分后，分流到各监区加强学习。	教育干事	及时考核并谈话教育	1.《罪犯考核登记本》 2.《个别谈话记录本》
		编写教育总结	对每期新犯入监教育的情况进行总结。教育改造科组织相关入监（分）监区和接收监区召开会议，对新犯进行一次思想动态分析，为罪犯中期教育改造提供参考情况。	教育改造科、教育干事、教员	每期1次	《新犯入监教育总结》
步骤6	调配分流	呈报分流名单	根据考核结果向狱政管理科提供符合条件的下队新犯名单，提出分流建议。	狱政干事	考核结束2天内/按时呈送	《罪犯调配审批表》
		整理档案资料	对罪犯入监教育期间的表现进行考核评定，新犯入监教育考核合格后，填写《入监教育鉴定表》，并归入罪犯副档。做好罪犯副档装订工作。	狱政干事	考核当周	1.《入监教育鉴定表》 2. 罪犯副档

续表

工作步骤	工作内容		工作程序和标准	责任人	考核要求	台账
		安排分流	由狱政管理科根据关押要求，将罪犯分流到各监区。根据狱政管理办公室确定的下队名单制作《罪犯调动通知书》，入监（分）监区协助做好新犯分流移交工作。	分管狱政领导、狱政干事	考核结束1周内/人数、物品清晰准确	《罪犯调动通知书》
		移交档案资料	移交罪犯副档、罪犯病历等资料准确。	狱政干事、狱政卫生干事	下队1周内/档案资料齐全	1.《新犯移交登记表》 2.《罪犯档案移交登记表》

五、任务示范

关于罪犯李×的入监教育考核案例

一、罪犯基本情况

姓名：李×　　性别：男　　年龄：33　　罪名：运输毒品

刑期：无期　　婚姻：已婚　　籍贯：山东青州

调入时间：2015年2月9日

1. 犯罪过程：2014年9月7日，李×到广州市白云区，从刘×处获取毒品若干，准备搭乘火车将毒品运送至青海省西宁市，被公安人员抓获。

2. 家庭情况：家在山东青州市，家庭生活条件一般，父亲74岁，母亲67岁，有1个妹妹和1个弟弟，登记有妻子，实际还没领结婚证。

3. 重要事件：累犯，曾先在广东××监狱服刑，后调往新疆××监狱服刑，在临近出监时因不服管教而脱逃，抓获后加刑，有大半辈子服刑史。

二、组织对李×的入监教育考核验收

（一）成立了入监教育考核小组

由监狱教育改造科牵头，狱政管理科、生活卫生科、狱内侦查科、刑罚执行科、劳动改造与安全生产科及入监监区组成考核小组，负责对李×的考核。

（二）实施了入监教育考核

主要依据《监狱教育改造工作规定》《监狱服刑人员行为规范》等有关规定，从六个方面进行考核：

1. 认罪服法，服从管理。经考核认定，李×能够承认犯罪事实，服从法院判决，认清犯罪危害，坦白交待余罪，服从管理教育；无不认罪言行和无理申诉、缠诉现象，能够按要求如实书写个人情况和认罪服法保证书。

2. 消除疑虑，放下包袱。经考核认定，李×能正确认识犯罪和刑罚，信任监狱人民警察，正确处理家庭和个人问题，能够积极接受改造。

3. 学法守法，认清形势。经考核认定，李×能够了解监狱的性质、任务和教育改造工作方针政策，懂得罪犯的权利和义务。

4. 遵规守纪，规范言行。经考核认定，李×能遵守《监狱服刑人员行为规范》和监规纪律，规范改造言行，逐步养成良好生活习惯，积极维护监管秩序；能基本背诵《监狱服刑人员行为规范》等。

5. 积极劳动，安全生产。经考核认定，李×能积极参加适应性劳动，服从分配，不怕苦、不怕脏，保质保量，安全低耗完成生产任务。

6. 队列训练，内务卫生。经考核认定，李×熟练掌握各种队列要领，做到动作准确，报告规范；内务卫生统一、整洁，个人卫生好。

（三）做好入监教育的总结鉴定

经过2个月的入监教育，入监教育考核小组认为，李×能够参加劳动生产，与他犯的人际关系相比以前交流增加很多，情绪稳定，能正常改造，有事情会认真向值班警察反映，没有出现违纪情况，没有与他犯发生冲突，基本达到了入监教育的考核要求。狱政干事为其签写了《入监教育鉴定表》，归入了李×副档。

三、做好对李×的调配分流

根据李×的综合考核结果，由监狱刑罚执行科在《罪犯分配意见表》提出分配意见，狱政管理科开具《罪犯调动通知书》，向接受监区移交，李×转入普通的监区继续教育改造。

六、技能训练

罪犯丁×，45岁，贵州遵义人，因犯故意杀人罪被判处死刑缓期二年执行。2013年10月，丁×被调入广东省××监狱服刑，入监初期其不适应监狱改造环境，经常顶撞警察，不服从监狱的管理和教育。经过近2个月的入监教育，在警察的直接管理和帮助下，丁×开始适应监狱改造环境，能够积极参加监狱的各项活动，表现良好。

问题：作为一名警察，你该如何开展对罪犯丁×的入监教育考核验收？

思考：可从入监教育考核验收的任务、要求和流程方面考虑。

单元小结

学生在了解罪犯入监教育的任务和内容的基础上，通过实训掌握罪犯入监教育的操作流程和工作方法。

学生通过了解入监评估的基本内容，掌握入监评估的基本方法，学会如何开展入监评估。

学生通过了解罪犯服刑指导的基础知识，掌握如何对罪犯开展服刑指导工作的技巧和方法。

学生通过学习罪犯养成教育的知识，掌握罪犯行为养成内容，能够对罪犯开展行为养成教育。

学生在了解入监教育考核验收的基础上，通过实训掌握罪犯入监教育考核验收工作的标准和要求。

问题思考

1. 入监教育的任务和内容是什么？
2. 请画出入监教育流程图。
3. 试述入监评估的内容及流程。
4. 在罪犯入监教育期间，对罪犯进行服刑指导的内容有什么？该如何操作？
5. 如何做好罪犯入监教育的考核验收工作？

拓展阅读

1. 夏宗素：《罪犯矫正与康复》，中国人民公安大学出版社 2005 年版。
2. 高莹主编：《矫正教育学》，教育科学出版社 2007 年版。
3. 贾洛川主编：《罪犯教育学》，广西师范大学出版社 2008 年版。
4. 周雨臣：《罪犯教育专论》，群众出版社 2010 年版。

学习单元四　中期教育

学习目标

通过本单元的学习，了解罪犯中期教育的工作内容，掌握现代罪犯教育改造理念和工作方法。明确罪犯教育应以思想教育为核心，文化教育为基础，岗位技术和职业技能教育为重点，强化心理健康教育和激励教育在罪犯教育改造中的重要地位。

重点提示

思想教育内容与途径；文化教育的组织及方法；岗位技术和职业技能教育的内容、形式和方法；心理健康教育的内容与实施；激励教育的内容与运用。

基础知识

罪犯中期教育任务：监狱机关按照《监狱法》及相关法律法规要求，根据罪犯改造的实际需要，采取形式灵活、内容多样的罪犯教育改造方式和手段，有目的、有计划、有组织地开展思想教育、文化教育、岗位技术和职业技能教育、心理健康教育和激励教育等系列影响活动，最终将罪犯改造成为守法公民和自食其力的劳动者，减少重新犯罪。

罪犯中期教育内容：根据《监狱法》和《教育改造罪犯纲要》的要求，监狱机关对罪犯实施法律常识和认罪悔罪教育；罪犯的公民道德和时事政治教育；罪犯的文化教育；罪犯岗位技术和职业技能教育；罪犯的心理健康教育及罪犯激励教育。

项目 4-1 组织开展思想教育

一、任务说明

（一）思想教育的含义

思想教育是监狱执行刑罚活动的重要内容，也是罪犯教育的核心。罪犯的思想教育是指我国监狱机关在执行刑罚的过程中，以教育人、改造人为宗旨，把习近平新时代中国特色社会主义思想和社会主义核心价值观转化为罪犯个体的思想意识和道德品行的有组织、有计划、全面系统的教育影响活动。

（二）思想教育的依据

《监狱法》第 62 条规定："监狱应当对罪犯进行法制、道德、形势、政策、前途等内容的思想教育。"

（三）思想教育的内容

《监狱教育改造工作规定》第 25 条规定，罪犯必须接受监狱组织的思想教育。思想教育包括以下内容：①认罪悔罪教育；②法律常识教育；③公民道德教育；④劳动常识教育；⑤时事政治教育。

二、具体任务

（一）开展认罪悔罪教育

《教育改造罪犯纲要》要求在法律常识教育的基础上，深入开展对罪犯的认罪悔罪教育。主要是教育罪犯运用所学法律知识，联系自己的犯罪实际，明白什么是犯罪，认清罪与非罪的界限，承认犯罪事实；指导罪犯正确对待法院判决，正确处理申诉与服刑改造的关系，使罪犯认罪服判。

（二）开展法律常识教育

通过法律常识教育，逐步提高罪犯的法律知识水平，增强罪犯的法律意识，使其树立正确的法制观念。组织罪犯学习有关监管改造的法律法规，使罪犯在服刑期间能够按照监规纪律来约束自身的行为。根据《教育改造罪犯纲要》的规定，组织罪犯学习《宪法》《刑法》《刑事诉讼法》《监狱法》等法律知识，使罪犯掌握基本法律常识，了解公民所享有的权利和应当履行的义务，理解违法犯罪的含义及其法律责任，认识自己的犯罪行为给社会带来的危害，增强他们的法律意识，引导他们自觉守法。组织罪犯学习《民法总则》《物权法》《继承法》《婚姻法》《合同法》《劳动法》等法律知识，使罪犯了解依法解决民事纠纷的途径，懂得利用法律维护国家、集体利益和个人的合法权益。

（三）开展公民道德教育

结合罪犯的犯罪思想和改造情况，对罪犯进行道德教育。着重通过组织罪犯学习中国优秀传统文化，弘扬中华传统美德，破除罪犯的腐朽道德观，使罪犯科学认识世界、明确人生目的、反思人生教训、端正人生态度，引导罪犯树立正确的世界观、人生观、价值观，正确对待人生道路上的失败与挫折。同时，培养罪犯的社会主义荣辱观和集体荣誉感，使其树立社会主义核心价值观。

（四）开展劳动常识教育

《教育改造罪犯纲要》规定，强化劳动对罪犯的教育矫治功能。监狱机关通过为罪犯提供劳动岗位，强化劳动组织管理，提高罪犯劳动技术水平，使罪犯了解市场经济对劳动者的技术水平和团结协作精神的要求。这有助于罪犯树立与社会主义市场经济相适应的新型劳动观念，掌握劳动技能，培养职业道德。重点开展对罪犯的职业道德、劳动责任感、劳动价值观、合作精神、劳动纪律等方面的教育，使其树立正确的劳动观。

（五）开展形势、政策、前途教育

根据《教育改造罪犯纲要》的规定，监狱组织罪犯进行时事政治教育，深入开展以科学发展观、构建社会主义和谐社会和实现中华民族伟大复兴的“中国梦”等重大战略思想为重点的思想政治教育，深入开展以国家改革开放和现代化建设取得的巨大成就为重点的形势教育，深入开展以近期国际、国内发生的重大事件，特别是与罪犯关系密切的事件为主要内容的时事教育，教育、引导罪犯充分认识国家经济社会发展、社会和谐稳定的大好形势，消除其思想疑虑，增强其改造的信心。

三、任务要求

罪犯思想教育是监狱在特定时空条件下进行的。罪犯思想的转化受到来自教育者、罪犯、教育内容、教育方法、时间条件、空间条件等诸多因素的共同作用。因此，罪犯思想教育具有复杂性、艰巨性和特殊性的特点。要完成这项工作，尤其需要从罪犯教育的特殊性角度来把握思想教育工作要求。

（一）罪犯思想教育的全程性要求

保证思想教育贯穿于罪犯服刑改造的全过程，要求罪犯思想教育有目的、有计划、有组织、系统、全面地开展。

（二）罪犯思想教育的全局性要求

思想教育务必做到集体教育与个别教育相结合、课堂教育与辅助教育相结合、常规教育与专题教育相结合、狱内教育与社会教育相结合。在教育工作中，监狱各部门应树立全局观念，做到协调一致、齐抓共管、通力合作。

（三）罪犯思想教育机制上的互动性要求

思想教育方式要一改“死讲硬灌”的单边教育模式，彰显教育原则，突出罪犯在思想教育中的主体地位，发挥罪犯的主观能动性；形成教学互动、丰富教育形式，尽量做到贴近罪犯实际、贴近罪犯心理，增强教育效果。

（四）罪犯思想教育在教育内容上的时代性要求

思想教育既要以传统道德文化为主，又要融入现代社会元素。必须紧跟社会发展形势和时代步伐，充分体现习近平新时代中国特色社会主义的新思想、新观念。

四、任务流程

（一）思想教育的准备工作

为避免思想教育的随意性，思想教育应有目的、有计划、有组织地开展。在具体实施之前，做好充分的准备工作。

1. 确定教育对象。结合罪犯思想教育改造情况，合理确定教育对象。

2. 精选优秀教员。选择政治素质过硬、理论功底深厚、业务能力精湛的监狱警察来负责罪犯思想教育工作的具体实施，并做到分工负责、责任到人。

3. 拟订教育计划。可采取集体备课形式，由选任的罪犯教育警察集体研究、讨论，确定教育计划。计划内容应包括教育目的、内容、任务、时间、方法和要求等，并按照教育计划做好教材或教案的编写。以活动形式开展的教育，应事先做好活动策划方案。

4. 做好后勤保障。配备好必要的教学场所、教学设备和教学用具等。

（二）思想教育的组织实施

1. 做好思想教育的监督、检查工作。

2. 及时妥善处理好教育过程中出现的问题和矛盾，保证教育的顺利进行。

3. 按照相应的教育管理制度，加强对罪犯的学习管理与激励，调动罪犯的学习积极性。

4. 认真做好思想教育相应台账。

（三）思想教育的评估总结

按照罪犯在认罪悔罪、遵守规范、认真学习、积极劳动等方面的具体表现，分形式、分阶段对教育效果进行评估，并据此制定和调整教育改造方案，开展有针对性的思想再教育工作。这主要包括思想教育的考核、数据分析、信息反馈和总结、调整提高等环节。

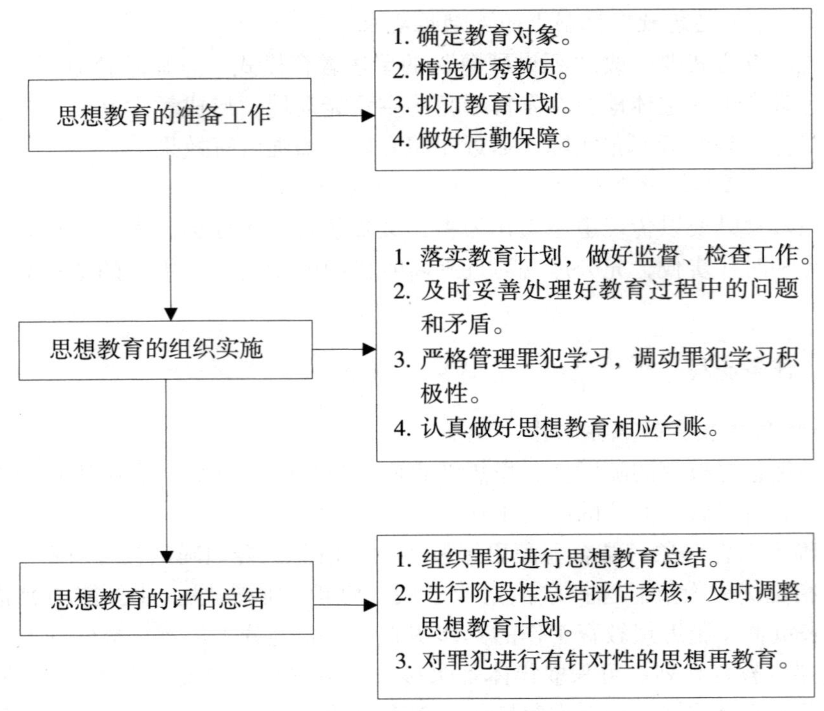

图 4-1　罪犯思想教育工作流程图

五、任务示范

广东省××监狱罪犯思想政治教育简介[1]

为贯彻监狱管理局制定的《关于贯彻实施“5+1+1”罪犯改造模式的通知》，进一步提高罪犯的改造质量，预防和减少犯罪，维护社会的和谐稳定，广东省××监狱在罪犯中开展了思想道德政治教育。通过教育，使罪犯正确认识社会，认识自己，准确定位，正确处理个人、集体、他人的关系在社会生活中的意义，提高了罪犯的道德认识水平，培养了罪犯遵守道德、法律的自觉性。

一、指导思想

以马克思列宁主义、毛泽东思想、邓小平理论和“三个代表”重要思想为指导，全面贯彻科学发展观，牢固树立社会主义法治理念；按照社会主义和谐社会的总要求，贯彻“惩罚与改造相结合，以改造人为宗旨”的教育工作方针，紧紧

〔1〕 本文引自广东韶关监狱网，载 http：//sgjy. gd. gov. cn/，访问时间 2018 年 4 月 1 日。

围绕提高罪犯教育改造质量，坚持以人为本，充分发挥管理、教育、劳动改造的手段作用，推进教育改造工作的社会化、科学化、法制化，把罪犯改造成为有道德良知、知法守法的好公民。

二、工作目标

罪犯在服刑期间，通过思想道德政治教育改造手段和方法，使其成为有道德良知、守法守规的罪犯。完成罪犯守法守规率90%、法治教育合格率95%、道德教育合格率95%以上的目标。

三、教学形式

以分监区、监区教学为主，辅以监狱电化教育及教师课堂授课教育。

四、教学内容

广东省监狱管理局编印的《国情国策教育读本》《法律常识教育读本》《人生修养读本》《现代公民教育读本》等教科书。

五、具体步骤

（一）以相关教科书为蓝本，对罪犯进行电化教育

监狱对省监狱管理局编印的《国情国策教育读本》《法律常识教育读本》《人生修养读本》《现代公民教育读本》采取课本循环学习的方针，一本课本学习完毕后，才学习下一本课本。每月针对全监罪犯进行一次电化教育，聘请我监具有大专以上学历的优秀年轻警察担任罪犯的思想道德政治教育教员。思想道德政治教育教员根据监狱教育计划，以广东省监狱管理局编印的《国情国策教育读本》《法律常识教育读本》《人生修养读本》《现代公民教育读本》的教科书为蓝本作好备课，并制作电化教育光碟，于周三《新闻联播》后，通过电视转播对罪犯进行电化教育。

（二）落实好每周一天课堂化教育要求

按照《罪犯每周一天课堂化教育工件的指导意见》，科学合理安排好罪犯教育实践、内容和方式，将“三课”教育、心理健康教育、监区文化教育等融入其中。每周一进行周点评，肯定成绩，指出不足，表扬先进；每周二进行国学电教片教育，主要进行修身立人的道德教育；每周三结合月政治考试的实际情况进行政治电教片教育；每周四观看狱内视频新闻，主要目的是“弘扬先进，抨击落后”；每周五进行名片鉴赏；每周六进行监区文化活动；每周日组织罪犯写周记，小结一周的改造生活。

（三）深化对罪犯的政治、法律及道德修养教育

1. 法律政治教育方面。利用监狱电教设施，对罪犯进行法律常识和认罪悔罪教育。针对罪犯不懂法、不守法、法律意识淡薄等情况，开展法律常识教育，使罪犯了解基本法律知识。按照司法部《教育改造罪犯纲要》的要求，组织罪犯

学习《法律常识教育读本》中的《治安管理处罚法》《民法》《民事诉讼法》等内容，采取集中授课、案例讲析、监区辅导等方式方法开展。通过让罪犯学习相关法律知识，反思违法行为，达到认罪悔罪的教育目的。

2. 政治教育方面。利用监狱电教设施，对罪犯开展政治教育，组织罪犯学习《国情国策教育读本》中的共和国的诞生与崛起、环境与资源等内容，增强罪犯的政治敏锐性与政治判断力，培养罪犯爱党、爱国和爱人民的高尚情怀。

3. 公民道德修养教育。按照司法部《教育改造罪犯纲要》的要求，采取集中授课、案例讲析、监区辅导、统一考试等方式方法开展教育。组织罪犯学习《人生修养读本》第一章"我在世界的位置"：人生价值、第二章"人生的意向"：人生的目的和理想等内容；《现代公民教育读本》中的爱国篇、守法篇等内容。开展《国学》、曾仕强《易经》等传统文化教育。通过对罪犯的道德教育，逐步提高罪犯的道德素质，帮助罪犯筑起一道人生道德防线。

4. 巩固所学，提高认识。对罪犯的法律教育及道德教育学习情况进行巩固。各单位要认真组织罪犯进行复习总结，巩固学习效果，使罪犯真正成为"懂法律、守公德"的公民。

5. 教育与考核相结合。每月组织罪犯学习思想道德课、心理矫治普及课、《服刑人员行为规范》以及《罪犯考核奖罚规定》，在全监范围内组织每月一考。其中，每月将对分监区罪犯进行抽考（试卷由矫正与刑务办公室批改）。同时，每月抽每分监区3~5名服刑人员到立新学校考试。考试增加行为规范、罪犯考核奖惩规定、心理健康教育及法律教育等内容，力争在年度刑满释放人员中，法律常识教育合格率、道德常识教育合格率均达到95%以上。

6. 利用每晚《新闻联播》后的时间进行思想教育。其中，每周的周一为监区、分监区教育点评时间；周二为国学学习时间；周三为《今日说法》《法制栏目》学习时间；周四为《狱内新闻》播放时间；周五为影视作品欣赏时间；周六为监区活动安排时间；周日为《狱内新闻》重播时间。

（四）开展思想道德政治教育

监区根据监狱制定的罪犯思想道德政治教育计划，结合本监区的实际情况，制定本监区思想道德政治教育计划，并选任优秀警察担任教师，于每周对罪犯进行不少于4课时的思想道德政治教育，并形成台账备查。台账要求有政治教育教员名单、教学计划、备课本、备课内容等。对不符合要求的，根据教育改造考核相关规定给予扣分处理。

六、技能训练

监狱内随处可见这样的标语："改造思想，重新做人""重塑思想，积极改造”。其实，改造人的思想是最难的，俗话说“江山易改，本性难移”。罪犯之所以走上犯罪的道路，有历史的原因，有社会的原因，但对大多数人来说，还是自身思想的原因。想不劳而获、快速致富，过“上等人”的日子。这种思想的存在，也在一定程度上影响了罪犯的改造。如果不解决这个问题，罪犯在刑满释放后，极有可能会重新犯罪。要解决这个问题，单靠劳动、监管等是不行的，还必须解决罪犯心灵深处的思想根源问题，让罪犯树立正确的世界观、人生观和价值观。由此可见，对罪犯进行思想教育不但十分重要而且非常必要。

问题：现阶段，监狱罪犯普遍存在“人为财死，鸟为食亡”和“人不为己，天诛地灭”的错误观点，应如何组织罪犯开展思想教育？

思路：可从组织罪犯开展树立社会主义核心价值观教育等方面入手。

项目 4-2　组织开展文化教育

一、任务说明

（一）罪犯文化教育的含义

罪犯文化教育是指监狱机关对罪犯进行的有关文化知识方面的教育影响活动。提高罪犯的文化水平有利于罪犯接受思想教育，有利于罪犯掌握岗位技术和职业技能，有利于提高罪犯文明程度。监狱机关组织罪犯开展文化教育是罪犯教育改造的重要内容之一。

（二）罪犯文化教育的依据

《监狱法》第 63 条规定：“监狱应当根据不同情况，对罪犯进行扫盲教育、初等教育和初级中等教育，经考试合格的，由教育部门发给相应的学业证书。”

《监狱法》第 75 条规定：“对未成年犯执行刑罚应当以教育改造为主。未成年犯的劳动，应当符合未成年人的特点，以学习文化和生产技能为主。监狱应当配合国家、社会、学校等教育机构，为未成年犯接受义务教育提供必要的条件。”

《监狱教育改造工作规定》第 26 条第 1 款规定：“监狱组织的文化教育，应当根据罪犯不同的文化程度，分别开展扫盲、小学、初中文化教育，有条件的可以开展高中（中专）教育。鼓励罪犯自学，参加电大、函大、高等教育自学考试，并为他们参加学习和考试提供必要的条件。”

（三）罪犯文化教育的内容

监狱作为国家刑罚执行机关，运用文化教育改造罪犯，是“文化育人”工程的重要阵地。新的历史条件下，应准确把握文化的时代内涵，结合教育改造罪犯的现实需要和客观条件，对文化进行理性选择、精心设计和科学运用。罪犯文化教育的主要内容包括：中国传统文化、自然科学、社会科学以及应用科学等方面的知识。

二、具体任务

根据司法部《教育改造罪犯纲要》的要求，针对罪犯的不同文化程度，分别开展扫盲、小学、初中文化教育，有条件的可以开展高中阶段教育。尚未完成义务教育、不满45周岁、能够坚持正常学习的罪犯，应当接受义务教育。

对罪犯的文化教育，以扫盲和小学教育为重点，文盲罪犯应当在入监2年内脱盲，脱盲比例达到应脱盲人数的95%以上。罪犯刑满释放时，小学文化程度以上的应当逐步达到应入学人数的90%以上。

对已完成义务教育的罪犯，鼓励其参加电大、函授、高等教育自学考试或者其他类型的学习。

三、任务要求

（一）教材选用要求

对成年犯的文化教育选用司法部监狱管理局统编教材；对未成年犯的文化教育采用普通小学、初中课本，完成九年制义务教育。

（二）课时安排要求

成年犯年度文化教育课时为400课时；未成年犯年度文化教育课时为1000课时。

（三）编班要求

按照罪犯文化水平、年龄、刑期长短等因素进行编班。

（四）课程设置要求

课程设置既要考虑罪犯原有文化基础和接受能力以及罪犯刑期、监狱生产需要等因素，又要符合教学规律，应科学合理进行课程设置。

（五）教员选任要求

成年犯的文化教育教师可以从本监狱罪犯教育警察中选任，也可以从社会上符合条件的人员中聘任或在本监狱罪犯中选用符合条件的专职文化教员。未成年犯的教师不得由罪犯担任。对外聘教员应加强资格审核。

（六）教学管理要求

教师应根据司法部及各省司法厅、监狱管理局关于罪犯文化教育工作的要求，认真备课、撰写教案和组织课堂教学；监狱教育改造部门应严格教学管理，认真组织教学，有效确保正常的课堂教学秩序和上课到课率。

四、任务流程

（一）教学前准备

1. 分类编班。监狱根据罪犯的实际情况分类编班。常规编班可分为：扫盲班、高小班、初中班、提高班（自学班）四个层次。

2. 精选教材。严格按照司法部监狱管理局的要求精选统编教材。

3. 选配师资。严格按照司法部监狱管理局的要求选配罪犯文化教员。

4. 教学保障。配备好必要的教学场所、教学设备和教学用具等。

（二）开展文化教育

根据课程安排进行教学，按照相关的教学管理制度开展有序的教学活动，罪犯教育主管部门进行必要的教学指导和督导。

（三）教学质量考核

监狱教育改造部门对罪犯的学习情况和教学质量进行考查；学科成绩以作业、单元测试、期末考试等方式进行考核。成绩评定多采用百分制计分法，且与奖惩挂钩。完成学业的经监狱申请，由国家教育部门组织统一的考试，成绩合格者由国家教育部门核发相应学业证书。另外，凡要求参加成人高等教育考试的罪犯，必须自愿申请报名，由监狱教育改造科审批，符合条件者予以批准。监狱提供学习便利，并按国家考试要求组织罪犯参加相应的考试。考试合格者由国家教育部门核发相应的毕业证书和学位证书。

（四）教学质效评估

监狱应总结教育教学经验，提高教学工作成效，找出不足并吸取教训，及时改正。可以分阶段进行教学质效评估。

（五）学籍管理

根据《监狱法》的规定，将罪犯的文化知识教育列入所在地区国民教育规划管理。建立罪犯学籍档案，每学期开学时，要求罪犯在规定日期内办理注册。每学期期末对罪犯学习情况作出鉴定，存入罪犯文化教育档案。

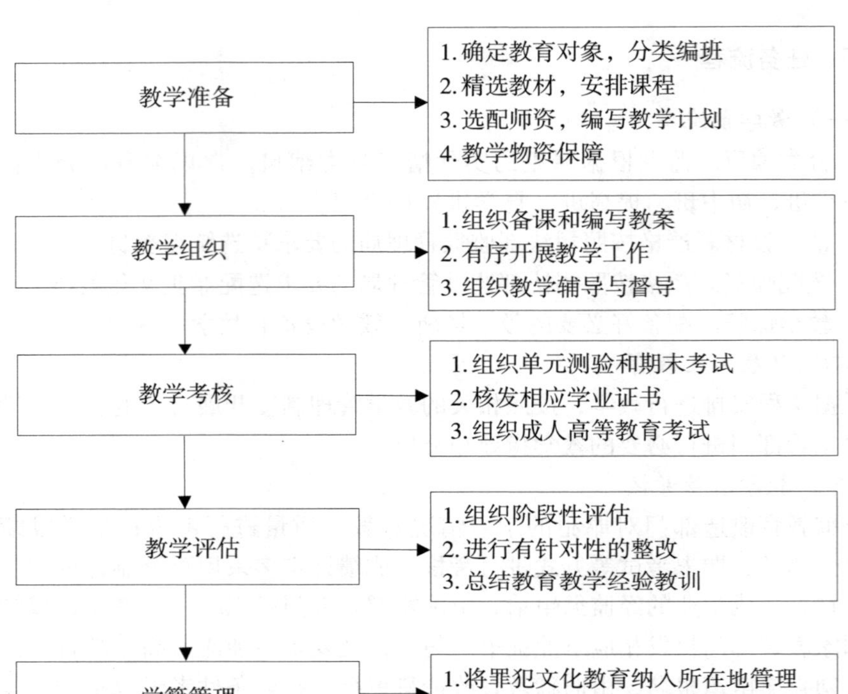

图 4-2 罪犯文化教育工作流程图

五、任务示范

××监狱罪犯文化教育（扫盲班）工作计划

一、教育对象

监狱内确系文盲、半文盲的罪犯。

二、教育目标

2 年内脱盲，脱盲人员达到应脱盲人数的 95% 以上。

三、教育内容及教学计划

（一）教育内容

1. 认识并熟练掌握汉语拼音。

2. 正确认、读、写、用高频字 983 个，可以阅读通俗易懂的书报文章，能写常用便条，会使用字典。

3. 认识自然数，会进行自然数的四则运算及四则混合运算，认识平面图形，会使用计算器。

（二）教学安排

教学周期从每年3月1日开始，12月31日结束，其中1、2、7、8月份为复习、考试以及教师备课时间。扫盲教育学时数为150课时/年，2年完成。

表4-1　第一学年

教学时间	课时数	教学内容
3月	20	生活中的读与写 第一单元《汉语拼音》
4月	20	生活中的数与算 第一单元《数》
5月	20	生活中的读与写 第二单元 识字 识字（一）、识字（二）
6月	16	生活中的知与能 第一单元《生理卫生与健康》
7~8月		复习及考试 教师备课
9月	20	生活中的数与算 第二单元《认识平面图形》 2.1　4课时 2.2　4课时 生活中的读与写 第二单元 识字 识字（三）　6课时 识字（四）　6课时
10月	18	生活中的知与能 第二单元《婚姻 家庭 邻里》8课时 生活中的数与算 第二单元《认识平面图形》 2.3　4课时 2.4　4课时 复习　2课时
11月	20	生活中的数与算 第二单元《认识平面图形》 2.5　4课时 2.6　4课时 生活中的读与写 第二单元 识字 识字（五）　6课时 识字（六）　6课时

续表

教学时间	课时数	教学内容
12月	16	生活中的知与能 第三单元《安全出行与社交礼仪》
1~2月		复习及考试 教师备课

表 4-2 第二学年

教学时间	课时数	教学内容
3月	20	生活中的读与写 第二单元 识字 识字（七）、识字（八）
4月	20	生活中的读与写 第二单元 识字 识字（九）、识字（十）
5月	20	生活中的数与算 第三单元 计算器 3.1.~3.2 10课时 生活中的知与能 第四单元《电与电器》10课时
6月	16	生活中的知与能 第五单元《公民与法》 一、二、三、四
7~8月		复习及考试 教师备课
9月	20	生活中的读与写 第二单元 识字 识字（十一）、识字（十二）
10月	18	生活中的知与能 第五单元《公民与法》 五、六、七、八
11月	20	生活中的读与写 第二单元 识字 识字（十三）、识字（十四）
12月	16	生活中的知与能 第六单元《回归 就业 创业》
1~2月		复习及考试 教师备课

四、教育考核

监狱教育改造科组织、督导罪犯文化教育学习成绩考查和学习情况考核。

六、技能训练

一名罪犯写信向家里要“糖”，但罪犯不会写“糖”字，写成了“糠”字。家里人收到信后感到奇怪，在监狱服刑要“糠”干什么？但又想，既然写信要了，就一定是有用，所以将一包“糠”寄来了。

问题：结合该事例，谈谈监狱机关为什么要对罪犯进行文化教育？

思路：从文化教育对罪犯的重要性和必要性等方面加以分析。

项目 4-3 组织开展岗位技术培训和职业技能教育

一、任务说明

（一）罪犯职业技术教育的含义

罪犯职业技术教育包括岗位技术培训和职业技能教育。岗位技术培训是指监狱基于劳动改造罪犯的需要，对罪犯进行的针对监狱劳动岗位的技术培训；职业技能教育是指监狱为了提高罪犯刑满释放后适应社会的能力，由监狱组织罪犯参加人力资源和社会保障部门组织的、以获得职业资格证书为目标的专业培训。

（二）罪犯职业技术教育的依据

《监狱法》第 3 条规定：“监狱对罪犯实行惩罚和改造相结合、教育和劳动相结合的原则，将罪犯改造成为守法公民。”为实现这一目标，监狱一方面要对服刑改造的罪犯实行惩罚与改造；另一方面，还要考虑罪犯刑满释放后就业的需要，帮助他们尽快融入社会。因此，对罪犯进行岗位技术培训和职业技能教育成为监狱机关的一项重要职责，也是改造罪犯的重要内容之一。

《监狱法》第 64 条规定：“监狱应当根据监狱生产和罪犯释放后就业的需要，对罪犯进行职业技术教育，经考核合格的，由劳动部门发给相应的技术等级证书。”

《监狱法》第 70 条规定：“监狱根据罪犯的个人情况，合理组织劳动，使其矫正恶习，养成劳动习惯，学会生产技能，并为释放后就业创造条件。”

《监狱教育改造工作规定》第 27 条规定：“监狱应当根据罪犯在狱内劳动的岗位技能要求和刑满释放后就业的需要，组织罪犯开展岗位技术培训和职业技能教育。年龄不满 50 周岁，没有一技之长，能够坚持正常学习的罪犯，应当参加技术教育；有一技之长的，可以按照监狱的安排，选择学习其他技能。”

（三）罪犯职业技术教育的内容

罪犯职业技术教育的主要内容包括：岗位技术培训和职业技能教育。

二、具体任务

1. 根据监狱生产和改造罪犯的实际需要，组织罪犯开展岗位技术培训，教育罪犯认识劳动的重要性和必要性，引导罪犯树立正确的劳动观念，使罪犯掌握“应知”“应会”的劳动生产知识，养成团结合作的良好习惯。

2. 积极与当地人力资源和社会保障部门以及就业培训机构联系，根据罪犯服刑改造和刑满释放后就业的实际需要，组织罪犯开展职业技能教育，使他们能够取得由人力资源和社会保障部门颁发的或其他社会机构颁发的、社会普遍认可的职业技能证书，增强其回归信心和就业竞争力。罪犯刑满释放前，取得职业技能证书的人数应当逐步达到应参加教育培训人数的90%以上。

三、任务要求

（一）罪犯职业技术教育要以罪犯思想改造为出发点和落脚点

监狱教育改造工作，核心是改造罪犯的思想，解决罪犯不认罪、不服判的问题，纠正罪犯扭曲的世界观、人生观、价值观，使其逐步树立社会主义核心价值观。因此，罪犯职业技术教育全过程必须围绕罪犯思想改造进行。

（二）罪犯职业技术教育要以监狱发展和社会需求为导向

罪犯职业技术教育既要围绕监狱的生产发展，开展岗位技术培训；更要紧紧围绕社会就业市场需求，开展生活技能培训和职业技能教育，使罪犯刑满释放时能学会生活的本领和掌握一技之长，自食其力，顺利回归社会。

（三）罪犯职业技术教育要以提高罪犯职业技术综合能力为宗旨

罪犯职业技术教育不是高等人才教育。它是针对罪犯个体提高生存能力、岗位技术操作能力、社交能力和创新能力的教育，以提高罪犯职业技术能力，适应社会为目标。

（四）罪犯职业技术教育要以罪犯个体实际情况为基础

在罪犯职业技术教育中，无论是教学内容，还是教育方法和手段，都要考虑罪犯个体的接受能力和实际情况，要突出“实用、实际、实效”原则。

（五）罪犯职业技术教育要以培养实际操作能力为抓手

监狱劳动改造罪犯的实际需要要求必须对罪犯进行岗位技术培训，让罪犯边学习、边操作，以实践为依托，以实际操作为抓手，让罪犯尽快熟悉监狱生产技术和劳动技能。罪犯职业技术教育主要是以提高罪犯生存能力、自食其力能力和适应社会能力为目的，让罪犯学会一技之长，通过自己诚实的劳动改变自己好逸恶劳的恶习。因此，职业技术教育要以培养罪犯实际操作能力为抓手，做到理论与实践相结合，以实践为主。

四、任务流程

（一）开展市场调研

广泛开展市场调查，认真分析市场对于各种技术岗位需求的冷热状况及其发展前景。罪犯职业技能教育培训也可以整体委托给社会上有资质且信誉好的职业教育技术培训机构联合组织实施。

（二）确定培训项目

根据监狱生产和劳动改造罪犯的实际需要，结合监狱开展岗位技术培训和职业技能教育的条件，根据监狱、罪犯、企业和社会等多方需求，确定岗位技术培训和职业技能教育的项目，设置相应的培训课程和课时。

（三）确定培训人员

根据罪犯的年龄、性别、刑期、捕前职业和监狱生产项目以及罪犯刑满释放后计划就业的方向等，确定参加培训的人员，并进行分班。

（四）选配相应师资

师资可从监狱人民警察中选任；对于专业性较强的职业技术培训，师资可以从社会上符合条件的专业技术人员中选聘；也可以由监狱选择改造表现较好，有职业技术专长的罪犯担任。

（五）制定教育计划

岗位技术培训和职业技能教育的教学形式应以实行课堂化教学为主，配合相应的操作训练。为此，选任的教员应负责选择或编写科学性与实用性相结合、规定性与灵活性相结合的教材或教案，制作相应的教学计划。教学计划应包含指导思想、工作目标、主要任务和课时安排等，并据此制定课程表。

（六）做好后勤保障

做好岗位技术培训和职业技能教育的后勤保障，包括场地、教学仪器设备和教学用具等。

（七）开展职业教育

教员负责组织教学，做好教学期间的管理工作，监督学员按时完成学习任务，并做好罪犯的作业批改和实际操作指导。监狱教育改造部门要加强教学管理和教学督导，建立《教学日志》，如实记载教学情况，做好教学台账管理工作。

（八）考核颁发证书

对罪犯的岗位技术培训和职业技能教育培训的鉴定考核，由监狱联合人力资源和社会保障部门共同完成，采取社会考评、省市职业技能考核鉴定中心督考的形式进行。监狱教育改造部门领导为鉴定站点负责人，社会专业人员担任考评员，省市职业技能考核鉴定中心派出管理人员担任督考员；监狱根据要求安排考场、监考人员及工作人员。

考核成绩合格者由监狱或社会相关部门颁发岗位技术上岗证书或职业技能等级证书。

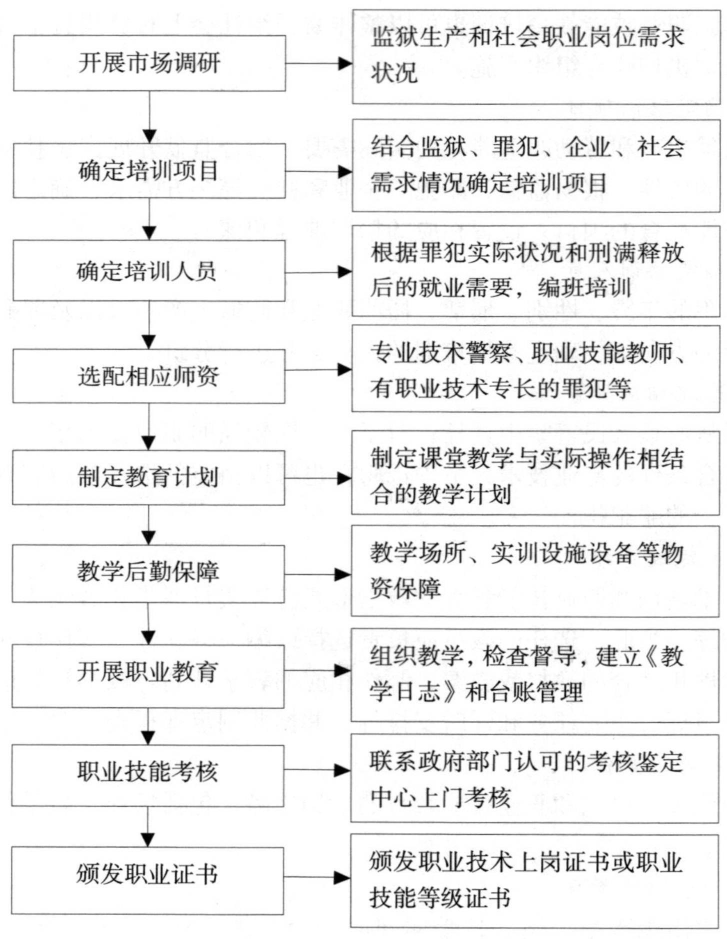

图 4-3　罪犯职业技术教育工作流程图

五、任务示范

广东省××监狱“三特”推进罪犯职业技术教育

为强化罪犯职业技能，提升罪犯的社会适应能力，广东省××监狱创新教育理念，转变罪犯职业教育改造模式，近期全力推进罪犯职业技术教育，实现专业有特色、形式有特点、罪犯有特长的“三特”模式，有效提升了职业技术教育水平。

凸显专业“特色”，适应社会需求。监狱转变办学理念，以“罪犯感兴趣、社会有需要、监狱有条件”为指导方针，把“回归就业需要什么就学什么”作为工作原则，结合监狱来料加工产业特点，开设了家电维修、服装制作、花卉栽培、电脑操作、电工、锅炉、汽车维修等多个专业，切合社会和罪犯的实际需求；加强与地方人力资源与社会保障部门的沟通，强化培训考核认证，逐步形成了集“调查、引入、培训、考核、发证、输送、跟踪、反馈”为一体的职业技术教育培训体系，实现年度刑满释放人员获证率超过90%。多年来，近二千名罪犯获得了职业资格证书。

丰富形式“特点”，创新培训路径。监狱聘请了纺织学院、职业技术学校、技工学校教师来监狱授课，并与学校签订了多项合作协议；大力实施生产培训，采用“车间课堂化教学”模式，将教育教学搬进车间，建立了义齿、鞋面、制衣、水晶等项目培训基地，促进技术教育与劳动改造的深度融合；在罪犯中开展“传、帮、带”活动，鼓励技术好的罪犯帮带技术较差的罪犯，促进整体技能水平的提升；定期开展生产竞赛和劳动能手竞赛，科学设定笔试和操作题目，辅之以必要的物质奖励，引导罪犯投身技能学习，改进生产技术，提升技能水平；积极利用社会资源，邀请刑满释放就业创业的典型回监狱开展就业创业讲座，激发罪犯学习技术的动力和热情。

培育罪犯“特长”，提升就业能力。以提高罪犯社会适应能力为目标，实行专管警察包干制度。根据罪犯身体条件、文化素质、技术基础等因素，为罪犯量身定制技术培训计划，有针对性地安排手工、缝纫车工等劳动岗位，对表现较好的罪犯推荐参加监狱技术培训班学习；以培养“1门技术+1种爱好”为着力点，引导每个罪犯培养一种兴趣、学习一门技术，逐步提升罪犯自身素质修养和就业能力；完善内部就业指导机制，向罪犯开展社会用工信息咨询、就业政策咨询和创业项目评估，增强就业自信，促进罪犯刑满释放后的社会就业。

六、技能训练

罪犯李×，19岁，无业，因入室抢劫罪入狱。该犯入监前没有一技之长，且上网成瘾，爱好电脑，入监后认罪态度和悔改表现较好，有学习职业技能的愿望。

问题：作为监狱罪犯教育警察，请你为罪犯李×拟定一份罪犯职业技术教育实施计划。

思路：从罪犯职业技术教育任务、要求和工作流程入手，结合罪犯回归社会就业进行思考。

项目4-4　组织开展心理健康教育

一、任务说明

（一）罪犯心理健康教育的含义

心理健康从广义上讲，是指一种高效而满意的、持续的心理状态。从狭义上讲，心理健康是指人的基本心理活动的过程内容完整、协调一致，即认识、情感、意志、行为、人格完整和协调，能适应社会，与社会保持同步。罪犯的心理健康教育就是通过向罪犯传播心理健康知识，转变罪犯的不健康观念，提高罪犯对心理健康的认知能力，提高罪犯的心理健康水平和适应社会的能力，促进罪犯心理不断发展和完善，从而使罪犯自觉地运用心理健康知识及时认识自我心理状况，克服心理障碍，进而消除违法犯罪这一不适应社会生活的行为。

（二）罪犯心理健康教育的依据

1. 《监狱教育改造工作规定》第45条明确规定："监狱应当对罪犯进行心理健康教育，宣传心理健康知识，使罪犯对心理问题学会自我调节、自我矫治。"

2. 《教育改造罪犯纲要》第13条规定："……针对罪犯心理调节能力和心理承受能力普遍较弱，容易发生心理问题的情况，要在罪犯中普遍开展心理健康教育，引导罪犯树立关于心理健康的科学观念，懂得心理健康的表现与判断标准，了解影响心理健康的因素及其关系，对自身出现的心理问题学会自我调适或主动寻求心理辅导和咨询，增强心理承受和自我调控情绪的能力，提高心理素质。要帮助罪犯找出导致违法犯罪的心理根源，学会矫正和克服的相应办法。引导罪犯加强与他人的交流与沟通，培养建立和谐人际关系的能力。对罪犯开展心理健康教育的普及率，应当达到应参加人数的100％。"

（三）罪犯心理健康教育的内容

1. 心理健康基础知识教育；

2. 认知模式教育；

3. 调整自我，面对现实，接受现实，培养积极情感教育；
4. 意志力和生活方式优化教育；
5. 人格健全教育；
6. 构建良好自我意识教育；
7. 和谐人际关系教育；
8. 心理测量、心理咨询与心理治疗知识教育；
9. 积极的回归心理教育。

二、具体任务

《教育改造罪犯纲要》指出：针对罪犯心理调节能力和心理承受能力普遍较弱，容易发生心理问题的情况，要在罪犯中普遍开展心理健康教育，引导罪犯树立关于心理健康的科学观念，懂得心理健康的表现与判断标准，了解影响心理健康的因素及其关系，对自身出现的心理问题学会自我调适或主动寻求心理辅导和咨询，增强心理承受和自我调控情绪的能力，提高心理素质。具体工作任务包括：

1. 开展大范围的心理健康知识课堂教育和心理健康知识讲座，向罪犯普及心理健康知识。这具体包括认知教育、情感教育、意志力教育、人格健全教育和自我意识教育等，使罪犯初步学会用心理学知识剖析自身的心理问题，寻找导致犯罪的心理根源，引导罪犯加强与他人的交流与沟通，培养建立和谐人际关系的能力。

2. 开展一系列有益于罪犯心理健康的活动。例如，心理健康操比赛、“心理团辅”、“525 心理情景剧文艺汇演” 等。

3. 成立罪犯心理健康服刑指导中心。其主要负责对罪犯进行心理测量，对有心理问题而自身又不能调节的罪犯做好心理咨询工作。

4. 加强心理健康社会帮教，聘请狱外心理专家“帮扶团”对罪犯进行一对一的心理健康咨询工作。

三、任务要求

（一）要求罪犯心理健康教育与罪犯思想教育相结合

通过心理健康教育，使罪犯学会自我认知，接受自我。正确对待服刑改造生活，积极接受“三观教育”，逐步树立社会主义核心价值观。从而更好地认罪悔罪，改恶从善，改造思想。

（二）要求罪犯心理健康教育普遍性与差异性相结合

罪犯心理健康教育要以全体罪犯的心理健康水平和心理素质提高为根本出发

点和立足点，注重了解和解决全体罪犯普遍性的心理问题，要求全体罪犯参与其中。同时，也应根据罪犯个体差异，制定具有灵活性、针对性的心理健康教育措施。特别是对存在心理障碍或心理缺陷的罪犯，及时进行心理辅导或心理危机干预，以提高罪犯的整体心理健康水平。

（三）要求罪犯心理健康教育突出罪犯的主体地位

罪犯心理健康教育是一种助人与自助的过程，助人是“手段”，让罪犯“自助”才是目的。只有引导罪犯主动参与，才能有效地解决罪犯的心理健康问题。

（四）要求罪犯心理健康教育必须维护罪犯名誉和保障罪犯隐私

心理健康教育是建立在相互信任的基础上的。特别是在个别心理咨询过程中，罪犯会向心理健康教育工作者泄露个人秘密、隐私、缺陷等，心理健康教育工作者有责任和义务为罪犯保守秘密，但危害监管安全的除外。

四、任务流程

（一）罪犯心理健康教育工作准备

1. 选任有相应资质的警察或者聘任社会上有资历的心理健康教育专家作为罪犯心理健康教育的教员。

2. 通过观察和了解罪犯改造期间出现或存在的心理问题，分析确认罪犯心理问题的类型，根据罪犯心理问题呈现的多寡，制定心理健康教育的计划和方案；编写心理健康教育的教案内容、准备相关材料。

（二）罪犯心理健康教育工作的实施

采取形式多样的教育方式、方法，开展罪犯心理健康教育。对有严重心理问题的罪犯及早发现，做好心理评估与测量，并有针对性地进行心理咨询和治疗。

（三）罪犯心理健康教育工作的评定与考核

监狱教育改造部门（或评估中心）负责罪犯心理健康教育的评定与考核工作，将罪犯接受心理健康教育的表现作为罪犯是否“接受教育改造”的考核指标之一。

（四）罪犯心理健康教育工作的反馈

通过跟踪、观察罪犯接受心理健康教育后服刑生活的表现和罪犯心理健康测量，检验罪犯心理健康教育的效果，及时做出反馈；根据反馈结果决定是否有必要对其进行心理咨询和心理危机干预。

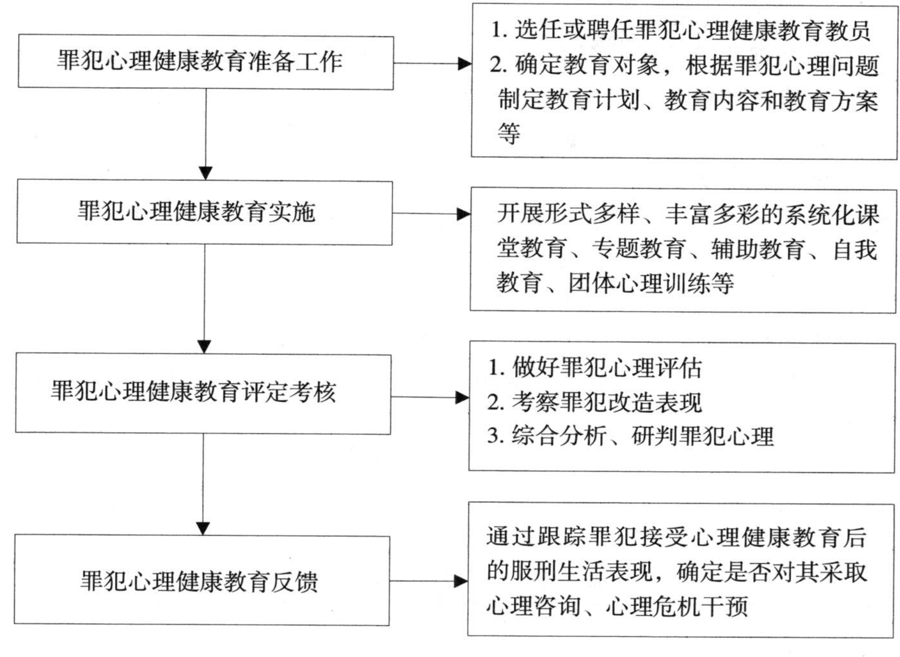

图 4-4　罪犯心理健康教育工作流程图

五、任务示范

吉林省××监狱罪犯心理健康教育实施方案

一、罪犯心理健康教育工作指导思想和目的

监狱围绕司法部《监狱教育改造罪犯工作规定》和《教育改造罪犯纲要》，认真贯彻落实《吉林省监狱教育改造罪犯大纲》，以提高罪犯教育改造质量为中心，以提高罪犯的心理健康水平、塑造积极的健康人格、维护监狱的安全稳定为目标，以排解罪犯的心理障碍和提高罪犯的自我调节能力为重点，充分利用和整合社会资源，预防和减少罪犯心理问题和疾病的发生，为创建安全、文明、现代化监狱奠定基础。

通过心理健康教育，使罪犯了解心理健康基本常识，学会识别心理问题，掌握对心理问题进行自我调适的方法，熟悉寻求心理帮助的途径，挖掘违法犯罪的心理根源，消除不良心理，矫正犯罪心理，提高心理素质。

二、罪犯心理健康教育的要求

1. 以司法部监狱管理局统编教材为主，适当选择一些辅助性教材。

2. 创新方法和载体，将知识传授与方法指导相结合、心理预防与心理发展相结合、普及教育与重点教育相结合，突出“体验式”教学法，以罪犯喜闻乐见的形式开展辅助性教学。

3. 根据不同罪犯主体的特点设置相应的心理教学内容，开展针对性的教育，达到教育转化与心理成长的目的。

三、罪犯心理健康教育的内容

心理健康教育的主要内容为：心理健康基本知识教育、认知模式教育、积极情感教育、人格健全教育、自我意识教育、人际关系教育、心理咨询和心理治疗知识教育等。

心理健康教育方式、方法为：课堂教育、专题教育、团体咨询、个案辅导。

四、罪犯心理健康教育计划安排

表 4-3　心理健康教育计划表

内容课时 改造阶段	教育内容		课时安排
入监初期	适应性教育	《入监期心理适应》 《犯罪的心理学分析》 《认罪与悔罪》 《树立健康服刑意识》	12 课时
服刑中期	基础知识教育	《心理与心理健康》 《心理学常识》 《犯罪心理与行为的发生理论》	4 课时
	认知模式教育	《服刑人员的不良认知与情绪》 《合理认知方式的建立》 《理性情绪疗法》	6 课时
	情绪情感教育	《服刑人员的不良情绪》 《心理危机与干预》 《情绪的调节与控制》	6 课时
	人格健全教育	《人格与心理健康》 《常见的人格障碍与治疗》	6 课时

续表

内容课时 改造阶段	教育内容		课时安排
	人际交往教育	《人际关系与心理健康》 《构建和谐人际关系》 《人际交往中常见的不良心理》	6课时
	自我意识教育	《自我意识与心理健康》 《自我意识的误区与克服》 《完善自我意识，走向自我成熟》	6课时
	意志品质教育	《意志与心理健康》 《动机与心理健康》 《良好品质的建立》	6课时
	行为动机教育	《行为习惯与心理健康》 《罪犯常见的不良行为》 《良好行为习惯的养成》	6课时
	特殊群体的心理健康专题教育	《老病残犯的心理护理》 《少数民族罪犯的心理健康维护》 《外籍罪犯的心理健康维护》	4课时：各监区根据具体情况选择性授课
出监阶段	巩固性教育	《回归期常见消极心态的心理调试》 《社会适应性教育》 《职业生涯规划》	12课时

六、技能训练

罪犯在服刑中期阶段，已经初步适应监狱生活，进入了心理上的改造适应期，存在嫉妒心理、自卑心理、逆反心理、虚荣心理等一系列心理问题，这种状况会严重影响罪犯改造。同时，长期监禁生活形成的监狱人格，引发了罪犯的人际关系紧张，极易引发狱内突发事件，严重威胁监狱安全。

问题：你作为罪犯教育警察，针对罪犯存在的心理问题和由此产生的人际关系紧张问题，制定一份罪犯心理健康教育的方案。

思路：从分析罪犯心理问题类型，掌握罪犯心理健康教育的内容、方法和任务流程等方面入手。

项目 4-5　组织开展激励教育

一、任务说明

（一）罪犯激励教育

罪犯激励教育，就是罪犯教育警察从积极鼓励的角度出发，善于发现罪犯身上的各种闪光点，不断扬其善、救其失，激发罪犯改造动机，使其发挥内在潜力，追求更高目标。行为科学研究表明：人的需要是动因，人的行为中有消极性和积极性两个方面，如果缺乏相应的激励机制，人的积极性就会减弱，消极性就会增强。在罪犯教育管理中运用这一理论，对罪犯合法合规、合情合理需要进行满足，对于激发罪犯改造活力，调动罪犯改造积极性，确保监狱安全稳定，打造平安监狱、法治监狱，促进监狱发展具有积极意义。

（二）罪犯激励教育的依据

1.《监狱法》第 57 条规定，监狱根据罪犯改造表现，可以给予表扬、物质奖励或者记功，被判处有期徒刑的罪犯，执行原判刑期 1/2 以上，在服刑期间一贯表现好，离开监狱不致再危害社会的，监狱可以根据情况准其离监探亲。

2.《监狱教育改造工作规定》第 50 条规定："监狱应当采取措施，激励罪犯接受改造，在教育改造工作中注重发挥改造积极分子的典型示范作用。"

3.《教育改造罪犯纲要》第 17 条规定："充分发挥正规管理对罪犯的约束、引导、激励作用。要进一步强化管理意识，坚持依法管理、严格管理、科学管理、文明管理。要进一步规范管理程序，明确管理要求，突出管理重点，提高管理质量。要着力健全完善对罪犯的日常管理制度，不断提高管理水平。要健全完善责任追究制度，加强对制度执行情况的督促检查，加大查处违反制度行为的力度，坚决维护制度的权威性和严肃性。"

（三）罪犯激励教育的内容

1. 政策导向激励。所谓政策导向激励，是指监狱根据罪犯矫正工作的需要，制定出台有关政策，对罪犯的观念与行为进行直接或间接的引导，以实现罪犯矫正的目标。

2. 利益激励机制。马克思说过："人们为之奋斗的一切，都同他们的利益有关。"利益激励，主要包括刑事奖励、行政奖励和物质奖励。

3. 情感激励。所谓情感激励，是指在罪犯教育改造过程中，减少制度约束和控制的成分，增加沟通和情感的因素，对他们改造上的挫折、感情上的波折、家庭上的裂痕等及时给予“治疗”和疏导。对罪犯矫正产生一种积极的动力刺激，使罪犯由“要我改造”转为“我要改造”。

4. 竞赛与评比激励。竞赛与评比是激发罪犯改造积极性的一种手段。在教育改造工作中，有奖励便有竞争，竞赛与评比自然被当作激发罪犯意志，争取优良改造成绩的手段之一。

5. 目标激励。所谓目标激励，就是确定适当的目标，诱发罪犯的动机和行为，达到调动罪犯积极性的目的。对罪犯矫正实施目标激励，关键在于目标的确立是否符合罪犯的实际需要。

6. 监狱警察言行感化激励。监狱警察的言传身教对罪犯有特殊的激励作用。要达到激励作用，监狱警察必须有强烈的事业心、责任感，自觉提高自身的政治思想素质、业务素质，做到大公无私、言行一致、秉公执法。

7. 强化正向激励。所谓正向激励，就是当罪犯选择监狱提倡的正确行为时，给予奖励，以此不断地强化罪犯正确行为的过程。

二、具体任务

监狱机关在国家相应的法规和政策允许的范围内，建立有效的罪犯激励教育机制。在严格的狱政管理前提下，通过外部条件的作用，对罪犯个体的思想、情感、动机、行为等方面给予适当的激励，激发和维持罪犯改造的心理需要和内在动力。调动罪犯改造的积极性，使罪犯将外部激励转化为内部积极改造的动力，逐步达到教育人、感化人、挽救人的目的，提高教育改造质量，最终实现监狱机关对罪犯彻底改造的目标。监狱激励教育工作任务主要包括：

1. 做好罪犯教育改造及劳动改造计分考核工作，以此作为刑事激励的法律依据。现代刑罚以限制人身自由为主要内容。罪犯入狱后，对自由的渴望成为罪犯服刑期间的一个主要心理需要。监狱机关采取减刑、假释等刑事激励措施，对罪犯接受教育改造的激励效果最为明显。

2. 评选监狱或省监狱管理局改造积极分子，对监狱罪犯改造榜样进行张榜公布，并给予一定的物质奖励，培养罪犯的自信心和荣誉感。

3. 严格执行罪犯分级处遇制度考核，将罪犯划分为不同的级别并施以不同待遇。一般分为“三等五级”，即从严管理、普通管理、从宽管理三个等级；在此基础上，进一步划分出五个级别，即二级严管、一级严管、普管、二级宽管、一级宽管。

4. 积极开展亲情教育活动，鼓励罪犯安心接受改造。其主要形式有：通信、通话、会见、会餐、夫妻同居、离监探亲等。通过增加或减少亲情激励次数，增强罪犯改造的积极性，使其接受监狱教育改造，顺利回归社会。

5. 在教育改造工作中，有奖励便有竞争，竞赛与评比自然就成了激发罪犯意志，促进罪犯争取优良改造成绩的手段之一。监狱机关应积极开展诸如罪犯劳动竞赛、运动会、歌唱比赛等一系列活动，对于获奖者给予一定的物质奖励，增强罪犯群体的竞争与合作心理，培养积极改造的意识。

6. 监狱警察的言传身教，对罪犯有特殊的激励作用。罪犯教育改造过程中，监狱警察必须自觉提高自身的政治思想素质、业务素质，做到大公无私、言行一致、秉公执法。用一句温暖的话，一个体贴入微的关心，激发罪犯的情感，使之相信监狱警察，自觉提高改造的积极性。

三、任务要求

（一）依法依规激励

严格依照党的监狱工作方针、政策和国家的法律、法规，把激励教育与刑罚执行、狱政管理、狱内侦查、生活卫生和劳动改造等改造措施有机地结合起来，在教育改造罪犯的实际工作中灵活运用。

（二）合理制定激励目标

在设定符合罪犯实际需要的激励目标时，要将长期目标和短期目标相结合。例如：刑期较长的罪犯可设定近期目标，将1个季度设定为表扬评比周期，获得2次表扬的罪犯可记功1次；1个年度设定为改造积极分子评选周期；2次被评为改造积极分子的罪犯可获得提请减刑1次，使罪犯不再感到激励目标的遥远。

（三）激励措施与思想教育相结合

要在罪犯群体中创建“积极改造光荣，抗拒改造可耻”的心理氛围，实施激励教育与罪犯改造表现相适应，掌握奖罚的时机和重点，坚持惩罚少数、奖励突出、教育多数的原则。奖励要及时兑现，增强罪犯对奖励的重视。

（四）严格执行激励标准

坚持公开、公平、公正的评比原则，综合评定罪犯改造表现，严格执行考核标准，杜绝违规奖惩激励现象的发生。

四、任务流程

（一）确定激励教育目标

了解和掌握罪犯实际需要，实事求是地确定罪犯激励目标，制定符合罪犯实际情况的激励教育机制，采取灵活多样的激励教育方式、方法。

（二）制定激励教育计划

建立激励教育工作机构，制定激励教育工作计划。

（三）部署动员激励教育

组织罪犯认真学习激励教育机制和激励考核标准，创建罪犯群体激励教育氛围。

（四）组织实施激励教育

根据罪犯的实际改造表现，准确、及时地对罪犯实施奖惩，并录入各项激励考核的数据。

（五）完善激励教育评价

定期公布全体罪犯的考核数据，严格按照激励教育机制审定、审批和公示考核结果，及时兑现各类奖惩。同时，注意收集奖惩后罪犯的思想动态，根据实际需要修改、完善各项激励教育措施。

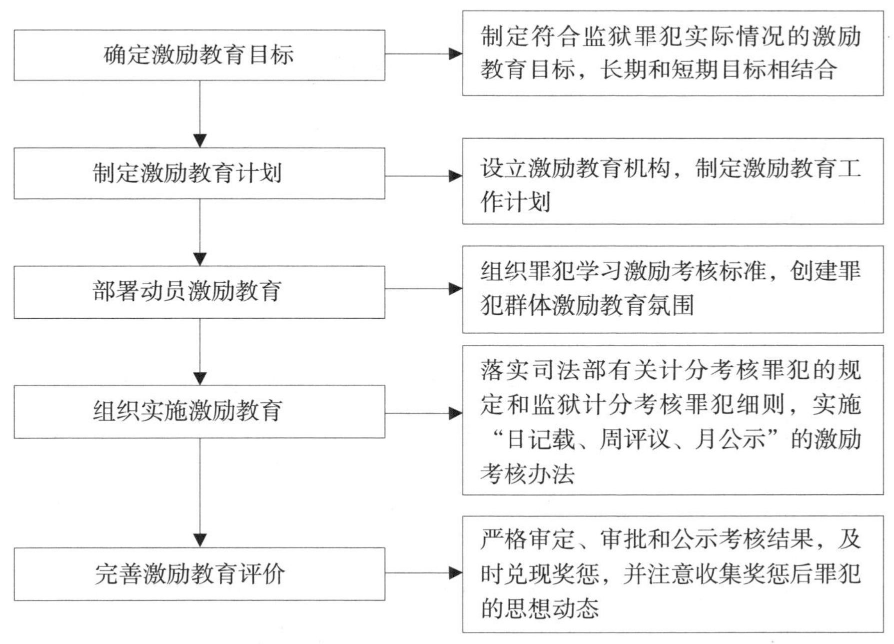

图 4-5　罪犯激励教育工作流程图

五、任务示范

吉林省××监狱第四监区计分考核实施方案

为认真履行监狱管理、教育和改造罪犯的职责，贯彻落实《吉林省××监狱计分考核实施细则（修订试行）》文件精神，有效调动罪犯改造积极性，提高改造质量，结合相关文件要求和第四监区实际，制定如下实施方案：

一、工作方针

坚持依法、严格、规范、公开的原则，注重教育改造原则，监狱人民警察直接考核和集体评议相结合的原则，确保计分考核程序规范、透明，计分考核结果公正、公平。

二、组织宣传

（一）加强组织领导，扎实落实工作责任

成立由监区长任组长，监区教导员任副组长，监区警察为成员的计分考核领导小组。负责研究决定计分考核的重大事项，工作任务的推动落实；确保计分考核程序规范、透明，计分考核结果公正、公平。

（二）认真组织学习，强化推进内部管理

组织第四监区全体警察、罪犯学习司法部印发的《关于计分考核罪犯的规定》《吉林省监狱计分考核罪犯实施细则（修订试行）》等相关文件精神，提升警察履职能力，调动罪犯改造的积极性。

三、具体实施

（一）实行“三定”原则，定编、定岗、定责

根据罪犯的犯罪性质、危险程度、刑期、年龄、身体状况、文化程度、个人特长、岗位匹配性等情况，科学确定岗位类型。

（二）明确计分考核标准

评分标准采取“基础分分值+加分分值-扣分分值”的模式，坚持计分考核领导小组直接考核和集体评议相结合的原则。评分考核按照《通知》要求实行“日记载、周评议、月公示”计分，考核小组每周评议罪犯改造表现，每月审定罪犯考核得分，并及时在监区公示。

四、工作要求

1. 全体警察要认真负责，切实提高执法能力和执行能力。按要求上报《监区月劳动考核奖分比例汇总表》《监区劳动计分考核总表》《月罪犯计分考核汇总表》等相关考核材料，并留存备案。

2. 根据罪犯每日实际出工收工、完成任务量、产品合格率等情况，录入基础数据要准确、及时。

3. 完善劳动岗位管理制度，实时掌握岗位设置和变动情况，严格依照“依岗定级、按级奖分”的原则，坚决杜绝重复奖分、凭空奖分等违规奖分情况。

六、技能训练

上海市×××监狱罪犯吕×离监探亲回监后谈到：“这次能成为首批受惠者，是对我日常改造表现的肯定，感谢政府和警察。很感念“罪犯离监探亲”这项人性

化的政策，对于能够切实悔罪、踏实改造的罪犯来说，这项政策体现的是一种宽容与感召，是一种激励与希望。警察经常对我们说这样一句话：让罪犯在希望中改造。”对我而言，尽快回家团圆，就是最大的希望！

问题：请你以此事例为启发，制定一份罪犯激励教育工作计划。

思路：可从罪犯激励教育改造目标的设立、具体任务和实施方案着手。

单元小结

通过学习本单元内容，学生应掌握监狱机关对罪犯实施的思想教育、文化教育、职业技术教育、心理健康教育和激励教育的基本概念、原理等理论知识，熟悉监狱基层岗位执法工作任务、要求、工作流程，培养学生教育改造罪犯的实践技能。

问题思考

1. 罪犯思想教育的任务和内容是什么？
2. 罪犯文化教育的作用是什么？
3. 罪犯职业技术教育的工作要求是什么？
4. 罪犯心理健康教育工作如何操作？
5. 如何更好地开展罪犯激励教育？

拓展阅读

1. 白焕然：《传统文化与罪犯改造》，新华出版社 2003 年版。
2. 司法部监狱管理局编：《心理健康教育》，南京大学出版社 2013 年版。
3. 周祖勇主编：《监狱管理创新方法》，法律出版社 2009 年版。
4. 应朝雄：《监狱分监区工作实务》，中国政法大学出版社 2010 年版。

学习单元五　出监教育

学习目标

了解出监教育的背景、概念及法律依据，明确出监教育的目的、任务及内容，掌握做好出监谈话、组织开展出监回归指导、出监评估与考核、出监安置帮教衔接等内容与操作要求，能够较为熟练地开展出监教育工作。

重点提示

出监教育；出监谈话；出监评估；出监考核

基础知识

根据《监狱教育改造工作规定》第55条的规定，监狱对即将服刑期满的罪犯，应当集中进行出监教育，时限为3个月。因此，监狱应建立专门的出监监区或分监区，对即将出监的罪犯开展出监教育。出监教育的主要内容包括：就业指导、适应教育、法制教育、创业教育、技能教育和回归体验教育等。通过出监教育，可以稳定罪犯情绪，总结罪犯自己的改造生活，巩固教育改造成果；使罪犯了解当前社会发展形势及党和国家的发展政策，以促进罪犯思想观念的转变；进一步强化罪犯的法纪观念，完善新生活必备的法律知识，树立正确的世界观、人生观和价值观，预防罪犯重新犯罪；提高罪犯刑满释放后的就业谋生能力和社会适应能力。出监教育结束后，监狱要对罪犯进行出监评估与考核。

项目5-1　组织开展出监教育

一、任务说明

（一）出监教育的概念

出监教育是监狱为了使即将刑满出监的罪犯能够巩固改造成果，确保改造质量，使罪犯能够顺利地回归社会，集中一段时间进行的专门教育。出监教育作为监狱教育改造工作的重要组成部分，是监狱改造罪犯的最后一道工序，也是全面检查改造质量的验收环节。它专门针对即将释放的罪犯，教授其如何正确适应社会生活，可有效预防罪犯刑满释放后重新违法犯罪。

（二）出监教育的法律和规章规定

《监狱法》《监狱教育改造工作规定》《教育改造罪犯纲要》等法律、规章明确规定：

1. 监狱对即将服刑期满的罪犯，应当集中进行出监教育，时限为 3 个月。

2. 监狱组织出监教育，应当对罪犯进行形势、政策、前途教育，遵纪守法教育和必要的就业指导，开展多种类型、比较实用的职业技能培训，增强罪犯回归社会后适应社会、就业谋生的能力。

3. 监狱应当邀请当地公安、劳动和社会保障、民政、工商、税务等部门，向罪犯介绍有关治安、就业、安置、社会保障等方面的政策和情况，教育罪犯做好出监后应对各方面问题的思想准备，使其顺利回归社会。

4. 监狱应当根据罪犯在服刑期间的考核情况、奖惩情况、心理测验情况，对其改造效果进行综合评估。具体评价指标、评估方法另行规定。

5. 监狱应当在罪犯刑满前 1 个月，将其在监狱服刑改造的评估意见、刑满释放的时间、本人职业技能特长和回归社会后的择业意向以及对地方做好安置帮教工作的建议，填入《刑满释放人员通知书》，寄送罪犯原户籍所在地的县级公安机关和司法行政机关。

6. 监狱应当对刑满释放人员回归社会后的情况进行了解，评估教育改造工作的质量和效果，总结、推广教育改造工作的成功经验，不断提高监狱教育改造工作的质量。

（三）出监教育的内容

1. 就业指导。让罪犯了解社会的发展情况，提升其适应社会的能力；介绍人才市场人才的需求情况及种类，指导罪犯客观、合理地选择刑满释放后所从事的职业，让罪犯具备充分的就业和择业的思想准备。

2. 适应教育。向罪犯讲清当前社会发展形势以及党和国家的政策，促进罪犯思想观念的转变，加快罪犯的再社会化进程。

3. 法治教育。包括：一是教育罪犯绝别犯罪生涯，严格遵纪守法，预防重新犯罪，争做守法公民；二是教育罪犯认清形势前途，紧跟时代步伐，加强自身修养，争做合格公民；三是教育罪犯自强不息、自尊自爱，争做对社会有用之人。

4. 创业培训。教育罪犯树立创业理念，增强其重新就业的信心。帮助罪犯结合自身实际，按照自己的特长，开辟就业渠道。同时，也在教育过程中巩固罪犯监狱服刑改造期间的成果，强化思想教育。

5. 技能教育。开展多种类型、适应社会需求、贴近社会生活、简单实用的职业技能培训，增强罪犯回归社会后适应社会、就业谋生的能力。

二、具体任务

出监教育是罪犯教育工作的最后一道工序，出监教育的任务要紧紧围绕整个罪犯教育的任务来开展，出监教育的具体任务包括如下几个方面：

（一）巩固日常教育成果，降低重新违法犯罪率

监狱对罪犯实施出监教育，开设出监教育课程，进行出监教育谈话和回归宣誓等活动；加强对罪犯教育的考核和总结，不断改进教育改造方案，提升罪犯教育改造质量；开展出监教育评估，注重对罪犯出监前的综合评价和重新违法犯罪的预测；加强监狱刑罚执行与社区矫正、安置帮教的协调联系；做好对刑满释放人员的跟踪评估，减少罪犯的重新违法犯罪率，使罪犯改造为守法公民，能够最终顺利回归社会。

（二）进一步查漏补缺，弥补日常教育之不足

对罪犯进行有针对性的补课教育，力争把罪犯尚未巩固的法纪观念、某些过激或危险的思想遗留问题、尚未掌握或巩固的谋生技能等问题，在出监教育阶段解决好。通过出监教育，可以巩固罪犯的教育成果，使罪犯得到较为彻底的改造。

（三）提升罪犯的社会适应能力

对罪犯进行社会适应教育，加强社会形势政策教育和职业指导培训，提升罪犯的就业能力；加强对罪犯回归社会前的教育训练，帮助他们克服回归社会时的心理问题，树立回归社会的信心和勇气；切实提升罪犯的社会适应能力，为罪犯顺利回归社会打下坚实基础。

三、任务要求

1. 做好罪犯刑满释放前的集中管理和教育工作；
2. 组织开展遵纪守法、时事政治、社会公德、婚姻家庭、社会经济发展等专项教育活动；
3. 做好罪犯心理指导、政策指导和就业指导工作；
4. 组织开展多种形式的社会帮教活动；
5. 做好出监教育考核，填写罪犯出监鉴定表等相关工作台账；
6. 做好罪犯刑满释放安置的各项衔接工作；
7. 开展职业技能培训，举办就业直通车、求职、创业指导等活动。

四、任务流程

（一）调动和集中

每月/周/日（由各监狱视情况决定）由狱政管理科将全监符合条件的罪犯统一调动，集中到出监监区。出监监区必须积极协助监狱狱政管理科做好对符合收押条件的罪犯的收押工作。

（二）接收

出监监区按照收犯标准，根据狱政管理科下发的调动通知单，确定每批出监教育人数，编制名册。根据总人数定编、定铺，编好互监组，做好相关业务及物品的交接工作。对收押的罪犯核对身份后，进行搜身、携带物品的检查（药品经警察医生鉴定、同意后再发还）、罪犯保管物品的核对和移交等工作。对罪犯进行排查，做好登记，落实互监组制度，统一下发调动通知书。

（三）做好服刑情况问卷调查

监狱狱政管理科、出监监区必须在罪犯调入出监监区后3个工作日内，组织罪犯进行一次服刑情况问卷调查（调查表制作、发放由监察审计室牵头，各部门共同参与）。对调查表要认真进行统计、分析，将存在的问题、隐患及时向监狱相关职能科室、出监监区反馈，及时改进工作。

（四）管理和授课

完成接收工作后，教育管理部门需视情况制定详细的、有现实意义的教育计划。出监监区按计划实施出监教育工作，召开出监教育动员大会，明确纪律要求。出监监区在组织开展集中课堂教育授课的同时，还应采取集中、分散教育等多形式的规范化训练，做好个别、集体谈话教育，每月至少全面谈话一次。

（五）评估

出监监区组织罪犯开展心理测试，并在相关业务部门指导下填写《即将出监罪犯重新违法犯罪综合评估表》。

（六）考核

出监监区组织罪犯在参加出监教育后15日内撰写服刑情况总结，出监前7天撰写出监教育个人总结。结合罪犯出监教育期间计分考核情况和心理测试结论，作出罪犯出监教育评定，并组织召开出监教育总结会。

（七）反馈

向罪犯所在原监区反馈罪犯的出监教育情况，向罪犯居住地寄发《刑满释放人员通知书》《即将出监罪犯重新违法犯罪综合评估表》《出监评估表》《出监鉴定表》。

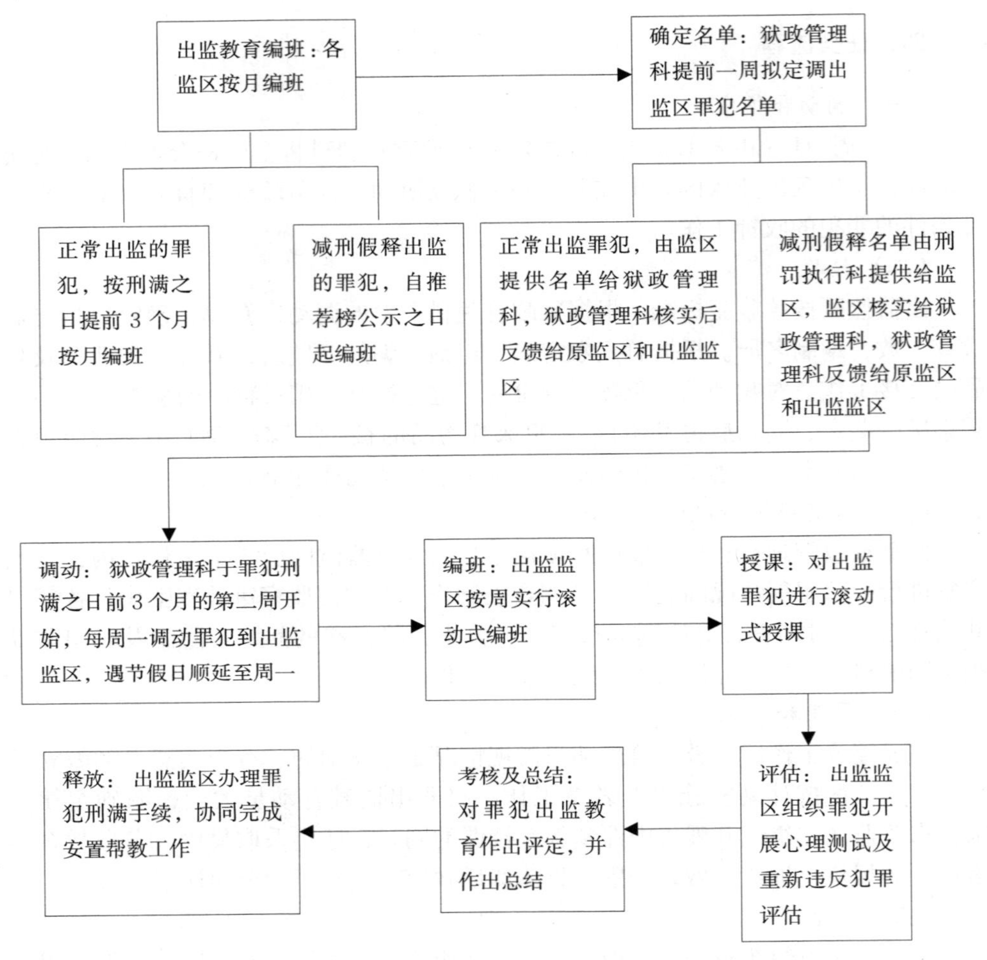

图 5-1 罪犯出监教育工作流程图

五、任务示范

广东省××监狱出监教育课程及教材选编

一、课程设置

1. 法律法规教育。这包括《宪法》《刑法》《民法》《物权法》《婚姻法》《继承法》《合同法》《国家赔偿法》等。

2. 形势、政策、前途教育。这包括时事政治教育、政策前途教育、社会的改革与发展教育等。

3. 刑满释放人员安置、管理知识。这包括刑满释放后如何到当地公安机关落户、依法假释的罪犯如何接受社区矫正等。

4. 婚姻家庭与社会交往知识。这包括正确的恋爱婚姻观、人际关系处理、社会道德规范等。

5. 劳动就业知识。这包括职业技能培训、就业信息咨询与辅导、个体私营经济知识、税收优惠政策等。

6. 心理调适与健康教育。这包括回归社会后的主要心理表现及调适、保持心理健康的方法、重新犯罪的心理及预防等。

7. 信息化社会适应教育。例如，微信、支付宝扫码支付、乘车，网络购票，网络购物等的普及教育。

二、教材选编

出监教育教材是出监教育教学大纲的进一步具体化，也是监狱警察和罪犯在知识授受过程中的主要信息媒介。因此，出监教育教材的形式要多样化，既可以是印刷品，也可以是音像制品。选择教材时，要尽可能选择司法部监狱管理局和省级监狱管理局的统编规划教材。同时，也要照顾监狱和地区差异，适当选择监狱自编教材，做到因地制宜，满足罪犯出监教育的实际需要。此外，也要考虑适应当代信息化社会的进展程度，适当编写系列教材，如《地铁乘坐须知》等，帮助刑满释放人员迅速回归社会、适应社会。例如，广东省××监狱自编的《漫画版出监指南》《新生大道篇》《办证通道篇》《创业绿道篇》和《援助渠道篇》等，生动形象地解说了出监的相关事项。

六、技能训练

罪犯方×，女，1973年3月出生，小学文化，无业，离异，育有二女。2000年，方×因组织卖淫罪，被判处无期徒刑，经3次减刑，将于3个月后刑满释放。方×狱内综合改造表现较好，服刑改造期间曾获表扬16次，刑满释放前1年，人际关系一般，常与她犯发生口角争执，被扣8分。

问题：假如你负责罪犯方×的出监教育，你应着重从哪些方面对她开展教育？

思路：根据罪犯的年龄、学历、罪名、社会关系及狱内改造表现、出监后就业需求等，结合罪犯出监教育的任务、内容、要求和工作流程等组织开展对方×的出监教育。

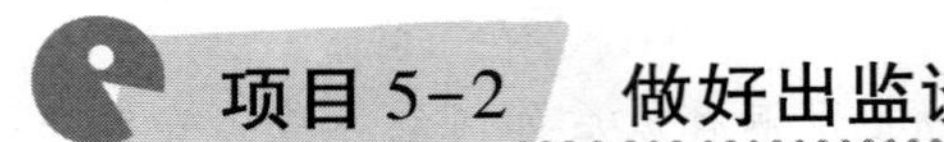

项目 5-2　做好出监谈话

一、任务说明

根据司法部《监狱教育改造工作规定》《教育改造罪犯纲要》等有关规定，要对每名即将服刑期满的罪犯进行谈话教育，使其做好出监准备。每月至少进行1次谈话。在罪犯受到处罚、遭遇家庭变故等情况下，也需进行谈话。出监谈话是监狱警察从即将出监的罪犯的教育改造实际出发，与罪犯进行面对面地交流思想观点、解决其思想和实际问题的一种教育形式。监狱警察应当及时对每一名即将服刑期满的罪犯进行出监前的个别谈话教育，使其做好出监准备。出监谈话不等同于日常的教育谈话，它有更为明确的针对性和目的性。在出监谈话的内容上，监狱警察要充分考虑出监罪犯的罪名、刑期、家庭背景、成长经历、现实改造表现、心理评估状况等因素，侧重和罪犯谈刑满后的就业谋生问题和适应社会能力等问题，以便使罪犯出监后不至于再违法犯罪，巩固监狱教育改造成果。

二、具体任务

（一）点评罪犯服刑改造情况

简明扼要地对罪犯服刑期间的改造情况进行客观的、实事求是的点评，对改造表现好的罪犯在肯定成绩的同时，指出需要防微杜渐的事项；对改造表现不好的罪犯，再次提醒罪犯要遵纪守法，防止再次犯罪；对可能还有余罪未交待清楚的罪犯，再次督促其交待清楚余罪。

（二）介绍当前社会形势

这主要包括：国内外政治、经济形势，国内社会治安形势和就业形势等。

（三）提出回归社会的希望和要求

主要是鼓励罪犯放下思想包袱，勇敢面对现实和社会，做合格公民；守住法律、道德和做人的底线。

（四）回馈反映

了解罪犯对监狱执法、教育、管理、劳动生产、生活卫生保障等方面的意见，及时反馈给相关部门加以改进；了解罪犯仍存在的问题、困惑，及时进行补课教育。

三、任务要求

（一）目的明确

根据出监谈话对象的不同，制定有针对性的谈话方案，做好出监前的谈话准备。

（二）方法得当

要有针对性和策略性，做到因人施教，有的放矢。要区别情况，妥善处理，把握出监谈话的方法和技巧。

（三）注意时宜

出监谈话时间不宜过长，要在有限的时间内获得较多有价值的信息。正确对待罪犯存在的问题，要端正谈话的态度，语速缓和；要主动和罪犯谈心、交心。

（四）谈话的内容要做好记载

针对出监谈话的内容，监狱警察要有针对性地做好记载，保证记载内容的真实和准确。

（五）要及时跟进相关后续工作

针对罪犯在出监谈话中反映出的问题，要及时跟进并将反馈结果及时告知相关部门和人员。

四、任务流程

（一）做好出监谈话的相关准备工作

根据出监谈话对象情况，制定相应出监谈话的方案（出监谈话的时间、场合、谈话内容、方法和技巧等），做好出监谈话的相关准备工作。

（二）开展出监谈话工作

根据出监谈话的方案，认真组织罪犯开展出监谈话活动，并做好相关应对措施。

（三）填写出监谈话的相关工作台账

根据出监谈话的情况，组织做好出监谈话的内容记载及相关台账的填写。

（四）反馈出监谈话的相关情况

及时准确地把出监谈话的情况反馈给监狱相关部门及领导、安置帮教机构和罪犯的家属，做好相关的后续帮教等工作，为罪犯顺利回归社会提供条件。

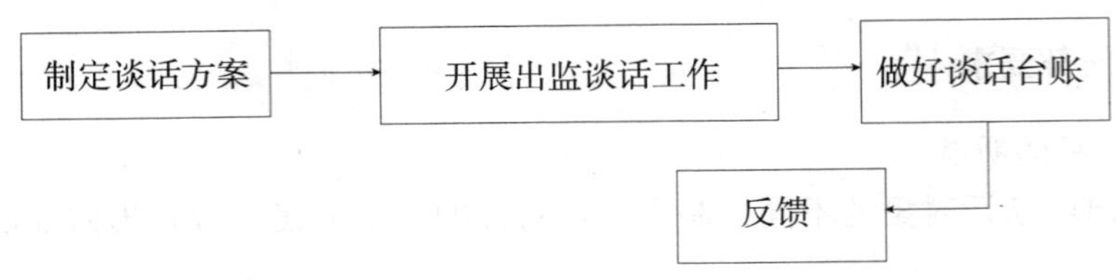

图 5-2 出监谈话工作流程图

五、任务示范

广东省××监狱临释前谈话教育机制收效显著

为进一步提升出监教育质量，强化临释罪犯管理，广东省××监狱建立了临释前谈话教育机制，并收到较好效果。

一、开放式互动倾听心声

在出监教育培训班集中开展主题课堂教育期间，教育改造科采取开放式互动方式，组织警察和罪犯开展逐一谈话。谈话过程以罪犯发言为主，警察辅之引导，形成良性互动，促进罪犯进行心理宣泄、吐露心声。通过这种活动，绝大多数罪犯深感监狱改造环境变化巨大、执法公正文明、管理规范有序，感恩警察的日常教育和生活上的关心，使自己懂得敬畏法律，明白做人的道理，并坦言对“开放日”等感恩活动终生难忘。

二、多方式收集信息

通过谈话教育、合理化建议征集和问卷调查等，多方式收集信息。通过全面梳理，共收集诸多执法管理、生活卫生、教育改造及其他方面有价值的信息。其中，对加强勤杂事务犯和内值班罪犯管理、丰富春节过后文化活动等几条建议，监狱高度重视，下一步将组织相关部门进行调研。

三、鼓励式教育重塑了罪犯回归社会的信心

少数即将刑满释放的罪犯思想包袱重，心理压力大，对重新回归社会后的生活缺乏信心，甚至悲观厌世。如果引导不好，极易出现严重的监管安全事故。

通过临释前谈话教育，进一步宣讲刑满释放安置就业政策。通过介绍回归人员创业典型事迹等方式，有效地鼓励了罪犯积极乐观面对释放后的工作和生活。

六、技能训练

罪犯李×，女，1972 年 4 月出生，高中学历，已婚，其丈夫为某事业单位科员，育有一女，2013 年因挪用资金罪被判处有期徒刑 6 年 6 个月。李×入狱时，其女儿正读初中。服刑期间其丈夫婚内出轨，家庭变故导致女儿成绩一落千丈，产生厌学、叛逆情绪。临近出监，李×产生出监前焦虑，觉得都是因为自己的过错，才导致了丈夫的出轨和女儿的叛逆，不愿意回归家庭；又认为自己前途渺茫，不知道今后如何解决生计。

问题：根据罪犯李×的情况，假如你是监狱警察，应如何对李某开展出监谈话教育？

思路：抓住李×焦虑的焦点，按照谈话流程，注意把握谈话技巧。

项目5-3　组织开展回归体验教育

一、任务说明

回归体验教育主要是针对罪犯回归社会后可能出现的社会生活、知识经验等方面的不适应情况而开展的专项教育，重点帮助罪犯增强社会适应能力，实现社会角色的转变。通过回归体验教育，提高罪犯对重返社会的心理接纳度，帮助其树立回归社会的信心；帮助罪犯提前适应社会发展形势的变化，了解相关法规政策，获得社会生存技能，增强其回归社会后的谋生能力，预防再犯罪；彰显法律权威，增强监狱作为国家机关的震慑力，警醒罪犯牢记曾经的犯罪危害、牢记服刑改造的付出与艰辛，促使罪犯回归社会后自觉遵守宪法、法律，自食其力，做一名守法公民。

二、具体任务

（一）举行回归宣誓仪式

回归宣誓是指罪犯在重返社会的仪式中表达认罪服法、重新做人的决心，是监狱为了进一步巩固罪犯的教育改造成果，在罪犯出监教育中举行的一种“出监仪式”和“毕业典礼”，是出监教育的一项基本制度。通过回归宣誓仪式，可以增强罪犯回归社会的心理暗示，让其体会自己由罪犯变成普通公民的角色转变过程。

（二）设立罪犯回归体验中心

罪犯回归体验中心应设立与当前社会日常工作和生活相适应的各种社会化服务体验窗口，让即将出监的罪犯模拟体验各种有针对性的项目，如回归引导区、实训授课区、公共服务体验区、科技生活体验区、就业指导区等，使罪犯出监前就能掌握适应社会的最基本的生活常识和技能，方便其顺利回归社会。

三、任务要求

（一）目的明确

罪犯的回归体验要有明确的目标。回归宣誓不仅要体现监狱对罪犯刑满释放后如何在社会上生存和发展的殷切期望，同时也是对罪犯未来如何做人做事的“行动法则”；回归指导中心要紧密结合时下社会热点，模拟罪犯刑满释放后应履行的义务和应办理的相关手续，加强公共服务办理、信息化科技设备使用等方面的培训，缩短罪犯回归社会之初的不适应期。

（二）誓词科学合理和易懂易记

回归宣誓的誓言既要体现出国家、社会和监狱的殷切希望，又要易懂易记，体现回归宣誓的针对性，让罪犯能够听得懂、学得会、记得住。例如，广东省××监狱的回归誓词为：“今天，我站在通往自由的门槛前庄严承诺：遵纪守法，自食其力；洁身自爱，慎独慎微；尊老爱幼，勤俭持家；珍惜自由，奉献社会。宣誓人：×××。”通过回归宣誓，罪犯能够受到潜移默化的约束和教育影响。

（三）回归体验中心与社会接轨

回归体验中心的建设应最大限度地还原社会场景，最大限度地使用现代科学技术，注重网络化系统的使用，健全和完善各类回归体验平台。

（四）做好相关组织工作

回归宣誓的组织必须规范有序，保证活动仪式的庄重、严肃、认真、有序；回归体验中心的管理和使用，必须严格、科学和合理，做好预约和使用登记，有效确保使用效率。

（五）做好回归体验考核工作

体验完毕后，要组织罪犯进行“谈体会、写心得”活动，要把回归体验的成果及时转化为罪犯改造的有力措施。同时，就回归中心的体验课程进行网络考试，摸清罪犯的实际掌握程度，真正体现回归体验的价值和意义。

四、任务流程

（一）制定回归宣誓和回归体验方案

明确回归宣誓和回归体验的具体时间、地点、参加人员、内容、注意事项和具体要求等，保证回归宣誓和回归体验规范有序地进行。

（二）组织开展好回归宣誓和回归体验活动

罪犯回归体验时可着便服，增强体验感；但使用体验设备等都必须在警察的监督下进行；回归宣誓可视情况邀请社会相关机构及罪犯家属等监督。

（三）做好回归体验的考核工作

通过组织回归体验活动，使罪犯深受教育，深刻理解监狱警察和家人对他们的殷切希望。罪犯通过表决心、谈体会、认罪悔罪等争取社会和家人的认可。回归体验是罪犯走向社会的最后一步，是适应社会的关键一环，应做好考核工作，确保罪犯能尽快回归社会。

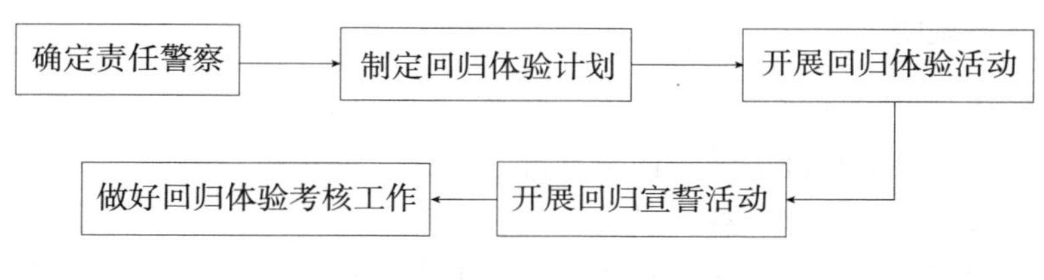

图 5-3 回归体验教育工作流程图

五、任务示范

广东省××监狱出监教育中心正式启用

作为 2016 年的重点工作，广东省××监狱出监教育中心于 9 月 8 日正式启用，并于当天接收了第一批临释罪犯。

监狱出监教育中心占地一千多平方米，由“四区一长廊”功能模块构成，即出监授课区、模拟社会实训区、场景模拟体验区、回归指导区和教育改造成果展示长廊。监狱科学制定出监教育实施方案，在原各监区“分散开展、传统授课”的基础上，将场景模拟、网络体验、课堂体验等各类交互式体验元素植入教育，实现“集中教育、实景体验”。

在出监教育阶段，监狱聘请了专业教师对罪犯进行授课，安排个人职业规划、心理健康、职业沟通、公民道德、社交礼仪、团队合作、社会形势政策等课程，并设置了功能室模拟交通服务、司法公安、行政服务、金融服务等仿真场景，让罪犯通过全方位体验社会生活，增强回归社会的适应性。即将回归社会的临释人员通过一系列出监教育，能够及时了解当前社会形势政策的变化情况，克服临释前的焦虑、挫折、自卑、浮躁和自责等心理问题，掌握回归社会后需办事项的内容和方法，顺利实现从“监狱人”到“社会人”的过渡。

六、技能训练

问题：现某监狱出监监区拟组织第二期出监罪犯 20 人参加回归宣誓活动，请你拟定一份活动方案。

思路：可从出监回归体验的具体任务、要求和流程等方面进行思考。

项目 5-4　组织开展出监评估与考核

一、任务说明

出监评估是针对即将出监的罪犯，根据其原判案情、刑期、服刑改造表现、奖惩情况，对其服刑期间的教育改造状况、效果、质量进行考查与分析的评价活动，是全面检查罪犯在服刑期间教育改造质量的一个重要环节。监狱应当根据罪犯在服刑期间的考核情况、奖惩情况、心理测验情况，对其改造效果进行综合评估，并依照有关规定，向罪犯原户籍所在地的公安机关和司法行政机关提供评估意见和建议。通过出监评估，掌握罪犯在服刑期间的全面表现，对罪犯的改造情况作出分析结论，并对出监后的犯罪情况进行预测。

出监考核是一项总结性教育评价活动，包括罪犯出监教育总结考核和出监教育工作的验收考核。

出监评估与考核的对象为余刑 3 个月以内或已呈报减轻余刑、假释、正在接受出监教育的罪犯。

二、具体任务

出监评估与考核，应突出量化指标和保障措施，必须结合具体的罪犯教育情况，客观评价罪犯的教育改造效果，科学制定出监评估与考核的指标内容。出监评估与考核的指标内容将直接影响出监罪犯评估与考核的结论。根据《监狱法》《教育改造罪犯纲要》《监狱教育改造罪犯工作目标考评办法》等法律、法规、规章，罪犯出监评估与考核的指标内容主要包括以下七个方面：

（一）掌握罪犯基本情况

罪犯基本情况主要包括：罪犯姓名、性别、民族、出生日期、文化程度、罪名、原判刑期、原判刑期起止时间、附加刑、入监日期、出监日期、出监原因、捕前职业、犯罪次数、职业技能、特长、原户籍地、家庭住址等情况。

（二）组织罪犯开展自评

罪犯服刑改造自评主要是以罪犯撰写服刑改造自我总结的形式进行。服刑改造自我总结要求罪犯结合自身实际，实事求是地总结服刑期间认罪悔罪、服刑服法、遵守监规监纪、掌握劳动技能的情况，说明在刑满释放后可能遇到的生活困难、家庭变化、社会交往等问题。

（三）监区警察集体评议

监区警察集体评议就是出监监区警察根据罪犯的服刑改造表现、谈话情况、出监前的婚姻家庭经济情况和出监评估心理测量情况等，实事求是地对罪犯作出客观评价的活动。评议结论是提出罪犯出监建议，落实罪犯安置与帮教工作的重要依据之一。

1. 罪犯出监评估心理测量。罪犯出监评估心理测量主要包括罪犯心理健康状况评估和罪犯犯罪心理评估两项内容。

（1）罪犯心理健康状况评估。它主要采用《症状自评量表》（SCL-90）进行评估，评估标准是：总分超过160分为心理不健康。

（2）罪犯犯罪心理评估。它主要采用《中国罪犯个性分测验》（COPA-PI）量表进行评估，根据测验中“犯罪思维模式”因子分，对罪犯犯罪心理作出评估。犯罪思维模式因子分：T≤35分，犯罪心理无明显；35分<T≤45分，犯罪心理轻微；45分<T ≤55分，犯罪心理中等；55分<T ≤65分，犯罪心理偏重；65分<T ，犯罪心理严重。另也可采用《中国罪犯个性分测验》进行评估。

2. 罪犯服刑期间的改造情况。这主要包括罪犯认罪悔罪、遵守监规监纪、行为规范、教育改造、劳动改造、心理健康状况等方面内容。

3. 罪犯刑满释放时的婚姻家庭状况。这主要包括罪犯刑满释放时婚姻家庭是否出现重大的家庭变故、是已婚还是未婚、婚姻关系是否稳定等方面。

4. 罪犯刑满释放时的家庭经济状况。这主要包括罪犯刑满释放时家庭是否有经济困难，出狱后能否有合法的经济来源和收入等。

（四）做好出监总结考核

1. 罪犯自我总结。教育和帮助罪犯从三个方面对自己的改造情况进行总结：一是引导罪犯联系实际认真总结，回顾自己的改造生涯，总结自己在思想上解决了哪些问题，还有哪些问题没有解决好，有哪些主要收获，今后需要从哪些方面继续努力。二是启发罪犯认真思考，为什么在同一个环境中，在相同的条件下改造，有的人记功受奖，而有的人受到扣分处理，甚至受到行政处罚。三是让罪犯认真思考回到社会后应如何学法、守法，如何充分利用法律武器保护自己，怎样才能走好新生之路，以及对出监后工作、生活的规划。

2. 罪犯集体评议。警察要首先提出进行评议的标准和方法，然后要求罪犯以小组为单位，每一名罪犯都要如实地、负责地对其他罪犯进行讲优点、摆问题、提希望的评议。

3. 警察考核鉴定。通过查阅罪犯改造档案、正面谈话、侧面了解、观察言行等方法，综合全部材料，进行集体研究，对罪犯的思想改造状况、恶习残留程度、今后重新犯罪的可能性等有关方面作出符合实际的书面考核鉴定，提出罪犯出监后社会帮教的努力方向。

4. 监狱（监区）综合评定。监狱罪犯出监教育考核小组综合罪犯的服刑总结、罪犯互评、警察考核以及重新违法犯罪综合评估、出监评估等指标，对罪犯提出一般或重点帮教的建议。

三、任务要求

1. 对即将出监罪犯开展出监评估与考核，应当坚持客观与主观相结合原则、定量与定性相结合原则、历史与现实相结合原则、理论与实践相结合原则、形式与内容相结合原则。

2. 出监评估与考核要运用查阅罪犯档案材料、观察、面谈、问卷调查等多种方法，全面了解和准确掌握罪犯的个体情况、家庭社会关系、服刑表现和刑满释放后生活打算等，重点评估、考核罪犯的教育改造效果以及回归社会的危险性。

3. 对罪犯的评估与考核要形成相关鉴定报告，且应在刑满释放前 1 个月通过专用网络传输或寄送给罪犯原户籍所在地的司法行政部门和公安机关。

4. 对罪犯的出监评估和考核要开展跟踪回访工作，可以通过电话、信件、座谈会等多种形式进行跟踪回访、收集个案、开展实证研究，不断提高评估和考核质量。

四、任务流程

（一）出监评估

1. 成立出监评估与考核的专门机构。监狱和监区负责组织专门的人员对即将出监的罪犯进行出监评估与考核。监狱和监区应成立专门的罪犯出监评估机构，配备专门的出监评估人员，负责对即将出监的罪犯进行出监评估。

2. 出监评估的主要内容和完成时限。出监评估的主要内容包括罪犯参加出监教育前谈话和评议、罪犯刑满释放前教育谈话、罪犯服刑改造自我总结、罪犯出监狱评估心理测量、罪犯出监评估重新违法犯罪综合评估和罪犯出监评估考核意见等。完成时限详见表 1~表 6。

表 5-1　罪犯参加出监教育前警察谈话和评议登记表

监区　　姓名　　编号　　出监日期

谈话情况	
警察评议	签名：
备注	监区警察在罪犯参加出监教育前 15 日内完成

表 5-2　罪犯刑满释放前警察谈话登记表

监区　　姓名　　编号　　出监日期

谈话情况	
谈话建议	
备注	罪犯刑释前 1 个月完成

表 5-3　罪犯服刑改造自我总结

监区　　姓名　　编号　　出监日期

个人自我总结	
备注	出监教育开始后 15 日内完成

表 5-4　罪犯出监评估心理测量表：包括 SCL-90，COPA-PI 量表（略）

完成时限：罪犯参加出监教育后 20 日内完成。

表 5-5 罪犯出监评估重新违法犯罪综合评估表

监区　姓名　编号　出监日期

评估项目与内容		选项	分数	备注
基本情况	文化程度	大专以上 3 分	满分 3 分，只选一项	
		高中 2.5 分		
		初中 2 分		
		小学 1.5 分		
		文盲 1 分		
	年龄	50 岁以上 3 分	满分 3 分，只选一项	
		36~49 岁 2 分		
		24~35 岁 1 分		
		23 岁以下 0.5 分		
	捕前职业	国家公务员 4 分	满分 4 分，只选一项	
		科研院所人员 3.5 分		
		军人 3 分		
		工人 2.5 分		
		农民 2 分		
		打工人员 1.5 分		
		无业 1 分		
		其他 2 分		
	犯罪故意或过失	故意 0 分	满分 4 分，只选一项	
		过失 4 分		
	犯罪种类	涉毒、涉黑 0.5 分	满分 4 分，只选一项	
		杀人、抢劫 1 分		
		邪教犯罪 1.5 分		
		强奸犯罪 2 分		
		诈骗犯罪 2.5 分		
		盗窃犯罪 2.5 分		
		职务犯罪 4 分		
		其他类型 2 分		

续表

<table>
<tr><th colspan="2">评估项目与内容</th><th>选项</th><th>分数</th><th>备注</th></tr>
<tr><td rowspan="16">服刑期间改造情况</td><td rowspan="4">认罪悔罪</td><td>主动交代余罪，检举揭发他人犯罪行为，执行附加刑，9 分</td><td rowspan="4">满分 10 分，只选一项</td><td rowspan="16"></td></tr>
<tr><td>能够交代余罪，认识犯罪危害，7~9 分</td></tr>
<tr><td>认识犯罪危害，认罪态度一般，5~7 分</td></tr>
<tr><td>没有交代余罪，不敢检举和揭发他人的犯罪行为，5 分以下</td></tr>
<tr><td rowspan="4">遵守监规纪律</td><td>懂法、知法、守法，身份意识强，主动汇报思想情况，9 分以上</td><td rowspan="4">满分 10 分，只选一项</td></tr>
<tr><td>基本能懂法，知法、守法、自觉遵守监规纪律，7~9 分</td></tr>
<tr><td>仅掌握较少法律知识，被动遵守监规纪律，身份意识一般，5~7 分</td></tr>
<tr><td>不懂法、知法、守法、法制意识较差，身份意识差，5 分以下</td></tr>
<tr><td rowspan="4">行为规范</td><td>能够按照行为规范服刑，具备良好行为习惯，9 分以上</td><td rowspan="4">满分 10 分，只选一项</td></tr>
<tr><td>能够理解行为规范，具备基本行为习惯，7~9 分</td></tr>
<tr><td>基本背诵行为规范，具备一般行为习惯，5~7 分</td></tr>
<tr><td>不能够理解行为规范，言行举止不符合要求，5 分以下</td></tr>
<tr><td rowspan="4">教育改造</td><td>学习目的明确，态度端正，考试成绩优良，掌握相应证书，11 分以上</td><td rowspan="4">满分 12 分</td></tr>
<tr><td>考试成绩 80 分以上，并获得证书，8~11 分</td></tr>
<tr><td>学习态度一般，考试成绩合格，6~8 分</td></tr>
<tr><td>考试成绩不合格，没有一技之长，6 分以下</td></tr>
</table>

续表

评估项目与内容		选项	分数	备注
	劳动改造	劳动态度端正，能够遵守劳动纪律，按质按量完成任务，11 分以上	满分 12 分	
		劳动态度较端正，基本完成生产任务，8~11 分		
		劳动态度一般，难以完成生产任务，6~8 分		
		劳动态度不端正，没有按质按量完成任务，6 分以下		
	心理健康状况	能够正确认识和评价社会，人际关系好，情绪稳定，有较强社会适应能力，心理测试达标、良好，18 分以上	满分 20 分	
		正确认识自我，情绪较稳定，有一定社会适应力，心理测试结果各项指标达较好，14~18 分		
		能够认识自我，较好处理各种关系，情绪稳定，社会适应力一般，心理测试结果各项指标为一般，10~14 分		
		不能正确认识自我，情绪不稳定，社会适应力差，心理测试结果各项指标为一般或劣性，10 分以下		
刑释时情况	婚姻家庭状况	已婚关系稳定 5 分	满分 5 分	
		已婚，离婚后复婚 4 分		
		未婚 3 分		
		婚姻关系不稳定 2 分		
		丧偶或丧子 1 分		
		离婚或家庭破裂 0 分		
	家庭经济状况	好 5 分	满分 5 分	
		较好 4 分		
		一般 3 分		
		较差 2 分		
		差 1 分		

续表

评估项目与内容		选项	分数	备注
重新违法犯罪可能性	评估结果	评估总分		
		□ 1. 总分≥90 分：重新犯罪的可能性非常小		
		□ 2. 80 分≤总分<90 分：重新犯罪的可能性小		
		□ 3. 70 分≤总分<80 分：有重新犯罪的可能		
		□ 4. 60 分≤总分<70 分：重新犯罪的可能性比较大		
		□ 5. 总分<60 分：重新犯罪的可能性非常大		
备注		罪犯参加出监教育后 25 日内完成		

表 5-6　罪犯出监评估考核表

编号：

罪犯基本情况	姓名		性别			出生日期	
	文化程度		罪名			原判刑期	
	原判刑期起止				附加刑		
	入监日期		离监日期		离监原因		
	捕前职业		犯罪次数		职业技能、特长		
	原户籍地						
	家庭住址						

续表

<table>
<tr><td rowspan="10">服刑期间改造情况</td><td rowspan="2">狱内行政奖惩情况</td><td colspan="2">表扬　次，记功　次，改造积极分子　次。</td></tr>
<tr><td colspan="2">警告　次，记过　次，禁闭　次。</td></tr>
<tr><td>刑罚变动</td><td colspan="2">减刑　次，合计减刑　；加刑　次，合计加刑期　年　月</td></tr>
<tr><td rowspan="6">狱内改造表现</td><td>认罪服法</td><td>□好　□较好　□一般　□差</td></tr>
<tr><td>遵守监规纪律</td><td>□好　□较好　□一般　□差</td></tr>
<tr><td>行为规范</td><td>□好　□较好　□一般　□差</td></tr>
<tr><td>教育改造</td><td>□好　□较好　□一般　□差</td></tr>
<tr><td>劳动改造</td><td>□好　□较好　□一般　□差</td></tr>
<tr><td>心理健康状况</td><td>□好　□较好　□一般　□差</td></tr>
<tr><td colspan="2">犯罪思维模式测评</td><td>犯罪心理（□无明显　□轻微　□中等　□偏重　□严重）</td></tr>
<tr><td>综合评估结论</td><td colspan="3"></td></tr>
<tr><td>备注</td><td colspan="3">罪犯刑释前30日内完成</td></tr>
</table>

3. 评估结果的应用和台账管理。

（1）监区将《××省××监狱罪犯出监评估》报教育改造部门审核并加盖公章后，与《刑满释放人员通知书》一起寄送到罪犯户籍地的安置办。完成时限：按照狱政管理科的档案管理相关规定操作。

（2）罪犯出监评估台账分纸质台账和电子台账：

第一，《罪犯出监评估警察谈话和评议登记表》和《服刑改造自我总结》《即将出监罪犯重新违法犯罪综合评估表》和《×省×监狱罪犯出监评估表》为纸质台账，按月度整理归档，参照短期档案管理规定进行管理。

第二，《罪犯出监评估心理测量结果》为电子台账，按月度整理归档，参照监狱电子台账管理规定进行管理。

4. 出监鉴定。出监鉴定是监狱对罪犯在服刑期间的改造表现作出的结论，是刑释人员必备的法律文书之一，也是社会治安综合治理各部门对释放人员安置帮教的重要参考资料。《罪犯出监评估》《出监鉴定表》一般包括以下的内容：

（1）罪犯的基本情况。这主要包括罪犯姓名、刑期、罪名、性别、家庭住址、刑期变动情况、出监事由、出监时间等。

（2）罪犯教育改造评估质量分析。这主要包括对罪犯进行心理、行为、认知、人身危险性的测试值，改造的程度以及前后的数据对比与分析，评估结论。

（3）出监建议。根据罪犯的改造情况，由监区、监狱分别填写意见和建议，及时为罪犯家庭、街道、社会有关团体提出安置帮教建议。这不仅可以有效防范刑满释放人员重新违法犯罪，也可为有关部门采取有针对性的帮教安置措施提供依据。

5. 出监评估结果和运用。监狱根据罪犯出监评估结果，将评估对象分为重点帮教对象和一般帮教对象。重点帮教对象包括：根据罪犯出监评估结果，认为回归社会后有明显重新违法犯罪倾向的人员；刑满释放前仍没有核实清楚姓名、身份、地址的人员（“三假”人员）；刑满释放后无家可归、无业可就、无亲可投的人员（“三无”人员）。其他人员为一般帮教对象。

狱政管理科负责寄发罪犯减刑假释裁定书、判决书、《出监鉴定表》《出监评估表》等给罪犯户籍地的公安部门；教育改造科负责寄发《出监评估表》《刑满释放人员通知书》等法律文书给罪犯户籍地的安置办；对假释、保外就医、剥夺政治权利的“三类”罪犯，则将以上法律文书同时寄发给罪犯户籍地的公安局、检察院。

（二）出监教育工作验收考核

1. 监狱分管领导依据出监监区提出的验收申请，组织相关人员开展验收工作。

2. 验收中，一要查看课时保证，二要查看计划完成，三要查看教学材料，四要查看罪犯成绩，五要查看罪犯三项任务材料，六要举办“毕业典礼”。

3. 六项任务完成以后，考评小组成员负责为当期出监教育的质量开展评估，综合打分。

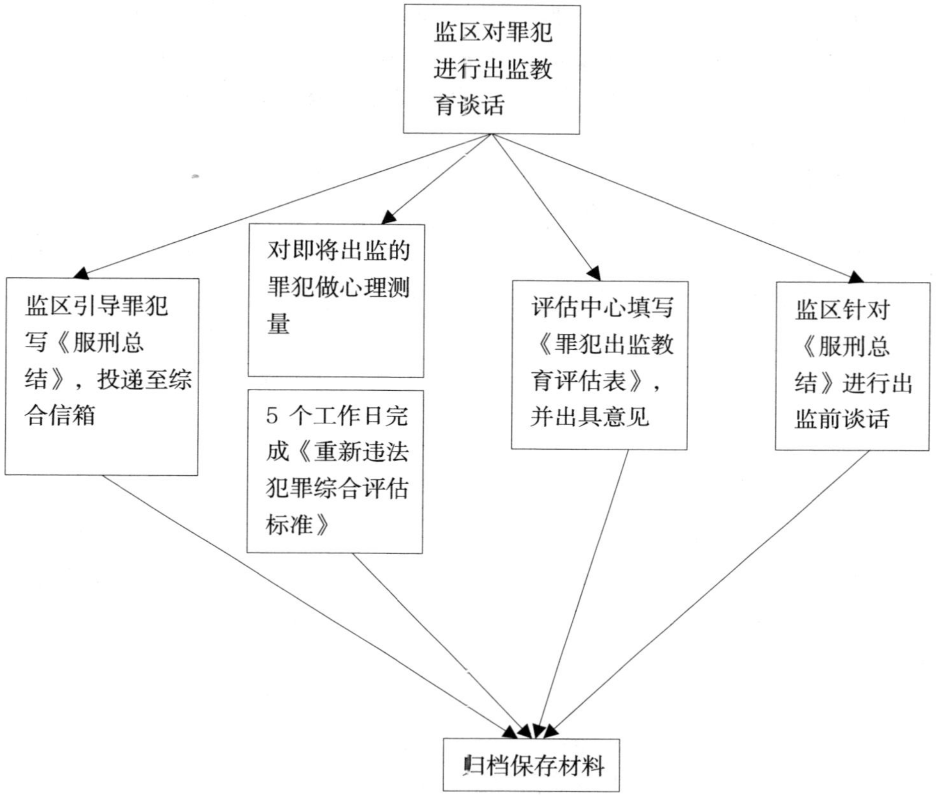

图 5-4　出监评估与考核流程图

五、任务示范

安徽省××监狱积极探索、创新罪犯出监评估工作

日前，安徽省××监狱罪犯出监评估小组召开第一次会议，监狱分管领导、教育改造科、矫治监区、各押犯监区（分监区）、出入监监区等相关部门和单位的负责同志及心理咨询师参加会议。会上，与会同志对该监即将出监的 30 名罪犯进行了认真规范的出监评估，共同探索、创新罪犯出监评估工作。

此前，为切实有效地开展罪犯出监评估工作，该监狱根据省监狱管理局有关文件规定，借鉴省内外兄弟单位的成功经验，出台了《××监狱罪犯出监评估实施办法》，对出监评估的组织机构、评估内容、评估程序、评估依据、评估结论及建议等方面作了明确规定。

按照以上“实施办法”，各押犯单位对此次即将出监的罪犯认真整理出了出监材料，提供了出监评估所需要的相关信息；矫治监区对所有出监罪犯分别进行了心理测试和出监前的综合干预谈话，初步提出了出监评估的意见、结论和建议。

在各押犯单位和矫治监区工作的基础上，监狱出监评估小组本着对监狱负责、对社会负责、对罪犯负责的态度和原则，积极稳妥地对照“实施办法”中的评估依据，逐一对即将出监的30名罪犯进行了分析评估，并认真提出了这批罪犯重新犯罪可能性较小、一般和较大的意见及社会帮教的建议。

通过此次出监评估，监狱将进一步总结此项工作的成功经验，克服不足，不断提高出监评估的质量与水平，为全面贯彻落实“治本安全观”作出自己更多、更大的努力。

六、技能训练

叶×，男，1972年4月出生，初中学历，已婚，家有母亲、妻子，均无业，两个儿子分别为高中、职业技校在读，捕前职业为汽修工人，罪名为盗窃罪。叶×认罪悔罪态度良好，平时较为遵守监规纪律，入监初期曾因内务不规范、自制食品各扣2分，服刑期间累计获得表扬16次，改造积极分子3次；考试成绩80分以上，通过自学考试科目4门；劳动态度端正，每月能超量完成劳动定额；人际关系良好，心理测评指标达标。

问题：请据此信息评估叶×重新违法犯罪的可能性。

思路：根据《罪犯出监评估重新违法犯罪综合评估表》进行评估。

项目5-5 做好出监安置帮教衔接

一、任务说明

加强刑满释放人员衔接管理工作，减少脱管漏管，维护社会和谐稳定，必须坚持“各负其责、信息共享、密切联系、相互配合”的原则。刑满释放人员的过渡性帮教管理工作，是预防、减少犯罪，维护社会稳定的一项全局性工作，也是社会治安综合治理的重要措施之一。刑满释放人员回归社会后的前3个月，是基层帮教组织进行过渡性帮教管理的黄金期。帮教组织应当在刑满释放人员离开监管场所的第一时间与之建立衔接帮教管理联系，利用这段时间，通过接触了解刑满释放人员，掌握其基本情况。这种做法一方面可以有针对性地对刑满释放人员采取帮教措施：组织无就业技能人员进行就业技能培训，为他们进行创业、就业方面的咨询和指导；为生活困难、暂时无法就业的人员及时办理低保，使他们的生活有所保障。另一方面，通过开展帮教，使他们知道自己出狱后的一举一动仍然在政府管控视线内，对其产生震慑作用，从而阻断他们重新犯罪的路径。

衔接不及时、不到位，必然导致我们错过帮教管理的黄金期，造成脱管漏帮，从而使帮教工作陷入被动。因此，做好刑满释放人员衔接工作不仅是帮教工作的重要一环，而且是维护社会安全稳定的一项重要举措。要充分发挥好司法行政机关的职能和全社会的共同作用，使刑满释放人员真正回归社会。

二、具体任务

（一）罪犯基本信息的衔接工作

监狱在罪犯刑满释放的 1 个月内，应认真核实其信息资料，并登录刑释解教人员信息管理系统（网络版），及时录入罪犯基本信息，以及罪犯的狱内表现和评估结果等。罪犯户籍所在地的司法所通过此系统获取本辖区内罪犯信息后，要在 1 个月内把核实情况反馈给监狱；信息核查失败的，各司法所要及时填写未核实的原因及可能的去向，通过系统平台反馈给监狱。

（二）监狱与地方安置帮教部门的信息沟通衔接工作

监狱每年至少组织排查 2 次服刑帮教人员中是否存在未成年子女失学、家庭婚姻关系出现危机、长期无人探视等情况，并把结果通知其户籍地或居住地的县级特专办。对在监狱生病的服刑帮教人员，监狱应及时将病情告知其家属和户籍地的司法所，邀请他们及时帮教，稳定罪犯的思想，消除家属疑虑。

（三）监狱与地方帮教组织有针对性地开展多种帮教活动

监狱成立职业技能培训中心。通过与地方培训机构合作办学的形式，有计划、有目的地对罪犯进行职业技能培训，使他们在刑满释放时能掌握 1~2 门实用职业技能，从而为刑满释放后能顺利就业谋生打下良好的基础；联合地方工商、劳动保障部门以及社会企业在狱内开展就业直通车，帮助罪犯了解就业形势，掌握求职就业技巧；联合地方司法局、劳动保障部门等对确有生活困难、出监后暂时无法就业的刑满释放罪犯展开帮教，为其提供解决相关问题的渠道。

（四）监狱对罪犯出监前教育改造效果评估的衔接工作

监狱在罪犯刑满释放前的 1 个月，对其在监狱的表现（主要包括认罪悔罪、服刑服法、遵守监规所纪及掌握劳动技能情况）以及刑满释放后可能遇到的生活困难、家庭变化、社会交往等问题及再犯罪的可能性完成综合评估及信息交接工作。根据评估结果，将刑满释放人员分为“重点帮教对象”和“一般帮教对象”，并针对其具体情况，对安置帮教工作提出建议。

（五）罪犯刑释通知书和信息反馈的衔接工作

监狱要严格、规范填写《刑满释放人员通知书》，要做到内容准确、格式规范。同时，在罪犯刑满释放前1个月，将其监狱内改造表现、综合评估意见、帮教建议等通过刑释解教人员安置帮教管理系统（网络版）传递到其户籍地的司法所。

罪犯刑满释放前1个月，监狱要与地方安置帮教部门和公安机关做好刑满释放前的法律文书材料交换工作。

（六）罪犯刑满释放时的衔接工作

监狱在罪犯刑满释放前，应告知其户籍地或居住地的县级特专办、司法所的联系方式，并告知其在刑满释放后应先到现居住地的司法所办理报到登记手续。注意应将有明显重新违法犯罪倾向的人员、“三无”人员、刑满释放前仍找不到其本人或亲属真实信息的“三假”人员等的相关法律文书同时寄发给罪犯户籍地的公安局、检察院。

对患有严重疾病或身体残疾以及家属不愿接收的人员，应提前3个月将有关情况通知户籍地的县区司法局，共同做好衔接、救助管理工作预案；对身体病重或残疾人员的遣送，监狱生活卫生管理科（或医院）应派遣警察医生做好医疗保障工作。

（七）社区矫正人员矫正期满后的衔接工作

社区服刑罪犯解除矫正后，纳入安置帮教范围进行管理，司法所落实后续帮教措施，确保不脱管、不失控。

（八）信息资源共享衔接工作

各级司法行政、公安、监狱部门要加强信息沟通，确定本单位刑满释放人员衔接工作的主管部门和工作联系人，建立联系人通讯录。

三、任务要求

（一）建章立制、明确责任

建立健全各项规章制度，明确岗位责任，实行责任倒查追究。

（二）及时准确、完善信息

严格按照规定时间限制填写相关通知材料。

（三）互通信息、做好衔接

加强出监衔接工作，对地方安置帮教部门提出有针对性的建议，落实衔接管理措施，完善监狱与地方部门的衔接机制。

（四）逐一指导、突出重点

对临释罪犯要普遍进行个别谈话和指导，对列入重点衔接对象的，要在积极协调化解、拟制处置预案的同时，按规定向其户籍所在地的安置帮教工作部门发出“必送”和“必接”的通报和建议；对有严重报复社会倾向的，还应主动通报有关政法机关。

（五）结合实际、个别指导

结合罪犯回归社会打算、家庭关系和就业创业设想，加强个别教育指导。

四、任务流程

（一）监狱刑罚执行与社区矫正衔接工作流程

把符合法定条件的在押罪犯逐步纳入社区矫正范畴，使他们顺利融入社会，努力预防和减少重新违法犯罪。监狱要与罪犯出监后的当地社区矫正机构（司法局、司法所）建立罪犯社区矫正工作协调机制和例会制度、长效考核检查机制、信息共享和反馈机制。建立健全各项规章制度、培训专业队伍、提高罪犯教育改造质量、强化对罪犯的帮教措施，使监狱刑罚执行与社区矫正有序衔接。

社区矫正工作分为六个环节，即接收、管理、教育、考核、奖罚、解矫。出监教育与社区矫正衔接工作主要包括以下方面：

1. 接收衔接。监狱对暂予监外执行、假释、刑满释放的罪犯，在其出监之前，应由监狱告知罪犯必须接受社区矫正，服从矫正组织的管理教育，同时让罪犯填写《接受社区矫正保证书》。监狱要告知暂予监外执行、假释的罪犯在规定的期限日内，持《暂予监外执行证明书》《假释证明书》到固定居住地的社区矫正机构报到并办理社区矫正登记手续。对于罪犯不能按照规定到社区矫正部门报到或者超出规定的活动区域，或者继续有违法行为，达到一定程度的，可予以收监服刑。同时，监狱要与社区矫正执行机关办理好相关法律文书的衔接手续，如罪犯相关法律文书、档案材料以及出监罪犯重新犯罪的可能性评估意见等，并及时寄送社区矫正执行地的县级司法局。

2. 管理衔接。司法所是执行社区矫正的主体，对罪犯进行日常管理。监狱机关要协助司法所和有关单位为罪犯提供管理、教育、帮助和服务。司法所应当建立档案管理制度，记录社区矫正工作情况，及时、准确地收集和上报相关信息。建立罪犯卡片和档案，记录罪犯改造情况。

3. 教育衔接。司法所应当根据监狱《罪犯出监评估表》《出监鉴定表》提供的出监建议和意见，建立健全工作制度，落实教育矫正措施，做好罪犯的监狱刑罚执行与社区矫正内容的紧密衔接；有计划、有步骤地制定有针对性的矫正措施和方案，不断修正和完善社区矫正方案。

4. 考核奖罚衔接。对经考核符合法定减刑、假释条件的罪犯，应将考核材料和审批意见转交原服刑监狱，按规定及程序及时建议监狱予以办理。监狱对因违反法律、法规和社区矫正规定，经人民法院裁定收监执行的罪犯，应当依照有关法定程序及时予以收监执行。符合保外就医收监条件的，应当及时予以收监执行。

5. 解矫衔接。对矫正期满的罪犯，司法所要对其作出矫正鉴定，填写《解除社区矫正鉴定表》，报经县（市区）司法局审核后，通知当地公安机关和人民检察院，于矫正期满日向其宣告解除矫正，发给《解除矫正证明书》。罪犯在社区矫正期间死亡的，县（市区）司法局应当及时将有关情况书面通知检察机关、人民法院、原执行收监的监狱，从罪犯死亡之日起自动终止社区矫正。

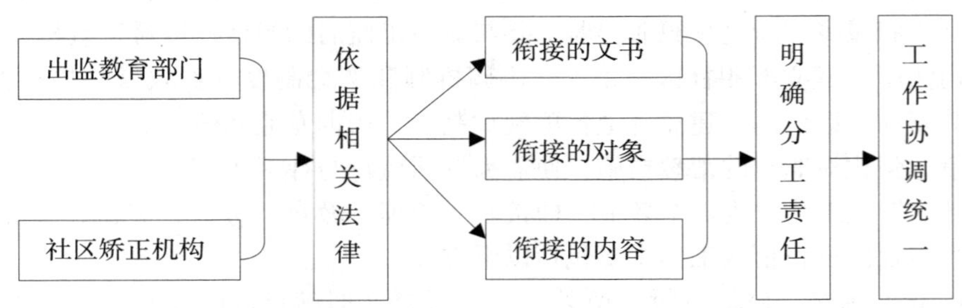

图 5-5　出监教育与社区矫正的衔接工作流程图

（二）监狱刑罚执行与安置帮教衔接工作流程

安置帮教是在各级政府的统一领导下，依靠各有关部门和社会力量对刑满释放人员进行的一种非强制性的引导、扶助、教育、管理活动，是保障刑满释放人员在监狱与社会之间能够平稳过渡的重要措施。刑满释放人员回归社会衔接工作应坚持“各负其责、超前落实、密切联系、相互配合”的原则。根据《监狱教育改造工作规定》等文件，监狱刑罚执行与安置帮教的主要衔接工作主要包括如下方面：

1. 监狱严格、规范填写《刑满释放人员通知书》，包括罪犯在监狱服刑改造的评估意见、刑满释放的时间、本人职业技能特长和回归社会后的择业意向，以及对地方做好安置帮教工作的建议等。要做到内容准确、格式规范。

2. 监狱在罪犯刑释前 1 个月内，应与地方安置帮教部门和公安机关做好罪犯刑满释放前有关文书材料的交换工作，并于 5 个工作日内将《刑满释放人员通知书》《罪犯出监评估》《出监鉴定表》等相关材料分别寄送至罪犯原户籍所在地和居住地的县级特专办和公安机关（安置帮教工作协调小组办公室），并要求刑满释放人员在规定的期限内，持刑满释放证明到原户籍所在地的公安派出所报到。

3. 县级特专办和公安机关收到《刑满释放人员通知书》等相关材料后，应当在5个工作日内将回执单等寄送给监狱，并通知刑满释放人员原户籍所在地和居住地的司法所、公安派出所。公安派出所在刑满释放人员报到时，按规定办理入户手续，并将其列为重点人口进行管理。责任区警察要了解、掌握刑满释放人员的情况，会同村（居）委会等基层组织进行帮教工作。对未到公安派出所报到的刑满释放人员，应向上级公安机关和安置帮教工作协调小组办公室通报。刑满释放人员暂住地的公安派出所一经发现刑满释放人员未按时报到，应立即通报其原户籍所在地的公安派出所。

4. 县级特专办和公安机关应积极协调有关部门解决安置帮教工作中的具体问题。要有计划地组织有关部门和社团组织的人员定期到监狱，开展形式多样的帮教活动，鼓励罪犯认罪服法、弃恶从善、重新做人，不断将安置帮教工作向前延伸。深入宣传、广泛动员社会各界力量，共同参与安置帮教工作。积极与共青团、妇联、工会等部门协调配合，合理利用社区资源，在社会上招募一批高素质的帮教志愿者队伍，形成安置帮教的工作合力。

5. 乡镇（街道）安置帮教工作站（司法所）接到通知后，应立即通知村（居）委会及刑满释放人员家属，动员家属尽可能将刑满释放人员接回。同时，积极组织协调有关部门和村（居）委会做好安置帮教工作，帮助、引导、扶助刑满释放人员解决就业或生活出路问题。

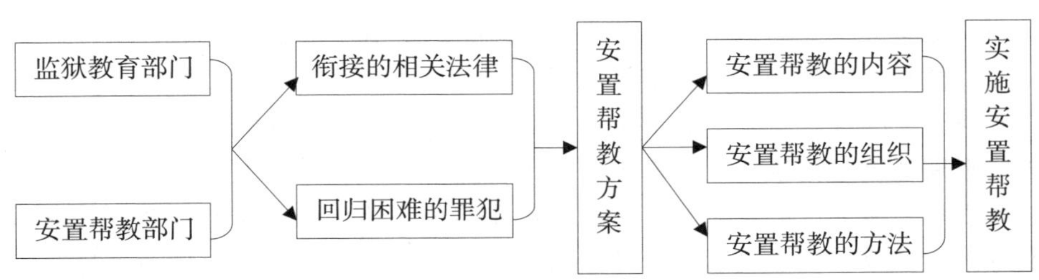

图5-6 监狱刑罚执行与安置帮教的衔接工作流程图

五、任务示范

浙江省湖州市司法局与浙江省××监狱联合出台《关于加强监地衔接工作的实施意见》

浙江省湖州市司法局认真贯彻落实浙江省司法厅有关加强监狱与地方衔接工作的精神，不断加强与相关监狱的衔接协作，今年与浙江省××监狱联合出台了《关于加强监地衔接工作的实施意见》，着力健全、完善“四方面”衔接机制，突出重点，提升监狱与地方衔接工作水平。

一、健全、完善监狱与地方衔接机制

监狱与地方双方分别成立监狱与地方衔接工作领导小组，明确双方联络员；建立联席会议制度，定期开展工作交流；建立信息互通机制，确保刑释、重点人员信息、委托调查等工作及时对接，共同推进在监狱内建立廉政警示教育基地、远程视频帮教系统的建设，为市、县司法行政机关开展廉政警示教育、远程帮教提供场所、创造条件。

二、健全、完善社区矫正衔接机制

规范在监狱服刑罪犯拟适用社区矫正的审前调查法律文书的衔接工作；做好假释、保外就医罪犯的定期考察、病情复查鉴定工作并及时通报；监狱积极配合做好社区罪犯收监执行衔接工作；司法行政机关积极协助监狱办理难度较大罪犯的保外就医案件；共同落实好出监、接收环节的教育引导工作。

三、健全、完善安置帮教衔接机制

明确刑满释放人员法律文书交接时限、投送机关；做好有明显重新违法犯罪倾向的刑满释放人员接收、帮教工作，落实“三无人员”必接必送制度；开展社会帮教活动，动员、组织党政机关、企事业单位、社会团体等人员赴监狱对罪犯开展慰问、帮教、送温暖活动；做好职业技能培训、就业安置工作，促进罪犯顺利回归社会。

四、健全、完善队伍共建机制

建立监狱与地方互派警察挂职锻炼的交流渠道，推动监狱刑罚执行与社区矫正的有机衔接，相互学习，借鉴管理、教育、帮扶工作经验，努力提升队伍能力素质，探索监禁刑与非监禁刑刑罚执行的有效衔接途径，进一步完善与统一刑罚执行体制。同时，建立健全考核奖惩机制，将监狱与地方的衔接工作纳入各自年度工作综合考核内容，确保监狱与地方衔接各项工作落到实处、见到实效。

六、技能训练

问题：罪犯李××1 个月后刑满释放，请为其制定一份出监安置帮教衔接计划。

思路：可从罪犯出监安置帮教衔接的任务、要求和流程等方面进行考虑。

学生在了解出监教育的任务与内容的基础上，通过训练掌握出监教育、组织开展出监回归指导、出监评估与考核、出监安置帮教衔接等相关知识与任务要求，可以较为熟练地开展出监教育工作。

问题思考

1. 出监教育的任务和目标是什么？
2. 如何做好出监教育评估和考核工作？
3. 如何做好监狱刑罚执行与社区矫正和安置帮教工作的衔接？

拓展阅读

1. 高莹主编:《矫正教育学》，教育科学出版社 2007 年版。
2. 王明迪主编:《罪犯教育概论》，法律出版社 2001 年版。
3. 李云峰主编:《罪犯改造质量评估指南》，法律出版社 2005 年版。

学习单元六　集体教育

学习目标

了解集体教育的内容与任务，明确专题教育、集体讲评、课堂教育、分组教育等内容与操作要求，能够较为熟练地开展集体教育工作。

重点提示

集体教育；专题教育；集体讲评；课堂教育；分组教育

基础知识

一、集体教育的含义

集体教育是前苏联教育学家马卡连柯教育理论的重要组成部分。在教育学领域中，集体教育是指以集体主义价值观为向导，组织集体、教育集体，并通过在集体中进行教育，以影响集体成员身心发展，尤其是形成集体成员的集体主义精神为目标的教育。[1] 罪犯教育是社会教育的有机组成部分，社会教育的相关理论当然可以适用于罪犯教育领域。我国《监狱法》第 61 条规定："教育改造罪犯，实行因人施教、分类教育、以理服人的原则，采取集体教育与个别教育相结合、狱内教育与社会教育相结合的方法。"这为对罪犯开展集体教育提供了法律依据。

具体到罪犯教育领域而言，集体教育是指刑罚执行机关对罪犯群体集中进行的，以解决普遍性问题为目的的思想引导、知识传授和行为养成的教育活动。在目前的罪犯教育实践中，集体教育是一种普遍的、常用的教育形式。接下来，我们介绍的都是罪犯集体教育的相关内容。

二、集体教育的内容

根据集体教育的概念不难发现，集体教育的组织实施主体是刑罚执行机

〔1〕 张明："关于集体教育的综述"，载《科教文汇（下旬刊）》2012 年第 2 期。

关——监狱。在实践中，集体教育一般由罪犯教育警察来组织实施，为了取得更好的教育效果，也可以邀请专家、学者、社会帮教人士参与。集体教育解决的是共性问题而非个性问题，这是集体教育和个别教育的本质区别。集体教育的内容是思想引导、知识传授和行为养成。具体而言，集体教育的内容包括：法制教育、思想道德教育、形势政策教育、前途教育、文化教育、岗位技术培训、职业技能教育和心理健康教育等。

三、集体教育的特点

相对个别教育而言，集体教育一般具有高效性、严肃性和共同性的特点。所谓高效性，是指集体教育过程中，信息传播的效能高，主要表现为：信息传播速度快、受众广、效果好，可以形成良好的教育氛围和强大的舆论理论。所谓严肃性，是指集体教育是严肃的执法活动，对罪犯进行集体教育，是罪犯教育警察权威的体现，必须严格按照执法规范来进行，教育的内容、教育的形式、教育的目的都必须体现严肃性的要求，教育规格高、声势大、氛围严肃。所谓共同性，是指集体教育解决的是罪犯群体中的普遍性问题，如政策法规的调整、职业技能的培训、某项活动的组织、宣传、发动等，不具有针对性和个别性。

四、集体教育的主要形式

罪犯的集体教育的形式很多，主要形式有课堂教学、专题教育和分组教育。

（一）课堂教学

课堂教学是按照事先拟定好的教学计划，在规定的时间和地点，对罪犯进行的系统性的授课活动。

（二）专题教育

专题教育是指针对特定的专题或者任务而进行的教育活动，专题教育具有灵活多样、主题突出的特点。

（三）分组教育

分组教育是根据教育的目的和内容的不同需求，将罪犯群体划分为若干小组进行教育的一种集体教育方法。分组教育大多数体现在入监教育和出监教育阶段，本单元主要讨论课堂教学和专题教育。

项目6-1 确定集体教育主题

一、任务说明

集体教育是对罪犯群体进行的共同教育，是一种普遍的、常用的教育形式，也是一项针对罪犯群体营造氛围的教育活动。集体教育主题是监狱（监区）对罪犯进行集体教育的中心意思。主题是罪犯集体教育的核心，它必须贯穿于集体教育的始终，指导集体教育的目标和方向。

不同的集体教育有着不同的主题。集体教育的主题反映监狱对罪犯的要求，是监狱管理和教育矫正罪犯过程中对罪犯群体性问题的具体回应，解决的是罪犯中存在普遍性的重大现实问题。因此，集体教育主题的确定要有现实性和针对性。根据不同的标准，可以将集体教育的主题确定为不同的类型。

以时间为标准，可以将集体教育的主题分为：日教育、周教育、阶段性总结教育以及特殊时间阶段教育等；以具体内容为标准，可以将集体教育的主题分为：动员类教育、宣传类教育、任务安排类教育、事件类教育、总结类教育等；以场所为标准，可以将集体教育的主题分为：生活现场教育、生产现场教育、学习现场教育、会议现场教育等。

二、具体任务

（一）确定不同时间阶段的教育主题

具体而言，日教育可以分为：出工集体教育、收工集体教育、收看新闻联播后的集体教育、休息日集体教育、学习日集体教育；周教育可以分为：小组周改造总结集体教育、监区周改造总结集体教育、升旗仪式中的集体教育；阶段性总结教育可以分为：月改造总结集体教育、半年改造总结集体教育、年度改造总结集体教育等；特殊时间阶段的集体教育主要是指节日集体教育或具有特殊意义的日子的集体教育（如宪法日、国家公祭日等）。

（二）确定不同内容的教育主题

具体而言，动员类的教育可以分为：活动类动员集体教育、比赛类动员集体教育等；宣传类的教育包括政策宣传类集体教育、法律宣传类集体教育和典型事迹宣传类集体教育等；任务安排类的教育包括：政治改造任务安排集体教育、监管改造任务安排集体教育、教育改造任务安排集体教育、文化改造任务安排集体教育和劳动改造任务安排集体教育；事件类的教育包括：调查事件的集体教育、处理事件的集体教育等；总结类的教育包括：活动总结集体教育、年度教育改造工作总结集体教育、年度劳动改造工作总结集体教育、年度狱政管理工作总结集体教育等。

（三）确定不同场所的教育主题

这包括生活现场集体教育、生产现场集体教育、学习现场集体教育、会议现场集体教育和社会帮教现场集体教育等。

三、任务要求

（一）主题正确

这是对主题的基本要求，只有主题正确，才能准确解决罪犯中存在的普遍性问题，才会对罪犯的服刑改造产生积极意义。主题正确要求对事情做出正确的判断，对主题做出准确、科学的定位。

（二）主题鲜明

好的集体教育需要鲜明的教育主题。在整个教育过程中，要确保给罪犯留下深刻的印象，对罪犯的要求要始终如一，对事情要坚持统一的标准，对罪犯的改造表现要坚持统一的是非观念和鲜明的态度。切忌似是而非、模棱两可、含糊笼统、前后矛盾。

（三）主题突出

集体教育要做到重点突出，不宜同时存在两个或者两个以上的主题，避免顾此失彼。同时，主题不集中也会造成罪犯在听讲过程中注意力不集中，教育效果不明显，甚至可能会造成思想混乱。

（四）主题深刻

集体教育的主题要能反映问题的本质，要透过现象看本质，绝对不能仅仅停留于对罪犯改造表现的罗列和叙述，要通过对罪犯思想和行为的深入、细致的观察，深挖思想根源，对罪犯中存在的问题反复思考，找出关键点，提炼出深刻和新颖的主题。

四、任务流程

（一）收集关键信息

要确定集体教育主题，首先要做好信息的收集和研判工作，重点关注国际国内形势、国家政策、法规层面的变化（尤其是可能影响到罪犯切身利益的政策法规），监狱进行的工作重点、监区的主要任务以及罪犯中存在的普遍性思想或行为问题等，为确定集体教育的主题提供依据，指明方向。

（二）结合工作需要

集体教育主题的确定，要接地气，要符合监狱（监区）的实际情况，选取监狱（监区）当年、当月或当日的工作重心，结合罪犯的一贯改造表现和突发情况，科学合理确定主题。既要主题鲜明，为下一步的罪犯教育改造工作指明方向，又要符合实际，能够满足监狱（监区）实际工作的需要，切忌主题假大空。

（三）关注重点犯情

集体教育是对罪犯中存在的普遍性问题所进行的一种教育形式。在确定教育主题时，一定要能够准确把握罪犯中普遍存在的影响服刑改造的主要问题，有针对性地提炼集体教育主题，做到有的放矢。

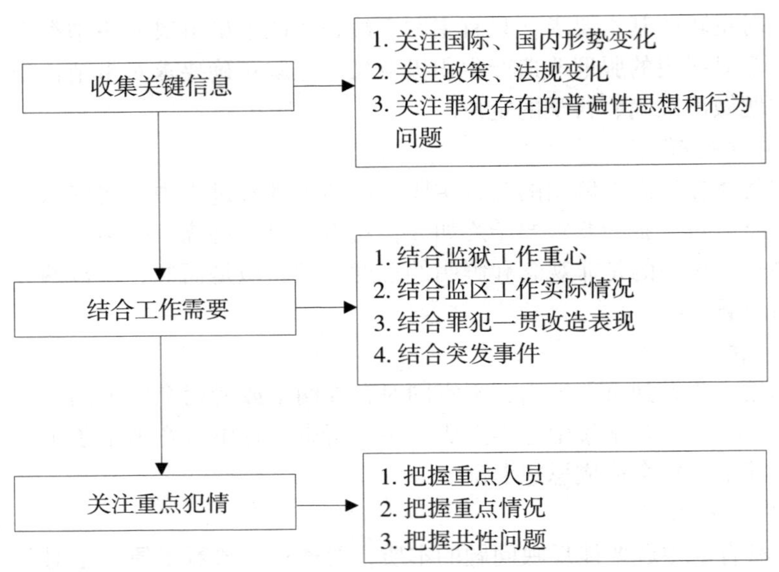

图 6-1　确定罪犯集体教育主题工作流程图

五、任务示范

四川省××监狱举办“不忘初心感党恩，五大改造塑新生”主题教育活动

为抓好政治改造，使中国特色社会主义道路、理论、制度、文化和社会主义核心价值观成为改造罪犯的精神动力和改造育新的强大武器，近日，四川省××监狱举办了“不忘初心感党恩，五大改造塑新生”主题教育活动。

活动开始前，全体警察及服刑人员共同歌唱《没有共产党就没有新中国》。通过唱革命歌曲的方式让大家铭记党恩，永远跟党走。

教育活动中，警察宣讲了《提高改造认识，自发积极改造》，结合服刑人员现实改造讲解了“五大改造”的内容，并在以政治改造为统领的“五大改造”新格局中，向服刑人员提出了要提高思想认识、积极接受改造、树立爱国情怀的改造要求。[1]

六、技能训练

你是值班罪犯教育警察，监区今日安排如下：

1. 结合国庆日当天收看新闻联播的相关情况，开展全监区范围内的爱国主义教育与学习。

2. 学习任务为培养服刑人员高尚的品德情操，在全监区范围内牢固树立爱国主义思想，培养服刑人员的爱国主义品质。

3. 高度重视此次学习，深刻领会爱国主义精神是每个人都该拥有的个人品质。遵守学习现场纪律，形成系统的书面学习材料。

问题：请你根据以上材料，提炼专题教育主题。

思路：可从确定集体教育主题的任务、要求和工作流程等方面思考。

项目 6-2 选择集体教育形式

一、任务说明（与基础知识部分很多内容重复）

集体教育有课堂教学、专题教育、分组教育等形式。集体教育的组织实施，需要根据不同情况选择不同的教育形式。

一般而言，对罪犯的思想道德教育、文化教育、职业技术教育等多采用课堂教学形式。课堂教学不仅是罪犯教育工作警察向罪犯传授思想、知识、技能的主阵地，也是罪犯教育的重要手段。通过课堂教学，不仅可以把思想、知识、技能传授给罪犯，还能培养罪犯懂规矩、守纪律的基本意识。课堂教学是按照不同罪犯的不同犯罪类型、不同文化程度、不同接受能力而组织安排的，由罪犯教育工作警察根据统一的教材实施的班级化教育。在课堂教学过程中，不同学习内容均需按照一定的教育时间表有计划、轮流交替进行，因此，课堂教学具有一定的系统性、计划性。课堂教学中常用的教学方法有讲授法、讨论法、读书指导法、演示法等。讲授法是罪犯教育工作警察通过讲授的方式系统连贯地向罪犯传达所要

---

[1] 引自四川监狱官方微博。

说明内容的一种方法，也是课堂教学中最常用的一种方法；讨论法是罪犯教育工作警察组织引导罪犯就某一问题发表自己的观点、交换意见、相互学习的一种方法；读书指导法是罪犯教育工作警察通过指导罪犯阅读文字材料，使罪犯掌握教学内容的教育方法，是培养和提升罪犯阅读能力的一种重要方式；演示法是罪犯教育工作警察通过展示实物、道具或操作过程等向罪犯传授知识和技能的方法。

专题教育是指将罪犯集中起来，就某一特定主题进行的以介绍情况、宣传动员、部署安排、发表看法、奖优罚劣等为内容的集体教育方法。专题教育是密切配合罪犯改造实际和需要，针对罪犯在某个阶段的教育中存在的突出问题所进行的教育。它鼓励先进、鞭策后进，提出希望和要求，以保障和促进教育工作的顺利进行。专题教育适用对象广泛，不受时间和地点的限制，针对性、实效性、灵活性强，因此，是罪犯集体教育当中使用得比较普遍的一种方法。专题教育适用于各种动员、总结宣讲政策、表彰先进、鞭策后进等教育活动。例如，遇有重大纪念节日和专门活动时，监狱要适时开展纪念性和引导性专题教育活动；当监狱发现有严重事故苗头，有碍正常改造秩序，可能给监管安全和改造秩序带来潜在危害、破坏改造秩序，或已经发生了监管改造安全、生产安全事故时，监狱要开展警示性专题教育活动。

二、具体任务

（一）根据教育目的选择教育形式

在罪犯教育过程中，要始终坚持问题导向，做到有的放矢，才能实现教育的目的。教育目的的不同，也会对教育形式的选择产生影响。例如，以提升罪犯文化修养、思想道德水平的教育，宜采用课堂教学的方式；以处理突发事件为目的的教育，宜采取专题教育的方式等。

（二）根据教育内容选择教育形式

辩证唯物主义告诉我们：没有内容，形式就无法存在；没有形式，内容也无从表现。这两者是相互依赖、相互制约，各以对方为存在条件的。教育形式的选择必须要考虑教育内容，不同的教育内容需要不同的教育形式来实现。

（三）根据不同教育类型的特点来确定教育形式

在确定采取何种教育形式时，需要对不同教育类型的特点有充分的认识和了解。课堂教学的特点有：系统性、主导性、长期性；专题教育的特点有：针对性、独立性、灵活性；分组教育的特点有：多样性、具体性、主动性。

三、任务要求

（一）教育形式的选择要体现科学性

与社会教育相对而言，罪犯教育有其独特的教育规律，罪犯教育要依靠科学指导，体现科学思想，遵守罪犯教育规律。在教育形式的选择上，也要以科学性为指导，符合罪犯教育特殊规律的要求。

（二）教育形式的选择要体现实用性

罪犯教育的目的，是将罪犯教育成守法公民，使罪犯学到科学文化知识、掌握岗位技术和职业技能、受到启发、转变思想，从而认罪服法、积极改造、重新走向社会。在教育形式的选择上，要使罪犯最终成为守法公民，就必须选择具有实用性、针对性和实效性强的教育形式。

（三）教育形式的选择要体现通俗性

罪犯总体的文化水平、综合素质相对较低，为了便于罪犯接受教育，通俗性原则就显得更为重要。为此应注意：教育中使用的方式应简便易学，使用的材料应简单明了，使用的文字应通俗易懂。

（四）教育形式的选择要体现多样性

罪犯教育的形式要多样，利用一切可以利用的形式，比如利用电影、电视、广播、录音、录像等形象化信息工具，结合典型案例，综合运用讲授法、示范法、指导法、讨论法和案例分析法等方法来达到教育的目的。

（五）教育形式的选择要体现循序性

罪犯教育是一项长期、复杂、艰巨的工作，不是一天两天、一年两年就能完成的。这就要求我们在罪犯教育过程中要循序渐进，久久为功。在不同的教育阶段，要选取不同的教育方式，以达到最佳的教育效果。

四、任务流程

（一）理解集体教育主题

主题是罪犯集体教育的核心，形式是主题的载体，主题的性质、内容和导向决定着罪犯集体教育形式的选择，要选择最恰当、最有效的集体教育形式，首先必须深刻理解、把握集体教育的主题。对集体教育主题的把握一旦出现偏差，势必会影响到集体教育形式的选择。

（二）熟悉集体教育的内容

不同的教育内容决定了所用教育形式的不同，要依据不同教育内容的性质与特点来选择教学形式。

（三）分析罪犯的接受能力

集体教育过程中，在选择教育形式时，要充分考虑罪犯的身心发展状况，主要是年龄特点、心理特点、知识基础情况和接受能力情况。

（四）选择罪犯教育工作警察

每个罪犯教育工作警察的特长不同，擅长的教育方式也不一样。在确定教育形式时，还要充分考量施教的罪犯教育工作警察的自身能力，扬长避短，充分发挥罪犯教育工作警察的才干，科学合理选择罪犯教育工作警察。

（五）提炼集体教育形式

在综合考虑上述因素的基础上，经过集体讨论，选择最佳的罪犯集体教育形式。

（六）确定集体教育形式

将选定的集体教育形式报请领导审核，并最终确定集体教育形式。

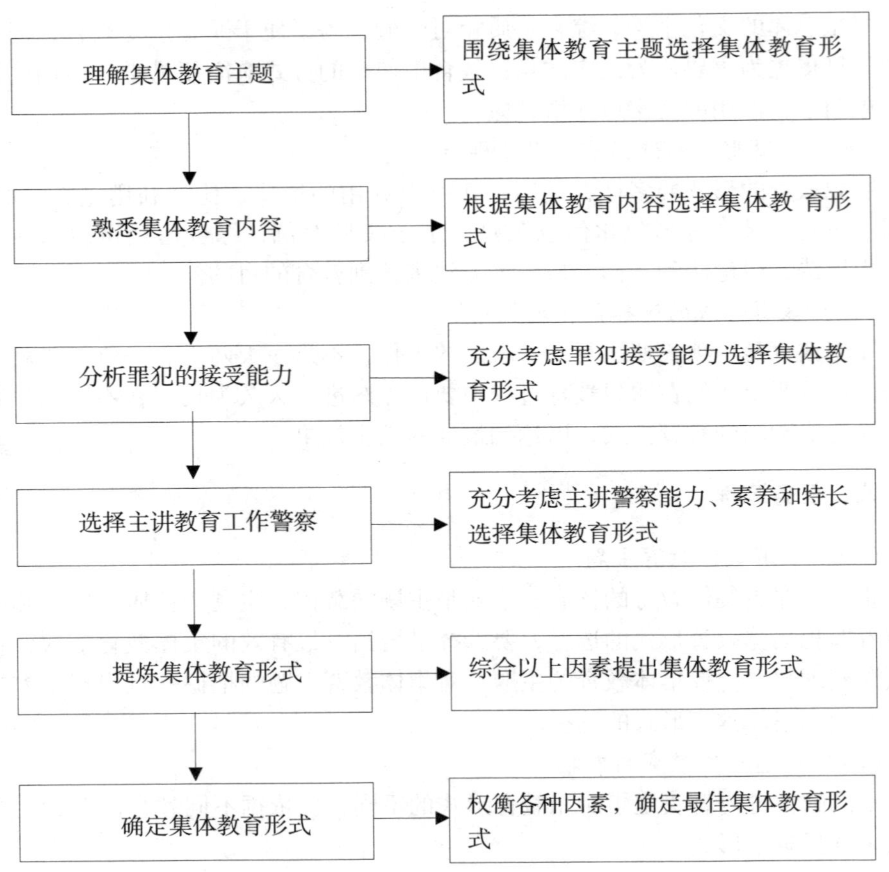

图6-2　选择集体教育形式工作流程图

五、任务示范

浙江省××监狱创新“小班化”模式提升短刑期罪犯出监教育质量

为规范罪犯出监教育工作，适应短刑期临近刑满释放罪犯改造现状，浙江省××监狱出监监区针对短刑期罪犯推行“小班化”教学，通过教学分层、课程分类、教师分组的形式开展“小班化”教育。

教学对象分层。监狱将参加出监教育的罪犯根据刑期长短进行“分层”。2年以下（含2年）临近刑满释放罪犯的出监教育侧重于道德、公德、社会近几年出现的新事物等方面；其他临近刑满释放罪犯的出监教育以“回归社会适应性”为主题。旨在通过分类的针对性教育，不断增强短刑犯自省自律意识，强化行为养成，树立法纪观念，培养感恩情怀，传递积极向上的精神正能量。〔1〕

六、技能训练

你是值班罪犯教育工作警察，监区今日休息日安排如下：

1. 今天是会见日，监区不组织出工，统一在监房收看电视节目。有亲属前来会见的，由警察统一组织整队有序前往会见室。

2. 活动现场要求保持良好的纪律，禁止无序流动和在监房逗留，如有特殊情况需要向警察报告请示后再去。

3. 如果天气条件允许，下午监区将统一组织全体服刑人员去晾衣场晾晒衣物，请大家事先做好准备。

问题：请你根据以上材料，选择最合适的集体教育形式。

思路：可从集体教育形式选择的工作任务、要求和流程等方面思考。

项目6-3　制定集体教育方案

一、任务说明

制定罪犯集体教育方案是开展集体教育的前提和基础。罪犯教育方案是在特殊场所，针对特殊对象实施的，具有特殊要求的工作方案。罪犯集体教育方案是

---

〔1〕 引自 http：//www. zhejiang. gov. cn/art/2015/1/26/art_13098_1487823. html，访问时间：2018年4月29日。

指负责罪犯集体教育的组织机构，为了实现罪犯集体教育的目的和任务，而对未来特定阶段的工作目标、工作步骤、工作方法、工作措施和工作手段等进行谋划和安排而制定的指导性文件。它是指导罪犯集体教育活动的重要手段，是开展罪犯集体教育活动的重要依据，是使罪犯集体教育活动有序进行的重要保证。

罪犯集体教育方案按照不同的标准可以分为不同的类型：

1. 以罪犯集体教育时间为标准，可以分为年度教育方案、半年教育方案、月教育方案等。

2. 以罪犯集体教育内容为标准，可以分为思想教育方案、文化教育方案、职业技术教育方案、出工教育方案、收工教育方案等。

3. 以罪犯集体教育形式为标准，可以分为课堂教学方案、专题教育方案、分组教育方案等。

二、具体任务

（一）确定集体教育的任务与目标

任务和目标主要介绍的是需要完成的工作是什么以及工作需要达到某种程度、某种标准的要求，这是集体教育方案所要达到的预期目的，是集体教育方案的重要内容。把罪犯教育改造成为守法公民，使之成为“合格产品”，是教育改造罪犯的总任务、总目标。在对罪犯进行集体教育时，往往要明确一个具体任务和具体目标。例如，对罪犯进行文化教育，就应确定参加文化教育的罪犯某一阶段文化课程学习考试的及格率和毕业时的获证率；对罪犯进行职业技术教育时，应确定罪犯掌握相应技术、考取相应职业技术证书的比例等。这些具体任务、具体目标为教育改造罪犯的总任务、总目标服务，而又受总任务和总目标的制约。明确的任务和目标，能为罪犯集体教育工作指明方向。

（二）确定集体教育的方法与措施

方法与措施是如何进行集体教育的问题。在确定了任务和目标后，怎样去完成任务、实现目标，是集体教育方案的关键。必须把围绕实现任务和目标而确定的方法与措施作为集体教育方案制定的重点内容，应有针对性地采取切实有效的方法措施，来确保集体教育效果。

（三）确定教育的步骤与时限

在制定集体教育方案时，应明确先做什么，后做什么，在什么时间内完成什么工作任务，达到什么工作目标。这样才能使罪犯集体教育有条不紊地按计划实施。

三、任务要求

（一）指导思想明确

必须以监狱总体安全观为指导，引领罪犯集体教育工作。从“不跑人”的底线安全观到“向社会输出合格产品”的治本安全观转变，对罪犯集体教育工作提出了更高的目标和要求，必须紧紧围绕这一指导思想来确定集体教育的目的、措施、方法和手段。

（二）目标设定科学

一是目标设定必须有针对性。罪犯集体教育活动是一项针对性很强的活动，要根据对象的不同，设定不同的目标，安排不同的教育活动。二是集体教育目标的设定必须务实，要抛开不符合实际、效果不强的课程和内容，确保在有限的罪犯教育期限内，实现预先设定的教育目标。三是要对目标进行层层分解。目标确定后，需要对目标进行分解，即将罪犯教育总目标按罪犯教育内部的机构设置和组织层次依次分解。分解要求纵向到底，横向到边，一直分解到每个岗位和个人。

（三）方案要素完整

集体教育方案必须要素齐全，符合格式规范。主题正确，指导思想明确，任务和目标科学合理，工作措施和工作方法得当，制定主体和制定日期齐备。方案确定的内容还应便于评估和考核。

四、任务流程

（一）研究相关文件

在编制罪犯集体教育方案时，要深入研究上级主管部门的罪犯教育工作计划和相关指导意见，要时刻把握上级主管部门制定的工作重点和工作核心，要充分贯彻落实上级的指示精神，把上级主管部门的相关要求落到实处。

（二）回顾工作情况

对前一阶段的工作执行情况、罪犯教育情况、罪犯服刑表现情况等进行回顾总结，对前一阶段执行效果好的措施和方法要继续保持，发扬光大；对前一阶段效果不太理想的措施和方法要进一步改进，使之更具科学性、合理性和可操作性。

（三）分析现实情况

一方面，要深入分析罪犯情况的新变化，分析罪犯群体在心理状况、学习状态、学习效果等方面的变化；另一方面，要充分考虑监狱的师资力量、教学设施、教育资源、教学场所、教育环境等因素，根据罪犯情况和监狱（监区）的实际情况来编制罪犯集体教育方案。

（四）编制集体教育方案

在多方征求意见的基础上，按要求、按规范编制集体教育方案，提交领导审核。

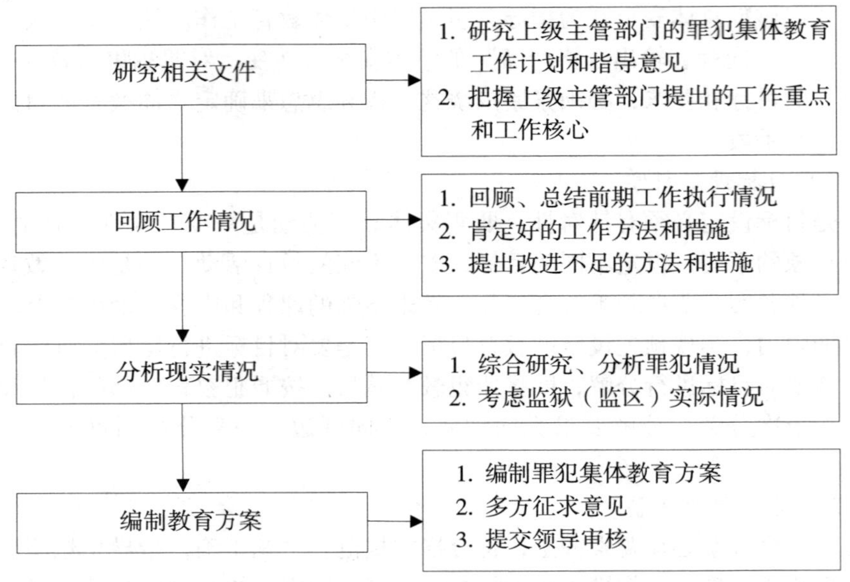

图 6-3　制定罪犯集体教育方案工作流程图

五、任务示范

表 6-1　江苏省××监狱罪犯每周教育计划（2. 7~2. 13）

类别	具体内容	时间	教育形式
思想教育	1. 开展行为规范教育、出入监教育、接茬教育，对罪犯提出相应改造要求。（1 课时） 2. 组织罪犯学习《公民意识读本》第四讲第二节：《责任意识所包含的内容》。（2 课时） 3. 开展学文明礼课程教育。（1 课时） 4. 组织学习《静思箴言》。（1 课时）	2. 7	个别教育、集中讲评、小组讨论、大课教育。
	1. 组织罪犯学习《服刑意识读本》第四讲第二节：《树立犯罪危害意识的意义》。（2 课时） 2. 开展法律、政策、形势教育。（1 课时） 3. 开展“严打整治行动”形势教育。（1 课时）	2. 11	

类别	具体内容	时间	教育形式
文化教育	1. 开展扫盲教育。(2 课时)	2.7	课堂教育、电化教育。
	2. 开展初小教育。(2 课时)	2.11	
技术教育	1. 对罪犯进行服装生产、电子加工安全教育。(2 课时)	2.7	讲课、组织学习。
	2. 对新分流罪犯进行岗前培训。(2 课时)	2.11	
心理健康教育	开展心理健康主题教育活动。(1 课时)	2.7	教育、评估、咨询、干预。
艺术兴趣教育	各监区组织文艺、兴趣小组开展文体活动。(1 课时)	2.11	文体活动。
注:1. 每晚组织罪犯收看《新闻联播》。 2. 周一晚开展罪犯个别教育和集中教育。 3. 周二晚组织罪犯收看《今日说法》。			

六、技能训练

问题:请你制定一份安全生产教育方案。
思路:可从集体教育方案的工作目标、任务、要求和流程等方面思考。

项目 6-4 组织实施集体教育

一、任务说明

组织实施集体教育,是根据罪犯集体教育方案确定的目标要求、工作内容、方式、方法及工作步骤等,组织必要人力、物力、财力贯彻、落实该实施方案的全过程。在对罪犯集体教育的实施过程中,要坚持以下几个原则:

1. 以人为本的原则。党的十九大指出:在中国特色社会主义进入新时代之后,我们更需要坚持和贯彻以人民为中心的发展思想。新时代人民对美好生活的需要更加广泛,要求也更高,既需要更高层次的物质文化生活水平,也需要民主、法治、公平、正义、安全、环境等方面的不断提升和完善。那么,我国只有通过坚持以人民为中心，通过更加平衡、更为充分的发展来不断满足人民在新时代的新需求。坚持以人为本，就是贯彻、落实以人民为中心的基本要求。对罪犯而言，有通过接受教育完成自我革命，改过自新，成为守法公民的实际需求；对全社会而言，通过罪犯教育的组织实施，使罪犯成为合格产品重返社会，确保社会的和谐与稳定。

2. 指导性与灵活性相结合的原则。一方面，罪犯集体教育的组织实施，是在罪犯集体教育方案的指导下进行的，要按照罪犯集体教育方案确定的目标要求、工作内容、方式、方法及工作步骤等来进行，要严格地、一丝不苟地执行罪犯集体教育方案；另一方面，在罪犯集体教育的具体实施过程中，会遇到突发情况，会出现集体教育方案中没有预见的情况，这就要考验集体教育的组织实施者的灵活应变能力，要妥善解决好各种突发状况，完成集体教育方案中设定的目标与任务。

3. 注重实效的原则。对罪犯集体教育的组织实施，最终的落脚点在于取得教育的实际效果。要通过贯彻、落实罪犯集体教育方案中的种种方式和手段，实现罪犯进行集体教育的目标；要注重教育的实际效果，加强对罪犯的文化、技术的考核，深化对罪犯思想、灵魂的洗涤，通过撰写心得体会、交流发言等方式来巩固和扩大集体教育效果。

二、具体任务

（一）明确教育目标

罪犯教育是有目的的活动，必须完成教育方案中确定的教育任务。在组织实施教育过程中，要先吃透罪犯集体教育方案，明确教育的目标与任务，确定重点与难点，才能使教育取得实效。

（二）落实教育要求

严格按照教育方案中的时间、方法、步骤落实罪犯集体教育的各项要求。采取课堂教学方式的，要认真备课，在课堂教学中做到目标明确、体系完整、表达清楚、技巧得当。采取专题教育方式的，要确定好主题，制定好计划，选择合适的教员，妥善控制教育的过程。采取分组教育方式的，需组员分配科学，任务分配合理，现场管控严格，教育总结准确。

（三）完成教育任务

要严格地按照要求落实好教育计划，完成好教育任务。教育任务的完成，不仅仅是落实了教育方案中的具体内容，还要考量教育是否取得了实际效果。要由罪犯教育工作警察对教育的总体效果进行总结把关，要组织罪犯对教育活动进行总结、讨论，要加强对集体教育的考核和评估。

三、任务要求

（一）前期准备充分

要做好人员和器材方面的准备工作，如桌椅板凳、扩音器材、多媒体设备、黑板、粉笔，并选好主讲人。采用课堂教学方式进行教育的，要认真备课，在上课前，要准备好课堂教学所有的教学资料、教具、场地、人员等。采用专题教育方式的，要熟练掌握罪犯教育改造的各种法律法规，以及监狱的相关规章制度；要掌握罪犯在改造中的各种表现，要对所讲主题和内容做深入的调查研究和思考。

（二）教育过程完整

教学过程应当完整得当。以课堂教学为例：一堂完整的课，应当分成五个基本环节。用“五”个字来概括就是：“组、复、新、巩、布”。“组”：组织教学严谨，使罪犯集中注意力，让课堂保持良好的纪律，这是取得良好教学效果的关键。“复”：复习旧课内容。新课开始前应将上节课或与此相关的知识简单复习一下，或提问或讲述，作为本节新课的铺垫和前奏，建立起新旧教学内容之间的内在联系。复习时间不宜超过整个课时的1/10。“新”：新课的进行，是教学课程的主要部分。对启发罪犯思维的方法、使用教具、教学方法、如何联系实际、培养能力等都要充分考虑，对讲述内容要注意前后连贯、循序渐进的原则，既要主次分明，又要浑然一体。“巩”：巩固新课知识。新课内容结束时，应当给罪犯整理总结一番，让罪犯对整堂新课的知识有一个全面的了解。“布”：布置作业。让罪犯做一些可以巩固和发展智能的作业和看一些适当的参考书，但是，应以适量、实效为主。就专题教育而言，教育过程首先要确定教育的主题；其次，选择专题教育的主讲人；再次，组织召开专题教育大会；最后，组织讨论总结，撰写心得体会。

（三）语言表达清楚

在罪犯教育过程中，语言表达清楚是基本要求。具体而言，应做到以下几点：

1. 声音优美。音量要适中，音色要优美，语调要自然。要有声调抑扬顿挫、高低缓慢的变化。否则，很容易起到“催眠”的效果。

2. 语速要适中。教学语言的速度以每分钟90~120个字为宜。适当的停顿，不仅要使罪犯听得清楚，还要留给罪犯回味思考的时间。

3. 用词准确、得体。就是选词用字以及语句的结构要正确、严密，要做到易懂而不粗俗，深刻而不艰涩，既简练有力，又清晰雅达，要用最精炼的语言表达出丰富的内容。

4. 避免口头用语。一些习惯性的口头用语，如“嗯”“啊”“这个”“那个”等，如果在教育过程中反复出现，会破坏语言结构的完整性，把整个过程切得支离破碎，给人以断续、离散之感，让人难以把握重点。

四、任务流程

（一）课堂教学的流程

课堂教学可以分为三个环节：一是备课环节，二是授课环节，三是课后总结环节。

1. 备课环节首先要深入了解教学资料，包括教学大纲、教学方案、教材、参考资料。要掌握相关基础知识，学会技能技巧，要明确需要如何开发罪犯的智力、能力，培养罪犯哪些思想道德品质和行为习惯等。其次，要研究和掌握教学方法，要把教学内容转化为罪犯的知识、技能以及思想观念、行为习惯，就要把握好教学的重点、难点，选取适当的教学方法和教学技巧，以达到良好的教育效果。再次，要了解授课对象。罪犯集体教育中的课堂教学对象非常特殊，有一般社会教育的授课对象不具备的特点。他们在学习目的、学习能力、学习兴趣爱好、思维特点、基础知识等方面都有自己的独特表现。要根据罪犯的认知水平、理解能力和需求等情况，有针对性地做好备课。最后，编制课时计划。课时计划是为顺利而有效地开展教育活动，以课时为单位，对教学目标、内容、教学步骤、教学方法等进行的具体设计和安排。简单地说，就是一节课的时间该如何分配给不同的教学内容、教学环节，在某一教学环节需要使用何种教学方法的计划。在编制教学计划时，要突出教学的重点和难点，要注意罪犯的可接受性。

2. 授课环节。首先，要做好充分准备，将授课所用的教具、资料准备齐全，如电脑、投影仪、PPT、视频、案例等。其次，要根据情况，导入新课。可以用案例的形式导入新课，也可以用复习上节课内容的形式导入新课，还可以用提问的形式导入新课。在授课中，新旧知识衔接要自然，授课内容要贴近罪犯的生活。再次，讲授重点、难点。按照课时计划的安排，将本节课的重点内容，一点点地讲解清楚，将难点内容着重讲解，要充分注意罪犯的特点，结合罪犯的思想和实际，留给罪犯适当的时间理解、消化所学的知识。最后，梳理体系，总结归纳。在本次课结束之前，要把授课的知识体系重新梳理一遍，总结、归纳重点和难点，也可以有针对性地布置一些练习和作业。

3. 课后总结环节。总结的方式可以是作业，可以是辅导，可以是撰写心得体会，可以是交流学习经验，也可以是考核、考试等。通过以上方式，对课堂教学内容进行回顾总结，巩固学习效果。

在课堂教学中，应注意避免几种错误：一是避免内容太多。内容太多会造成两种结果：①授课者自身感觉到疲劳，②教育效果不好（信息量太多、太大，听课者难以加工并从中获取有用信息，听课者一直在听，一直在记，却没有时间思考，到最后还是不知道这节课讲了什么）。二是避免照本宣科。对着教材或者课件读一遍，没有思想，没有感情，没有案例，没有讨论，这样的授课没有任何意义，警察的权威会受到影响，教育的效果也难以实现。三是避免时间分配不合理。时间合理分配在课堂教学中显得尤为重要，这也是负责罪犯教育的警察所必须掌握的基本功。时间没到，就没话讲了，和时间到了，问题还没讲完，都是很尴尬的事情。

（二）专题教育的流程

专题教育应按如下流程进行：一是确定专题教育的主题。专题教育的主题，可以是国家的重大政策的变化，可以是上级文件的要求，可以是近期罪犯中发生的一些倾向性或共性问题，也可以是突发情况的处理等。二是确定时间和地点。和课堂教学有专门的教室和专门的上课时间不同，一般而言，专题教育的时间和地点都相对灵活，可以是会议室，可以是操场等。三是确定主讲人。为了增加主题教育的权威性和可信度，应当由专家、领导或相关权威机构的工作人员来担任主讲人。主讲人需要有渊博的知识、良好的口才，要善于表达，语言把握能力强，能把复杂的问题用简单的语言讲清楚，这样才能取得良好的效果。四是做好必要的准备工作，如扩音设备、多媒体设备等，要提前准备好。要确保所有的仪器、设备能够正常使用。五是进行专题教育时，由罪犯教育工作警察准时将罪犯列队带到教育现场，维护现场秩序，主讲人开始专题教育。六是组织开展后续活动，通过撰写心得体会、讨论会、交流会等方式巩固教育效果。

在专题教育过程中，要注意对专题教育过程的控制：一是主讲人要控制主讲内容、活动程序与进度。这主要是为了保证教育内容围绕之前确定的主题进行，确保教育过程流畅、时间进度适宜。二是要加强对罪犯学习现场的控制。在专题教育现场，罪犯要按照固定的位置就座，要严格遵守学习秩序，不得交头接耳、不得吵闹；监狱要组织足够的警力把控好专题教育现场，确保专题教育安全、有序进行。

备课
1. 研究教学资料
2. 研究和掌握教学方法
3. 了解授课对象
4. 编制课时计划
授课
1. 导入新课
2. 讲授重点、难点
3. 梳理体系，总结归纳
课后总结
通过作业、辅导、交流心得体会、考试、考核等方式进行总结

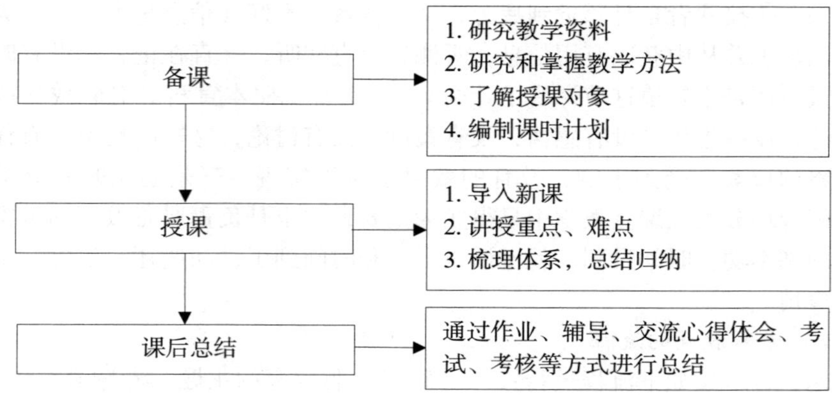

图 6-4　课堂教学工作流程图

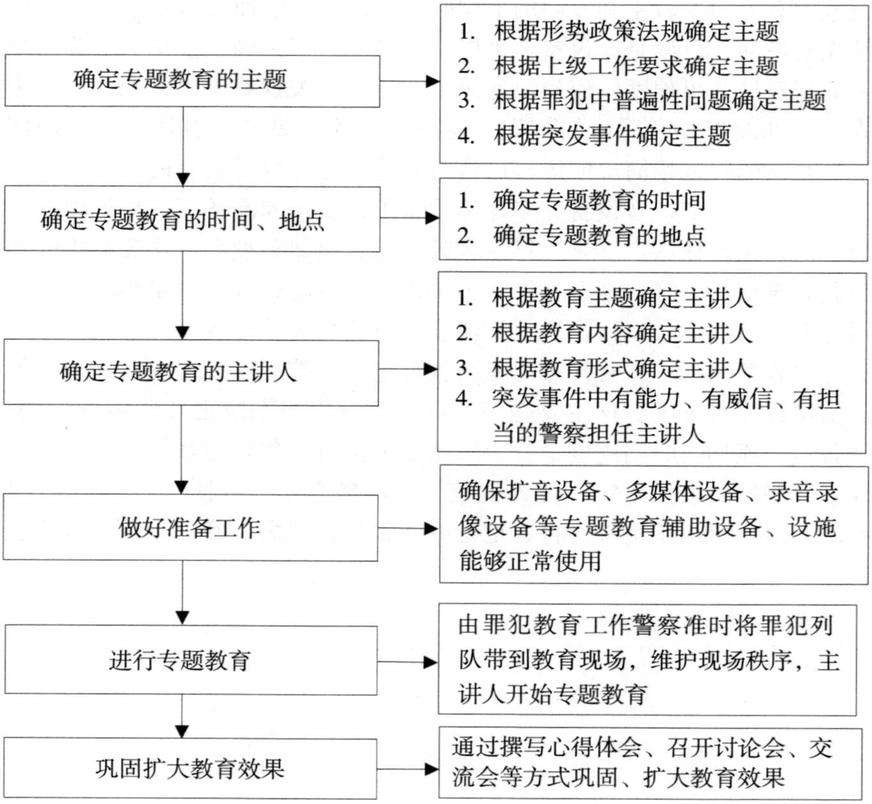

确定专题教育的主题
1. 根据形势政策法规确定主题
2. 根据上级工作要求确定主题
3. 根据罪犯中普遍性问题确定主题
4. 根据突发事件确定主题
确定专题教育的时间、地点
1. 确定专题教育的时间
2. 确定专题教育的地点
确定专题教育的主讲人
1. 根据教育主题确定主讲人
2. 根据教育内容确定主讲人
3. 根据教育形式确定主讲人
4. 突发事件中有能力、有威信、有担当的警察担任主讲人
做好准备工作
确保扩音设备、多媒体设备、录音录像设备等专题教育辅助设备、设施能够正常使用
进行专题教育
由罪犯教育工作警察准时将罪犯列队带到教育现场，维护现场秩序，主讲人开始专题教育
巩固扩大教育效果
通过撰写心得体会、召开讨论会、交流会等方式巩固、扩大教育效果

图 6-5　专题教育工作流程图

五、任务示范

山东省××监狱举办读书读报专题教育活动

为深化监狱文化建设，促进教育改造质量进一步提高，山东省××监狱积极响应全民阅读号召，在全体服刑人员中开展“阅读·悦心”读书读报专题教育活动。

一、盘活资源，打造共享荐书平台

监狱与济宁市新华书店联合开设新华书店·鲁宁图书馆，借助社会资源提升阅读体验。图书馆整合各类图书1万余册，构建“阅读+我”共享架构，开展“图书漂流”“超级品读团”活动，每月推出“好书TOP榜单”，用新颖的创意展现形式，吸引服刑人员尽情阅读各类优秀图书；以系列共享活动让更多人参与到阅读之中，推动全体服刑人员图书阅读分享进程。

二、活化形式，充分调动参与热情

搭建阅读推广平台，进行线上、线下好书推广。线上通过图书馆专题页面推荐好书；线下推出“书的海洋”展现形式，汇集科普、文学等不同主题品类书籍，塑造“阅读海洋乐园IP”形象。同时，设立专题阅读分享、故事剧场等三十多场阅读活动体验，开展“阅读课堂”“监室朗读亭”“科普小论坛”等特色阅读延伸活动单元，充分调动服刑人员参与热情。

三、多措并举，提升阅读活动质效

开展“写心得·谈感悟”沙龙活动，组织服刑人员围绕读书展开讨论，谈体会、谈规划，交流如何将所读、所学知识付诸实际行动并运用到改造之中。围绕“阅读与人生”“一本书为我带来的改变”等主题，开展“领读者”活动。选拔服刑人员以个人诵读、讲评、心得诉说等方式，为其他服刑人员朗读脍炙人口的经典名篇和宣讲自己阅读的故事，并通过有线电视、启明广播和育新网等多种途径传播至整个狱园，切实营造读书的浓厚氛围。[1]

六、技能训练

上月，××监狱第三批次减刑假释工作启动，符合条件的服刑人员可以提交申请，呈报减刑假释。经过统计，监区共有9名服刑人员申报减刑，2名服刑人员申请假释。监区在减刑假释通案过程中，对照本次减刑假释相关规定，发现罪犯

---

〔1〕引自http：//www.moj.gov.cn/organization/content/2017-10/26/jygljsjxw_9319.html，访问时间：2018年5月11日。

林×财产刑未履行，于是对罪犯林×呈报的申请予以否决。事后林×情绪不佳，改造态度消极，不能按时完成劳动配额。

问题：请你根据以上材料，对监区全体罪犯进行一次集体教育。

思路：根据集体教育流程进行，选择合适形式，确定教育方案，实施教育。具体而言，首先，叙述基本情况；其次，结合林×情况，解读政策要点；最后，对全体罪犯提出希望和要求。

项目 6–5 撰写集体教育总结报告

一、任务说明

罪犯集体教育总结报告是对一定时期内的罪犯集体教育工作加以总结，并进行分析研究，肯定成绩，找出问题，得出经验教训，摸索罪犯集体教育的发展规律，用于指导下一阶段工作的书面文件。它是对罪犯集体教育工作实施结果的总鉴定和总结论，是对以往罪犯集体教育实践的一种理性认识。

罪犯集体教育总结报告一般由标题、正文和尾部组成。

标题有三个要素：分别是制定主体、总结的时间和总结内容的性质，如××监区 2018 年 6 月罪犯儿童节专题教育活动总结报告。部分要素可根据实际情况省略。

正文一般应包括三个方面的内容：一是基本情况介绍，如在什么形势下对什么工作进行总结，总结的目的、意义何在等。二是总结报告的主体。这是总结的中心和重点，一般包括工作的具体开展情况，取得的成绩和经验，存在的不足和暴露出的问题等。一般可以分条目来写，用小标题或在每一个段落开头时以一句醒目的语句来概括。三是对全文进行总结和归纳，主要是今后的打算和努力的方向等。

尾部是总结报告的制定主体和制定日期。

二、具体任务

（一）肯定成绩

在总结报告中，首先要肯定罪犯集体教育工作取得的成绩。罪犯教育工作警察勤勤恳恳地工作，绝大多数罪犯认认真真地学习，良好的工作作风，有益的教育手段创新，阶段性目标的达成与实现等，都是成绩的体现，都蕴含着监狱警察的辛勤劳动与付出。肯定成绩既是对警察辛勤工作的尊重，也是对罪犯学习态度的肯定与激励。如果总结报告中没有对成绩的肯定，势必会挫伤警察和罪犯的积极性。

（二）指出问题

罪犯教育工作具有艰巨性和复杂性，加上罪犯集体教育所处的特殊环境和各种限制，在罪犯集体教育过程中难免存在创新能力不足、教育内容相对单一等问题。要解决这些问题，必须首先正视问题，要在总结报告中客观地、实事求是地指出存在的问题。

（三）指明方向

总结报告的出发点和落脚点是对前一段工作进行总结，为下一阶段的工作提出指导性意见和建议。要在肯定成绩、正视问题的基础上，有针对性地提出下一步工作计划和工作目标，为下一步的罪犯集体教育工作指明方向。

三、任务要求

（一）搜集材料，认真筛选

总结报告的撰写必须建立在掌握大量详实一手资料的基础上，要认真筛选所掌握的资料，选择真实、准确、具有典型意义、能反映事物本质、有代表性的资料。资料是否有典型意义、有代表性，应考虑反映的问题是偶发还是常见，是个别现象还是普遍性或倾向性的现象，是过去已解决的问题还是事态的萌芽或是多数罪犯即将出现类似问题的征兆。要从相关工作记录、罪犯日常表现、罪犯来往书信、罪犯检举材料、罪犯揭发材料、罪犯情况汇报等材料中筛选客观、真实、有效的资料。

（二）客观真实，实事求是

总结报告必须客观真实，实事求是，不能粉饰太平，对存在的问题视而不见，也不能无中生有，对小问题无限扩大。为了做到客观真实，实事求是，应多方面、多角度验证所获得的信息和资料。存疑的资料，坚决不能采信和使用。

（三）反映特点，找出规律

无论是取得的成绩还是存在的问题，都不是偶然的，都有其必然性和规律性。在撰写总结报告时，要透过现象认清本质；要深入分析取得成绩和存在问题的内在规律，深入把握事情的本质特点；要避免问题分析不深，留于表面，针对性不强的措施出现；要避免应付差事，走过场的总结报告出现。

（四）详略得当，言简意赅

根据总结的目的及中心，对主要问题要详写，次要问题要略写。力求用准确、朴实的语言表达罪犯集体教育的基本情况，切忌夸张、想象、主观臆断。与总结报告无关的事，不应写进正文。

四、任务流程

（一）广泛搜集材料

这是撰写总结报告的基础。总结，就是总括事实，得出结论，没有事实就无法得出结论。总结的材料要准确、典型、丰富。写总结的人既要花大量的精力去搜集，积累丰富的材料，又要对搜集的材料进行筛选，确保材料的真实性和典型性。要广泛地从不同侧面、不同角度搜集前一阶段罪犯集体教育的资料，上级文件、教育方案、教育记录、教育资源、教育视频、心得体会等都是撰写总结报告的必备材料。

（二）编制写作提纲

在搜集、甄别、筛选资料的基础上，形成写作提纲，对总结报告中要写哪些问题，哪些要详细写，哪些要简单些，哪些问题要解决，哪些经验要推广，形成一个初步的写作提纲。

（三）撰写总结报告

按照相关公文格式要求，根据提纲确定的思路，撰写总结报告，要做到标题准确，内容完整，针对性强。总结报告撰写完成后，上报部门领导审核修改，按照规定报送上级主管部门和相关领导，并存档。

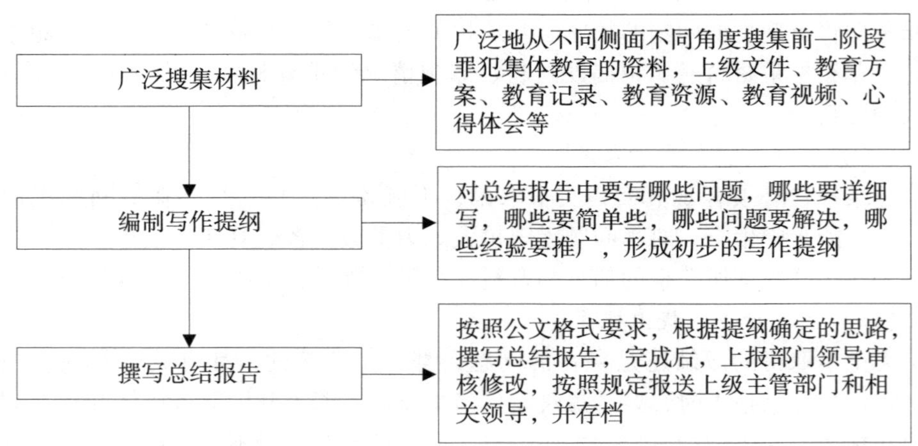

图 6-6　撰写罪犯集体教育总结报告工作流程图

五、任务示范

江苏省××监狱“强化监规纪律 净化改造环境”罪犯专项教育活动总结

为进一步强化罪犯的规范意识，确保监狱持续安全稳定，根据省局的统一部署，自4月11日起，监狱组织开展了为期100天的“强化监规纪律 净化改造环境”罪犯专项教育活动。通过围绕“三项整治”“四个打击”开展的各项活动内容，罪犯身份意识、规范意识明显增强，违规违纪现象明显减少，监狱的规范化管理水平进一步提升。现将活动情况总结如下：

一、周密部署，浓厚活动氛围

一是通过召开专题党委会，学习贯彻省局文件精神，成立以党委书记、监狱长为组长的活动领导小组，结合监狱实际，研究制定活动实施意见，明确活动目标。二是通过召开职能科室协调会，研究制定活动具体实施方案及活动行事历，设定每月活动专项主题。三是各部门围绕专项活动意见，通过召开全体警察会议，统一思想，提高认识。四是监狱通过召开全体罪犯大会对活动进行动员部署，由分管改造的监狱领导对罪犯讲清活动的目的、意义、重点及要求。各监区对罪犯进行再动员、再部署，进一步阐明活动要求，消除罪犯的错误认识，激发罪犯参与活动的热情。五是监狱按照专项活动内容，结合“扫黑除恶专项斗争行动”和“打击整治枪爆违法犯罪专项行动”的工作要求，充分利用监狱电视台、《觉醒报》、公告LED屏、各监区板报、公告栏等载体，加大活动宣传力度，营造声势，浓厚氛围，促使每一名罪犯都自觉、积极地投入到活动中去。

二、精心组织，确保活动实效

（一）四月被定为法律法规、监规纪律学习月

监狱利用电视台、《觉醒报》等宣传载体，持续宣讲、解读《监狱服刑人员行为规范》《违禁品、违规品目录》《人体伤残鉴定标准》《破坏监管秩序罪司法解释》等法律法规、监规纪律。监狱通过罪犯公开惩处、现身说法、案例宣讲等方式，做到“打击一个、震慑一群、教育一片”，同时组织开展评选改造标兵、讲好改造故事活动，通过反面警示与正向激励，以身边事影响身边人，激发罪犯的遵规守纪意识。

（二）五月被定为罪犯行为规范达标验收月、罪犯流动专项整治月

结合监狱实际，出台《监狱罪犯一日行为规范》，制作宣传图册和视频短片，利用每周罪犯教育日、休息日，组织罪犯反复观看学习，采取随机抽查、定期考核等形式，促进罪犯对行为规范的遵守养成。结合扫黑除恶专项行动要求，全面筛查、研判监狱在押的涉黑、涉恶和入监前有一定影响的罪犯，对其中较为危险

的10名涉黑犯分别制定了针对性管控教育方案，逐一建立改造专档，确保夹牢控稳。

（三）6月被定为特定岗位罪犯专项整治月、监区内务卫生达标验收月、罪犯劳动纪律达标验收月

在特定岗位罪犯中开展“六个一”活动，即开展一次全面梳理、开展一次自查自纠、开展一次集中测评、开展一次集中教育、开展一次个别教育、开展一次座谈会活动。通过活动开展，撤销了12名不符合条件的罪犯和20名存在拉帮结伙、侮辱、欺压、敲诈勒索他犯现象的罪犯，将功能性监区1名不合格的特定岗位罪犯调入生产型监区。在罪犯中开展违规品、违禁品全面清剿活动和坦白检举活动，罪犯主动上交了6件违规品。监狱领导带队开展了2次大检查活动，管教职能科室联合驻监武警部队开展了6次清缴活动，对易藏匿违禁物品的重点部位和重点环节进行了全面排查、清剿，对5名私藏违禁品的罪犯进行了扣分处理。

三、健全机制，巩固活动成效

（一）健全巡查督查机制

严格督查考核，采取常规检查和专项检查相结合、普遍检查和重点检查相结合的方式，进行全面立体考核，给罪犯最大程度的威慑。严格监狱指挥中心视频监控督查，平均每日督查问题10条。7月份，监狱专门开展专项活动“回头看”，19日由监狱领导带队再次在全监范围内开展了安全大检查活动，排查出监狱级隐患4个，监区级隐患32个，目前已全部整改到位。

（二）健全考核惩戒机制

严格落实规范管理，狠抓典型整顿秩序，对罪犯中暴露出来的问题，及时有效地予以打击。活动以来，先后管控整训违规违纪罪犯18人，对2名罪犯予以警告处分，提高了监狱执法的威慑性。活动中强化对各监区整训活动开展情况的检查和考核，及时编发活动通报、信息。活动开展以来，已编发活动专项通报5期、周通报12期、活动信息10余则，下发2期隐患整改通知书。

（三）建立健全奖励机制

活动开展以来，监狱放大正向激励的效应，丰富处遇内容，提高处遇级别，进一步调动了罪犯的改造积极性。充分发挥每月罪犯“优胜个人”评比活动，促使罪犯在活动的每个环节中能积极争先创优，形成“比、学、赶、超”健康向上的改造氛围，活动中，有360人被评为优胜个人。

专项教育活动期间，监狱部署开展的各项活动内容均取得了较好的成果，有效解决了少数罪犯身份意识淡化、规范意识不强等问题，监管改造秩序得到了有效净化，监区规范化管理水平得到了有效提高。下一步，监狱将以此次总结为契机，结合新时代监狱工作“五大改造”新格局，精心谋划安全工作，突出安全防

范重点，全面落实安全保卫措施，不断加强安全责任体系建设，不断提升规范化管理水平，努力形成安全长效管理机制，有效夯实监狱安全工作基础，确保监狱的持续安全稳定。

江苏省××监狱

××年××月××日

六、技能训练

××监狱三监区组织开展“感恩、赎罪、责任”专题教育活动

儿童节来临之际，××监狱三监区以节日为教育平台，组织罪犯开展“感恩、责任”专题教育活动，倡导传递积极的改造正能量。

1. 以“感恩双亲”为主题，组织罪犯亲手制作明信片，把赤诚的感恩之心送给亲人，寄托对亲人的感激之情。

2. 组织开展读书分享会，感念亲情、友情、爱情，寄情于景，寓景于情，分享读书后的感想。通过触及内心深处的情感，激发罪犯内在的改造驱动力。

3. 组织开展“感恩生活”演讲比赛。在演讲中，不少服刑人员讲述了亲人关爱的故事，部分服刑人员结合监狱服刑的环境，与大家分享了服刑生活中遇到的感人事迹。

问题：以上是××监狱三监区的专题教育活动总结，请指出该总结存在的问题。

思路：可以从以下几个方面进行思考：主题与节日是否契合、集体教育的组织者是否明确、用词是否一致、用词是否准确、总结结构是否完整。

单元小结

学生在了解集体教育的任务与内容的基础上，应该通过训练掌握罪犯课堂教育、专题教育等内容与操作要求。可以根据集体教育的知识和要求，较为熟练地开展集体教育工作。

问题思考

1. 罪犯集体教育的概念与意义？
2. 罪犯集体教育的形式有哪些？
3. 专题教育的任务和目标是什么？
4. 如何撰写罪犯集体教育总结报告？

拓展阅读

1. 夏宗素:《罪犯矫正与康复》，中国人民公安大学出版社 2005 年版。
2. 叶澜主编:《新编教育学教程》，华东师范大学出版社 1991 年版。
3. 高莹主编:《矫正教育学》，教育科学出版社 2007 年版。
4. 吴宗宪:《国外罪犯心理矫治》，中国轻工业出版社 2004 年版。

学习单元七　个别教育

学习目标

通过学习，让学生了解个别教育的任务与内容，明确个别谈话、个别感化、个别训练、个案矫治等内容与操作要求，能够较为熟练地开展个别教育工作。

重点提示

个别教育；教育准备；教育时机；教育技巧；个别谈话；个案矫治

基础知识

个别教育是指在法律和政策的指引下，在严格管理和环境中，罪犯教育工作警察针对罪犯个别、特殊、具体的问题，运用个别谈话、个别感化等方式，采取的一种单独的、面对面的思想影响、情感沟通和知识传递的活动。司法部《监狱教育改造工作规定》第 14 条规定："监狱应当根据每一名罪犯的具体情况，安排监狱人民警察对其进行有针对性的个别教育。"个别教育作为教育改造罪犯的一个主要形式，区别于集体教育，旨在解决罪犯个体的特殊问题，具有针对性、灵活性和渗透力强等特点。个别教育的常见方式包括个别谈话、个别感化、个别训练、个案矫治等。

个别教育应当坚持法制教育与道德教育相结合，以理服人与以情感人相结合，戒之以规与导之以行相结合，内容的针对性与形式的灵活性相结合，解决思想问题与解决实际问题相结合。

项目 7-1　做好个别教育准备

一、任务说明

俗话说："不打无准备之仗。"个别教育是罪犯教育工作警察同罪犯展开面对面的说理斗争，要达到教育罪犯的预期目标，就需要认真做好教育准备。个别教育准备主要包括三个方面：一是收集罪犯信息；二是明确教育主题；三是制定教育预案。

二、具体任务

（一）收集罪犯信息

全面收集罪犯信息，要求至少掌握罪犯的四个方面的情况，即“四知道”：

1. 罪犯的基本情况，如罪犯的姓名、年龄、特征、文化程度、捕前职业、婚姻状况、身体情况、特长爱好等。

2. 罪犯的犯罪情况，如犯罪事实、犯罪性质、犯罪动机、犯罪原因、原判刑种、刑期及变动、释放日期等。

3. 罪犯的家庭和社会关系情况，如罪犯的家庭成员及其他主要社会关系、同案犯状况等。

4. 罪犯的改造表现情况，如罪犯的认罪态度、行为表现、考核奖惩、罪犯潜在的安全隐患等。

（二）明确教育主题

个别教育要有明确的教育主题，即通过个别教育，引导和帮助罪犯解决什么问题，实现什么目标。在监狱实际工作中，个别教育常见的主题有：

1. 转变思想。通过个别教育转变罪犯错误的世界观、人生观、价值观、道德观和法纪观，促进罪犯形成正确的思想观念。

2. 矫正行为。通过开展个别教育，矫正罪犯的行为恶习，使其养成良好的行为习惯。

3. 提高素质。通过个别教育，尤其是个别训练，促进罪犯较快地学习和掌握文化知识、岗位技术和职业技能，提高其综合素质。

4. 及时奖惩。针对罪犯个体在改造中的进步、成绩、优点，及时提出肯定、赞美、奖励，激发罪犯的改造热情；针对罪犯个体在改造中的退步、缺点、不足，及时指出存在的问题，给予其提醒、警示。

5. 沟通情感。罪犯教育工作警察与罪犯开展深度情感交流，以促进互信，为教育、改造个体罪犯奠定基础。

（三）制定教育预案

罪犯教育工作警察根据罪犯个体实际情况和教育目的，制定合适的教育预案，其中包括：谈话地点、环境布置、谈话主题、施教主体、谈话大纲、可能遇到的困难以及效果反馈等。

三、任务要求

（一）信息要真实

罪犯教育工作警察可以通过档案查阅、询问相关当事人、量表测试、检查来往信件、耳目等各种方法，全面了解罪犯的一般情况资料，并且要对各种渠道收集的资料相互验证，去伪存真，确保信息真实可靠。

（二）主题要明确

罪犯教育工作警察应当明确个别教育的目的，即通过个别教育解决罪犯什么问题。

（三）预案要合理

预设的教育方案里，应当明确要解决什么问题，谁负责实施教育，需要多长时间来达到教育目标，教育过程中可能出现的问题及解决方法，教育信息评价及反馈。

四、任务流程

首先，做好罪犯信息收集工作。全面收集罪犯个人信息并筛选有效信息，为个别教育做好准备。其次，科学分析罪犯，确定教育主题。结合罪犯实际情况，重点把握罪犯在改造中出现的问题或困难，以确定教育目的。最后，围绕教育主题，预设教育方案。

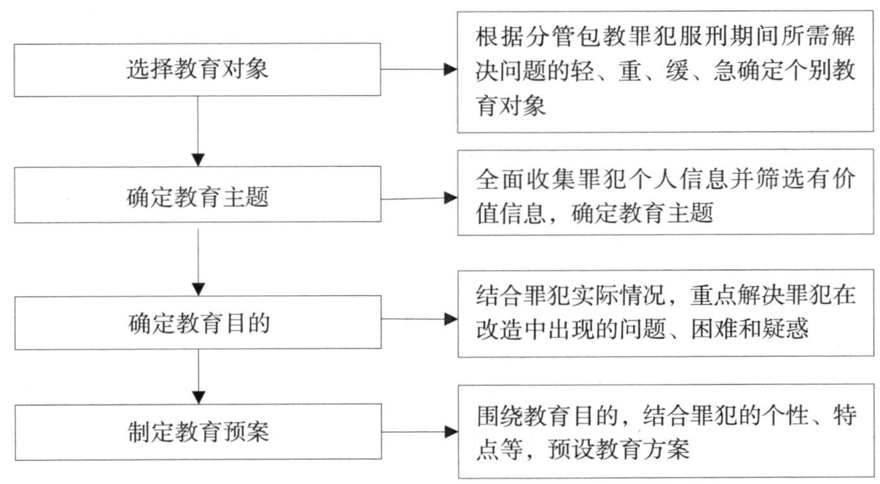

图 7-1　做好个别教育准备工作流程图

五、任务示范

罪犯陈×，女，46岁，汉族，初中文化，农民，因邻里纠纷杀人，被人民法院以故意杀人罪判处死刑缓期二年执行，附加剥夺政治权利终身。该犯入监后改造情绪低落，做事无精打采。

工作任务：假设你是入监教育中心的罪犯教育工作警察，如何做好个别教育准备？

工作要点：本项目的任务是针对入监教育阶段的罪犯开展个别教育。在入监教育阶段，罪犯因为处于从“社会人”到“监狱人”的过渡期，往往会出现对监狱环境制度的不适应，产生各种心理与行为问题。本任务中，陈×亦处于这样一个特殊时期，需要罪犯教育工作警察及时关注她的个体情况，开展针对性的个别教育，以帮助陈×尽快适应监狱生活。

作为入监教育中心的罪犯教育工作警察，开展针对女犯陈×的个别教育，需要从以下几个方面着手进行：

（一）全面了解罪犯情况

全面了解和分析罪犯陈×的基本情况，包括其入监前和入监后的表现。

1. 通过查阅案卷：罪犯陈×，女，46岁，汉族，初中文化，农民，因邻里纠纷杀害被害人，被人民法院依法认定犯故意杀人罪，判处死刑缓期二年执行，附加剥夺政治权利终身。判决后陈×未上诉。2017年3月，陈×入狱服刑，同年10月丈夫与其离婚，女儿跟随其丈夫生活。

2. 从他犯处了解到：自离婚后，前夫和女儿从未与该犯联系过。陈×认为判决对自己非常不公平，在此次邻里纠纷中自己没有主观过错，反而是受害方（该犯在犯罪前常因身材瘦小被受害人欺负），是被逼无奈奋起反抗，不是故意杀人，更不应该坐牢。该犯表示自己将在监狱终结一生。

3. 通过入监测评得知：

（1）中国罪犯心理评估个性分测验（COPA-PI）显示：该犯情绪易变、起伏不定、自卑感强、缺乏安全感、焦虑、情绪悲观。

（2）90项症状清单（SCL-90）测试量表总分212分，其中，人际关系敏感、焦虑、敌对、偏执等因子得分最高。

（3）焦虑自评量表（SAS）测试为64分，提示中度焦虑程度；抑郁自评量表（SDS）测试为60分，提示轻度抑郁情绪。

（二）确定教育主题

主要对罪犯陈×开展以认罪悔罪教育和改造前途教育为主要内容的思想教育与心理健康教育。

1. 认罪悔罪教育：该犯文化水平低，法律意识淡薄，此时并没有真正认识到自己犯罪行为的社会危害性及犯罪原因，对法院的判决存在质疑。

2. 改造前途教育：该犯年龄大，刑期长，服刑缺乏家庭支持，因此对改造没有信心，对未来没有期待。所以要加强改造前途教育和心理健康教育，激发其改造动力，鼓励其树立切实可行的改造目标。

（三）确定教育形式

鉴于陈×的情况，可以采取个别谈话、个别感化等教育方式。

（四）拟定教育预案

拟从犯情分析、犯因分析、教育目标、教育措施等四个方面制定。

六、技能训练

罪犯张×，女，1968 年 11 月出生，小学文化，因运输毒品罪被判处死刑缓期二年执行，捕前一直在家务农，家庭经济条件一般，夫妻关系不和谐。张×有一子，在其入狱前未成年，现已成年，非常孝顺懂事，是她目前唯一的情感寄托。

张×入监后表现一直不好，反社会、反改造意识较强，在遵规守纪和自我要求方面不严，对监狱改造较为抵触，人际关系紧张，屡屡触犯监规纪律，自我认识产生偏差等。张×曾扣分较多，并主动要求或被动调换数个监区、分监区，减刑之路一直不是很顺利。张×性格偏执，易纠结，脾气火爆，对抗改造，无视监规纪律，经常顶撞警察出风头，以显示自己能耐，或者与同犯争吵，还经常散布不利于改造的言论，唆使其他同犯对抗改造。对其处罚多次，但屡教不改。张×喜欢做一些引起他人注意的事，自述自己的行为不能控制。互监组成员曾反映顽固犯张×经常与人发生争执，性格固执，认定的事情不容易改变，不择手段达到自己的目的。其多次以工价过低、生产任务重等理由，在生产流水线上与生产组长、警察等发生争执，甚至罢工。张×还多次写匿名检举信给监区领导、监狱领导，捏造事实，诽谤警察，破坏监管秩序等。

经罪犯个性分测验评估报告显示：张×情绪容易激动，不是很理智；戒备心很强，对人过于猜忌和怀疑，对周围世界持明显的敌视和排斥态度，不信任他人，城府很深，自我保护意识很强；报复心很强，犯罪思维模式程度严重，牵涉面较广，犯罪思维模式突出表现在唯利是图、自私自利、侥幸心理、胆大妄为、不择手段、虚假不诚、自律不严等各方面。

问题：根据提供的材料，假如你是该监区的罪犯教育工作警察，应如何做好个别教育前的准备工作？

思路：可从做好个别教育前准备工作的具体任务、要求和流程等方面思考。

项目 7-2　选择个别教育时机

一、任务说明

个别教育时机是指罪犯教育工作警察为实现教育目的，针对罪犯个体实施教育，准确把握切入时间的机会。罪犯教育工作警察要巧选教育时机，使个别教育起到事半功倍的效果。司法部《监狱教育改造工作规定》第 17 条规定了罪犯教育工作警察必须开展个别谈话教育的十种情形，即“罪犯有下列情形之一的，监狱人民警察应当及时对其进行个别谈话教育：①新入监或者服刑监狱、监区变更时；②处遇变更或者劳动岗位调换时；③受到奖励或者惩处时；④罪犯之间产生矛盾或者发生冲突时；⑤离监探亲前后或者家庭出现变故时；⑥无人会见或者家人长时间不与其联络时；⑦行为反常、情绪异常时；⑧主动要求谈话时；⑨暂予监外执行、假释或者刑满释放出监前；⑩其他需要进行个别谈话教育的。”此外，在监狱工作实践中，只要罪犯思想斗争激烈，情绪波动较大，存在明显的抵触或对抗心理，就是教育罪犯的有利时机。

二、具体任务

在个别教育过程中，抓住了罪犯情绪变化的关键时期，就抓住了教育的时机和主动权。常见的罪犯教育时机有：

（一）罪犯新入监时

罪犯新入监后往往背负巨大的思想压力，出现各种对监狱环境和制度的不适应，此时，对新犯开展个别教育，摸清新犯的基本情况，向新犯宣传党的监狱工作方针和政策、介绍监狱的日常管理制度及行为规范，可以使新犯消除紧张、恐惧等不良心理，尽快适应监狱的改造环境，为今后的改造开好头、起好步。

（二）罪犯改造环境变化时

面对新的、陌生的改造环境，罪犯往往感到孤独或压抑。比如，罪犯从其他监狱（监区、分监区）调入，同犯之间缺乏了解；对警察的管理、教育方式有一个适应的过程。此时，应及时对罪犯开展个别教育，弄清罪犯调动的原因，掌握罪犯的思想动态，对其今后的改造提出明确的要求，使其尽快适应新的改造环境，积极投身改造。

（三）罪犯受到奖励时

罪犯受到表扬、物质奖励，特别是被评为劳动改造积极分子、获得减刑时，应及时对罪犯开展个别教育，帮助罪犯总结经验，进一步树立改造信心，让其珍惜来之不易的改造成果，切记戒骄戒躁，防止罪犯产生自满情绪，鼓励罪犯以此为动力，做到百尺竿头，更进一步。

（四）罪犯遭遇挫折时

罪犯如果在改造过程中，碰到困难，遇到障碍，改造目标难以实现时，就会产生挫折。挫折会导致罪犯在心理上、生理上和行为上产生一系列负面效应。具体表现为情绪上的抑郁、消极、愤懑等；生理上，会诱发心脑血管等疾病；行为上，会表现为反常，抗拒改造。在服刑期间，罪犯如果受到惩罚（如批评、扣分、警告、记过、禁闭、降低管理级别、加刑等）时，应及时对罪犯开展个别教育，帮助罪犯认真分析受到处罚的原因，并吸取教训，鼓励罪犯正视错误、勇于改过。

（五）罪犯出现家庭变故时

近亲属是罪犯服刑改造最大的支持力量与责任力量。当罪犯遭遇近亲属病故、离异、妻子下岗及子女辍学等家庭问题时，应及时对罪犯开展个别教育。针对罪犯的实际问题，帮助罪犯理清思路，教育罪犯冷静对待所发生的一切变故，切勿冲动或感情用事。同时，尽最大努力帮助罪犯解决实际困难，解除其后顾之忧，稳定其改造情绪。

（六）传统佳节前后

“每逢佳节倍思亲”。在中秋、春节等传统节日，罪犯往往思亲恋家情绪加剧。因此，罪犯教育工作警察应根据罪犯的具体情况，尤其关注老病残罪犯、外省籍罪犯和“三无”罪犯。在节日前后对罪犯开展个别教育往往会事半功倍。

（七）罪犯出现不良行为时

大量事实证明，恶习的养成往往与第一次发生不良行为时未能获得及时纠正密不可分。刚出现某种不良行为时，很多罪犯不自知或是抱着侥幸的心理。因此，罪犯教育工作警察应当及时开展个别教育，指明是非，详陈利弊。

（八）罪犯之间发生矛盾或冲突时

日常改造生活中，罪犯因争生产工具、就餐（洗漱、列队）时拥挤抢位而发生矛盾或冲突的现象时有发生。对此，应及时对罪犯开展个别教育，查清事情经过，并对罪犯进行严肃、认真的谈话教育，防止矛盾激化。

（九）其他情形

如司法部《监狱教育改造工作规定》第 17 条规定的“离监探亲前后”、“无人会见或者家人长时间不与其联络时”、罪犯“主动要求谈话时”、“暂予监外执行、假释或者刑满释放出监前”以及“其他需要进行个别谈话教育时”，都属于其他需要找罪犯个别教育的最佳情形。此外，参加亲友会见或社会帮教后，罪犯往往情绪波动较大，罪犯教育工作警察也应趁热打铁，及时捕捉罪犯情绪或思想变化的关键节点，有针对性地进行个别教育。

三、任务要求

（一）善于发现时机

罪犯教育工作警察应当多关注罪犯改造情况与思想动态，敏锐洞察罪犯细微的变化，善于捕捉各种有利于开展个别教育的时机。

（二）积极创设时机

有些教育时机的获取，需要罪犯教育工作警察在关注罪犯个体改造过程中去积极开发和挖掘，而不是消极等待。罪犯教育工作警察要善于人为设计和制造个别教育的时机。

四、任务流程

首先，要熟悉和研判罪犯信息；其次，要等待或制造时机，一旦时机出现，应当机立断，迅速出击；最后，及时处置罪犯急需解决的问题。

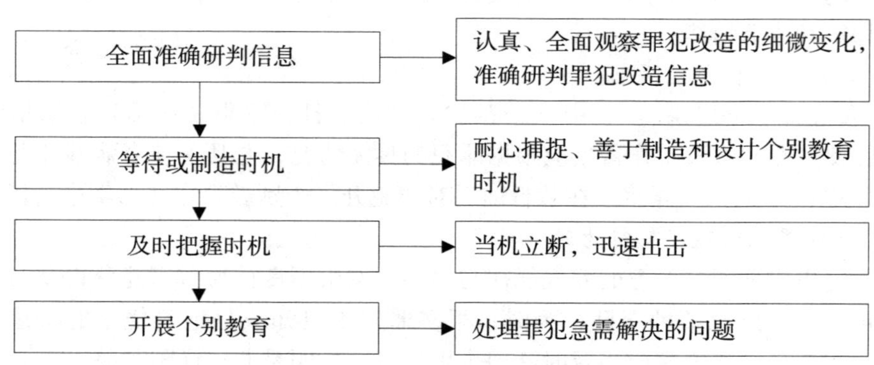

图 7-2　选择个别教育时机流程图

五、任务示范

罪犯王×，男，1991 年 1 月出生，初中文化，未婚，因犯抢劫罪被判处有期徒刑 10 年，2017 年 8 月被投入监狱服刑。该犯在改造中喜怒无常，偏激固执，自控力差，人际关系紧张，缺乏改造信心，有行凶伤人的倾向，多次违反监规，于 2018 年被定为监狱级顽固犯进行攻坚转化教育。该犯对罪犯教育工作警察的帮助教育持怀疑态度，且对部分警察有抵触情绪甚至发生过直接冲突。据了解，该犯的父母一直无法谅解其犯罪行为；王×还有一个哥哥在沿海城市打工，亲人都没有来监狱看望过他。

工作任务：作为罪犯教育工作警察，你该如何寻找教育王×的有利时机？

工作要点：本任务中，罪犯王×一直任性地按照自己的思维和行为模式去改造，对于罪犯教育工作警察的教育表现出不屑、抵触与排斥的态度。因此，只有改变王×的这种态度，促使其反省，才能把教育渗透进去。这就需要寻找合适的时机，不断对王×进行心理支持与引导，使其卸下“盔甲”、敞开心扉。

本任务的关键是在了解罪犯信息的基础上，查找、分析其思想根源，并积极创设时机，寻找教育的突破口。通过案例材料可知，王×一直亲情缺失，也缺乏自我价值的实现感。因此，可以积极开发和利用以下时机：

1. 创设亲情教育机会。根据了解，王×入监后一直没有亲情会见。以此为突破口，罪犯教育工作警察应该主动联系其父母和哥哥，给予王×精神上的支持。同时，鼓励王×与家里互通书信、亲情电话，想办法说服其亲人来监狱会见。亲情支持将成为王×最重要的改造动力。

2. 鼓励参加文体活动。鼓励王×参加监狱开展的文体活动，并给予支持和激励。王×缺乏自信和自我价值的实现感，而监区文体活动的参与正好能让其释放压力，增强自我认同感，在参加文体活动后，更容易突破王×的心理防线。

3. 解决合理合法需求。针对王×的情况，可以在政策和法律允许的情况下，解决王×的合理需求，并通过体检、心理辅导等方式主动创设教育改造的有利时机。

六、技能训练

史×，男，27岁，四川人，未婚，汉族。2011年1月，史×因犯抢劫罪，被判处有期徒刑10年。史×自幼体健，无家族遗传病、传染病史，有吸毒史。[1]

（一）犯因分析

原因包括：一是家庭缺陷。史×自幼属于留守儿童，跟随奶奶长大。父母常年在外打工，与史×生活中的交流甚少。在其初中毕业时，奶奶去世，致使史×愈发缺乏亲情关爱、家庭管束和社会教养。二是个性缺陷。父母放任不管，使其个性不合群，不能正确处理人际关系，敏感多疑，易激怒，稍微受到他人指责就觉得他人在欺负自己，有强烈的逆反心理。三是成长环境缺陷。史×高中毕业后来浙江打工，长期与社会中的不良分子为友，没有正当职业，好逸恶劳，在其内心

---

〔1〕 案例来源：中国法律服务网司法行政（法律服务）案例库，载 http：//alk. 12348. gov. cn/Detail？ dbID = 22&dbName = JYJG&sysID = 2649，访问时间：2018年4月29日。

“老实就会被欺负”的价值观根深蒂固。

（二）入监改造表现

自史×入监以来，经常惹是生非，与他犯之间矛盾多，监规纪律意识薄弱，行为自控能力极差，遇事爱钻牛角尖。2012 年，史×曾因自伤自残被严管 3 个月。因改造需要，史×被分配至其他监区。在新监区改造初期，史×表现一直不稳定，主要体现在脾气暴躁，多疑敏感，经常与他人发生矛盾。例如，因不服从劳动工作安排，与生产组长和检验员发生争吵；在生活小组与他犯相处时，稍有不顺心，就在组里指桑骂槐，挑拨离间；警察找其谈话时，对其稍作批评就态度极差，不服管教，认为警察是故意针对他。

问题：根据范例提供的材料，假如你是罪犯教育工作警察，应如何选择个别教育时机？

思路：可参照“任务示范”。

项目 7-3　掌握个别教育技巧

一、任务说明

个别教育技巧是罪犯教育工作警察在对罪犯个体开展教育时使用的巧妙方法与技能。在对罪犯开展个别教育时，罪犯教育工作警察在全面掌握罪犯个体情况的基础上，认真研究罪犯言行表现的缘由，进而采取有的放矢的措施，提高个别教育的针对性。司法部《监狱教育改造工作规定》第 15 条规定：“个别教育应当坚持法制教育与道德教育相结合，以理服人与以情感人相结合，戒之以规与导之以行相结合，内容的针对性与形式的灵活性相结合，解决思想问题与解决实际问题相结合。”

二、具体任务

（一）个别教育策略

个别教育在策略上主要做到“四个注重”：①注重情理融合。个别教育要“动之以情、晓之以理”，其中“动之以情”就是一种感化，即以情感人。罪犯教育工作警察做个别教育工作，要从平时入手、小事入手，善于心理和情感沟通。“晓之以理”，就是采取具体问题具体分析的方法，不讲假话、大话和空话，坚持实事求是、以理服人。如果双方情感真挚、态度诚恳、语气亲切，就能引起思想情感上的共鸣，促进思想问题的解决；反之，如果缺乏真情实感、态度傲慢、语气生硬，必然会引起罪犯的恐惧心理、防御心理和颓废心理，就难以达到教育的预期目的。当然，动之以情，不是感情用事，不能忘记晓之以理，更不能忽略真理，甚至悖理换情，一味满足、迁就罪犯不合理的要求。②注重及时性与反复性相统一。罪犯由于性格、恶习程度、文化程度等原因，往往有时会出现改造态度的波动性，因此，个别教育应及时跟上，而不应该抱有“一劳永逸”的态度。③注重教育技巧和方法的综合运用。个别教育技巧包括倾听、观察、语言组织与表达和非语言行为等技术；个别教育的方法多种多样，有鼓励法、规劝感化法、劝诫法、疏导法、汇报法、揭批法、点评法、转移法、反向思维法等。针对罪犯在劳动、学习、生活三大现场不同阶段出现的不同问题，罪犯教育工作警察要有针对性地采取最为行之有效的方法，以达到最佳的效果。④注重深入分析与研判。对于罪犯暴露出来的问题，罪犯教育工作警察要善于去伪存真，发掘其内心的真实想法，深入运用科学手段进行分析与研判，然后制定相应的教育对策，解决问题。

（二）个别教育技巧

1. 专心倾听。个别教育过程中，罪犯教育工作警察要积极倾听，寻找教育突破口。罪犯个别教育中的倾听，应当做到以下几个方面：一是认真。罪犯教育工作警察在个别教育过程中必须认真倾听罪犯的陈述。在沟通过程中，如果罪犯教育警察不认真地倾听罪犯的陈述，对罪犯的发言表现得漫不经心或不耐烦，或急于打断罪犯以便尽快表达自己的意见，都会难以了解罪犯具体与真实的情况；如果罪犯教育工作警察不尊重罪犯，罪犯也有可能会用同样的态度回敬，这样个别教育就无法进行下去。二是专注。在倾听中，对罪犯陈述的内容应该表现出极大的兴趣。罪犯讲话时，罪犯教育工作警察应该注视对方的眼神，并用一些体态语言，比如点头、微笑等来表示专心和关注，以调动罪犯主动陈述的积极性，鼓励罪犯认真讲述相关情况信息。三是全面。为了全面掌握罪犯的信息材料，在罪犯陈述时，尽量让罪犯开口，把一切都听进来；如果有不明白的地方，应及时提问，让罪犯重复直至清楚地掌握罪犯的真实想法。

2. 科学观察。科学观察是罪犯教育工作警察获取罪犯信息的重要方法。有效的观察需要做到以下几点：①敏锐、仔细观察。“横看成岭侧成峰，远近高低各不同。”罪犯教育工作警察要准确而全面地去进行观察，掌握罪犯的主要特征。②有目的性观察。根据教育主题的需要，按照事先设计的教育方案，观察必须按照设计的步骤进行，突出目的性和计划性。③非干扰观察。观察往往具有情感性，容易受“个人感情色彩”和“先入为主”等成见的影响。在罪犯个别教育过程中，教育者应当避免这些主观因素的影响，作出客观、准确的判断。

3. 语言得体。

（1）语言内容简洁得体。罪犯教育工作警察在对罪犯进行个别教育时，在内容上既要紧扣主题，又要简洁、明快、得体。也就是说，要根据谈话的对象、目的、背景、场合和气氛，做到语言得体。在不同性别、年龄、犯罪经历、犯罪类型、改造态度及性格、气质、修养的罪犯面前，语言的内容选择要有所不同；在正式与非正式场合，谈话内容要有所区别。比如，与初犯、顽危犯、反改造尖子等谈话时，不能随随便便，无所顾忌；与老犯、女犯等谈话时，不要讲该犯忌讳的话。过年过节或喜庆日子里，非特殊情况下一般不要对罪犯进行批评式教育或使罪犯难堪的谈话内容；即使要批评也要尽量委婉表达，采用慰藉性、开导性的语言。

（2）语言组织要合情合理。个别教育要营造出一个情感融洽、气氛良好的环境，这就要求罪犯教育工作警察按照事物发展的客观规律和人的正常思维活动方式，把情与理紧密地结合起来。例如，针对罪犯婚姻家庭发生重大变故、身体不适引起改造情绪波动等情形，罪犯教育工作警察应抱有同情心，逐步启迪引导，这样往往会收到较好的教育改造效果。

（3）语言表达要注意技巧。在教育时语调要多变，感染力强。语调，通俗而言就是说话的腔调。在口语表达中，有时语调往往比语意（内容）更为重要，因为它是传情达意的重要声音手段。罪犯教育工作警察在个别教育的口语表达中，要综合运用不同的语调要素，使自己的语调生动且富有感染力，对罪犯产生吸引和感化的效果。首先，要注意声音高低的变化。话语的表现力很大程度来源于声音高低的变化。关键词或者重要的观点，应当提高语调，加重音量。这样不仅能够重点突出，而且也让人舒服。没有高低轻重变化的声音，很容易让人昏昏欲睡。其次，要注意说话节奏的快慢。语速的快与慢，以及相应的节奏感，也是决定语调的重要因素。说话声音的快慢可以由自己掌控，要快慢交替着讲话，总是连珠炮式的语速不好，总是和风细雨、不紧不慢也不好，不能自始至终都一种速度，否则语调也不会发生变化。最后，要注意去掉不恰当的尾音。一个句子的结尾不要拖腔、滑音，使用令人不爽的缀语。

4. 巧用非语言行为。罪犯教育警察在开展个别教育时，要善于利用目光注视、面部表情、身体语言、空间距离等非语言行为。一般而言，个别教育的非言语性技巧主要有：保持着装整齐，警容风纪端正；态度端正，表情自然，既不过于严肃，也不与罪犯嬉皮笑脸，个别教育过程中即使比较愉快或幽默，罪犯教育工作警察的笑容也不宜过分张扬；罪犯教育工作警察与罪犯之间的距离宜保持在80~100厘米，坐姿不要后仰、跷二郎腿；非特定情况，个别教育过程中不当面做记录；罪犯教育工作警察主动与罪犯进行眼神交流，但不必长时间注视在一点，如罪犯回避或低头时，可以适当提醒罪犯抬头进行目光交流。

三、任务要求

（一）实事求是，不主观臆断

对罪犯切不可先入为主，带有主观偏见，应当就事论事，以事实为依据，以法律、政策、规章、制度为准则，实事求是地对罪犯开展个别教育。

（二）以理服人，不以势压人

罪犯教育工作警察要在掌握大量专业知识，特别是心理学、社会学、伦理学、法学等知识的前提下，善于抓住感化时机，因势利导，以理诲人，切忌不讲道理、以势压人。

（三）因人施教，不千篇一律

准确掌握罪犯存在的问题，制定相应的解决方案，有的放矢，打主动仗。对罪犯取得的成绩，要肯定进步，不吝啬表扬；对自卑心理严重的罪犯，多给予表扬，有助于其保持优良习惯，树立信心；对违纪违规的罪犯，要予以严肃的批评，指出其存在问题的根源，触及其心理的深处，有助于其改造缺点和错误。切忌漫无目的，千篇一律的空谈。

（四）循序渐进，不急于求成

个别教育要刚柔相济，逐步启发引导，而不是咄咄逼人，偏执一端；正视罪犯改造问题的复杂性和反复性，切不可急功近利，盲目冒进，急于求成往往会欲速则不达。

四、任务流程

首先，在进行个别教育前，罪犯教育工作警察应当对受教育对象的信息有较全面的掌握和筛选。其次，要根据个别教育对象的基本情况和个性特点，确定个别教育的方式、方法。最后，灵活运用个别教育技巧，妥善解决罪犯的实际问题，以实现个别教育的效果。

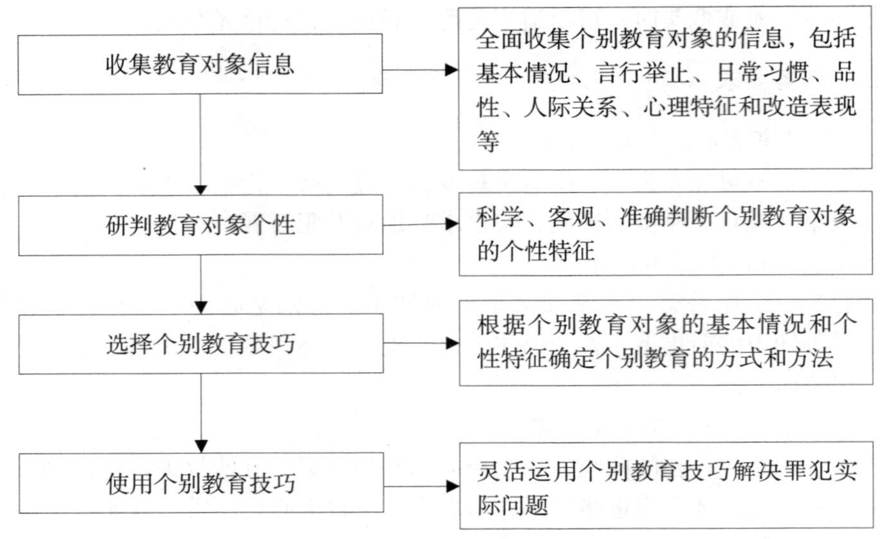

图 7-3　掌握个别教育技巧流程图

五、任务示范

学会观察与倾听，寻找教育突破口

罪犯史×，20 岁，因抢劫罪被判处有期徒刑 6 年。该犯在思想上从来没有真正认识自己的犯罪根源，家人因他被判刑入狱觉得没脸见人而嫌弃该犯，对其不管不问，故该犯没有改造动力与信心，认为反正没有减刑机会，做一天和尚撞一天钟，混刑度日。史×防备心强，对罪犯教育工作警察从不愿多谈经历和内心真实想法。一天下午，该犯情绪极不稳定，生产劳动时心不在焉，罪犯教育工作警察发现后，把他叫到生产线小工区的一个角落了解情况。刚开始，史×坚持称没事，自己和往日里一样好。罪犯教育工作警察见他不愿多谈，就对他说："你不想说，没关系，但你今天下午情绪不好，就不要参加劳动了，坐在这里休息一下吧，不然的话，有可能操作时分心不小心伤了自己。"听了这些话，史×再也没有控制住情绪，眼泪不停地流，并向警察讲起了自己的经历，为什么走上了犯罪的道路以及家人对他的失望。期间，罪犯教育工作警察没有因为过了下班时间打断该犯，而是继续耐心地听其倾诉，使其尽情地释放情绪，也从其倾诉中进一步了解了该犯的内心世界和人生经历。

可见，罪犯教育警察与罪犯好比两条平行线，若双方之间没有架起沟通的桥梁，始终就没有交集。要改造好罪犯，必须与罪犯搭起一座沟通的桥梁，找到突破口，才有可能做到真正掌握罪犯的思想动态，提高教育的针对性。

六、技能训练

罪犯王×，女，1971年3月17日出生，初中文化，无业，有两次婚史，育有4个小孩。2010年8月5日因贩卖毒品罪被广州市海珠区法院判处有期徒刑1年。刑满释放后在2013年又因贩卖毒品，被判处有期徒刑15年。

王×在刚入监的时候，思想很消极，认为自己被判了15年，等服刑期满时什么都变了，对改造和生活失去了希望。于是就采取偏激的行为想要自杀，第一次割腕自杀被互监组及时发现后，每天的值班警察都会特别关注王×，防止其再次自杀。即使是这样，王×还是想尽办法要自杀。

经了解，王×入监后她家人没有来看过她，她坐牢也没有告诉她的母亲和儿子，并且还让知情的妹妹一直瞒着她的儿子和母亲。罪犯教育警察通过和她的谈话得知她放心不下她的母亲和儿子后，与她的家人取得联系并做通他们的思想工作，在王×毫不知情的情况下带来她的母亲与她在狱内会见。她母亲告诉她犯错并不可怕，可怕的是不知悔改。王×的母亲还向她表态，只要她在监狱好好改造，自己就会照顾好外孙等她回家早日团聚。在会见时，王×感动得流下了眼泪。会见完后，罪犯教育警察趁热打铁，分析了王×目前的改造情况，鼓励她只要努力，就能争取早日减刑。在之后的日常改造中，王×每天劳动都很积极，遵规守纪，服从管教，有了很大的转变。

罪犯教育警察感悟：我是王×的包教警察，刚开始接触她时，她非常消极。在她给我的警囚联系手册上写着“很多的东西可以改变，有的一瞬间就可以改变，但这个坎对我来说过不去了，也改变不了了”“很多事对我来说都没有意义，对我来说家事都与我无关了，其他的事对我来说更是‘水不动，鱼不跳’”。看到这样的话我只能积极地开导她，在日常监管中多注意她，关心她，用自己的言行去影响她，经常和她谈话，聊聊她的家庭情况，问一问她的生产任务能不能完成。这样找她谈得多了，她也不排斥我了，因为在她看来我和她儿子年龄差不多，只是多了一个包教警察的身份而已，其他和她的孩子没什么区别。她也愿意主动和我谈谈她的事情。这样慢慢地开导她积极向上，最后她也确实改变了很多，在给我的警囚手册上写着：“谢谢警察对我的关心和帮助，我会铭记于心，不管您还能在这里实习多久，我衷心祝愿您工作顺利，一切顺心。同时我也会静下心来认真改造，一定不会辜负您的期望。”

问题：根据范例提供的材料，分析罪犯教育警察运用了哪些教育方法和技巧？

思路：可从个别教育技巧的具体任务、要求和流程等方面思考。

项目 7-4 组织开展个别教育

一、任务说明

罪犯教育警察在做好个别教育准备工作的基础上，应当抓住时机开展对罪犯的个别教育工作。个别教育的方式方法应根据罪犯的个体情况而定，主要包括个别谈话、个别感化、个别训练、个案矫治等。

二、具体任务

（一）个别谈话

个别谈话法是指监狱罪犯教育警察与罪犯之间面对面地交流思想观点和情况，以解决罪犯思想和实际问题的一种方法。根据谈话的启动主体不同，可分为约谈式谈话和接谈式谈话两种形式。

1. 约谈式谈话。约谈式谈话是指罪犯教育警察主动与罪犯谈话，及时、全面地了解罪犯的思想、心理动向和行为表现，以采取针对性对策的一种谈话方法。这种谈话方式是谈话教育中的主要方式，其特点是罪犯教育警察是谈话的启动者，谈话对象确定、目的明确、方案预定、准备充分。根据个别教育的任务和目的不同，约谈式谈话又可分为收集情况、启发引导、突击触动、表扬警戒、辅导教育、安慰问候等类型。

2. 接谈式谈话。接谈式谈话是指罪犯主动来找监狱警察谈话，监狱警察接谈的一种方式。罪犯在服刑过程中，遇到现实困难时，会希望通过向监狱警察反映，从而获得关心、帮助、答疑和解惑。对此，监狱警察要严格落实“首问负责制”。所谓首问负责制度，是指监狱警察在对罪犯进行个别谈话的过程中，首先受到罪犯询问或接到口头谈话请求的监狱警察，要负责给予指引、答疑、建议等必要的处理。首问负责制度的对象包括全体罪犯。首先受到罪犯咨询或接到口头谈话请求的监狱警察即为首问警察。对罪犯提出的咨询、谈话等请求，无论是否属于首问警察的职权范围，首问警察都要负责指引、答疑或建议，不得以任何借口推诿、拒绝或拖延。如果涉及问题系首问警察职权之内的，应按规定直接处理，并负责处理到底。如罪犯涉及的问题超出了首问警察的职权范围，应当先受理或初步处理，然后按规定的程序移交有处理权限的监狱警察或部门。同时应该做到：向罪犯说明原因，给予必要的解释；将罪犯带到或指引到相关部门处理；

可用电话与相关部门联系，及时解决；接待要热情、用语要文明。

监狱警察在接谈式谈话过程中应妥善处理好如下几个方面的问题：一是监狱警察要热情接待，不可漠视和推脱。二是要认真聆听罪犯的谈话内容，判断其谈话意图，尽量变被动为主动。三是监狱警察要区别情况，妥善处理。如果是能够当场解决的事情，应将谈话继续下去，并解决问题；如果是职权范围内不能够当场解决的事情，不要轻易下结论，可以和罪犯约定时间再谈；如果是超越监狱警察职权范围的事情，可以如实告知罪犯自己无权处理，告知其正确的反映途径，也可代为上报，待有关部门处理后，再将事情处理结果反馈给罪犯。

（二）个别感化

个别感化法是指罪犯教育警察以真情实意、满腔热情去影响罪犯个体，以达到潜移默化效果的一种教育方法。个别感化法在个别教育中是一种很有效的“催化剂”，是充满关爱的、人性化的教育方法。要运用好个别感化法，必须做到以下两点：一是尊重罪犯人格。尊重是一种接纳他人的基本态度。尊重罪犯人格是运用感化法的前提基础。罪犯普遍存在敏感、多疑、戒备、抵触的服刑心理，因此，罪犯教育警察如果不能在与罪犯接触过程中，做到对其人格上的尊重，生活上的关心，就很难获得罪犯的认同和信任，也就无法实施感化教育。二是注重罪犯情感引导。个别感化时，罪犯教育警察要帮助罪犯认识、表达和调节自己的情绪，让罪犯学会面对逆境，学会与他人相处，进而使其拥有良好的服刑心理和人际关系，激发罪犯的改造积极性。

（三）个别训练

个别训练法是指罪犯教育警察布置任务时，有针对性地要求个别罪犯按照一定的规范，从事某些改造活动，以形成良好的思想品质和行为习惯的教育形式。个别训练的内容极为广泛，可以是单独的队列训练，个别的劳动技能训练或是单独的行为矫正训练等。要使个别训练有针对性，必须做到以下三点：一是明确问题。做好调研工作，明确罪犯所存在的问题。罪犯教育警察要明确罪犯到底是劳动技能的缺陷，还是学习能力的缺陷，还是行为习惯缺陷，只有找准问题所在，才能对症下药。二是布置任务。针对罪犯存在的某一方面的缺陷，结合罪犯的特点，有意识地布置训练任务，使罪犯获得锻炼。三是巩固强化。罪犯的恶习非一朝一夕能改正，在训练过程中可能会出现反复，因此，要经常检查，及时修正，反复巩固，强化效果。

（四）个案矫治

个案矫治是指监狱对罪犯个体开展的具有针对性的教育、调适、治疗、干预措施，以期达到特定矫治目的的专门教育活动。对罪犯进行个案矫治，一般由一名主管和若干名警察组成个案矫治小组，必要时，心理医生、教育专家、戒毒专家、社会工作者等也可以参加个案矫治小组。小组的工作方式是通过举行定期或不定期的个案矫治小组会议，就罪犯的评估结论、分类与安置、服刑计划的制定、审查与修改、罪犯的减刑与假释等重大问题作出决策。个案矫治所使用的测评工具主要有罪犯人身危险性、监禁适应、矫正需求、发展需求、矫正效果、重新犯罪预测等方面的量表或工具，能比较准确地检测出罪犯在相应方面的真实情况与水平。以犯情分析为基础，结合个体罪犯的改造需求及影响因素，罪犯教育警察为每名罪犯制定一个切实可行的个案矫治方案。个案矫治方案包括罪犯个体情况分析评估、目标设定、步骤措施、注意要点等内容。

1. 犯情分析。罪犯教育警察可以通过查阅档案、问卷调查、上门走访、个别谈话、心理测验、信件物品检查等途径掌握犯情，并从犯罪原因、改造突破口、犯情预测等方面进行个案犯情分析，找出罪犯改造中的侧重点，初步确定适合的最有效的教育方法，并作为拟订个案矫治方案的参考依据。犯情主要包括罪犯的一般情况、成长经历、家庭和社会关系情况、服刑改造情况、人身危险性情况等。

2. 犯因分析。从个人因素、社会因素、自然因素、历史和现实因素等方面进行分析、揭示犯罪的原因，为确定个案矫治目标提供依据。

3. 矫治目标。矫治目标应依据罪犯犯因性问题存在的维度来设定，可能是一个目标，也可能是多个目标。在多个目标的情况下，应根据问题的严重程度及问题对当前行为的影响程度，确定达到目标的顺序。

4. 步骤措施。根据罪犯情况，制定阶段性教育矫治措施。个案矫治的实施方法主要有个案教育、环境调适、心理治疗、危机干预等。

三、任务要求

（一）科学分析犯情

从犯罪原因、犯情预测、改造突破口等方面进行个案犯情分析，为开展个案矫治工作奠定基础。

（二）合理设定目标

在犯情分析的基础上，找出罪犯教育改造中的重点、难点和突破点，设定符合罪犯教育改造规律和切合罪犯实际的教育改造目标。

（三）耐心开展教育

在科学分析犯情的基础上，根据预先设定的个别教育目标，选择个别教育的有效措施并稳步推进，在各项措施的实施过程中，正确看待罪犯在改造过程中的反复现象。对罪犯改造中发生的反复，不能简单加以批评，要保持耐心，持之以恒地做工作，不断修改和完善个别教育方案。

四、任务流程

首先，做好犯情分析工作，确定个别教育目标。其次，根据罪犯的个体情况和已经确定的个别教育目标，选择合适的教育方法。再次，围绕个别教育目标，制定个别教育方案。最后，罪犯教育警察分阶段、按步骤推进各项个别教育方案。

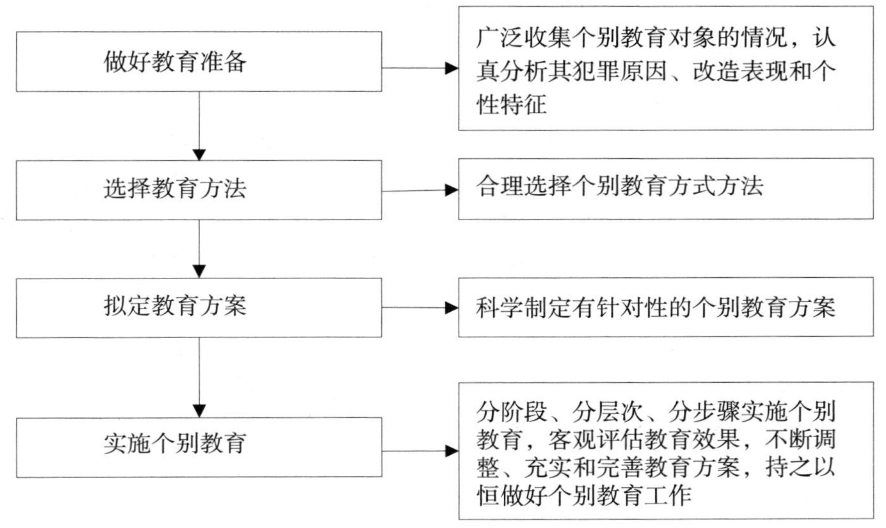

图 7-4 组织开展个别教育工作流程图

五、任务示范

罪犯李×，男，40岁，小学文化，离异，有一个儿子随前妻生活。因故意杀人罪被判处死刑缓期二年执行，刑期自2015年7月起。入狱后，李×纪律意识强，服从管理，遵守监规，入狱后未因违规受到过处分，但因为刑期长，死缓刚改判无期，常感叹很难活到出监，对前途感到悲观失望。加之该犯认为自己的行为性质是防卫过当，法院判决过重，一直不能释怀。此外，该犯身体情况较差，入狱后曾因胃出血住院治疗，身体一直不好，多次申请调到老弱病残监区养病。心理测评显示，该犯焦虑感、恐慌感强，躯体化特征较明显，有一定的偏执、抑郁、敌对心理。尤其在面临冲突事件或存在潜在隐患时，可能具有较高较深的主观恶性和反社会意识，应当加强对该犯的预防监控与矫正力度。

工作任务：作为罪犯教育警察，请针对罪犯李×的情况，制定一份个别教育方案。

工作要点：本任务中，罪犯李×因身体、家庭、刑期等状况，带有较重的心理负担，甚至有轻生厌世思想。改造李×必须深入分析其个体情况和犯罪原因，制定有针对性的教育目标和措施。悲观消极、价值感缺失是重刑犯经常呈现出来的改造状态。

罪犯李×个案矫治方案设计

一、犯情分析

1. 基本情况。罪犯李×，男，40岁，小学文化，离异，有一个儿子随前妻生活。因故意杀人罪被判处死刑缓期二年执行，刑期自2015年7月起。该犯能够认罪悔罪，但认为自己不是故意犯罪，法院判决过重。该犯性格较为内向、自卑，为人比较计较，常因些小事与同犯争吵，对改造中一些不公平的事很在意，情绪容易激动。该犯身体情况较差，入狱后曾因胃出血住院治疗，身体一直不好，多次申请调到老弱病残监区养病。

2. 犯罪情况。李×听闻妻子有婚外情后，与妻子在家发生争吵，一怒之下，冲到邻居陆某（李×认为其是妻子“情人”）家理论，进而发生争执并伴随身体冲突。陆×比李×高大，很快将李×打倒在地，李×跑到厨房拿出菜刀，朝陆×头部、手臂处共砍了5刀，陆×在救治途中死亡。

3. 服刑表现情况。李×纪律意识强，服从管理，遵守监规，入狱后未因违规受到过处分，但因为刑期长，死缓改判无期，常感叹很难活到出监，对前途感到悲观失望，有轻生厌世思想。另一方面，他认为自己是正当防卫，把对方砍死的行为应该被认定为防卫过当，法院判决过重，对此也有较重的心理负担。因此，该犯在改造中情绪波动大，思想负担重。

4. 个案小组对李×的心理评估情况。

（1）90项症状清单测试报告，以下是测试结果：

维度名称	平均分	标准分	参考诊断	均分±标准差
总分	221			129.96±38.76
总均分	2.46			1.44±0.43
阴性项目数	46			24.92±18.41
阳性项目数	44			65.08±18.33
阳性症状均分	3.98			2.60±0.59

续表

维度名称	平均分	标准分	参考诊断	均分±标准差
躯体化	33	2.75	中	1.37±0.48
强迫状态	21	2.10	轻	1.62±0.58
人际关系敏感	19	2.11	轻	1.65±0.51
抑郁	26	2.00	轻	1.50±0.59
焦虑	29	2.90	中	1.39±0.43
敌对	14	2.33	轻	1.48±0.56
恐怖	19	2.71	中	1.23±0.41
偏执	12	2.00	轻	1.43±0.57
精神病性	24	2.4	轻	1.29±0.42
其他	24	3.43	中	

（2）罪犯个性分测验，以下是测试报告：

维度名称	原始分	标准分	维度名称	原始分	标准分
外倾	6	51	聪敏	2	42
同情	7	47	从属	1	38
波动	5	52	冲动	5	54
戒备	4	54	自卑	4	54
焦虑	7	63	暴力倾向	9	63
变态心理	6	68	犯罪思维	7	56
说谎指标	0	0	认真指标	1	1

（3）心理测试分析：依据90项症状清单测试报告，显示该犯焦虑感、恐慌感强、躯体化特征较明显，有一定的偏执、抑郁、敌对心理。依据罪犯个性分测验报告，显示该犯思维略显迟钝，焦虑感较强，暴力倾向较强，有很强的变态心理倾向，犯罪思维程度严重，表露出轻生思想，可能存在未检出的抑郁情绪。

综合而言，该犯改造难度大，具有较高的人身危险性，尤其在面临冲突事件或存在潜在隐患时，可能具有较高较深的主观恶性和反社会意识，应当加强对该犯的预防监控与矫正力度。

二、犯因分析

1. 个体原因。李×心理自卑，个性易冲动，突然听闻妻子有婚外情，未经确认即丧失理智，愤怒情绪难以自控，导致冲突发生。

2. 家庭原因。李×不会处理人际关系，夫妻关系不和谐，家庭成员之间疏离，缺少关爱，缺乏稳定的家庭环境和心理安全感，这成为后来家庭矛盾激化、婚姻破裂、犯罪发生的导火索。

3. 文化原因。李×文化程度较低，法律知识匮乏。

三、矫治目标

李×为死缓罪犯，刑期较长，现根据该犯特点，结合监狱改造工作实际，为其制定下列矫治目标：

1. 改变不良情绪，改善饮食、睡眠情况，增强身体素质。

2. 牢固树立身份意识，纠正错误认知。

3. 缓解其心理压力，降低焦虑水平，使其能安心改造。

4. 督促其提高自身素养，培养健康心理，树立改造信心与目标。

四、步骤措施

1. 第一阶段（时间为6个月内）。确立以改造人为宗旨的理念，消除对立情绪，达到沟通互动的目的。

（1）关心李×的病情，用行动感化李×。李×目前虽无大病，但胃溃疡、胃出血病史导致其营养吸收不好，冬天常感觉全身发冷，身体易劳累。监区根据其身体情况，合理安排就诊的同时，在生活上也对其给予优待，批准其在冬天每周洗3次热水澡，并多发一张棉被和一张垫被给他使用；对其生活上的需求也在制度允许的范围内尽量满足。

（2）运用倾听法提示他谈家庭，谈社会经历，并表示出必要的同情和关心。愿意倾诉是沟通的开始，罪犯教育警察在这一阶段没有对其错误观点做过多的批评，而是以倾听他的想法为主，经过几次交谈，逐渐了解到该犯是如何一时冲动走上了犯罪的道路，以及对家人的牵挂和愧疚，谈到入监后监狱的严格管理让其很不适应，联想到漫长的刑期和困窘的经济条件，心情十分压抑，久而久之性格变得更易激动，对什么事都斤斤计较，吃不得亏；然后，罪犯教育警察和李×开始相互交流，对其晓之以理，动之以情，用政策进行教育，用真情进行感化，李×慢慢感觉到警察的关心，认识到警察的工作不是为了私利，而是在帮助他、拯救他。经过多次接触，李×理解了罪犯教育警察的良苦用心，树立了积极改造的目标。

2. 第二阶段（时间为6个月以上）。

（1）运用教育学原理消除其自卑心理，达到增强改造信心的目的。自卑是人内心的一种自我贬抑意识。特别是生活在困难家庭的罪犯，经常受到挫折、打击，对人生态度消极，缺乏自信心和内动力。教育学中的赏识教育主要是运用人的尊重需求，采用必要的形式对其进行肯定，帮助树立自信心，激发积极向上的潜意识。自卑往往和自暴自弃相联系，而自暴自弃是因为希望彻底破灭，自暴自弃的结果就是自我放任，自我堕落。心理学认为，人的一切行为都是因受到激励而产生的。罪犯教育警察肯定他的存在价值，鼓励他哪怕是细小的进步也有意义，转变其消极的人生态度。一段时间后，李×话语、笑容明显增多，自卑心理得到缓解，自信心有所增加；然后，罪犯教育警察为他规划改造蓝图，肯定他还是能够改正恶习，重新做人，只是需要一个过程，教育他路不怕远，只要不停下脚步，总有到达新生彼岸的一天。据观察，李×有了明显的积极转变。

（2）进行法律知识专项教育和心理辅导，消除其仇视社会心态。个案小组成员给李×讲解刑法对于故意杀人罪的认定和量刑幅度的确定，以及监狱的减刑政策，对李×进行引导，使其看到希望。同时安排李×进行心理咨询，帮助其培养健康心理。

（3）监狱为其解决子女读书等生活困难，解除其后顾之忧。通过监狱的安排及李×的同意，某电视台《法制最前线》栏目组制作了一期关于李×的警示节目，来监采访李×并到李×老家进行专访，同时呼吁社会爱心企业和人士对李×儿子进行帮扶，提供助学金为李×解决儿子读书的实际困难。进而使李×增强对罪犯教育警察的信任，安心改造，争取早日回归社会、报答好心人。

六、技能训练

罪犯倪×，男，汉族，1972年7月出生，浙江磐安县人，2010年因故意杀人罪被浙江省金华市人民法院判处死刑缓期二年执行，2012年减为无期徒刑，2014年减为18年9个月。自减为有期徒刑后，倪×觉得自己刑期长，且有五级病残，不能积极面对生活，改造信心严重不足，劳动表现消极，因逃避劳动多次受到违规扣分处理。2016年11月至12月期间，因对劳动安排不满等原因对抗管教，不服管理，受到监狱行政警告处分及扣考核分3分处理，并被监狱列为行凶及防自杀危险罪犯。[1]

一、成长过程

〔1〕案例来源："一名五级病残危险犯的转化案例"，载中国法律服务网司法行政（法律服务）案例库，http：//alk. 12348. gov. cn/Detail？dbID = 22&dbName = JYJG&sysID = 2653，访问时间：2018年4月29日。

倪×出生在磐安县一个农民家庭，上有兄姐5人，自己排行最小。5岁时母亲就去世了，因家庭经济条件较差，读完小学就辍学在家。父亲常年忙于生计，兄姐各自先后成家，忽略了对倪×的成长教育。

二、社会经历

倪×小学辍学后一直在家，后迫于生活压力，被父亲送去跟油漆师傅学手艺。学手艺的三年里，辗转流离，尝到了生活的艰辛。直到后来通过自己努力，与他人合伙承接装潢工程，生活才有起色。这期间倪×还交了女朋友。但好景不长，2003年倪×被检查出心脏病，被迫在家养病。2006年，通过治疗身体才有所好转，但也因手术留下后遗症。治疗期间，女友因其病情离他而去。在事业和爱情双重失利的打击下，倪×一度对生活失去信心，曾尝试喝农药结束生命，幸好被家人及时发现，送医抢救成功。之后，倪×身体好转，重新开始与人合伙做装潢生意，但做了几个月后，工钱却一直结不下来，找其经理理论反而被骂甚至被打。为此倪×怀恨在心，在要求道歉未果的情况下，用事先准备的刀猛刺被害人，致被害人死亡，对此，倪×受到法律的严惩。

三、心理测验情况

倪×属抑郁质气质类型，个性较偏激、固执，易钻牛角尖，对他人缺乏信任感，不善与他人交流，猜忌心强，具有较强冲动性、攻击性，受外界刺激后反应强烈，很难自我平静，对抗情绪强烈。

四、教育矫治难点

1. 认知存在偏差。倪×小学肄业，知识文化水平较低，缺乏基础的法律知识和监规纪律意识，对疾病治疗及康复的认知不足，加之倪×刑期长，岁数偏大，获悉减刑不符预期后，遂产生自暴自弃、混刑期的想法，因此无限放大自己的病残因素来躲避甚至逃避劳动。要转变倪×对病残错误的认知及消极想法，首先要通过法律法规宣教，提高其法制意识，树立认罪悔罪意识，其次还需帮助该犯积极面对病残情况，制定改造计划，树立正确的人生观，端正改造态度、树立改造信心。

2. 社会支持薄弱。由于倪×母亲早逝，父亲、兄姐忙于生计，从小对其缺乏关爱教育，加之生病期间女友的突然离去，导致倪×对他人缺乏信任感，戒备心强、思想偏激、以自我为中心，认死理，易走极端，不能接受别人的批评。在教育过程中，倪×有强烈的情绪抵触和行为抵触，出现过自伤自残等过激行为。所以对倪×的教育改造不能简单地采取说教的方式，需要通过社会力量动员其亲属进行亲情关怀，以社会关爱来感化倪×，引起倪×情感上的共鸣，消除其改造顾忌和思想矛盾，促使其走上积极改造之路。

3. 自信心有待重建。倪×属于偏执类型，对人对事都有自己较强的主观判断标准，容易出现固执己见的言论和行为，冲动、偏激，自律性差。性格上的缺陷，使其在改造成绩未被监狱警察及时认可或改造受到挫折时，更易丧失改造信心，走上歧路。在教育转化中要更注重挖掘倪×的特长、亮点，开展价值观、荣誉感教育，帮助其重建改造信心。

基于以上分析，并根据倪×的现实情况，罪犯教育警察制定“宣教提认知，亲情暖人心，亮点促改造”的矫治方案，促使倪×尽早树立改造信心，积极投入正常的改造生活中。方案具体内容如下：

一、法律政策宣教与监规纪律教育相结合

针对该罪犯以放大病残因素来躲避劳动的心态，罪犯教育警察要加强政策宣教引导。通过监狱及社会力量对病残犯进行有关劳动能力鉴定的法律宣传教育，使倪×明白法律的严肃性及执法的规范性，彻底打消该罪犯以病残因素来躲避劳动的心态，使其认识到只有通过劳动改造才能真正做到认罪悔罪。同时罪犯教育警察有针对性地宣讲老病残犯的考核制度，按照不同的劳动能力安排不同强度的劳动任务，体现监狱法律法规的人性化一面。通过病残犯个别典型案例教育使其有所领悟，从正面典型案例对其进行监规纪律教育，达到强化身份意识、监规纪律意识的目的。种种努力使倪×深刻认识到，只有通过自己的努力，积极主动面对困难和阻碍，才能取得好的改造成绩，重新树立改造信心。

二、亲情帮教与个别教育相结合

罪犯教育警察在对该罪犯进行个别谈话教育中发现，该罪犯对于亲情既期盼又恐惧。期盼的是能像其他罪犯一样，可以听到亲人嘘寒问暖的话语，可以了解家乡的近况，可以有一个寄托情感的港湾；恐惧的是家人的态度，担心家人埋怨、斥责、冷漠。罪犯教育警察了解该罪犯的心理诉求后，经过监区研究，将其列为“百警助百囚圆百梦”活动重点帮扶对象，积极帮助倪×架起和其家属的心灵沟通之桥。罪犯教育警察主动联系倪×家属，向其家属表达该服刑人员思念家人之情、认罪悔罪之心。同时通过与当地司法局沟通，告知其倪×的劳动、学习、生活保障情况，解除亲属对经济负担的担忧。倪×亲属在监狱罪犯教育警察和司法局工作人员的反复劝说下，表示感谢罪犯教育警察对倪×的挽救，并愿意配合监狱开展对倪×的教育改造工作。亲人相见，泪眼汪汪，在亲情的感化下，倪×扭转改造心态，重拾改造信心，向罪犯教育警察表示一定好好遵规守纪、积极改造，用自己的实际行动回报家人和罪犯教育警察的帮助。

三、个人亮点与监区文化活动相结合

罪犯教育警察在对倪×进行综合分析后，决定重点重塑倪×的价值认知。结合监区文化建设，根据其原先在装潢上的经验、特长和个人诉求，建立折纸小组，并宣布由倪×负责。监区罪犯教育警察积极向监狱汇报，寻求专业化的支持。折纸小组在监区罪犯教育警察的引导下，通过设立创作主题、目标方向，较好地激发了倪×创作的积极性，接连创作出“修心塔”“祥龙迎春”“辽宁号”“涅槃”“雄鹰展翅”等折纸作品，其中“修心塔”参加监狱文化艺术比赛并获得一等奖。成绩的取得让倪×重新认识到自己的价值，在获得荣誉的同时，也收获了自信，增强了改造的动力。

四、合理安排劳动岗位与严格管理相结合

针对倪×属病残犯，其身体状况不适合从事高强度服装加工岗位，罪犯教育警察将倪×分配至强度较低的看护岗位上，明确该岗位的具体要求和岗位职责，要求其认真完成任务。规范、科学的改造任务安排，使倪×认识到，通过努力能够完成改造任务并得到罪犯教育警察的肯定，得到相应的考核奖励。此外，医院也将该服刑人员病情纳入三级预警机制内，加强对该服刑人员病情监测，从疾病治疗上给予该服刑人员关心。疾病的有效控制使倪×进一步安定改造之心。在监规纪律方面，从倪×日常行为养成入手，使其明确身份意识，认识到遵守监规纪律是改造的前提，只有遵守监规纪律，才能有效地完成改造任务。

问题：根据上述材料，请归纳罪犯倪×的个案矫治方案要点。

思路：可从罪犯个案矫治方案制定的内容和要求等方面思考。

项目 7-5 做好个别教育记录

一、任务说明

个别教育记录是罪犯教育警察在对罪犯开展个别教育过程中形成的各种书面材料，记录教育的时间、地点、对象、内容及分析意见，反映个别教育的质量和实效的文书，也是后续开展个别教育的依据。

二、具体任务

（一）个别教育记录

个别教育记录，可以现场记录，也可以事后记录。现场记录是指边教育边记录，一般采用问答式记录方式，即一问一答，这种记录方式有利于详细还原整个教育过程，往往用于询问事件经过、调查取证、核实问题等情形。事后记录是指以罪犯自述和教育要点的方式记录教育过程。这种回忆记录的方式往往适用于罪犯思想汇报、批评教育、鼓励教育等大多数情形，特点是比较概括，有利于教育的持续进行和深入开展。个别教育记录大致分为三大部分：首部、正文和尾部。

首部体现个别教育的具体时间、地点、教育对象及其基本情况、教育目的；正文由谈话内容构成，是整个教育过程的记录；尾部主要由分析处理意见构成。分析处理意见是个别教育记录的落脚点，包括教育效果分析和下一步措施。这部分需要切实分析罪犯的教育效果，寻找对策，解决罪犯的实际问题或思想问题，消除安全隐患，制定有针对性的教育、矫治和管控措施。

（二）个别教育的追踪与巩固

罪犯教育警察应当在个别教育后预测并跟踪教育效果。比如，经过个别教育，罪犯是否有了新的认识，新的认识是什么，这种认识是否具有稳定性和深刻性；又如，罪犯遇到的问题是否通过教育得到解决，希望缓和的关系是否通过教育得到改善，希望化解的矛盾是否通过教育得以化解等，这些内容是否具有持续性和非反复性。罪犯教育警察还可以通过布置罪犯本人撰写思想汇报，或是其他罪犯根据观察其谈话后的表现所作的材料等方式佐证谈话教育的效果。如果教育工作确实还需强化和提升，罪犯教育警察就应进一步制定和实施巩固性的个别教育方案。内容包括针对已取得的成果如何趁热打铁，巩固深化；针对已经发现的问题如何更好地摸准罪犯的脉搏，抓住思想症结，不拖延改造时机；针对谈话前事先设定的目的中没有实现的部分，如何做好下一步工作，是继续进行思想教育，抓准时机，积极出击，巩固教育改造成果，还是结合罪犯心理矫治和狱政管理等工作，另想办法，再寻契机，促成罪犯的思想转化。

三、任务要求

（一）如实记录，综合分析

要尽量记录罪犯陈述的原话，对土语可采用括号作说明，综合概括性记录必须如实反应个别教育真实的情况。

（二）略记提问，详记陈述

个别教育过程中，罪犯教育警察要注意倾听罪犯的陈述，因此，对罪犯的发言要做尽量详细的记录，对提问部分作简要记录。略记提问，详记陈述，才不致主次颠倒。

（三）捕捉重要、敏感信息

罪犯有大哭、大笑、点头、摇头、不回答等情况时，应当及时记录在案。罪犯不作回答时，可以用“答：……（不回答）”作记录表述。

（四）笔录字迹清楚、整洁

记录应使用钢笔或其他不褪色笔书写，避免错别字，字迹清晰、工整，不宜过分潦草。

四、任务流程

首先，做好记录前的准备工作；其次，客观、详细地做好记录；最后，认真检查、补充记录。

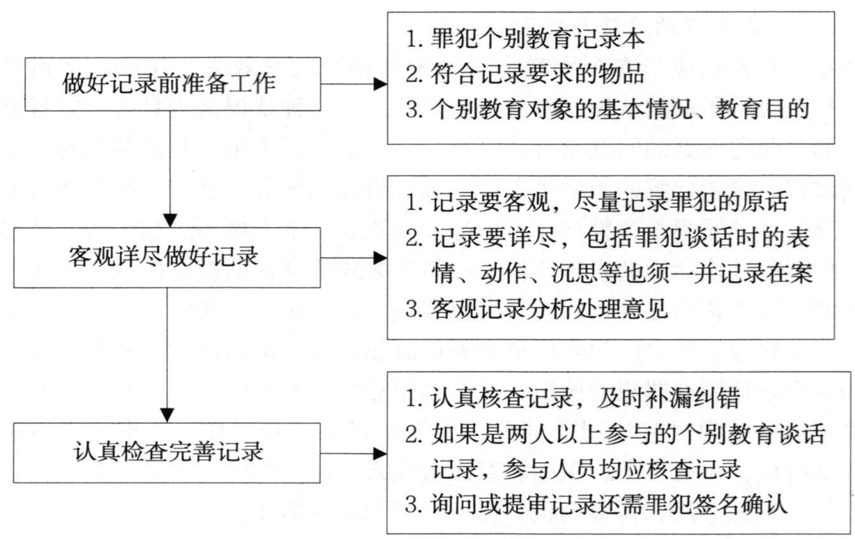

图 7-5 个别教育记录工作流程图

五、任务示范

（一）罪犯陈×的基本情况

罪犯陈×，女，1978 年 3 月出生，初中文化，无业，因犯故意杀人罪被判处死刑缓期二年执行，附加剥夺政治权利终身。2010 年 11 月，死缓二年执行减为无期徒刑，附加剥夺政治权利终身；2015 年 7 月，无期徒刑减为有期徒刑 19 年 6 个月，附加剥夺政治权利 9 年。陈×与被害人杨×系夫妻（两人未生育小孩），因夫妻感情不和，被害人向法院提起离婚诉讼，陈×认为杨×逼迫其离婚，于是与三名男青年用包装袋、透明胶布、布条等将杨×捆绑在家中，要求杨×不要与她离婚，遭杨×拒绝，期间杨×挣扎呼叫，宿舍门卫见状报警。警察接报赶到现场叫陈×开门，陈×打开大门内扇木门后对警察称只是夫妻间的私事，不用警察处理，随即关门，然后从厨房拿起一把菜刀砍杨×的头面部等部位二十多刀。警察随后强行撬门，陈×开门后，警察入屋将其抓获。杨×被送医院抢救无效死亡。

陈×自入监以来认罪服法态度较差，存在的主要问题有：①较为明显的心理障碍，较为明显的犯罪思维模式；②情绪不稳定，行为散漫、急躁，宽容忍让度差；③多疑，以自我为中心，对他人不信任；④偏执、法律意识淡薄。

（二）三次谈话记录

第一次谈话

罪犯姓名：陈×

谈话时间：2016 年 4 月 22 日

谈话地点：分监区办公室

谈话目的：当日，陈×在车间劳动时间睡觉，其互监组成员王×将其叫醒，陈×借故在车间里大吵大闹，严重扰乱了车间的生产秩序，并扬言要打死王×。此行为在分监区造成了恶劣的影响。警察找其谈话，应严肃地批评其错误，深挖思想根源，教育其认罪服法，接受改造。

谈话内容：

问：刚才什么情况?

答：你们不要管，死了无非头落地，我今天跟她没完。

问：你先冷静一下。

答：我很冷静!

问：好吧，你既然不听劝就请便吧。不过我要明确告诉你，国有国法，监有监规，故意伤人是要受到加刑处理的。你若不顾家中老母，就看着办吧。

答：我无所谓，反正出去后也是废人一个。

问：可是你母亲还在等你出去，你难道不想让你母亲在有生之年看到你堂堂正正从监狱走出去吗?

答：我又减不了刑。

问：能不能减刑关键在于你自己，今天这样的表现，确实减不了刑，还要受到处理，如果再这样由着自己性子胡来，做出什么触犯刑法的事情，那不仅减不了刑，还要加刑。如果你好好表现，减 5 年左右刑期是完全有可能的。你是成年人，利弊自己好好去想，知道了吗?

答：知道了。

效果分析：因为陈×存在抵触心理和处于情绪不稳定时期，因此谈话内容较短，但是很显然，通过谈话，陈×已经开始有所触动，反思自己的行为。

下一步措施：观察陈×的改造表现，寻找下一次谈话机会，实施激励教育。

第二次谈话

罪犯姓名：陈×

谈话时间：2016 年 5 月 3 日

谈话地点：分监区办公室

问：最近怎么样？

答：队长，你找我有什么事？

问：没有事啊，只是想和你聊聊天。

答：我以为我又犯什么错误了呢？

问：并没有，你最近表现相当不错，希望你能保持下去。对了，这个周末是母亲节，监狱要举办一个“一封家书”的活动，就是每个人都给自己的家人写封信。你要好好写啊。

答：嗯，我再想想。

问：你写完后我也会在信里加几句，告诉你母亲你现在的进步，让她高兴高兴。

答：嗯，好。

问：那以后我们没事就多聊聊，你有什么不顺心的、不开心的事就多与我聊聊，就当是朋友一样聊天。

答：嗯。

谈话效果：此次谈话效果较好，通过亲情感化，陈×显然对罪犯教育警察不再持有之前的敌意，其抗拒的心理防线在慢慢消除。

下一步措施：继续关注该犯表现，继续深入感化教育。

第三次谈话

罪犯姓名：陈×

谈话时间：2016 年 6 月 17 日

谈话地点：分监区办公室

问：最近看你情绪不太高，怎么啦？

答：没什么，就觉得自己挺没用的。

问：是家里有什么事情吗？

答：我弟娶媳妇，我这个当姐姐的不仅帮不了忙，还拉后腿。

问：你弟弟多大，你们姐弟感情很好吧？

答：我弟弟比我小 12 岁，我父亲死得早，从小我妈天天出去干活养家，没时间带我们，我就带弟弟。

问：嗯，挺好，有兄弟姐妹的感觉真好。你是个好姐姐。

答：哪有。

问：你还可以做个好女儿。只要你努力，完全可以减刑早点回家，弥补你这些年的愧疚。你明白我的意思吗？

答：我明白。

问：下个月监区举行服刑人员劳动技能大赛，每个分监区派三个人参加，我推荐了你。

答：我能行吗？

问：你呀，除了脾气暴，劳动方面还真没得挑。吃了脾气暴的亏，在这里就好好收敛脾气，把自己的优势拿出来。比赛获奖是有考核分奖励的。

答：好！

谈话效果：谈话氛围和效果都非常好。在之前的情感基础上，罪犯教育警察适时引导和警醒陈×，同时给陈×布置新的任务，既肯定了她的优点，又为其改造提供了一个进步的机会。

下一步措施：继续关注陈×的表现，加强个别感化教育，防止反复。

六、技能训练

罪犯廖×，男，土家族，高中文化，1963年出生，2016年4月到12月，因利用职务之便，非法占有国家医疗保险基金31万余元，被判处有期徒刑10年，刑期从2015年11月13日起，到2025年11月12日止。廖×经入监教育后，被分配到某监狱三监区一分监区服刑。廖×身体状况差，生活自理能力较弱，家庭关系紧张，其妻周×因其入狱及法院执行罚金等原因，在电话及会见时对廖犯多有不满，情绪激动。且廖×生产任务不能按时完成，经常坐在工位上发呆。另据夜执勤记录，廖×夜晚总是坐在床上不能入睡，情绪低落。现廖×已被监狱确定为具有自杀倾向的危险分子。

对于廖×出现的情绪低落及消极抗改行为以及自杀倾向，监区领导十分重视，一是成立了教育转化廖×的攻坚小组，通过谈话、查阅档案等手段，对廖×的情况进行了详细的了解和分析研究；二是通过了解周围罪犯对其评价，掌握廖×与其他罪犯的关系、性格特征等；三是查阅廖×个人档案，通过档案切实掌握其犯罪事实、案件审理及判决情况，初步掌握其顽危性质、恶劣程度以及入监改造以来的综合表现；四是监狱心理健康指导中心对廖×的《心理评估个性测评报告》显示：廖×表现为抑郁、悲观厌世，对前途丧失信心；动作缓慢不灵活，与人保持心理上的距离；性格偏内向，有自杀倾向。

经过认真地分析研究，经监区领导同意，攻坚小组初步确立了如下转化方案：①建立信任关系；②合理运用激励措施；③帮助确立改造目标；④反馈改造成绩；⑤摒弃强硬的处罚措施；⑥及时预测、定期谈话；⑦交换意见、适时调整转化措施。

附：罪犯教育警察彭某对廖×的首次谈话及分析：

廖×调入我监区后，我故意创造一个偶然的机会单独与其谈心，我没有先问及其劳动改造情况，只是询问其家庭状况，问其妻女是否有来会见过他，他是否与其妻有过电话或者书信联系。其没有回答，只是蹲在地上默不作声。接着我进一步开导廖×：你妻女骤逢大变，肯定有些牢骚，而且现在法院执行力度不断加大，她们压力也很大，这些东西只有面对你的时候可以吐露，这都是人之常情，你可以换位思考一下。你身体不太好，分监区会根据你的身体状况调整生产任务，监区也已经和监狱医院协调好了，有病治病。廖×此时表情比较僵硬，顿了半天后说确实比较挂念妻女，对不起她们。然后我又说道，你虽然因为一时糊涂犯了错，但不能一错再错，在此服刑也是一种自我救赎，应该好好想想今后的出路，鼓励其对未来要抱有信心和希望，如果自己都看不起自己，还有谁会看得起你，听完后廖×低头不语，最后我让其回去好好考虑考虑。

在首次谈话取得廖×的基本信任之后，让其感觉到我作为罪犯教育警察是可以信赖的，这一定程度上消除了廖×的戒备，使其从内心感受到积极改造是有前途和希望的。

问题：根据范例提供的材料，制作一份个别谈话记录，并且制定下一步的教育计划。

思路：可从罪犯个别教育记录的具体任务、要求和流程等方面思考，亦可参考任务示范。

单元小结

通过教学和实训，学生能熟悉罪犯个别教育的任务与内容，较好掌握个别教育技巧、个别谈话、个案矫治的具体任务、要求和流程，能够较为熟练地开展个别教育工作，并做好个别教育记录工作。

问题思考

1. 罪犯的“四知道”包括哪些内容？
2. 作为罪犯教育警察，如何把握罪犯个别教育的时机？
3. 简述个别谈话教育中“十必谈”的内容。
4. 如何制定个案矫治方案？

拓展阅读

1. 王雪峰等:《罪犯教育理论专题研究》, 法律出版社 2014 年版。

2. 罗大华主编:《犯罪心理学》, 中国政法大学出版社 2003 年版。

3. 吴宗宪编著:《国外罪犯心理矫治》, 中国轻工业出版社 2004 年版。

4. [德] 伊曼努尔·康德:《论教育学》, 赵鹏等译, 上海人民出版社 2005 年版。

学习单元八　罪犯心理危机干预

学习目标

了解罪犯心理危机干预的任务与内容，明确罪犯心理危机概念、罪犯心理危机的识别与评估、心理危机干预的目标、原则与流程、心理危机干预的内容与操作要求，能够较为熟练地开展罪犯的心理危机识别、评估与干预，能够应用罪犯心理危机的正念干预技术。

重点提示

罪犯心理危机；心理危机评估；心理危机干预；正念危机干预

基础知识

一、心理危机

卡普兰（G. Caplan）1954 年在对心理危机进行系统的理论研究之后，首次提出了心理危机（psychological crisis）的概念，认为当一个人面临突然或重大的困境时，他先前的处理危机的方式和惯常的支持系统不足以应对眼前的处境，即他必须面对的困难超过了他的能力时，这个人就会产生暂时的心理困扰，这种暂时的心理失衡状态就是心理危机[1]。心理危机的产生不但与应激事件有关，还取决于个体解决应激事件的有效资源以及对困难情境的评估。心理危机实质上都包括三个基本部分，即发生危机事件；个体感受到危机事件并因此痛苦；之前的问题解决方法对目前问题的解决无效，引起个体意识、行为和情感方面的功能失调。

二、心理危机的特征

（一）痛苦与无助

危机在事前、事后给人带来的体验都是痛苦的，甚至可能导致人尊严的丧

---

〔1〕 G. Caplan. *The principles of Psychiatry*, New York: Basic books, pp. 21~25.

失。同时，危机的降临，常常使人觉得无所适从，并使人们未来的计划受到威胁和破坏。由于心理自助能力差、社会心理支持系统不完善，危机常常使个体感到无助。

（二）危险与机遇并存

危机之中隐含着危险，这种危险可能影响到人们的正常生活与交往，严重的还可能危及自己和他人的生命。同时，危机还是一种转变的机遇，危机带来的困扰和痛苦可能会促使当事人寻求帮助或者实现突破，从而促进个体的成长。

（三）暂时性

心理危机多会于1~4周内消失。

（四）症状复杂

心理危机对当事人的影响表现在身心各个层次，并对与自己产生联系的人造成影响。所以，心理危机干预需要考虑当事人与周围环境的关系，特别是家庭成员和同事是直接影响问题解决和恢复到稳定状态的重要因素。

（五）突发性与紧急性

危机常常是出人意料、突如其来的，具有不可控制性。危机的出现具有紧急的特征，它需要人们去紧急应对。

项目8-1 罪犯心理危机预防

一、任务说明

（一）罪犯心理危机

监狱罪犯的心理危机主要指罪犯在经历了危机事件之后，对遇到的问题缺乏有效的解决方法，从而产生无助或者绝望的情绪，导致行为和情感方面的功能失调。

罪犯心理危机产生的原因通常是由于罪犯在服刑期间，因人格缺陷或意外事件的压力而导致的严重的紧张、焦虑、抑郁、悲观、愤怒等情绪体验，引发自杀、行凶、脱逃等危险。对监狱造成较大影响的罪犯心理危机主要有自杀、行凶、脱逃等危机。引起罪犯心理危机的事件主要是罪犯家庭变故和狱内压力事件。监狱中许多恶性案件都是由罪犯心理危机爆发、未能及时被发现和采取预防措施引起的。

（二）罪犯心理危机分类

根据心理危机划分标准的不同，罪犯心理危机可以划分为以下几类：

1. 按照心理危机的性质，可划分为心理障碍危机与人际关系危机，前者是由罪犯的内在心理障碍，如偏执性妄想等引起的，后者是由人际关系不协调或矛盾引发的。

2. 按照心理危机的起因，可将其划分为突发性危机与累积性危机，前者是由重大事件引起的，后者多由不良情绪积累而产生的。

3. 按照心理危机可能引发后果的严重程度，可划分为有可能酿成自杀、行凶、脱逃等重大事故的危机与其他心理危机。

（三）罪犯心理危机预防

罪犯是心理危机的高发人群。由于犯罪入狱服刑，罪犯经历了常人难以设想的痛苦生活事件，不得不忍受与社会隔离的监狱生活带来的各种痛苦。服刑期间，许多罪犯往往经受了亲人和朋友的疏离、社会支持的缺乏，甚至配偶离婚、背叛或者恋人的离开，家庭成员遭受伤害，等等，这些事件对罪犯带来巨大的冲击，无助感、绝望感不断滋生，导致罪犯难以安心服刑，引发心理危机。因此，需要借助多种方式缓和心理压力，降低生活事件对罪犯带来的冲击，减少痛苦，预防危机的发生。

罪犯心理危机的预防是指预防罪犯因为创伤性事件或者累积的心理压力而引发心理危机。罪犯心理危机的预防主要是指预防精神障碍和心理疾病、维护和增进心理健康的预防性活动与措施。如在入监教育阶段开设心理卫生课程，对罪犯进行心理健康教育；向处于困境中的罪犯提供社会支持和心理咨询服务，帮助他们解除心理危机。罪犯的心理危机干预应该体现预防为主的方针，可起到防患于未然的作用，还可提高罪犯适应和应对各种心理和社会挑战的能力，促进人格的健康发展，提高教育改造质量。

二、具体任务

（一）情绪疏导

罪犯心理健康教育，必须对罪犯的消极情绪加以疏导和教育，培养罪犯的健康情绪和积极的心态，使其能够以平静而乐观的心态度过服刑生活。罪犯由于被剥夺自由、严格管制、强迫接受教育和劳动改造及法律地位的变化，社会支持程度大幅度下降，原有的社会地位丧失，生活环境急剧变化，个人的许多需要无法得到满足，产生强烈的心理落差，难以适应监狱生活，容易产生失落、恐惧、悲观、怨恨、焦虑、抵触等多种消极情绪，甚至产生绝望的心理乃至轻生的念头。

（二）认知重建

罪犯中很多人都存在着明显的认知障碍，甚至犯罪本身也可以归结为不良认知的结果，如：认知的绝对化、片面化、极端化；反社会意识，与正常的社会生活相对立，极端个人主义；不成熟或歪曲的自我意识，自我评价的幼稚性、歪曲性、盲目性等。以上认知障碍严重影响着罪犯的改造和再社会化的过程。罪犯心理健康教育，必须加强对罪犯认知方面的教育，引导罪犯逐步改变对人生的不合理观念，加深其对人生意义的正面理解；引导他们学会正确评价社会、接纳现实，减少对现实的不合理要求，确立一种实际的、合理的人生信念，以饱满的情绪面对社会、自己和他人，帮助他们学会正确认识自己、认识社会、认识人生。

（三）培养挫折耐受力

罪犯在服刑过程中也会遇到很多困难，如监狱的严格管理、劳动改造、家庭变故等，这些挫折和困难常常会引发罪犯产生消极心理而影响其正常改造，甚至导致罪犯采取不合理的手段来满足需要。罪犯心理健康教育，必须着力于引导罪犯全面、客观地认识挫折产生的原因，正确对待生活中的挫折，树立战胜困难的信心和勇气，增强罪犯对挫折的承受力和抵抗力，使其能够从容应对挫折和各种困难。

（四）增强人际关系处理能力

在实践中，人际冲突成为罪犯中最普遍和常见的矛盾。监狱是一个相对封闭而又特殊的环境，由于监禁生活的影响，罪犯容易出现一些异常心理，任何细小的人际关系矛盾都可能对罪犯造成巨大的不良影响。因此，罪犯心理健康教育必须着力于帮助罪犯增强处理人际关系的能力，帮助他们建立健康和谐的人际关系。

（五）筛查心理危机的高发人群

避免因心理危机爆发而引发的狱内事故，重点在于对心理危机的有效预防。因此，必须对心理危机高危人群进行有效的监控。这些高危人群包括：有精神病史，经治疗虽然已经康复，但还需要服药或者被采取其他控制措施的；有自杀史，曾经遭遇或正在遭遇重大危机事件，在认知、情绪或行为方面有明显异常的；有显著的抑郁、强迫、偏执、敌对情绪的；杀害亲人、朋友，罪恶感深重的。

三、任务要求

（一）预防为先

罪犯的心理危机干预应该体现预防为主的方针，做到防患于未然，提高罪犯适应和应对各种心理和社会挑战的能力，促进人格的健康发展。

（二）目标明确

罪犯心理危机的预防要注意点面结合，既要对罪犯进行普遍性的心理健康教育，又必须将主要精力集中在少数遭受变故、人格脆弱或者心理压力过大的罪犯身上。同时，将主要精力集中于影响罪犯生命健康和监狱安全的危险上，主要包括罪犯的自杀、行凶、脱逃等。

（三）简便易行

对罪犯的心理危机预防的措施需要简单、便于操作。过于复杂、工作量过大的预防措施难以持之以恒。心理危机未发生之时，监狱管理教育工作者必须对罪犯心理危机的紧迫性认识到位，对预防措施的意义和效果认识充分，只有简便易行的预防措施才能得到更好的落实。

（四）重在平时

对罪犯心理危机的预防重在平时，等到罪犯心理危机即将爆发时才采取干预措施就会为时已晚，并且成本更高，甚至有时因为难以得到及时有效的干预，造成不可逆转的破坏。所以，监狱在日常的罪犯教育管理中，就需要未雨绸缪，坚持进行罪犯心理健康教育，培养罪犯自我调适的能力，化解罪犯的心理压力。

四、任务流程

（一）重点对象排查

罪犯心理危机发生的原因除了创伤性事件或者应激源之外，关键在于罪犯自身的认知和人格系统的缺陷，特别是罪犯原有的精神障碍，这些缺陷和障碍对罪犯心理危机的发生起着重要的影响。因此，有效识别出心理危机的易发人群，并实施及时有效的预防，能够起到事半功倍的作用，其意义重大。

（二）应激事件排查

监禁环境中的一些事件会对罪犯造成较大的冲击，根据监狱教育管理实践，如离婚、配偶的背叛、家庭成员的死亡、家人受到侵害、与其他罪犯的矛盾等是诱发罪犯心理危机的重要因素。对这些应激事件，需要培养罪犯如何面对困难，学会自我调适，避免产生怨恨、绝望等心理。

（三）开展罪犯心理危机预防教育

罪犯心理危机预防教育与普通心理健康教育不尽相同，应该着重介绍心理危机的基本理论与知识，提高罪犯应对创伤性事件的能力。主要包括：

1. 心理常识。包括对心理现象、犯罪心理和心理健康等知识的了解和掌握。
2. 自我认识。包括如何认识社会、认识自己、认识他人。
3. 情绪管理。包括了解情绪，如何处理情绪困扰和调节情绪。
4. 环境适应。如何适应监狱环境，克服适应障碍。
5. 人际交往。如何处理狱内与社会上的人际关系。

罪犯心理危机预防强调平时心理健康教育的预防作用，因此，监狱应该有计划地做好罪犯心理健康教育的课程安排，定时开展教育活动。避免平时不重视，不落实的现象。

（四）罪犯心理危机预防工作流程图

开展罪犯心理危机预防工作，首先，要排查出高危人员；其次，排查狱内出现的、容易诱发心理危机的应激事件；最后，针对高危人员开展有针对性的预防措施。

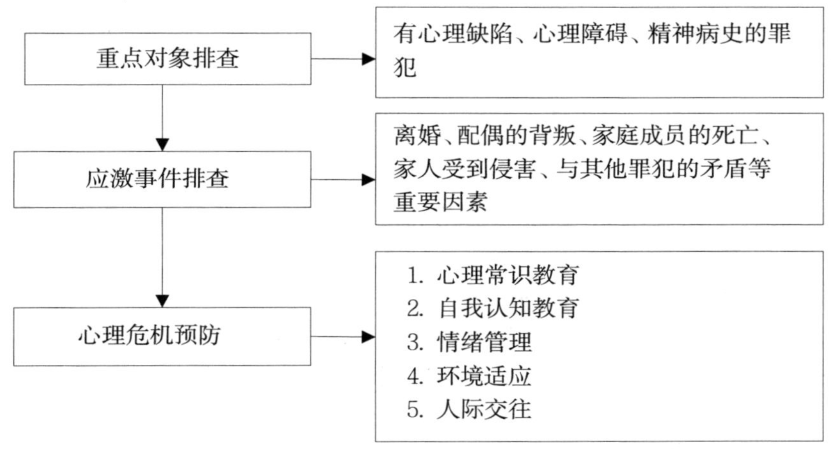

图 8-1　罪犯心理危机预防工作流程图

五、任务示范

广东省××监狱罪犯心理危机预防

为了预防罪犯心理危机的发生，广东省××监狱积极开展罪犯心理危机预防体系的探索。将罪犯心理危机预防与监狱罪犯心理健康教育、罪犯危险性评估结合在一起，收到较好的效果。

第一，在罪犯入监时识别心理危机高风险人员及其危险源。入监评估的主要依据是罪犯入监前的生活史、犯罪情节，以及当前家庭和社会支持情况。

第二，服刑期间动态识别心理危机高风险人员及其危险源。根据罪犯服刑期间所遇到的应激事件的性质以及影响程度，识别危险类型和危险程度。

第三，对不同风险类型的罪犯和不同的应激事件开设相应的教育课程，进行有针对性的教育。例如，情绪管理课程、人际沟通课程和冲动控制课程等。

第四，发挥个别教育的攻心治本作用。通过个别教育，建立良性的警囚关系，通过个别化、有针对性的教育方式给罪犯带去积极的情感支持，有助于罪犯更好地适应监狱环境，安心服刑改造。

通过罪犯心理危机的多角度预防，提高罪犯应对应激事件的能力，降低心理问题积累引发心理危机的可能性，从而有效预防心理危机的发生。

由于积极探索罪犯的心理危机干预，有效开展心理危机的预防、评估和干预，该监狱近10年未发生罪犯自杀死亡事件，有效缓解了罪犯的自杀倾向。

六、技能训练

新入监罪犯心理危机预防

2018年3月，由看守所送来监狱服刑的罪犯人数为210名。为了使罪犯能够尽快适应监狱的服刑生活，降低心理危机发生的风险，监狱准备开展心理危机的防范工作。

问题：如何进行心理危机的防范？

思路：分析思路可从危机易发人群的识别和危机应激源的排查入手，着重分析心理健康教育和个别谈话教育的合力作用。

项目8-2 罪犯心理危机评估

一、任务说明

罪犯心理危机的评估是指具有专业技能或者受过专业训练的监狱罪犯心理危机干预工作者，利用相关理论和技术对心理危机的类型、严重程度以及干预过程中危机罪犯的反应精细鉴别、判断和预测的过程。

有效的危机干预取决于准确的评估。在心理危机干预中，评估是进行干预的前提条件，并且贯穿干预过程的始终，干预者对身处危机中的罪犯进行持续评估，并根据罪犯的反应灵活调整干预策略。评估的内容主要包括个体经历的突发事件、个体的生理和心理反应、个体采取的应对方式等。

二、具体任务

（一）评估危机的严重程度

危机干预者主要运用开放式会谈、观察或心理测验，以罪犯的行为或情绪表现为线索，对危机的严重程度做出快速的初步评估。评价危机的严重程度主要是评价罪犯对自己和对他人的潜在威胁程度，通常围绕个体的认知、情绪、行为和躯体症状四个方面进行。

（二）评估危机发生的紧急程度

危机评估人员主要根据罪犯的情绪状态来评估危机发生的紧急性。为危机干预争取时间。罪犯的情绪状态是危机紧急程度的重要评估指标，与之关联的是危机诱发事件对罪犯的影响程度，以及事件的紧迫性。

（三）评估危机的类型

监狱罪犯的心理危机的主要行为表现是自杀、行凶或者脱逃。危机评估需要对罪犯心理危机的行为倾向进行评估，为危机干预提供方向。

（四）寻找危机应对措施

寻找危机干预可变通的应对方式、应付机制、支持系统，或对患者而言切实可行的其他资源。

三、任务要求

罪犯心理危机评估主要在于对罪犯的认知、情感和行为三个方面进行评估。1992 年麦尔（Myer R. A.）和威廉姆斯（Williams R.）等人提出三维筛选评估模型和分类评估量表（the Triange Assessment Form，TAF）[1]。该模型评估了个体面对危机事件时的情感、认知和行为反应，为干预中理解当事人的危机反应提供了一个框架。包括：①情感评估。包括愤怒/敌意、焦虑/恐惧、沮丧/抑郁三项内容。情感的变化范围从轻微到极其严重，并且不适的情感反应是个体经历危机的最大特点。②认知评估。包括侵犯、威胁和丧失三项内容。侵犯通常被看作是为了减少对自我的攻击，一般发生在危机事件之初。威胁，就是潜在的危机，即在未来可能出现的事件。丧失就是发生在过去并且不可能挽回的一种知觉。③行为评估。包括接近、回避、失去能动性三项内容。接近是指危机事件当事人主动尝试解决问题。回避是指当事人逃避或忽视危机事件中存在的问题。失去能动性是指当事人丧失了能动性，或者不能保持一致的信念来化解危机。

麦尔等人根据这一理论基础，编制出危机干预的分类评估量表（THF）。

评分要求：危机干预的分类评估量表（THF）评分原则遵循从高到低的筛查原则，即不符合高分者，再考虑相应的低分。

总分相加之和：

3~12 分采用“非指导性干预”；

---

〔1〕 Myer R. A., Williams R., Ottena A. J., “A three-dimensional model for ravage” in *Journal of Mental Health Counseling*, 1992, 14 (2), pp. 137~148.

13~22 分采用“合作性干预”；

22 分以上采用“指导性原则”。

（一）情感评估

第一级：情感状态稳定，对日常活动情感表达恰当。（1 分——无损害）

第二级：对环境的情感反应适当，对环境的变化只产生短暂的负性情感，不强烈，求助者完全能够控制情绪。（2、3 分——轻微损害）

第三级：对环境的情感反应适当，但对环境变化有较长时间的负性情感流露，求助者能够意识到需要自我控制情绪。（4、5 分——轻度损害）

第四级：情感反应与环境有脱节，常表现出负性情感，对环境变化有较强烈的情绪波动。情感状态虽然稳定，但需要努力才能控制情绪。（6、7 分——中等损害）

第五级：负性情感体验明显超出环境的影响。情感变化与环境变化明显不协调。心境波动明显。求助者意识到负性情绪，但不能控制。（8、9 分——显著损害）

第六级：完全失控或极度悲伤。（10 分——严重损害）

（二）认知评估

第一级：注意力集中，解决问题和做决定能力正常。求助者对危机事件的认识和感知与实际情况相符。（1 分——无损害）

第二级：思维集中在危机事件上，但思想能受意志控制。解决问题和作决定能力轻微受损，对危机事件的认识和感知基本与现实相符。（2、3 分——轻微损害）

第三级：注意力偶尔不集中，感到较难控制对危机事件的思考。解决问题和作决定的能力降低。对危机事件的认识和感知与所预计的现实情况在某些方面有偏差。（4、5 分——轻度损害）

第四级：注意力时常不能集中，较多考虑危机事件而难以自拔。解决问题和作决定能力因为强迫性思维，自我怀疑而受到影响。对危机事件的认识和感知与现实情况可能有明显的不同。（6、7 分——中等损害）

第五级：沉湎于对危机事件的思虑，强迫性思维、自我怀疑和犹豫明显影响求助者解决问题和作决定的能力，对危机事件的认识和感知与现实有实质性差异。（8、9 分——显著损害）

第六级：不能集中精力。因为受强迫、自我怀疑和犹豫的影响丧失了解决问题和作决定的能力。对危机事件的认识和感知与现实情况有明显差异从而影响了正常的生活。（10 分——严重损害）

（三）行为评估

第一级：对危机事件应对行为恰当，能保持必要的日常功能。（1 分——无

损害）

第二级：偶尔有不恰当的应对行为，能保持必要的日常功能，但需努力。（2、3分——轻微损害）

第三级：偶尔出现不恰当的应对行为，有时有日常功能的减退，表现为效率降低。（4、5分——轻度损害）

第四级：有不恰当的应对行为且做事没有效率。需花很大精力才能维持日常功能。（6、7分——中等损害）

第五级：求助者的应对行为明显超出危机事件的反应，日常功能表现明显受到影响。（8、9分——显著损害）

第六级：行为异常难以预料，并且有伤害自己或他人的危险。（10分——严重损害）

四、工作流程

心理危机评估的目的是通过评估确定干预对象，主要的评估方式有：

（一）心理测验法

通过选择合适的量表进行心理测验，就能在一定程度上发现存在抑郁、焦虑和其他危险倾向的罪犯。如在一般健康问卷测验中，阳性项目达到严重等级的罪犯，或者使用中国罪犯个性分测验、攻击性量表、冲动性量表等，评估罪犯的犯罪思维模式、攻击性和冲动性水平等。

（二）日常观察法

监狱人民警察在日常管教工作中，只要细心观察，就能发现那些情绪突变，坐卧不宁，烦躁不安，或愤懑怨恨，有可能产生不良行为倾向的罪犯。

（三）在心理咨询中评估

在心理咨询过程中，当咨询进行到一定阶段时，一些来访罪犯就会暴露出严重的心理危机和危险倾向。他们自然就成为危机干预的对象。

（四）在个别教育中评估

罪犯都必须接受个别谈话教育，在警察与罪犯的面谈中，可以发现罪犯深层次的态度和认知，判断罪犯的性格与行为倾向。

罪犯心理危机的评估需要采用多维视角，采纳尽可能多的有效信息进行综合评价，才能更好地确定心理危机干预的对象。

罪犯心理危机评估的流程可以灵活地交替使用以上评估方式。一般在日常行为观察中发现异常迹象，其次是通过个别教育进行初步评估，对较为明显存在心理危机可能的罪犯进行心理测评、深度访谈，以确定危机的类型、严重程度和紧急程度。

（五）罪犯心理危机评估工作流程图

罪犯心理危机评估需要进行综合性的评估，通过多种因素和途径进行的评估分析才可能得到更为准确的结论。因此，各种评估途径可以互为参照，综合分析。

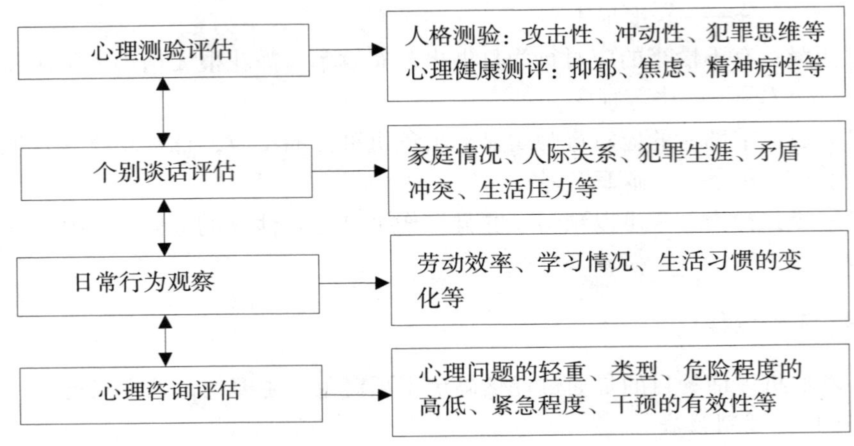

图 8-2　罪犯心理危机评估工作流程图

五、工作示范

罪犯心理危机评估中访谈法的应用

访谈法和观察法是监狱管理中应用最多的危机评估方法。这两种方法简单易行，应用范围非常广，内容也非常丰富。

访谈法（interview）是指危机干预者与罪犯进行面对面的谈话。访谈法的主要形式有结构型访谈和非结构型访谈。结构型访谈是按照设定的访谈提纲和结构化的问卷进行访谈；非结构型访谈是干预者没有预先设计结构化问卷，根据实际情况灵活地掌握进程的访谈。

访谈时应注意下列问题：

一、设定谈话的程序

访谈需要控制程序和内容，谈话前应设定谈话的方式，提问的措辞及其说明，谈话记录的方法等。

二、罪犯信息收集

谈话前收集罪犯生活史、案情、家庭情况、个性特征、爱好和专长等，以便加深了解，促进沟通。

三、表达清晰

注意提问的方式应简明扼要，表达意思清晰，不可含糊不清，令人费解或者产生歧义。提问的方式要令人容易接受，愿意回答。复杂的问题要进行简单化，多用短句。根据罪犯的性格特征和文化水平采用相应的表达方式。

四、非言语沟通

在注意罪犯讲话的内容的同时，还要听出言外之意。这就要求危机干预者还必须能够运用非言语沟通技术，感受罪犯的情绪状态和表达的清晰性、真实性。

六、技能训练

警察在劳动现场管理时，发现罪犯杨×情绪激动，与其他罪犯产生冲突，有冲突升级的可能。杨×多次出现情绪失去控制的状况，劳动任务完成情况较差，警察担心杨×可能出现心理危机。

问题：如何对杨×进行心理危机的评估？

思路：可从罪犯心理危机评估的主要内容，评估方式和流程入手。

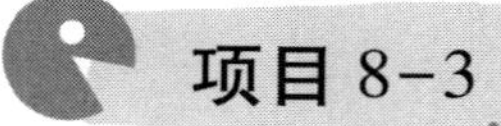

项目 8-3　罪犯心理危机干预

一、任务说明

危机干预（crisis intervention）又称危机介入、危机管理或危机调解，是给处于危机中的个体提供有效帮助和心理支持的一种技术，通过调动他们自身的潜能来重新建立或恢复到危机前的心理平衡状态，获得新的技能，以预防心理危机的发生。

罪犯心理危机干预，是指在诊断预测、发现罪犯心理危机征兆的基础上，所采取的心理诱导、危机调停和劝解等措施，以缓和罪犯的心理冲突，平息焦虑，防止心理危机演变为严重的精神疾病，导致突发事故。

罪犯心理危机干预主要适用对象主要有：

1. 发生重大生活变故（如家庭亲人死亡、配偶要求离婚，或改造中受到惩处），心理处于严重失衡状态的罪犯。

2. 人格缺陷较严重，经常处于紧张、焦虑、抑郁状态而不能自拔的罪犯。

3. 不能适应服刑生活，产生严重的拘禁反应，缺乏人际关系的应对技巧，自感无法摆脱所处困境的罪犯。

4. 其他因心理困扰需要紧急救助的罪犯。

二、具体任务

罪犯心理危机干预的基本目标是在心理上帮助罪犯解决危机，使其功能水平至少恢复到危机前水平，最高目标是提高罪犯的心理平衡能力，使其高于危机前的平衡能力。因此，围绕这一目标，危机干预过程中所使用的有关心理治疗技术，可根据罪犯的不同情况和心理咨询师的专长，采取相应的治疗技术，其中包括短程动力学治疗、认知治疗、行为治疗等。例如，对焦虑、紧张、自责的处理，可以考虑用放松的方法（沉思、自我训练、放松催眠和生物反馈）、镇静或抗抑郁药物、休息和娱乐（参加团体活动、培养兴趣爱好）、行为的脱敏以及安慰保证等技术。

危机干预工作人员的主要任务在于启发、引导、促进和鼓励，而不是提供现成的公式。进一步讲，危机干预人员在干预过程中的任务在于：①帮助患者正视危机，并给予一定的保证，让他们树立信心；②帮助患者了解可以采用的应对方式；③帮助患者获得新的信息或知识；④在可能的范围内，帮助他们安排日常生活；⑤帮助他们调动和利用社会支持系统；⑥帮助他们回避应激情景。

三、任务要求

（一）与罪犯建立良好的沟通和治疗关系

心理危机干预是在咨询员与来访者之间人际互动的过程中形成的沟通和治疗的关系，这种咨询关系是存在于需要心理帮助的人与能给予这种帮助的人之间的一种独特的人际关系，它有助于当事人的良性改变。良好的咨询关系可以诱发来访者的积极反应，促进其自我探索、改善情绪和提高自尊。另外，咨询的技术和传达的信息都需要通过咨询关系的中介才能发挥作用。因此，咨询关系是心理危机干预的基础和核心因素，本身就具有治疗作用，对于干预效果起着至关重要的作用。如果不能与危机患者建立良好的沟通和合作关系，干预及有关处理的策略就难以得到执行和贯彻，达不到干预的最佳效果。建立和保持治疗师与罪犯双方的良好沟通、相互信任，有利于患者恢复自信和减少对生活的绝望，保持心理稳定和生活的有条不紊以及改善人际关系。

注意以下几项：①消除内外部的“噪音”（或干扰），以免影响双方的诚恳沟通和表达的能力。②避免双重、矛盾的信息交流，如工作人员口头上对患者表示关切和理解，但在态度和举止上并不给予专心的注意或体贴。③避免给予过多的保证，尤其是不切实际的夸海口，因为一个人的能力是有限的。④避免应用专业性或技术性等难懂的言语，多用通俗易懂的言语交谈；⑤具备必要的自信，利用可能的机会改善患者的自我内省、自我感知。

（二）给予危机中的罪犯以精神支持

通过给予精神支持，尽可能地解决患者当前面临的情绪危机，使患者的情绪得以稳定。尽量做到让患者情感得以疏泄，同时给予必要的同情、解释和保证，并运用环境改变、镇静药物等方法，必要时可考虑短期的住院治疗。对有自杀倾向的个体，有关指导、解释、说服主要应集中在使他们放弃自杀观念，而不是对自杀的原因作反复的分析和解释。

主要包括：①主动倾听并热情关注，给予心理上的支持；②提供疏泄机会，鼓励患者将自己的内心情感表达出来；③解释危机的发展过程，使患者理解目前的境遇，理解他人的情感，树立自信；④给予希望和保持乐观的态度和心境；⑤培养兴趣，鼓励其积极参与有关的社交活动；⑥注意社会支持系统的作用，多与家人、亲友、同事交流，减少孤独和心理隔离；⑦避免给予不恰当的保证。

四、任务流程

危机干预的六步法是危机干预的常用流程。危机干预注重实效，以环境为基础，即要求危机干预工作者系统地使用一些技术。而这些技术的应用过程应该是自然、流畅的，而不是机械式的生搬硬套。危机干预工作者应该将检查评估以及其他干预技术运用于六步法的干预过程中。

（一）确定问题

从罪犯的角度，确定和理解罪犯对问题的认识和评价。如果危机干预工作者所认识的危机境遇并非罪犯所认同的，那么帮助者所应用的全部干预策略可能失去针对性，甚至是无效的。在整个危机干预过程中，危机干预工作者应该围绕所确定的问题来倾听和应用有关技术。为了帮助确定危机问题，在干预开始时，使用核心倾听技术：同情、理解、真诚、接纳，以及尊重。

（二）保证安全

保证罪犯安全是非常必要的。所谓罪犯安全，简单地说就是对自我和他人的生理和心理危险性降低到最小可能性。在危机干预检查评估、倾听和制订行动策略的过程中，必须对安全问题予以足够的关注，干预工作者应当将其自然地融入自己的工作思维与行动之中。

（三）给予支持

强调与罪犯沟通与交流，使罪犯知道危机干预工作者是能够给予其关心帮助的人。危机干预工作者不要去评价罪犯的经历与感受是否值得称赞，或是否是心甘情愿的，而是应该提供这样一种机会，让罪犯相信“这里有一个人确实很关心你”。

危机干预工作者必须无条件地以积极的方式接纳所有的罪犯，不在乎报答。

能够在危机中真正给予罪犯支持的危机干预工作者，就能够接纳和肯定那些无人愿意接纳的人，表扬那些无人会表扬的人。

（四）应对方式

在这一步中，干预工作者的有效工作之一是帮助罪犯认识到，有许多可变通的应对方式可供选择，其中有些选择比别的选择更为适宜。应该从多种不同途径思考变通的方式：①环境支持，这是提供帮助的最佳资源，罪犯知道有哪些人现在或过去能关心自己；②应付机制，即罪犯可以用来战胜目前危机的行动、行为或环境资源；③积极的、建设性的思维方式，可用来改变自己对问题的看法并减轻应激与焦虑水平。如果能从这三方面客观地评价各种可变通的应对方式，危机干预工作者就能够给感到绝望和走投无路的罪犯带来极大的支持。

（五）制订计划

危机干预工作者与罪犯共同制订行动步骤来矫正其情绪的失衡状态。计划应该包括：①确定有另外的个人、组织团体和有关机构能够提供及时的支持；②提供应对机制——罪犯现在能够采用的、积极的应对机制，确定罪犯能够理解和把握的行动步骤。计划的制订应该与罪犯合作，让其感到这是他自己的计划，这一点很重要，帮助者应尽量避免决定罪犯应该做什么。制订计划的关键在于让罪犯感到没有剥夺他们的权力、独立性和自尊。有些罪犯可能并不会反对帮助者决定他们应该做什么，但此时这些罪犯往往过分地关注于自己的危机而忽略自己的能力，他们甚至会认为将计划强加给他们是应该的，让受情绪困扰的罪犯接受一个善意强加给他们的计划往往很容易，但却不是最佳的解决方式。因此在计划制订过程中的主要问题是罪犯的控制性和自主性，让罪犯将计划付诸实施的目的是恢复他们的自制能力和保证他们不依赖于干预工作者。

（六）得到承诺

多数情况下，保证这一步比较简单，让罪犯复述一下计划：“现在我们已经商讨了你计划要做什么，下一步将看你如何向他或她表达自己的愤怒情绪。请跟我讲一下你将采取哪些行动，以保证自己不会大发脾气，避免危机的升级”。在这一步中，危机干预工作者要明确，在实施计划时是否达成同意合作的协议。

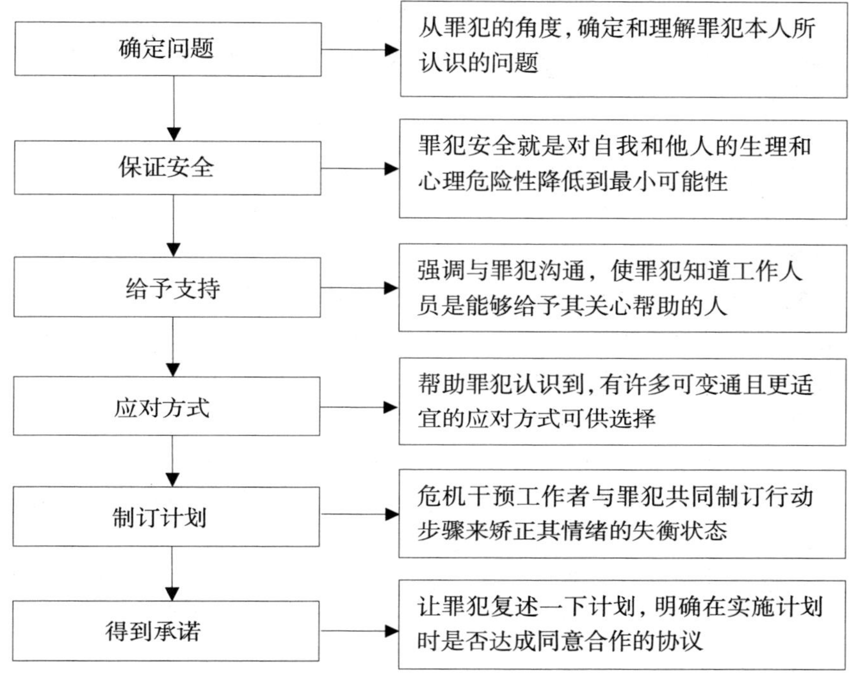

图 8-3　危机干预工作流程图

五、任务示范

危机干预沟通技术

危机干预是咨询、支持和助人的一类方法，它浓缩了一系列的心理治疗技术和策略，但它的重点不是塑造人格的长期心理治疗。危机具有紧迫性、危险性的特征，需要采取简捷高效的干预策略。而危机干预中最为重要的莫过于沟通技术的应用。要强调的是，准确和良好的倾听技术是危机干预所必需的，实际上有时仅仅通过倾听就可以帮助到人。危机干预常用的沟通技术主要有[1]：

一、开放式提问

通常以“什么”或“如何”进行提问。开放式提问鼓励罪犯完整地叙述经过并深入地表达其内涵，引出有关罪犯感情、思维和行为方面的内容。这里列举一些例子来说明如何组织开放式问题。①要求叙述：“请告诉我……”“请跟我谈

---

〔1〕 季建林：“危机干预的技术应用”，载《中华行为医学与脑科学杂志》2012 年第 4 期。

谈……”“在什么情况下……”②围绕计划:“你打算……”“你将如何使它发生?”“它将如何帮你去……”③避免问“为什么”,因为这会暗示干预者不赞同来访者的意见,不利于收集到更多的资料。

二、封闭式提问

封闭式提问用于向罪犯了解特别的或具体的资料,用于对某些特别行为资料的确认,要求罪犯以“是”或“否”来回答。如需要得到行动的保证等。

三、谈出“自己的感受”

在危机干预中,用“自己的”或“我”等第一人称来表达相对于第三人称更为适宜,这不同于其他的心理治疗,因为危机干预工作者处于指导的地位,需要帮助失去能动性和心理失衡的罪犯。

四、善于共情

根据卡尔·罗杰斯(Carl Rogers)的观点,最有效的帮助者能够为罪犯的发展提供三项条件。把这些条件称之为共情(empathy)、真诚(genuineness)与接纳(acceptance)。在用共情帮助罪犯时,强调四项重要技术:①参与;②言语沟通性共情理解;③非言语沟通性共情理解;④用沉默作为沟通共情理解的一种方式。

五、真诚沟通

危机干预者应该保持自己的本来面目,诚恳真实,危机干预工作者要认识到自己的情感和体验必须无条件地与罪犯保持一致。诚实的主要特征包括:①角色自由(role free):危机干预者在治疗性关系中应保持体验及其情感表达的诚实和一致。②自然(spontaneous):危机干预工作者自由、得体的交谈,不带固定的标准去讲什么,因为帮助应该是自发的行为,不受冲动或顾忌的影响,也不被原则或技术的条条框框所束缚,这些必须以自信感为基础。③非防御(nondefensive):没有行为防御的危机干预工作者充分地了解自己的优缺点。这样的话,他们就可以敞开胸怀面对罪犯所表现出来的负性情感甚至敌对情感,而不会与之针锋相对。危机干预工作者对罪犯所表现出来的负性情感,应予以真诚的理解和接纳,而不是试图去加以评论或抨击。④言行一致(consistent):真诚的工作者的所想、所感、所言和实际行为表现之间几乎是一致的。危机干预工作者倘若想的是一回事,而跟罪犯讲的却是另外一回事,表现出不一致,会对危机干预不利。⑤分享自我(a sharer of self):真诚地袒露自我,允许他人了解自己,通过无拘束的言语和非言语表达,这种方式在危机干预中是切实可行和必要的。

六、接纳性沟通

危机干预工作者在与罪犯的沟通中,要采用无条件尊重、接纳和非评判的态度。接纳罪犯的个人品质、观念、问题、境遇、案情等,即使罪犯所表现出来的行为、语言及犯罪经历与危机干预工作者的观念相悖，也不要抱有指责或厌恶等态度。同时不要求罪犯对无条件的接纳做出特殊的回报。

七、专注倾听

倾听是危机干预中必不可少的。干预工作者必须全神贯注：①全部的精力集中于罪犯；②领会罪犯言语和非言语的交流内容（有时罪犯没有讲的比讲出来的东西更重要）；③捕捉到罪犯准备与别人，特别是工作者进行情感接触的状态：④通过言语和非言语的行为表现方式，建立信任关系。

六、技能训练

心理咨询师发现，罪犯叶×诉说自己成长中的遭遇时，多次提到他的恐惧和痛苦，他的恐惧和痛苦大多来自于大脑中的幻想，害怕自己被幻想中的东西控制，因而出现活不下去的念头。

问题：如何对叶×实施心理危机干预？

思路：做好心理危机的诊断和评估，熟悉危机干预的六步法，应用危机干预的沟通技术。

项目 8-4　罪犯心理危机的正念干预

一、任务说明

乔·卡巴金（Jon Kabat-Zinn）认为，正念是指通过有意的注意和对事物不做评价的方式而产生的一种觉察能力。研究结果显示，正念可以影响自杀风险水平，正念水平越低，自杀风险水平越高。增加个体对负性事件的正念可以减少其逃避体验行为，正念可看作是自杀作为应对“看似无法驾驭的痛苦”的代替应对方式。正念水平越高，自杀风险程度越低。正念作为一种心理过程，其核心是与此时此刻连接以及自我接纳。受生活事件影响且自杀风险高的个体，常常花费大量的时间反复思考过去的失败和忧虑未来的事件。有自杀倾向的个体经常否认自我，并认为今天所承受的痛苦是持续性的、无法避免的。正念冥想的神经机制研究已经发现，正念可以促进左侧前额叶脑区激活增强、改善前额叶对边缘系统反应的调节，最终改进体验性神经机制，提高个体乐观水平并增强主观幸福感[1]。

---

〔1〕 黄明明、王立君：“正念认知疗法及其预防抑郁症复发的研究评述”，载《心理技术与应用》2014 年第 10 期。

这对预防罪犯的自杀可以起到保护性因素的作用。因此提高正念觉知水平，对于降低罪犯自杀风险具有一定的意义。正念疗法对罪犯的心理危机干预的关键在于，将正念的理论和技术与传统的心理危机干预模式有机结合起来，提高危机干预的有效性。

二、具体任务

（一）正念情绪平复

危机中的人通常处于一种心理或情绪的失衡状态，在这种状态下，原有的应对机制和解决问题的方法不能满足其需要。这时个体已经失去了对自己的控制，分不清解决问题的方向，不能做出适当的选择。正念情绪平复方式最适合早期干预。此时危机干预者主要的精力应该集中在稳定求助者的心理和情绪上，在重新达到某种程度的稳定之前，不应采取其他措施。

正念情绪平复通过静观呼吸、身体扫描等技术，可以迅速使危机中的罪犯平静下来，实现情绪和心理的平衡，为下一步做出新的选择奠定基础。

1. 正念呼吸。选择一个舒适的姿势坐好，上身保持端正和平衡，背部尽量挺直，不要含胸。找到一个既放松又保持清醒的姿势。现在，请闭上双眼，觉察呼吸。只需觉察，不需改变。

当你吸气时，知道自己在吸气，当你呼气时，知道自己在呼气。吸气的长度和呼气比起来是怎样的呢？吸气和呼气之后是否有一个小小的停顿呢？整个呼吸是通畅的，还是某些部位略有磕绊呢？

当你用这种方式关注呼吸时，呼吸发生了什么变化吗？是怎样的变化呢？现在，只需要安静地坐在那里，观察呼吸。如果发现注意力漂移到计划、担心或者其他的想法上，只需将注意力收回到呼吸上。当你坐在这里，你是否能觉察到此刻身体其他部位的感觉？脖子是否有紧张感，肩膀和手臂呢？你是否能感觉到心脏的跳动和胃肠的蠕动呢？几分钟之后，请将双手放松到身体的两侧，慢慢睁开双眼，将注意力收回到你现在所处的这个房间。

2. 身体扫描。让我们找一个安静、没有干扰的地方躺下来。为了保持舒适，可以在身体的适当部位用垫子或小枕头加以支撑。请放松身体，微微闭上双眼，开始感知此刻的身体，感受地板或床垫给予我们身体的支撑。双臂自然放松在身体的两侧，双腿自然向两侧分开平放。

就这样，静静地躺一会儿，感受到空气是怎样进入和离开自己的身体。接下来，尽最大可能去关注身体的感觉，感受当下内心有什么想法、念头，如果觉察到任何评价或批判的想法，知道有这些想法存在，继续保持对此时此刻身体中发生的任何变化的觉知。记住感觉并没有对和错的分别，感觉就是感觉，只需要接受它，允许它发生，感知它就好。

下面，将注意力温柔地放在两只脚和小腿，从脚趾头开始，感觉每一个脚趾，仔细感受此刻身体这个部位所拥有的感觉。不管感觉到什么，知道这是当下真实存在的感觉就可以了。将注意力转移到脚面，脚底，脚踝，脚后跟，继续向上移动到小腿，膝关节。随着下一口吸气，将注意力扩展到整个大腿，感受此刻大腿有什么感觉。

接着，将注意力转移到骨盆，感受此处是否有紧张和不适，意识到那种想除去这些不愉快感觉的冲动，放松并放下。继续把注意力带到腰部，随着每一次呼吸，觉察此部位是否有紧张和疲惫？允许这些感觉的存在，允许这些感觉自然消去。无论出现什么样的念头、想法，只需意识到念头、想法的存在就可以了，随着下一次吸气，将注意力扩充到整个腰部，呼气，将这个部位融入意识浩瀚的背景之中。

接下来，将注意力转移到躯干，腹部，腹部的两侧，后背，胸部，肋骨，肩膀，手臂，双手，手指。觉察此时此刻的感受。把注意力带到这些部位，带着好奇，感受躯干的体积、形状、表面的皮肤、内在的肌肉、骨头和器官。

现在，将注意力转移到脖子，喉咙，面颊，头皮，耳朵，眼睛，鼻子，嘴巴，感受这些部位是紧绷的还是放松的。

几分钟之后，慢慢地坐起来。在接下来一天的生活里，保持这份宁静和安详。

（二）正念认知干预

认知模式是基于这样一种认识：危机起源于对事件的错误思维，而不是事件本身或与事件、境遇有关的事实。该模式的基本原则是通过改变个体思维方式，尤其是通过意识到其认知中的非理性和自我否定部分，重新获得理性和自我肯定，从而使求助者获得对危机的控制。认知模式最适合于危机稳定下来并接近平衡状态的求助者。

正念的认知疗法通过使危机中的罪犯觉察自己习惯的思维方式，认识到他这种思维方式不能解决问题，甚至成为问题的原因。通过正念训练，使处于危机中的罪犯觉察自己的习惯思维模式，认识到自己的思维存在自动导航的状态，从而给自己一个重新选择、重新作出决策的机会。

训练过程有助于罪犯注意力和情绪调节能力的锻炼，使其正念状态和能力逐渐增强，通过调控人的认知能力，改变人的认知偏差和增加积极的认知重评。正念减压疗法中认知、注意、情绪调节等因素共同发挥作用，使病人有能力积极应对面临的压力和突发状况，从而逐渐缓解压力，改善病人的抑郁情绪。正念危机干预的目的在于帮助危机中的罪犯以一个观察者的身份观察自己的内在，学会客观地评价自己、接纳自己，建立真实的身心连接，活在当下，并将心理能量从消极思维中抽离出来，缓解其抑郁情绪，降低危机风险。

练习引导：

仔细地观察一下，我们在不接纳现实之前，一定有强烈的负面评价，这些负面评价主宰着我们的心。因此如果没有看到内心深处那些过多过快的评价，说接纳可能只是纸上谈兵。换言之，修炼接纳是有一定的过程的：

1. 非评价。首先要观察到内心的各种评价，有意识地不被评价绑架，在一呼一吸之间，改变对评价内容如强力胶般的黏着和认同。换言之，可以有评价，但需要知道评价如何影响着我们的视野、观点，甚至是身与心的状态。评价犹如天上的浮云，来来去去，而我们的觉察之心是广阔的天空，包容一切评价却不被其困住。也许，有些事物或状态真的是我们所不知、不懂、没接触过的，允许一些弹性空间的存在。

2. 承认。诚恳虚心地承认自己并不完美，承认人与人之间的差别；承认对自己的不了解，自己的信念、价值观、态度、想法、身体的信息，都在重新联结与认识中。

3. 允许。允许自己的不完美；允许人与人之间的差别的存在；允许自己以开放好奇的心，带着觉察持续探索。并观察心中的不知、不行、不能、不会、不懂、不想、不要。

4. 按纳。练习有觉察地回应自己的不完美。诚恳地面对自己的不完美，不是掉头走开，而是慢慢开放、逐步趋近，跟“不”达成和平共处的内心协议，不互相伤害或虚耗能量。

三、任务要求

（一）明确问题

掌握导致罪犯出现心理危机的原因，应当询问罪犯的感受并观察其反应，看是否会做出极端行为。站在罪犯的立场去剖析心理危机状况，这一环节主要以技术性的询问和倾听为基础。

（二）安全保障

把罪犯以及相关人员在身心上的伤害降到最小。

（三）积极支持

外界的支持是罪犯能够早日摆脱危机的一个重要方面，不同应急情况就需要社会上不同角色的支持，这要因事而异，不可盲目地作出判定。

（四）提供选择

确定目标后，实施干预性的计划，危机干预工作人员要给罪犯提供几种解决问题的办法。

（五）跟踪落实

使罪犯能够承诺实施其中的某一项方案，首先，要使罪犯有落实干预方案的必要条件；其次，协助其清除实施干预方案的阻碍。

（六）评价反馈

如果干预的效果不明显，就应当调整或者修改干预方案。

四、任务流程

1983 年，米切尔（Michell J.）在吸取了"及时、就近和期望"军事应激干预原则经验的基础上，提出了维护应激事件救护者身心健康的 CISD（Critical Incident Stress Debriefing）技术，经过多年的实践，该技术现已被广泛应用于各种危机干预[1]。正念技术被用于心理危机干预，并取得了较好的成效[2]。正念危机干预被多次修改完善并推广使用，现在已经开始用来干预遭受各种创伤的个人，成为危机干预的一个基本工具。正念危机干预的方针是防止或降低创伤性事件症状的激烈度和持久度，使个体迅速恢复常态。心理危机的正念干预可以分 7 个阶段进行，通常在危机发生的 24 小时或 48 小时内进行，一般需要 2~3 小时。具体包括：

（一）正念导入（mindfulness introduction）

指导者和小组成员进行自我介绍，指导者说明正念减压的规则，强调保密性。

在进行了介绍之后，采用正念的静观呼吸、接触点冥想等技术，引导危机中的罪犯稳定在当下，放松身体进而放松情绪，学会用旁观者的态度来看待自己和自己所经历的事件。

（二）观事实（fact phase）

要求所有求助者从自己观察到的角度出发，提供危机发生时的所在、所见、所闻、所为、所嗅等。引导危机中的罪犯去面对所发生的事实。在练习的过程

---

〔1〕 Deahl M., Srinivasan M., Jones N., "Preventing psychological trauma in soldiers: The role of operational stress training and psychological debriefing", in *British Journal of Medical Psychology*, 2000, 73 (4), pp. 77~85.

〔2〕 Pamela Jacobsen1, Emmanuelle Peters1, Paul Chadwick, "Mindfulness-based crisis interventions for patients with psychotic symptoms on acute psychiatric wards (amBITION study): protocol for a feasibility randomised controlled trial", in *Pilot and Feasibility Studies* (2016) 2, p. 43.

中，保持客观的态度，观察事实的真相，允许事实客观的存在。

（三）观感受（thought phase）

鼓励求助者暴露自己在有关事件最初的和最痛苦的想法，从事实转到思想，开始将事件人格化，让情绪表露出来。观察某种情绪的生起、变化直至消失，另一种情绪的到来。

（四）观情绪（reaction phase）

这是求助者情绪反应最强烈的阶段。当求助者谈到自己对事情的情感反应时，指导者应带着接纳的态度，表现出更多的关心和理解。

（五）观症状（symptom phase）

确定个人的痛苦症状，可以从心理、生理、认知和行为等方面来描述。

（六）接纳（teaching phase）

让求助者认识到其躯体和心理行为反应在严重压力之下是正常的，是可以理解的；接纳创伤性事件带来的所有反应；讨论积极的适应和应对方式；提醒可能并存的问题。

（七）重行（reentry）

对前面的讨论进行概括，回答问题并考虑需要补充的事项，提供进一步服务的信息。

正念危机干预提供了一个安全的环境供求助者用言语来描述痛苦，小组和同事的在场使其在需要时能得到进一步的支持，对于减轻各类事故引起的心灵创伤、保持内环境稳定有重要意义。

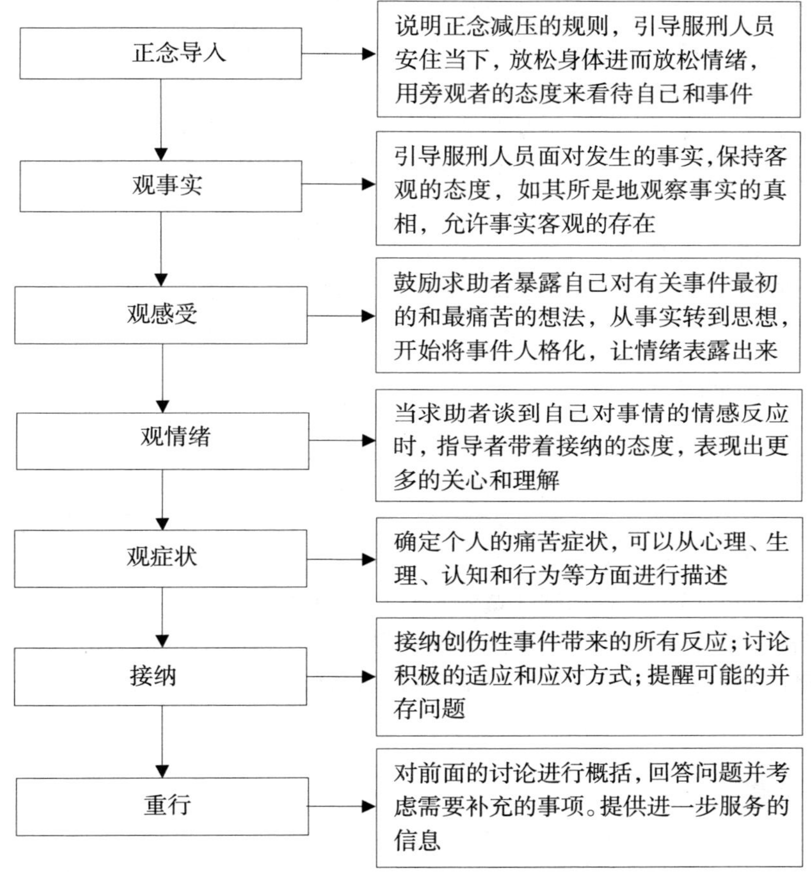

图 8-4　正念危机干预工作流程图

五、任务示范

龙×，因冲动暴力，自 2005 年 3 月以来，先后 3 次分别在贵州省、广东省监狱服刑，2015 年 8 月又因实施暴力抢劫被关押在广东省××监狱开始他的第 4 次服刑生活。自到广东省××监狱服刑以来，龙×不思悔改，表现出强烈的暴力倾向，对人和事怀着冷漠、抵触、轻视的态度，身份意识淡薄、行为规范差、脾气暴躁，多次与人发生冲突、殴打其他罪犯，并多次扬言报复其他罪犯和警察。因违反监规纪律，近两年来共被扣除 15 分、集训 41 天、禁闭 7 天，直到刑满释放时，还在接受禁闭集训管理。

通过调查，得知龙×自小在姑妈家长大，其父现已亡故，母亲也已改嫁不知去向。监狱采取正念关怀，以慈爱和关心的正念理念安抚其孤僻、对抗、暴躁的心灵，通过身体扫描、静观呼吸等正念技术帮助龙×放下偏见，建立接纳、感恩和理性认知，通过正念日常行为矫正帮助龙×逐渐养成良好习惯。训练中，龙×表现出了极大学习兴趣，认罪悔罪意识、遵守监规纪律意识明显增强，学会平和、宽容地与人相处，并多次向训练导师表达，希望能够带上正念训练的资料出监继续学习。正念训练就像是给龙×的心灵做了一场手术，让他放下怨恨，接受现实，平静下来，理智地思考当下和未来。2018 年 1 月 13 日是龙×刑满释放的日子，龙×带上监狱赠送的正念训练光盘，顺顺利利地与家人对接，高高兴兴地踏上了回家的路程。

六、技能训练

罪犯黄×，因怀疑妻子有外遇，将妻子殴打致死，原判死刑缓期二年执行，已经服刑 19 年，感觉到因为自己的行为，导致家里的几个儿女失去了父母的教养，儿女的生活比较艰难，临近出监了，担心出监后会给儿女增加负担，难以面对家人，罪责感、内疚感深重，产生自杀的念头。

问题：如何通过正念训练让黄×放弃自杀念想？

思路：训练正念的态度和能力，能够觉察自己的情绪问题，培养罪犯面对和解决困难的能力，让罪犯学会正确地面对罪恶感，放弃自杀念头。

单元小结

罪犯心理危机评估的主要内容包括罪犯的认知、情感和行为三个方面。通过评估确定罪犯心理危机的类型，心理危机的严重程度和紧迫程度，进而确定心理危机干预的对象和方案。

在了解罪犯心理危机防范的任务与内容的基础上，通过训练掌握心理危机防范的技能，懂得应用危险性评估和心理健康教育、个别教育的方法和技术来预防和降低心理危机风险。

危机干预工作人员需要掌握危机干预的六步法和其他危机干预技术，对危机中的罪犯进行启发、引导、促进和鼓励，主要的任务有：①帮助患者正视危机，并给予一定的保证，让他们树立信心；②帮助患者了解可以采用的应对方式；③帮助患者获得新的信息或知识；④在可能的范围内，帮助他们安排日常生活；⑤帮助他们调动和利用社会支持系统；⑥帮助他们回避应激情景。

问题思考

1. 罪犯心理危机防范的一般操作过程是什么？

2. 简述罪犯心理危机评估的流程。

3. 如何应用罪犯心理危机干预的六步法？

4. 如何对罪犯进行正念的心理危机干预？

拓展阅读

1. 章恩友编著：《罪犯心理矫治》，中国民主法制出版社 2007 年版。

2. 夏宗素：《罪犯矫正与康复》，中国人民公安大学出版社 2005 年版。

3. 顾瑜琦：《心理危机干预》，人民卫生出版社 2013 年版。

4. ［加］津德尔·西格尔、［英］马克·威廉斯、［英］约翰·蒂斯代尔：《抑郁症的正念认知疗法》，余红玉译，世界图书出版公司 2017 年版。

学习单元九　分类教育

学习目标

通过本单元的学习，了解分类教育的内容与方法，掌握不同类型罪犯的特点和教育对策。能够根据分类教育知识和要求，较为熟练地开展分类教育工作，处理好相关问题。

重点提示

罪犯分类教育的含义；罪犯分类教育的不同形式；不同类型罪犯的特点和教育对策

基础知识

一、罪犯分类教育的含义

罪犯分类教育是指监狱在对罪犯进行科学分类的基础上，根据不同类型罪犯的特点，分门别类地实施有针对性的教育。

罪犯分类教育既是我国监狱教育改造罪犯所应遵循的基本原则，又是教育改造罪犯的重要方法和主要手段。随着我国监狱体制改革的逐步深化，监狱的功能越来越明确，监狱的教育改造职能不断增强，监狱人民警察素质不断提高，监狱教育改造工作的专业化水平不断提高，负责罪犯教育工作的专业队伍也不断壮大，这些都为有效开展罪犯分类教育提供了重要保障。

二、罪犯分类教育的标准

按照不同的标准，罪犯可以划分为不同的类型，本单元主要介绍以下几种常见的罪犯分类：

1. 按犯罪性质的不同可分为：暴力型罪犯、财产型罪犯、盗窃型罪犯、淫欲型罪犯、涉毒型罪犯、危害国家安全型罪犯等。

2. 按罪犯性别和年龄的差异可分为：男性罪犯、女性罪犯；未成年罪犯、成年罪犯、老年罪犯。

3. 按犯罪前不同身份可分为：职务罪犯、少数民族罪犯、外国籍罪犯等。

4. 按罪犯犯罪和服刑经历可分为：初犯、偶犯，累犯、惯犯等。

5. 按罪犯健康状况可分为：精神病罪犯、病残罪犯、传染病罪犯等。

6. 按罪犯改造表现可分为：积极罪犯、中间罪犯、落后罪犯、顽危罪犯等。

7. 按罪犯原判刑期的不同可分为：短刑期（3 年以下）罪犯、中刑期（3 年~10 年）罪犯、长刑期（10 年以上）罪犯、无期徒刑罪犯、死刑缓期二年执行罪犯等。

8. 按罪犯不同宗教信仰可分为：无宗教信仰类罪犯、有宗教信仰类罪犯、邪教类罪犯等。

根据司法部《监狱教育改造工作规定》第 20 条的规定，监狱应当根据罪犯的犯罪类型，结合罪犯危险程度、恶性程度、接受能力，对罪犯进行分类，开展分类教育。据此，本单元主要阐述未成年犯、女犯、老病残犯、少数民族犯、顽危犯、外籍犯、涉毒犯、职务犯等常见的不同类型罪犯的教育改造。

项目 9-1　未成年犯的教育

一、任务说明

（一）未成年犯的定义

未成年犯是指因触犯国家刑律而被依法判处刑罚的，已满 14 周岁且不满 18 周岁的罪犯。

（二）未成年犯的特点

因年龄原因，未成年犯的思想尚不定型，可塑性强，反复性大，具有特殊性。未成年犯有以下特点：

1. 独立意识强，身份意识差。由于未成年犯的生理和心理尚处于发展的关键时期，他们大多处于心理断乳期，往往表现为认知能力的不成熟、不稳定，容易呈现出思想观念混乱的明显特征。

2. 自尊意识强，行为养成差。主要表现在不认罪，不服判，缺乏罪责感和愧疚感，甚至将责任推给社会、学校、家庭。服刑改造期间没有明确的目标，得过且过，怕过艰苦的改造生活，难以忍受行为上的管束，缺乏良好的行为习惯。

3. 逆反心理强，集体观念差。近年来，未成年犯大多在家庭中被娇生惯养，不习惯被限制，过分强调自我，在劳动中讨价还价，在集体生活中标新立异，喜欢张扬“个性”。在自我表现欲望受到妨碍时，很容易产生抵触、对抗情绪，并顶撞警察。

4. 改造反复大，自我控制差。未成年犯的独立意识和自我意识日益增强，但缺乏自我控制能力，遇事容易冲动，做事不计后果，头脑简单，行为盲从。他们渴望亲情关爱，向往自由生活，但情感易变，往往在警察推心置腹的谈话教育后，悔恨感激不已，表示要痛改前非，然而改造表现时好时坏，反复性大。

二、具体任务

（一）开展“三课”教育，提高认知水平

《监狱法》第75条第1款规定：“对未成年犯执行刑罚应当以教育改造为主……”我国对于未成年犯的教育改造，侧重以思想教育为主，同时进行文化教育、职业技术教育。通过“三课”教育提高未成年犯的思想认识、文化水平和劳动观念，有利于未成年犯顺利回归社会。

（二）开展朋辈教育，产生积极影响

未成年人犯通常愿意听取年龄相仿、知识背景、兴趣爱好相近的同伴、朋友的意见和建议。要利用未成年犯的趋众倾向，围绕未成年犯喜欢的恋爱、网络、金钱等问题，开展参与式的朋辈教育，形成积极的朋辈影响，进而促使他们树立正确的世界观、人生观和价值观；对有影响力和号召力的未成年犯进行有目的的培训，使其掌握一定的知识和技巧，然后由他们向周围的未成年犯传播正确的知识和技能，有意识地营造积极的朋辈影响；开展丰富多彩、寓教于乐的朋辈教育，使未成年犯在日常生活中感悟，体会积极的情感和文化，培养积极的、良性的互动、互助群体。

（三）开展亲情教育，培养健康情感

亲情教育不是以知识或能力为本位的教育，而是突出情感的要素，以情扬善，以情褒真，以情讲法。如利用未成年犯18岁生日的契机，组织他们过集体生日，与亲人一起包饺子、分蛋糕，举行成人宣誓仪式，共同庆贺他们的成长与成熟，时刻记住“母难日”，永远不忘感恩。积极动员亲人探视，让未成年犯感受亲情温暖，坚定改造信心，培养健康情感。

（四）控制情绪情感，培养健全人格

未成年犯情绪化特征比较明显，要结合改造实际，导入情绪管理教育，引导他们认识情绪以及情绪的种类、了解情绪对人的影响，学会调控、管理情绪，做自己情绪的主人。通过在监舍设置“心理晴雨表”，定期组织有周期性情绪障碍的罪犯开展团体心理训练等活动，积极防范疏导，逐渐使未成年犯养成理智的行为习惯，塑造健全人格。

三、任务要求

（一）遵循未成年犯自身成长特点

教育改造作为一种教育影响活动，必须遵循其特有的规律性。在教育改造未成年犯的具体实践中，应充分考虑未成年犯的生理和心理特点，注意其“心理暴风骤雨期”与心理断乳期的反映和表现；运用创造性思维，开发出一些适合未成年犯生理和心理的特色教育方法，诸如国学教育法、色彩教育法、活动激发法、朋友疏导法等。通过不断进行系统性的推进和创新，促进未成年犯的教育改造。

（二）建立完善的心理档案

在教育过程中加大对未成年犯的心理健康教育，以心理健康训练为平台，发挥集体的矫正功能，要结合改造实际，导入情绪管理教育，引导他们认识自我的情绪以及情绪的种类、了解情绪对人的影响，学会调控、管理情绪，做自己情绪的主人。

（三）加强以亲情教育为基础的感化教育

积极主动为未成年犯搭建沟通亲情的桥梁，重建亲子关系，加强亲情教育，发挥家庭对他们的感召力，避免其产生孤独感和被遗弃感，增强他们重新做人的信心。

（四）开展文化知识与职业技术教育

开展文化知识教育，劝导和强制适龄未成年犯完成义务教育学业；同时，对已完成义务教育或年龄偏大的未成年犯，免费提供职业技术培训机会，使其掌握生存发展的一技之长，并帮助他们与社会无缝对接——就业或创业，使其成为自食其力、遵纪守法的公民。

四、任务流程

（一）收集信息，了解情况

深入了解罪犯的犯罪原因、刑期、身体、心理特征、行为特征、家庭情况、社会关系、个人爱好以及综合表现等。

（二）分析原因，寻找对策

对信息进行分析研究、将罪犯的共性与个性问题区分解决。如果是共性问题则采取集中教育方式解决；如果是个性问题，则采取个别教育的方法。挖掘罪犯的犯罪根源、犯罪动机、性格特征，寻找教育改造突破口。

（三）针对特点，制定方案

根据未成年犯特点，教育改造的具体任务和要求，有针对性地制定教育改造方案。

（四）组织实施，完善方案

按照教育改造方案，有条不紊地分步组织实施，并及时反馈教育改造的经验、教训，不断调整、充实和完善教育改造方案。

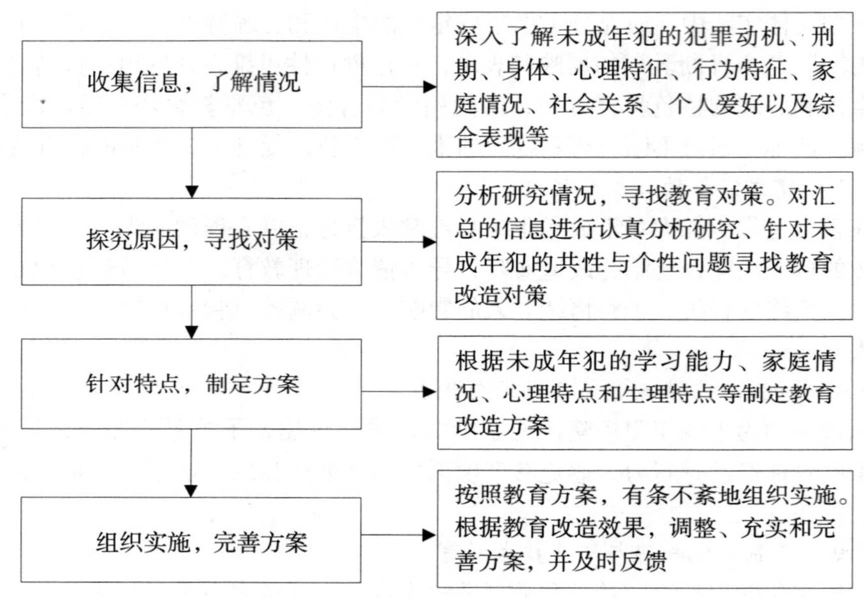

图 9-1　未成年犯教育工作流程图

五、任务示范

于×，1995 年 1 月出生，父母长期在海外打工，自小跟随祖母长大，祖母思想传统，教育方式比较落后且粗暴，经常打骂于×。随着年龄增长，于×因缺少必要的父母关爱，加之对祖母的管教方式的反感和反抗，经常在街上闲混。初二便辍学在家，在镇上饭店打工。2009 年 1 月 11 日晚，于×在时×家玩时，听到了时×朋友贾×打来的请求增援的电话。原来贾×因琐事与他人在饭店发生口角后，双方发生冲突，贾×吃亏了，因心怀不甘，遂找人报复。在贾×提出要他帮忙“站场”的要求后，于×很爽快地答应了，并准备了一把尖刀。随即赶往贾×所在饭店，将被害人捅刺成轻伤。法院以故意伤害罪判处于×有期徒刑 3 年。

未成年犯管教所从以下几个方面对于×进行改造教育：

（一）开展法制道德教育，加强认罪悔罪教育

循循善诱地帮助于×认识到其所犯罪行对社会、对受害人家庭造成的危害，

分析盲目冲动所造成的危害，使他懂得盲目行事会造成意想不到的不良后果，对人对己都有害无益。启发他思考如何去补救自己的人生，如何去健全自己的人格，如何去回报社会和亲人，如何去回报关爱他的监狱人民警察，使其逐步形成健康的人格。

（二）突出亲情教育，加强感化教育

于×之所以走上犯罪的道路，跟父母常年在外打工，祖母落后的教育方式导致其缺少必要的关爱有很大关系。于×失去自由在监狱服刑，其孤独的心灵更需要亲人、监狱人民警察和社会的帮助，充分利用亲情电话、亲情会见、社会帮教以及监狱人民警察关爱等教育方式，有效促进其思想转化。

（三）开展心理健康教育

从于×的犯罪经过可以看出他重“哥们义气”、遇事冲动、不计后果，存在心理认知和自我情绪管理的障碍，对他加大心理干预和健康教育，祛除其心理疾病，重塑健康心灵。

（四）注重“三课”教育

于×没有完成九年义务教育的学业，无一技之长，未成年犯管教所把安排他参加文化知识学习、职业技能培训列为日常教育改造工作的首要任务，通过提高其文化知识水平，教会他掌握生存发展的一技之长。

（五）运用朋辈心理教育，开展正向引导

针对于×重“哥们义气”这一特点，选择一些改造表现好的典型，通过示范他们真诚悔罪，积极改造受到表彰、奖励的真实事例，为其树立学习的榜样，使其在潜移默化中不断模仿，从中受到教育，逐步改掉自身的犯罪思想和恶习，树立良好的道德风尚。

（六）让其参加健康有益的监区文体活动

引导于×经常参加诸如文娱、体育、书法、绘画等有益于身心健康的监区文体活动，培养其集体荣誉感，陶冶其情操，使其克服“个人英雄主义”和“哥们义气”，认罪悔罪，改恶从善。

六、技能训练

文×，1993年2月出生，4岁时父母离异，跟随父亲生活，母亲从没有看望过他，也没给过抚养费，自幼缺少母爱。文×学习成绩较差，经常逃学，初中一年级时转入工读学校，半年后退学，平时混迹于网吧，喜欢上网聊天、打游戏，还浏览黄色网站，由于受淫秽色情不良网络信息影响，加之又处于青春萌动期，因而产生了邪念。2010年7月暑假的一天下午，文×将其在网上认识的女孩陈×（系未满14周岁幼女）约至某小区的平房内，使其喝下掺有白酒的啤酒，致使陈

×处于醉酒状态，强行与之发生性关系。法院以强奸罪判处文×5年有期徒刑。

问题：根据文×的情况制定一份切实可行的教育改造方案。

思路：可从未成年犯教育的任务、要求和工作流程等方面着手。

项目9-2 女性罪犯的教育

一、任务说明

（一）女性罪犯的定义

女性罪犯是指因实施犯罪行为而触犯刑律，依法受到刑罚处罚，在监狱服刑的女性罪犯。女性犯罪主要包括杀人、伤害、抢劫等暴力犯罪，盗窃、诈骗、贪污、贩毒等财产犯罪，重婚，强迫、引诱、容留妇女卖淫犯罪等婚姻家庭和性犯罪等几种类型。

（二）女性罪犯的特点

1. 情感脆弱，罪责感强。有些女犯由于激情性犯罪，杀害或者伤害了自己的恋人、情人、亲人，当情绪恢复正常后，她们无法相信、也不愿意相信“受害人死亡”的结果，情感极其脆弱，心理负荷已达极限，大多罪责感强，悔恨交加。在改造过程中有的女犯持积极的心态，用实际行动争取政府的宽大处理和亲人的谅解；有的女犯则整日以泪洗面，消极度日，希望得到良心的慰藉。

2. 心胸狭隘，敏感多疑。女犯一般都情感细腻，对人对事都比较敏感，有的心胸狭隘，遇到不顺心的事和涉及个人利益时，爱斤斤计较；有的不善于与人交往，若遇监狱人民警察批评，就无端地猜疑其他罪犯，怀疑别人打小报告，有时还借题发挥，故意激惹、挑衅怀疑对象；有的特别注意观察周围人的言行，无端地认为别人在议论、讽刺自己，严重的会产生被害妄想，精神萎靡消沉，消极心态占主导地位，缺乏改造动力。

3. 爱慕虚荣，贪恋享受。一些女犯精神空虚，且有着强烈的虚荣心和自我表现欲，贪图享受，好逸恶劳，为了炫耀自己与众不同，不计后果，违反监规纪律。

4. 思亲恋家，渴望亲情。一些女犯在服刑前，都没有离开过家，而今身陷囹圄，归期遥遥，思亲想家之苦无时无刻不在缠绕着她们，对家信、家人的探望非常渴望，如果稍有推延或者因其他特殊情况不能如期会见，她们会心神不宁，寝食难安，甚至猜测家人是否发生不测，情绪一落千丈，对改造生活产生负面影响。

二、具体任务

（一）开展“三课”教育，提高女犯自身素质

基于女犯普遍存在信念不强、信心不足的特点，强化思想政治教育，帮助她们树立正确的世界观、人生观和价值观，培养她们良好的思想品质和高尚的行为情操，使她们自尊、自爱、自强、自立。针对女性罪犯法律知识贫乏，法制观念淡薄的实际情况，重视法制教育和认罪服法教育，引导她们认罪服法，知法懂法，充分认识自身犯罪行为的危害性，从而自觉接受教育改造。针对女性罪犯文化基础普遍较低的现实情况，加强对女犯的文化知识教育，使她们不断增长科学文化知识，逐渐摆脱愚昧和无知，为认识世界和改造世界、接受劳动技能和职业技术教育打下基础。在劳动技能和职业技术教育上，针对女性的特点，结合监狱生产需要和女犯刑满释放后生存需要，有针对性地开展各种类型的岗位职业技能培训和职业技术教育，让她们掌握一技之长，有效提高女犯自食其力的能力和本领，为女犯顺利回归社会创造条件。

（二）开展艺术教育，矫治改造女性罪犯

艺术矫治是一种让罪犯乐于参加、乐在其中、收效显著的思想教育和心理健康教育形式。运用美术、音乐、舞蹈等艺术形式的基本原理和方法，使女性罪犯在参与绘画、管弦乐、唱歌、跳舞的过程中，受到潜移默化的艺术熏陶，使她们学会欣赏、感受和表达真善美，逐步实现自我教育、自我反思、自我提高、自我超越。

（三）开展心理干预，促进女犯形成健康人格

女性犯罪大多是由心理不健康、心理扭曲、不良定势积淀已久造成的，因此女性罪犯的改造难度很大。在目前，除了监狱组织的入监教育阶段的心理健康集体教育和心理测量评估、个案的心理咨询与矫治以外，还应当将心理健康教育贯穿女犯教育改造的全过程，加大心理干预，促进女犯健康人格的形成。

（四）开展社会性别教育，适应社会发展

女性罪犯有的已经做母亲，有的将来要做母亲，对她们的教育改造关乎千家万户、子孙后代。强化女性知识教育，促进女性罪犯恋爱、婚姻、家庭生活的良性健康发展，培养她们树立终身学习的习惯，学会用自己的双手去创造美好幸福的生活，让她们不断适应社会发展变化的需要。

三、任务要求

（一）注重生理心理知识教育，培养健康意识

女性罪犯有其特殊的生理现象及与之相伴的心理反应，警察应分别针对成年

女犯和中老年女犯组织开展女性月经期和更年期的生理机制、生理现象、生理疾病以及相伴的各种心理反应等相关知识教育，使她们了解自己的生理、心理状况，适时做好生理和心理准备，从而减少或克服生理和心理的不适症状，防止月经期和更年期改造表现的波动，有效预防破坏改造秩序的行为。

（二）注重艺术矫治，培养健康兴趣

艺术矫治体现为运用书法、美术、音乐、手工艺品等艺术形式的基本原理和方法，让女性罪犯在参与书法、绘画、管弦乐、唱歌、跳舞和制作手工艺品的过程中，受到潜移默化的艺术熏陶，学会用积极、健康、向上的方式宣泄不良情绪，学会表达、投射自己内心美好的向往，逐步实现自我教育、自我反思、自我提高、自我超越。既可以培养女性罪犯健康的兴趣，又能帮助她们重建自信、自尊、自爱，调节情绪，净化心灵，促进改造。

（三）注重文化、法治教育，培养生存技能

女性罪犯的文化知识水平普遍较低，文盲、半文盲以及小学、初中水平者占绝大多数，法制观念淡薄。加强以刑法、监狱法、婚姻法、继承法等法律规范为主的法制教育。通过讲解条文、以案说法、现身说法等方式，促使她们提高认识，加深认罪悔罪感，心悦诚服地接受改造。职业技术教育应着眼于回归后的就业出路，对女性罪犯的职业技术教育要因地制宜，应考虑投资少又适合女性特点的项目，如裁剪、美发、美容、烹调、茶艺、纺织、刺绣、家禽饲养、家政服务等，真正使她们掌握一至两种适应当前社会需要的劳动技能，为刑满释放后谋生打下坚实的基础。

（四）注重性别教育，培育自信、自尊、自爱、自强精神

将“社会性别教育”列为思想教育的内容，使女性罪犯学会如何恋爱，如何经营婚姻家庭、夫妻关系，如何做家长，如何才能建立起良好的亲子关系。通过世界观、人生观和价值观教育，前途教育，社会真善美教育等内容，帮助女性罪犯树立自信心，培养意志力，克服虚荣心，打消因各种心理压力而引起的自卑感；通过道德修养教育，行为养成训练，社会审美态度教育和自我保护意识教育等内容，督促女性罪犯注重自己的言行，爱惜自己的名誉和身体，注意严格要求自己，举止端庄，语言文明，洁身自爱，逐步养成良好的行为习惯；通过女性社会价值观教育，理想和前途教育、社会竞争机制教育等内容，使女性罪犯认识到自身的力量和自立的重要性，激发其独立意识和自强精神，逐步摆脱依附心理，树立自信心，从而达到面对现实、反省罪行、增强改造信心的目的。

（五）注重社会帮教，激发感恩之心

注意发挥社会和家庭在罪犯改造中的作用，动员和利用社会力量，参与、支持罪犯改造工作。邀请社会名流、英雄模范、道德模范、特级教师、女法官、女检察官、女律师、女企业家来监狱对女性罪犯实施帮教；定期组织罪犯亲属来监进行亲情教育，促进罪犯转化；发动社会文化、文艺、医疗机构和团体送书、送艺、送医进监：利用社会的专家优势资源，在罪犯中开展法律咨询、心理辅导等活动。组织开展共建活动，利用特殊的时间、节假日开展和举办各种大型活动，以培养女性罪犯的积极心态，帮助其释放负性情绪和压力等。

四、任务流程

（一）收集并了解罪犯基本情况

通过查阅档案、个别谈话、心理测量等形式了解女犯基本情况并进行梳理，掌握她们犯罪的自身原因、表层原因、深层原因、刑期、服刑改造情况、心理障碍等，为下一步寻找对策提供依据。

（二）综合分析罪犯的情况并寻找对策

综合分析所有了解和掌握的情况，结合心理评估的相关数据，科学分析女犯的生理、心理和行为等特点；根据女犯的不同习惯、兴趣、爱好和性格特点等，找准教育的突破口和对策。

（三）根据前期工作制定罪犯教育方案

根据前期工作，结合女性罪犯个性特点，考虑年龄、文化、罪行和自身特长等因素，结合家庭帮教、社会帮教情况制定包括政治思想教育、法治教育、文化教育、职业技术教育和心理健康教育等多方面内容的详细罪犯教育方案。

（四）实施教育方案

按照教育方案，列出详细的实施时间、内容、方法等并分步骤实施。根据教育改造效果，不断充实完善教育方案。

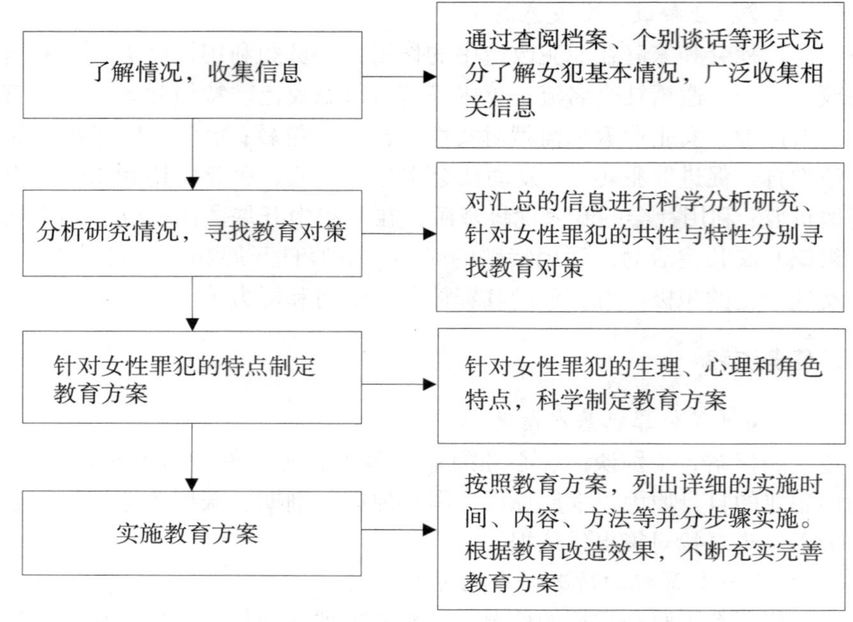

图 9-2　女犯教育工作流程图

五、任务示范

钟×，1982 年 5 月出生，因非法拘禁罪于 2013 年 4 月被某法院判处有期徒刑 3 年。

钟×出生在一个贫困的家庭，长期和奶奶居住。钟×母亲一直告诫钟×要好好学习，出人头地。大学毕业后，钟×找了一份自认为并不理想的销售工作，后经朋友介绍认识了比其大 11 岁且离过婚的丈夫刘×，刘×经营一家公司，收入颇丰，虽家人极力反对，但钟×觉得嫁给刘×就不用再到处奔波了。婚后因刘×出轨，钟×忍无可忍，将刘×的情人王×非法拘禁并打成轻伤。入监后钟×表现一直很差，经常说哭就哭，说笑就笑，与其他犯人关系较差，因时常与其他罪犯吵架被扣分，并且出现了闭经半年多的情况。警察对她的教育可谓苦口婆心，但收效甚微。钟×唯一牵挂的就是自己不满 5 岁的女儿。

监狱罪犯教育警察根据女性罪犯的教育规律和钟×的特点采取了以下教育改造措施：

（一）收集并了解钟×基本情况

通过查阅档案、个别谈话、心理测量等形式对其基本情况进行梳理，了解其犯罪的自身原因、表层原因、深层原因、刑期、服刑改造情况、心理障碍等，为下一步寻找对策提供依据。

（二）综合分析钟×的情况并寻找对策

根据汇总的情况，由心理咨询师介入做心理评估，确定钟×的心理障碍、矫治或干预方法；由医务人员协同检查、分析其闭经的原因；分析其社会支持系统尤其是亲情带教的状况，评估钟×的女儿给其带来的改造动力；分析钟×的个人习惯与爱好，找准教育的突破口。

（三）根据前期工作制定钟×教育方案

1. 强化“三课”教育，增强法制观念、培养生存技能。加强钟×法治教育，通过讲解条文、以案说法、现身说法等方式，使其知法懂法，加深认罪感，能深刻认识自己罪行所带来的危害，认罪服法，避免再次走上犯罪之路。根据监狱实际和钟×的兴趣爱好、文化程度，对其进行适合的职业技能培训，通过技能培训，使其自食其力，更好地适应社会，真正自立自强。鼓励钟×在大学文化基础上提高一个层次，鼓励其自学成才，为接受新事物和其他教育创造条件。

2. 强化环境陶冶，运用艺术矫治，培养健康情趣。加强监区文化建设，使钟×在参与监区环境建设、绘画、管弦乐、唱歌、跳舞等活动过程中受到环境的陶冶和艺术美的感染，树立正确的是非观念，学会用无害方式宣泄不良情绪、学会表达、投射自己内心美好的向往。

3. 强化亲情帮教，整合社会资源，培养积极心态。加强亲情帮教，针对钟×感情细腻以及牵挂女儿的情况，想办法促成其与女儿、家人的会见、亲情电话、亲情就餐等，刺激其不断追求进步和积极改造。

4. 进行婚恋家庭观教育，逐渐培育“四自”精神。教钟×学会如何恋爱，如何经营婚姻家庭、夫妻关系，如何做家长，如何才能建立起良好的亲子关系，开展自信、自立、自强、自尊教育。

5. 坚持心理辅导、适应性辅导和人际关系辅导。钟×入监后表现出一系列不适应服刑生活的情况，情绪反复无常，人际关系很差，可以以钟×对女儿的牵挂为突破口，持续加强心理辅导，通过心理咨询与干预、解开钟×的心结，同时对其进行服刑生活的适应性辅导，通过各种团体活动，或者以其病情为突破口，引导其认识并感受到别人的关爱，引导其建立积极的人际关系。

6. 开展生理常识教育，促进身心健康。针对钟×闭经的情况，应进行生理检查，科学介绍女性月经期的生理疾患以及相伴的各种心理反应，使其了解自己的生理、心理状况，调整情绪，规律饮食，从而减少或克服生理、心理的不适症候。

7. 实施教育方案。针对钟×的情况，列出详细的实施时间、内容、人员分工、方法等并分步骤实施。

六、技能训练

李×，1987年5月出生，因组织卖淫罪于2013年4月被×区人民法院判处有期徒刑5年。李×自小家庭条件一般，父亲十分重男轻女，李×排行老三，上面有两个姐姐，下面有一个弟弟，为了让弟弟上学，李×很小就出去当服务员打工，打工期间认识前夫，18岁生下女儿，后因感情不和离婚。离婚后，李×在所谓“姐妹”的带领下到某洗浴中心从事卖淫违法活动，并在从事卖淫活动1年之后，带了3个姐妹到某小区租住，并在出租房内组织卖淫活动，违法获利18万元。入监服刑后，李×因与同互监组孙×关系异常密切而被调换监区，但仍在生产时间趁警察不注意，跑到孙×机位诉说“思念”之情，被警察多次批评。

问题：根据李×的情况制定详细的教育改造方案。

思路：可从女犯教育的任务、要求和工作流程等方面着手。

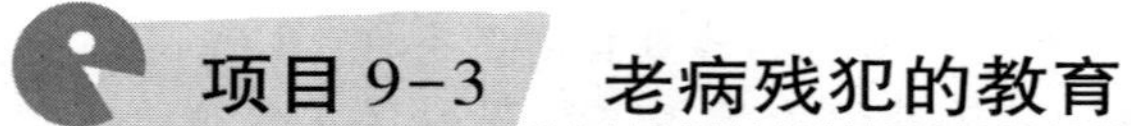

项目9-3 老病残犯的教育

一、任务说明

（一）老病残犯的定义

老年罪犯一般是指年满55岁的女性罪犯和年满60岁的男性罪犯；病残罪犯是指长期患有某种或多种疾病以及身体有残疾的罪犯。

（二）老病残犯的特点

1. 敏感脆弱，容易情绪化。老病残犯由于身体和生理原因而处于弱势，心理上也较为敏感、脆弱，尤其是家境贫困的或身体有残疾的罪犯大多存在一定的自卑心理。因此容易情绪化，常常因一点小事而无缘无故感到委屈、伤心、气愤进而情绪激动，行为上表现为经常无缘由地哭泣或者与人发生争执。

2. 心理负担较重，缺乏安全感。心理负担较重是老病残犯中较为常见的一种心理状态，他们容易对周围的人和事产生怀疑，缺乏安全感，一方面是他们所处的环境所引起的，处于一个相对封闭的环境，人际交往及自由受到限制，而罪犯又是个较为复杂的群体，加上老病残犯的自我心理调适能力较弱，久而久之心态难免失去平衡，对周围的环境缺乏安全感。另一方面，老病残犯担心被家人抛弃而无依无靠。因触犯刑律给家人带来耻辱，而自己生活自理方面较差，治病又会给家人增加更多的经济负担，所以总是担心家人会遗弃自己，缺乏安全感。

3. 精神孤独，渴望被关注。老病残犯内心通常有较强的孤独感，他们因身体状况和自身的衰老而不善于主动融入周围的环境，在人际交往方面也显得比较谨慎，加上服刑期间不能与亲人相处，因此内心有较强的孤独感。但他们又渴望与人交流，希望得到别人的关心和尊重，害怕被人忽视，这就使他们平时的语言和行为之间存在较大的反差，一方面总是强调自己与周围的人之间的不和谐，另一方面又总是用一些意想不到的甚至过激的言行来引起周围的人的注意。

4. 思想行为偏执，教育难度大。这与他们多年的生活经历及成长环境有关。原来的经历对他们的思想观念、个性及心理特征所产生的影响，已深深植根于他们的头脑，难以动摇，加上他们年龄偏大，受教育程度偏低，接受能力比其他罪犯要差。因此，他们在思想和行为上都表现得较为偏执。

二、具体任务

（一）开展人文关怀，感化老病残犯

老病残犯的情感丰富且复杂，受暗示性强，容易将外界发生的事情影射到自己的身上并进行比较，从而引起情绪的波动。当他们情绪产生变化时，监狱人民警察要认真观察，及时了解其思想动态，给予他们充分的关心和帮助，促进其改造。同时要关心老病残犯的生活，在监管设施，衣、食、住和活动场地上应注重人性化设计与安排，通过各种实实在在的人文关怀，有效教育、感化和改造老病残犯。

（二）开展个别教育，关注老病残犯

应根据老病残犯的实际情况，突出个别教育。个别教育是老病残犯的教育中至关重要的一种方式，特别是拉家常式的个别教育效果较好。老病残犯的心理较脆弱，依赖性重，一般都有极强的倾诉欲，他们渴望被尊重、被重视，在这种情况下监狱人民警察的个别教育就显得尤为重要，个别教育既要体现监狱人民警察对他们的关心、爱护和重视，又要纠正他们的缺点和错误，不能光讲大道理，做表面文章，要能够真正深入罪犯的内心深处，做细致的说服教育工作。

（三）开展健康教育，找准教育切入点

积极开展老病残犯的生理卫生、心理卫生、医疗保健以及其他有针对性的健康教育。充分利用现代科学技术和医疗条件，从生理病痛入手，在减轻他们生理病痛的基础上逐渐减轻他们的心理病痛，并进一步教育他们理性对待自身的衰老或疾病，逐步树立战胜疾病的信心和勇气，正确面对衰老，从而树立改造信心，解决思想方面存在的问题，自觉接受教育改造。

（四）开展“三观”教育，树立改造信心

积极开展帮助老病残犯坚定人生信念，科学战胜病魔，正确看待生、老、病、死，战胜自我的世界观、人生观和价值观教育，如开展以“生命观”为主题

的思想教育活动，引导他们“珍爱生命”“珍爱健康”，逐步树立改造信心。

三、任务要求

（一）积极关注

警察应改变对老病残罪犯原有的认识观念，采取正向视角，把自身融入这个特殊群体的情感体验中去，违法犯罪理应受到法律的制裁，但他们同时又是弱势群众，在法律法规允许的情况下，尽量给予其关心、照顾和帮助，以充分体现和贯彻落实社会主义的人道主义政策。警察不能轻视或鄙视老病残罪犯，应对老病残罪犯进行相对集中关押，给予适当照顾。

在罪犯之间开展一系列人际关系训练，如上演心理剧、角色置换训练等方法。使罪犯获得积极体验，增强罪犯间互尊互爱的美德，使其学会尊重人；消除一些持续性的负性情绪，增强其人际协调、沟通、交往的能力。

针对老病残罪犯生活自理能力差的问题，监狱人民警察应及时解决其生活困难，有病及时治疗。监区可以发动罪犯成立帮困互助小组，设立互助基金，专门用于特困罪犯的生活补助或家庭困难罪犯的适当帮扶。

建立老病残罪犯心理档案。进行一些相关的心理测量，结合其平时心理、行为表现制定出相应的完善人格的方案，订出计划或日程表及短期目标。同时，根据病残特征，建立相应的病残档案。档案中应包括身体状况、家庭情况、心理特征及犯罪情况等。

（二）柔性管理

对老病残罪犯的管理是一种积极、主动的柔性管理。对老病残罪犯的管理应与其他罪犯的管理区别开来，采取灵活多样的管理方式，在法律法规允许的情况下，充分体现社会主义的人道主义政策。应该根据老病残罪犯的特殊性以监区或小组为单位进行相对集中关押和管理，减少因环境因素造成横向比较产生的劣势，使老病残罪犯之间具有认同感，并在此基础上进行分类教育，使教育更具有针对性。

创造一张一弛、宽严相济的改造环境。在对他们适当进行监管和劳动改造的同时，应着重加强对他们的政治思想改造，加大文化改造和教育改造的力度，开展丰富多彩的监区文化，开辟健身娱乐场所等，教育他们学会用自己的双手绿化、美化和净化监区改造环境，最大限度地缓解他们的紧张情绪，陶冶性情，同时积极引导他们正确宣泄不良情绪。

四、任务流程

（一）收集与了解老病残犯的信息

了解罪犯犯罪原因、刑期、身体、病情、心理特征、行为特性、改造情况、心理需求以及在老病残犯中所存在的共性和个性问题。共性问题如身体机能和心理承受力均下降，缺乏改造信心，敏感多疑等老病残犯普遍存在的问题，个性问题如怨恨他人、怨恨社会、怨恨导致其入狱的一切因素等问题。

（二）分析研究老病残犯的具体情况，寻找解决策略

主要策略包括：依靠医学，打击伪病、小病大养者；尽量选派有工作经验、有爱心和责任心、有心理咨询师资格证的警察负责老病残罪犯的教育工作；抽调一些有医学常识、心理健康、有劳动能力和有爱心的罪犯与老病残犯成立健康互助互监小组，对他们在生活、学习和改造等方面予以陪护和帮助。

（三）制定老病残犯教育方案

老病残犯的教育方案要体现四个注重：注重基础教育，强化社会适应性教育，提高心理健康水平；注重亲情教育，加强感化教育，增强生活自信心；注重自我教育，激发自我矫正内驱力；注重心理教育，通过个别心理咨询，建立心理危机干预档案。

（四）实施老病残犯教育方案

落实开展方案的项目、内容、时间、人员和方式等，并分步骤实施，及时总结反馈并做适当调整。

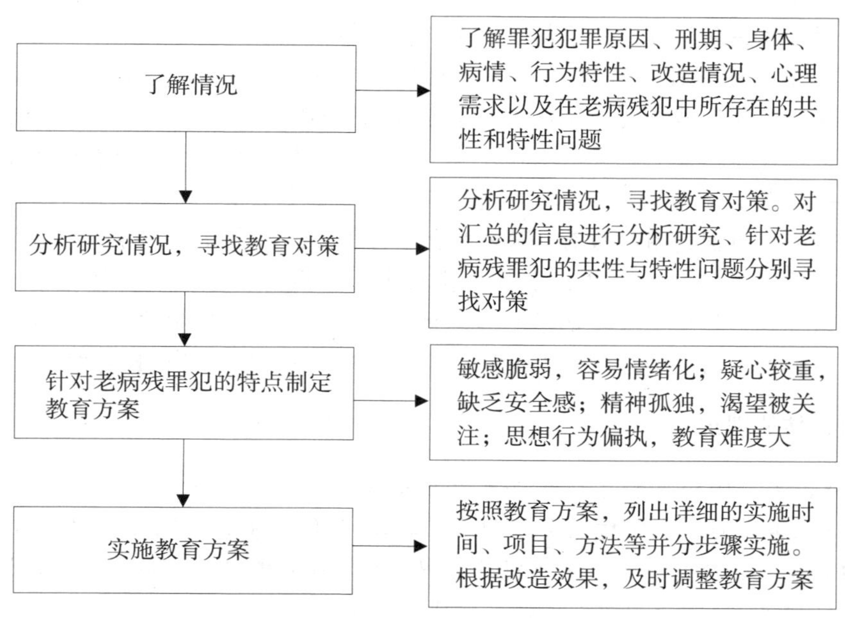

图 9-3　老病残犯教育工作流程图

五、任务示范

罪犯陈×，男，37岁，小学文化，江西宁都人，因抢劫罪被判处无期徒刑，于2009年8月被调入十六监区服刑改造。

改造初期，该犯因劳动操作不当，致使一根肋骨骨折，痊愈后不能从事重体力劳动，因而感觉取得考核分困难，丧失改造信心，对前途悲观失望。加之康复期间妻子提出离婚，从而思想消沉，情绪低落，沉默寡言。

针对陈×的情况，监区进行了大量的工作。

1. 正确引导。首先给予他改造希望，让陈×知道，现实人生不可能是一帆风顺的，总会遇到困难挫折，现阶段身体不能从事重体力劳动，但是还是可以劳动的。因为受打击就放弃改造是意志薄弱、心智不成熟的表现，只要能坚持改造，还是有希望的。

2. 树立目标。就监狱、监区的考核奖励具体情况对该犯作了细致的分析，针对其目前的身体状况，"清洁工种是劳动量较小的，考核分中等""鉴于目前的情况，还是先安下心做好这个岗位的事情，拿到分信心就更加足了，这样干活心情也舒畅"。

3. 解决困难。寻求监狱医院及医生的专业帮助，对其后期康复给予指导，使其掌握自我康复的方法，了解注意事项，能够获得最好的康复效果。

4. 培养兴趣。针对陈×自身文化素质较低，但是喜欢学习，崇尚文化知识的特点，警官应帮助他提高文化修养。培养陈×的读写能力，鼓励其参与读书读报活动，练习写作，对于每天的工作、生活的所思所想进行记录。根据情况制定了"三个一计划"，即每天习字一篇，每周写作一次，每月读书一本。

经过一段时间的耐心教育，陈×逐渐摆正了心态，自述通过学习不仅收获了知识，更缓解了抑郁的心情，丰富了业余生活，提高了审美观，懂得了人生道理。自己浮躁、愤懑的心情趋于平和，更激发了面对人生挫折的勇气，坚定了一定能改造好的信心。此后陈×积极投身到改造中，并且取得了比较好的改造成绩。

六、技能训练

沈×，男，1955年出生，犯故意损毁文物罪。

沈×性格内向，在农村以务农为生，2013年6月4日，在经过村镇社场时，因与他人争执，故意驾驶农用车将社场中一座辽代石雕撞毁，后经调查，该石雕系国家二级文物。沈×因此被判处有期徒刑3年。

沈×在入监后，极少与其他罪犯交流，对监狱人民警察的教育表现出抗拒，不愿接受监狱人民警察的帮助，多次流露出轻生的念头。某日对互监组罪犯说要上路了，并将自己的私人物品分送给他人。

问题：根据案例情况制定沈×的教育改造方案。

思路：可从老病残犯的特点、教育的具体任务、要求和工作流程出发，了解其自杀原因，开展珍惜生命教育。

项目 9-4　少数民族罪犯的教育

一、任务说明

（一）少数民族罪犯的定义

少数民族罪犯是指我国汉族以外的其他民族的罪犯。少数民族罪犯是罪犯中的一类比较特殊的群体，他们既是少数民族，同时也是罪犯。这一双重性使得他们在心理和行为表现上兼有少数民族特征和一般罪犯共有的特征。在管理教育上就要求根据少数民族罪犯的特点和少数民族的相关政策，有针对性地进行教育改造。既充分尊重少数民族罪犯的特殊风俗习惯与良好思想观念，又严格对他们进行依法教育改造。

（二）少数民族罪犯的特点

1. 民族宗教意识浓厚，敷衍甚至抗拒改造。少数民族罪犯通常都有突出的民族归属意识和民族荣誉感，十分看重本民族的利益，时常把个人利益和荣辱与本民族团体的利益和荣辱联系起来，表现出维护本民族利益和荣誉的行为，沿袭或渴望沿袭本民族风俗习惯的行为，刻意强调民族利益和民族风俗习惯，并以此抗拒遵守监规纪律。少数民族罪犯普遍有较强的民族亲合心态，愿意接近本民族的罪犯，他们之间彼此关心、互相支持。少数民族罪犯对本民族警察信任程度较高，愿意接近本民族警察，服从他们的管理和教育。

2. 个体文化素质较低，性格偏执。少数民族罪犯普遍思想比较单纯，对各种需要的心理欲望不高，短期型、直观式思维突出，为人老实安分，性格粗犷豪放。但是从另一个方面来看，少数民族罪犯也有简单、片面的思维倾向，鲁莽固执的性格倾向，保留了一些与时代主流观念不太一致的思想意识，行为上容易冲动，思想不稳定，心理应变和控制能力弱，容易盲目追随或仿效。

3. 以宗教信仰自由为借口，抵制思想改造。在所属民族团体宗教氛围的影响下，许多少数民族罪犯入监以前往往已经形成了对某种宗教的信仰。在入监以后，监狱封闭的改造环境往往会使其加深对原有宗教信仰的精神寄托和感情依恋。这些宗教信仰对于少数民族罪犯缓解和排遣在监禁环境的约束下所产生的焦虑、紧张和空虚心理是有好处的，同时，宗教中所倡导的“慈爱、诚信、无私、弃恶从善、洗心革面”等美德和善行对罪犯的改造和自新也是极为有利的。但有一些少数民族罪犯不顾监规纪律的要求，借口“罪犯有信仰宗教的权利”，要求在狱内公开从事宗教活动，目的在宗教幌子的遮盖下，运用各种手段抗拒改造。

4. 生活习惯的特殊性。某些少数民族有着比较特殊的生活习惯，他们在服刑期间难免会因为这一特殊的生活习惯而受到别人的嘲笑或讽刺，有时还会由于不能很好地满足特殊生活习惯的要求而产生烦恼，这些情况均会增加他们的心理压力，进而影响改造质量。

二、具体任务

（一）强化政治改造，完善教育方案

针对部分少数民族罪犯受狭隘民族思想的影响，我们需要尽快掌握一套具有强大说服教育力的思想攻坚武器，加强对少数民族罪犯爱国主义教育，通过爱国主义教育激发罪犯对伟大祖国的认同；通过民族政策的宣讲、民族统一战线的教育激发罪犯对中华民族的认同；通过党的理论、方针、政策的教育，特别是习近平新时代中国特色社会主义思想的教育激发罪犯对中国共产党领导和社会主义道路的认同，提高政治改造在罪犯改造生活中的引擎作用，强化政治改造的统领作用，完善监管改造、教育改造、文化改造和劳动改造总体方案。

（二）加强普法教育，提高法治意识

积极引导少数民族罪犯树立尊崇宪法、学习宪法、维护宪法的思想意识，加强对少数民族罪犯的普法教育，宣讲法律常识，开展常态化法制教育，促使罪犯树立主动学法的意识。面向少数民族罪犯开展公益讲座和爱国主义教育，让少数民族罪犯正确识别民族风俗习惯与正常宗教活动、非法宗教活动的界线，促使少数民族罪犯形成正确的价值标准，树立正确的行为规范，反思自己违法犯罪行为给家庭、社会和整个中华民族带来的危害，从而转化少数民族罪犯狭隘的民族主义思想，促使其自觉遵纪守法。

（三）加大扫盲力度，提高文化水平

针对少数民族罪犯的实际情况，开展民族语言和汉语言学习相结合的文化教育。提高文化水平，增强其接受新生事物的能力，使其能够尽快融入世界的发展和中华民族的伟大复兴事业中，进而促使其学法、懂法、守法，自觉接受改造。

（四）创新文化载体，激发改造信心

注重文化教育，牢牢把握住意识形态工作的领导权，不断加强对少数民族罪犯意识形态的引导教育。加大文化改造的熏陶和导向作用，充分发挥文化的引领功能，以监区文化建设为载体，提升教育改造质量，实现“以文化人、以文塑

人、以文育人”的良好改造氛围，在潜移默化中激发少数民族罪犯的改造信心。

（五）利用信仰力量，促进思想转化

针对少数民族罪犯普遍信仰宗教的客观情况，本着因人施教的原则，依法实施、积极引导、严格管理，努力让少数民族罪犯的宗教信仰在少数民族罪犯集中关押监狱发挥积极的“正能量”，为少数民族罪犯教育改造服务。少数民族罪犯普遍存在文化水平较低、社会认知差异化、服刑改造中并不积极等一系列行为特征，传统意义上的心理矫治对少数民族罪犯的教育改造效果并不是很明显，监狱可创新教育改造模式，借助少数民族宗教的积极因素价值导向，运用心理矫治的精神分析疗法和认知疗法，并结合少数民族罪犯信教的特点，帮助罪犯从领悟中解决心理上的问题，在忏悔中认识错误，在反思中矫正恶习，改变他们的世界观、人生观和价值观，有效促进他们思想的转化。

（六）开展亲情帮教，增强感恩意识。

以亲情教育为切入点，开展“离监探亲”“亲情帮教”“监狱开放日活动”等活动，促使罪犯树立积极、感恩、向上、向善的改造观，逐步转化罪犯思想。

（七）创新生活管理，尊重民族习惯。

我国《监狱法》第52条明确规定，对少数民族罪犯的特殊生活习惯，应当予以照顾。监狱要尊重少数民族罪犯的饮食习惯，在少数民族罪犯生活管理上创新求变，通过生活上的关心、照顾和区分对待，唤起少数民族罪犯心理和生理上的积极反应，进而转化其思想。

三、任务要求

（一）尽量使用本民族警察教育少数民族罪犯

本民族的警察更熟悉自身民族的历史和现状，通晓本民族的语言文字，懂得本民族的生活方式和风俗习惯，易于与本民族的罪犯沟通交流，能够准确掌握本民族罪犯的特点和思想动态，有的放矢地开展有针对性的教育改造。同时少数民族罪犯容易对本民族的警察产生认同感，他们对本民族警察和汉族警察的态度，无论在表面上还是内心感情上都截然不同，他们愿意将自己的心里话向本民族警察汇报。所以，选派政治文化水平和业务素质较高的本民族警察加强对少数民族罪犯的管理和教育，是改造少数民族罪犯行之有效的重要手段。

（二）强化思想教育，特别是爱国教育

根据少数民族罪犯的民族自尊心很强的特点，监狱要注重正面灌输，将国家法律法规、民族政策，即民族平等、民族自治、保障少数民族合法权益等内容作为思想教育的重要内容，让他们了解到我国是一个多民族和睦共处、共创未来的大家庭；在维护少数民族罪犯的民族自尊和自豪感的基础上，培养他们的国民意识，使他们懂得中国特色社会主义新型民族关系是各民族共同繁荣的基础，帮助他们学会理性处理和应对有关民族风俗、宗教信仰和生活习惯的问题，正确处理好国家与民族的关系。

（三）实行双语教学，加强文化和职业技术教育

根据少数民族罪犯多属文盲、半文盲的情况，必须从扫盲着手，逐步普及小学、中学的文化知识，推广实行少数民族语言和普通话的双语双文教育，用文明熏陶他们的心灵，用知识启迪他们的智慧，通过学习科学文化知识，帮助他们开阔视野，提高他们认识问题、分析问题和解决问题的能力，增强自我教育和自我完善的能力，逐渐摆脱偏见，自觉认罪服法，接受改造。同时，要对具有一定文化基础的少数民族罪犯进行职业技术教育，使其学习生产技术和劳动技能，为他们刑满释放后掌握一技之长，自食其力，脱贫致富，避免重新犯罪打下良好的基础。

（四）强化规范意识，增强纪律观念

少数民族罪犯普遍具有散漫、孤僻和固执的人格特点，缺乏规范意识。通过规范化训练，强化罪犯身份意识和规范意识，做到行动军事化、内务统一化、生活规范化、卫生经常化、学习制度化，增强他们的纪律观念和良好的行为养成，为服刑改造和刑满释放后就业谋生打下坚实的基础。

（五）开展富有民族特色的监区文化活动

在监区文化建设中要考虑到各民族的需要，组织开展各具特色的民族文化活动，如藏族的雪顿节、彝族火把节、侗族大歌节、苗族舞会、布依族芦笙会、傣族的泼水节、维吾尔族的古尔邦节、蒙古族的白节等。在各个民族节日里，组织本族罪犯同其他民族的罪犯共同欢度少数民族特有的节日，增强民族团结、加深了解、促进和睦相处，增进友谊、消除民族隔阂。

（六）适当照顾少数民族罪犯特殊的生活和风俗习惯

按政策规定兑现少数民族罪犯特殊的生活待遇，警察要动之以情、晓之以理、细心观察、精心安排，为他们创造良好的改造氛围。同时，要针对他们文化程度低、语言交流困难、改造中自我封闭严重等情况，适时为他们设置阶段性改造任务并给予经常性的激励，使他们以最快的速度、最短的时间适应改造环境和要求。平等对待少数民族罪犯，做到管理教育上不歧视、不姑息。

四、任务流程

（一）全面了解罪犯

通过查阅少数民族罪犯档案及有关材料，收集其家庭状况、成长经历、宗教信仰，犯罪过程，了解罪犯犯罪的动机和入狱表现，把握罪犯的心理状态，掌握

罪犯的基本信息。

（二）建立教育档案

少数民族罪犯的教育转化是一项系统工程，为了能够有针对性地、系统地对罪犯进行教育转化，结合罪犯的基本特征，逐个建立罪犯教育改造档案。

（三）制定教育计划

选择有针对性的教育内容，采用行之有效的教育方法，制定科学的教育计划。针对少数民族罪犯的基本情况，采用独特的教育手段，从法制、文化、心理和形势政策等方面选取恰当的教育内容，采用情感教育和科学引导的方式，制定教育转化计划。

（四）实施教育转化

根据掌握的资料和制定的教育转化计划，对罪犯进行教育转化，并对教育转化工作进行记录，以进行有效性分析。

（五）调整教育计划

在对罪犯的调查、教育、谈话、观察等基础上，结合罪犯在监狱服刑的表现情况，对于前期制定的教育计划进行适当的调整，使之更有利于罪犯的教育转化。

（六）继续教育转化

结合罪犯的教育转化情况，按照新调整的罪犯教育转化计划，对罪犯继续实施教育转化。

（七）开展教育考核

根据教育计划，结合罪犯的表现情况，及时对罪犯开展各种教育考核，及时掌握教育效果。

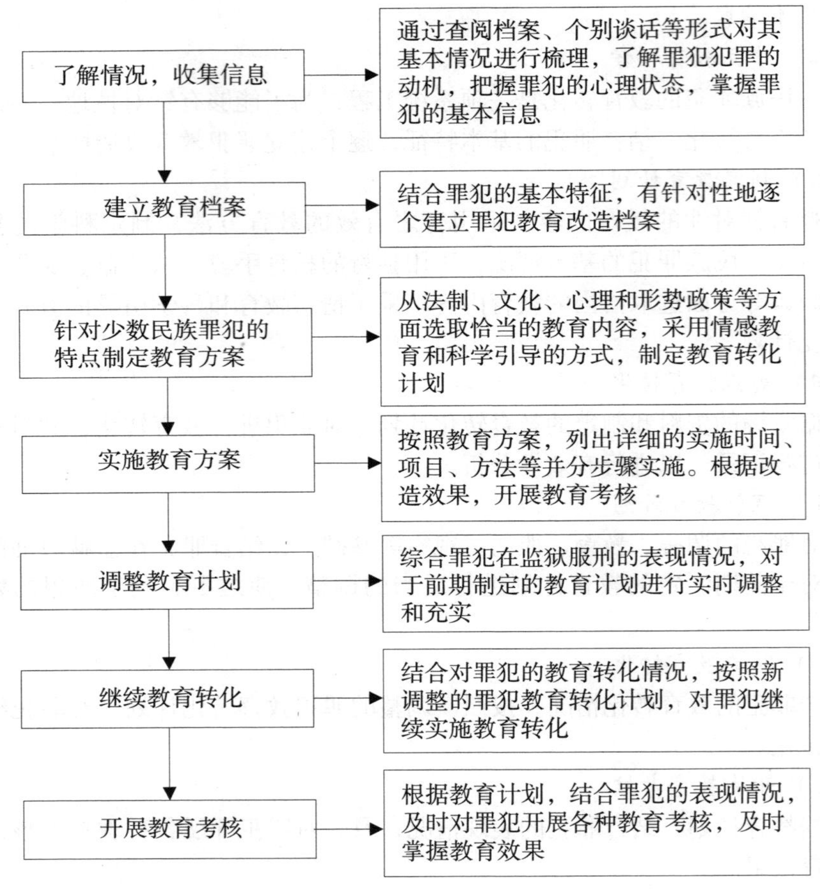

图 9-4　少数民族罪犯教育工作流程图

五、任务示范

罪犯尕×，×族，1967 年生，文盲，捕前住址：×县色地乡二村，非法持有枪支、窝藏罪犯，原判 10 年，刑期自 2003 年×月×日起至 2013 年×月×日止，2003 年×月×日入监改造。

尕×改造表现情况：尕×由于文化水平低（文盲），不会汉语、不识字，入监后与监狱人民警察和其他罪犯无法进行正常的语言交流，不能正确领会监狱人民警察的教育，更不能了解和掌握监狱各项监规纪律，其性格因此逐渐变得孤僻、偏激、暴躁，经常发生违纪行为，而且不能认识到自己的错误行为，长期没有得到行政奖励，导致改造信心不足，情绪低落。曾于 2005 年 4 月 7 日因打架受到禁闭处罚。

教育转化情况：针对尕×的具体情况，特别是尕×情绪低落、改造信心不足的具体问题结症，监区认真分析了原因，查找教育转化的突破口，制定并实施教育转化措施，取得了良好的效果。目前，尕×改造信心坚定、情绪稳定，改造积极性高，减刑愿望强烈，于2006年4月20日受到了减刑1年的刑事奖励。

教育转化工作过程及主要做法

一、根据其实际改造表现，认真分析其原因

尕×在改造中存在的主要问题是：性格孤僻、暴躁、偏激，情绪低落，改造信心缺乏。对此，监区多次通过其他会汉语、改造积极的×族罪犯对其进行了解，分析其成因为：尕×文化知识水平低，存在语言障碍，不能与他人正常交流，思想包袱、内心压力等得不到及时的解决和释放；同时，对监狱的监规纪律等不能正确掌握，时常出现不经意的违规行为（其内心并不想违规），担心其改造表现及成绩得不到监狱人民警察的认可，从而导致其改造积极性不高。

此阶段，通过对尕×实际改造情况的原因分析，找准了罪犯在改造中存在的现实问题及其结症，有利于对症下药，制定符合实际且有利于增强其改造积极性的教育改造措施，为下一阶段开展具体的教育改造工作奠定基础。

二、召开个案专题分析会议，认真分析研究，找出教育改造的突破口

尕×在改造中的问题症结是：文化知识水平低，语言有障碍，缺乏交流，不能及时有效地领会监狱人民警察的教育内容，对监狱人民警察缺乏足够的信任，改造的动力不足。为此，监区进行认真的分析后认为：对尕×的教育转化突破口应放在增强其与他人交流的能力，解决其对监狱人民警察的不信任问题。

此阶段，通过监区监狱人民警察召开个案分析会，专题研究找出了教育改造的突破口，有利于下一阶段制定详细的教育改造计划，实施分步骤教育，逐渐达到教育转化的目的。

三、制定详细的教育转化计划，分步骤实施教育

根据尕×存在的问题，监区研究制定了教育转化计划，即第一步，充分利用汉文扫盲班文化教育课，加强尕×的文化知识教育与学习，使其掌握基本的文化知识，提高汉语表达和领会能力，同时，在罪犯中挑选确定改造积极分子对其进行语言交流训练，实施帮助训练。第二步，在罪犯中挑选确定尕×比较信任的改造积极分子，对其进行依法服刑和监狱政策纪律的宣传，帮助其提高认识水平和对监规纪律的掌握，减少不必要的违规。第三步，确定教育转化的负责监狱人民警察，根据尕×对监狱人民警察缺乏信任的具体情况，监区对负责教育其转化的监狱人民警察人选也进行了认真的考察研究，尽量选派尕×在改造中比较信任且

具备较强的教育改造能力的监狱人民警察，负责尕×的教育转化工作。第四步，改善尕×学习、生活、劳动的环境，有针对性地进行调整，保证尕×有更多与他人交流的机会，能够缓释心理压力，放下思想包袱。第五步，及时帮助尕×对改造情况进行总结，肯定其改造成绩，并适时地进行多种形式的表扬，同时，对其在改造中的错误行为给予及时地指出，并告知其改正的办法，帮助其树立改造的信心，使其逐渐走上依法服刑、立功减刑的道路。第六步，根据各步骤实施后的工作效果，结合尕×的实际改造情况进行阶段性教育小结，总结经验，吸取教育中的失败教训，抓住各阶段教育活动的突出矛盾，及时调整教育计划，重新制定教育措施，提高教育质量。

此阶段，通过教育改造的分步骤实施，教育改造效果十分明显。尕×文化知识水平得到了提高，已达到了初小文化；在改造中“大错不犯、小错不断”的问题得到彻底解决，遵规守纪情况良好；孤僻、暴躁、偏激的性格得到了改变，能够经常参加篮球比赛等集体娱乐活动；劳动改造进步快，现在监区罪犯中劳动任务量完成排名靠前；思想包袱得到了彻底解决，改造信心得到了增强，2006 年 4 月 20 日受到了×市中级人民法院减刑 1 年的刑事奖励。

六、技能训练

王×，男，彝族、今年 33 岁，服刑前是农民。因故意伤害罪被判处有期徒刑 3 年。罪犯王×脾气很大，隔三岔五就和别人发生冲突，打架。据了解，他的妻子和他的父母闹矛盾，每次会见的时候都要和他吵闹，使得他无法安心服刑改造，成天想着家里的事。别的罪犯一点不合适的举动也会惹得他大动肝火，大打出手。

问题：制作 1 份对罪犯王×的教育改造方案。

思路：可参考少数民族罪犯的特点、工作任务、要求和流程进行制作。

项目9-5　顽危犯的教育

一、任务说明

（一）顽危犯的含义

顽危犯是顽固犯和危险犯的总称。在实践中，通常将有行凶、脱逃、自杀倾向的罪犯称作危险犯；把一贯不服从管理、逃避学习、不遵守纪律、消极怠工、严重抗拒改造的罪犯称作顽固犯。邪教类罪犯中未转化的，都视同顽危犯予以认定。顽危犯是扰乱监管秩序的害群之马，是教育改造罪犯工作的重中之重，难中之难。对顽固犯、危险犯，要指定专人负责管理教育工作，顽固犯的年转化率应当达到50%以上；对危险犯，要努力消除危险。

（二）顽危犯的特点

1. 情绪偏执，具有突发性。顽危犯心理健康水平较低，存在一定的心理问题，是自杀、自残的高危人群。他们常呈现出暴躁凶残、鲁莽冲动、思想偏激、气量狭小、放荡不羁的病态心理；自我调控能力低，性情暴躁，易生烦恼；面对困难和挫折欠缺沉着、冷静；容易受环境支配，心神摇摆不定，喜悲情绪骤变明显，不容易恢复平静，焦虑情绪较严重；特别是他们的合理需求得不到满足或仇恨心理爆发时，亲人病故、配偶离婚或失恋时，与其他罪犯或监狱人民警察发生矛盾和冲突时，容易反抗，甚至铤而走险采取暴力行为，具有突发性。

2. 人格扭曲，具有狡诈性。顽危犯善于将自己伪装起来，花言巧语，谎话连篇，伪装积极改造，企图骗取监狱人民警察的信任；或寻求单独活动的机会，伺机逃跑；或欺上瞒下，奉承警察，拉拢、哄骗、打击其他罪犯；或挑拨是非，搞假汇报诬陷他人等，企图浑水摸鱼。

3. 态度顽固，缺乏变通性。他们往往认为自己与众不同，毫不顾及社会舆论的约束，固执己见；除亲密的朋友之外，对他人缄默冷淡，落落寡合，亲合动机低，不爱与人交往，常常拒绝他人的关心，常怀疑虑心理；不听从监狱人民警察的教育和亲属的规劝，心理行为上表现为意志消沉、颓废沮丧，有冒险逃脱、自残自伤、自杀行凶的危险，对自己的抗拒改造行为十分自信和自负，个性顽固和偏执。

4. 角色淡化，具有纠合性。顽危犯受社会亚文化的影响，对自身罪犯的角色和身份意识严重淡化，不以犯罪为耻，反以为荣，有的还津津乐道犯罪过程，大肆炫耀自己的犯罪恶行，在狱内拉帮结伙，共同抗改。有的煽动闹事，集体消极怠工，威胁监狱人民警察，搞地域帮派斗争，伙吃伙喝，谈论消极话题，回忆过去的犯罪体验，预谋对抗改造，甚至结伙逃跑行凶等，严重影响监狱正常的监管秩序。

5. 意志薄弱，具有反复性。在监狱人民警察、亲人的教育感化之下，部分顽危犯表现出渴望亲情，改邪归正，向往自由生活的可塑性。然而改造是一个艰难漫长的过程，顽危犯需要不断磨炼自己的意志。由于自由散漫惯了，其很难适应严格的纪律约束，他们时好时坏，缺乏定力，具有反复性；若遇挫折就"破罐子破摔""脚踩西瓜皮，滑到哪里算哪里"，对漫长的改造生活失去信心，感觉前途渺茫。

二、具体任务

（一）开展攻坚性教育，建立攻坚网络

要开展攻坚性教育，就需要实行顽危犯分层转化制度，建立监狱、监区、分监区三级攻坚网络。

监狱要成立由分管领导任组长的教育转化领导小组，吸收改造经验丰富的狱政、教育等职能部门的负责人和监区领导为小组成员，主要负责对教育转化工作的组织、部署、监督和考核。监狱教育部门负责协调并逐一落实教育转化顽危犯的工作计划或方案，逐人组织专班攻坚。

顽危犯教育转化的具体工作主要由监区（分监区）承担。监区、分监区要相应成立由基层主要领导任组长的教育转化工作实施小组，吸收基层副职领导和教育干事为小组成员，负责对顽危犯服刑的具体指导、实施转化工作，由实施小组集体研究、分析，确定施教方案，然后尽量选择在罪犯中有一定威望和能力的监狱人民警察承包转化工作，实施小组成员分别对应并具体参加转化工作，实施连带责任制。对于监区或独立分监区难以转化的攻坚对象，要及时上报到监狱，由监狱组织攻坚人员配合进行集体攻坚，上下联动。

对顽危犯的教育转化应将责任落实到人，并签订工作责任状。由监区领导指定专人负责，其他监狱人民警察协助，实行包控管、包教育、包转化。必要时还可借助其他监狱或社会力量参加攻坚转化。

（二）开展详细调查，制定科学矫正方案

1. 调查分析情况。通过监区领导、分监区长、罪犯教育警察以及顽危犯周围的罪犯等不同主体深入了解顽危犯的具体详细情况、日常行为模式、与周围人群之间的关系、性格特征及兴趣爱好等；通过查阅顽危犯的档案、心理测评报告等，掌握其犯罪事实、经过、案件审理及判决情况、顽危表现的性质、恶劣程度以及入监改造过程全貌；通过个别谈话直接掌握顽危犯的言行举止，综合表现；通过对顽危犯的学习、工作、生活经历进行分析，了解顽危形成的原因。

2. 制定教育转化实施方案。教育转化实施方案的主要内容有：建立信任关系，确立改造目标、教育激励措施、改造信息反馈、方案措施调整等。实施转化过程中要夯实基础，对攻坚组成员召开专题会进行布置，坚持管理与教育相结合，用个别教育、心理矫治、集体会诊及定期召开攻坚组讨论会，研究教育改造对策等形式，做实做细每一项教育转化工作。对顽危犯的教育感化更需仔细斟酌，讲究策略，努力创造契机，在找准教育切入点的基础上，沉着应变，稳中求胜。要加强调查研究，准确分析顽危犯思想症结，增强转化顽危犯工作的针对性和有效性。顽危犯每月接受个别教育次数一般不少于 3 次，遇有重大问题或发生变故随时谈话，并制作详细的谈话记录。实施顽危犯集体会诊制度，坚持监区半月、监狱每月开展 1 次会诊，研究转化顽危犯工作。

三、任务要求

（一）找准病根，对症下药

熟知顽危犯“四知道”全部内容，并多与之交谈，经常认真观察顽危犯的行为去向等，实事求是地分析问题，将一般教育和个别教育结合起来遵循因人施教原则，根据顽危犯各自的病根，对症下药。

（二）全员承包，重点攻坚

推行面上全员承包与点上重点攻坚相结合的个别教育工作运行机制。全员承包是指所有的顽危犯都应落实好监狱人民警察包教和包控。重点攻坚是指对特别危险、特别顽固的罪犯采取特别措施，开展攻坚教育。

（三）落实监管控制措施

“三控”指回监舍后，罪犯积极分子委员会成员对顽危犯进行控制；出工后，罪犯互监组对顽危犯进行控制；在劳动作业点上，罪犯小组对顽危犯进行控制。

“三包”就是由指定监狱人民警察对顽危犯进行包管、包教、包转化工作。

（四）个案矫治，因人施教

对顽危犯实行个案矫治，因人施教，必须为每个顽危犯独立制定有针对性的个别教育矫治方案，做到因人施教，一把钥匙开一把锁，切实加强对顽危犯的个别教育转化，特别是做好个别谈话教育，负责“三包”的监狱人民警察每月与顽危犯的谈话不得少于 2 次。

（五）奖惩分明，宽严适度

顽危犯的顽危性决定对其必须严格要求，绝不能姑息迁就，放纵不管，该批评的要批评，该处罚的要处罚。但是顽危犯与其他罪犯一样享有获得记功、表扬等奖励的权利，这不仅要求对顽危犯的奖惩必须分明，还应把握分寸，做到宽严适度。

（六）凝聚力量，形成合力

对顽危犯的改造，单靠监狱人民警察的努力，还不能完全形成一个良好的改造环境和氛围，它必须与社会帮教方面相配合，形成一股强大的合力，使顽危犯随时随地都能在一个良好的环境和氛围中改造，潜移默化地达到转化之功效。

（七）心理矫治，促进转化

将心理测试与犯情分析预警机制相结合，以提高工作的实效性。将心理咨询与个别教育相结合，以提高教育疏导的效果。将心理矫治的一般性与监管工作的特殊性相结合，以不断规范工作要求。为每一名顽危犯建立心理健康档案。通过心理矫治，有效促进顽危犯思想转化。

四、任务流程

（一）个案分析程序

1. 确定分析会时间。

2. 召开个案分析会：主管的监狱人民警察介绍顽危犯近段时间的改造表现；与会监狱人民警察分析讨论；与会监狱人民警察共同研究，提出下一步管理教育计划和措施。

3. 填写个案分析表。

4. 上报个案分析表到职能部门。

5. 按管理教育计划和措施落实。

（二）个案分析内容

1. 罪犯基本情况介绍。

2. 从主客观两方面分析罪犯的犯罪原因。

3. 顽危犯的成因分析。

4. 教育转化有利、不利因素分析。

5. 制定教育转化计划和措施。

（三）教育转化计划内容

教育转化对象及对象的基本情况、顽危原因分析、管理教育方法和步骤、时间目标和效果目标等。

（四）制定教育转化计划

首先，对顽危犯个体进行分析；其次，主管的监狱人民警察拟写计划；再次，组织讨论计划，修改完善；最后，按计划实施。

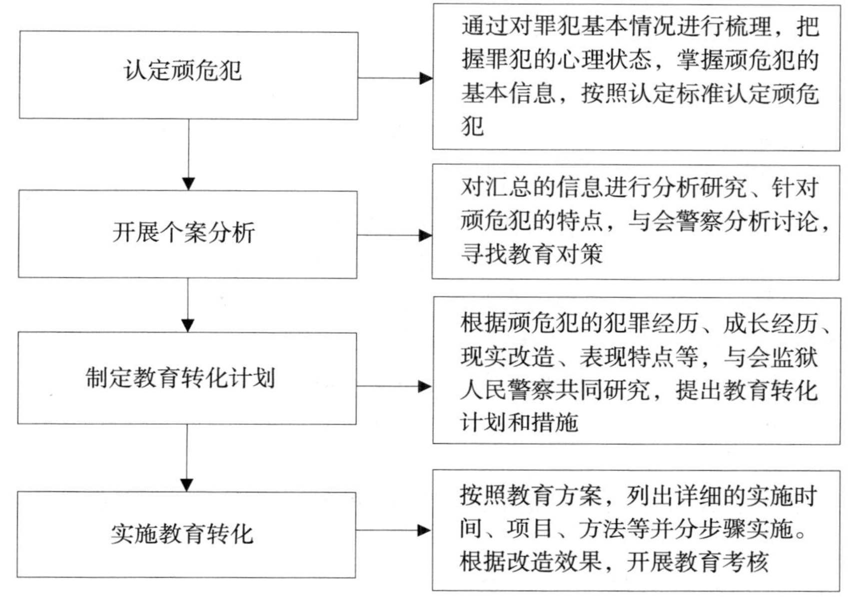

图 9-5　顽危犯教育工作流程图

五、任务示范

罪犯林×，出生于1978年×月×日，汉族，中专文化，被捕前系×市电力公司工人，×市人。因涉嫌盗窃、诈骗罪于1999年10月13日被刑事拘留，同年11月18日被逮捕，2000年5月7日因盗窃罪被×市人民法院判处有期徒刑1年6个月，并处罚金1000元；犯诈骗罪判处有期徒刑1年，并处罚金1000元；决定执行有期徒刑2年，并处罚金2000元。林×未上诉，于2000年6月2日被送×监狱执行刑罚。

入监后，林×自认为刑期短，放松了对自己的改造，把警察的教诲抛于脑后，不遵守监规纪律，无视法律法规，先后因脱逃和故意伤害其他罪犯，两次被加刑共6年。

两次加刑后林×改造陷入低谷，一直认为自己的运气不好，不能从思想深处剖析自己的缺点和不足，怨天尤人。从此，监区将林×的教育转化纳入转化工作的重中之重，不仅在思想方面加强对林×的教育和疏导，同时在日常生活和劳动中设置包夹人对林×进行严密的监控，定期收集林×的现实改造表现，强化林×个人自制力的培养，避免出现突发情况。通过半年的强化教育和监控，罪犯林×在思想上出现了明显的转化，正确的改造观念逐步形成，不仅让周围的人看到其转化的成绩，而且林×也树立了改造的信心。

具体转化过程：

（一）了解情况，追根溯源

1. 询问罪犯加刑后的真实想法及认罪态度。

2. 听取罪犯本人对今后改造的打算。

3. 了解罪犯家庭情况及社会背景并加以分析。

4. 听取罪犯本人对所犯罪行的具体讲述及犯罪动机。

5. 了解罪犯在改造中遇到的实际困难，分析其不能正常改造的原因。

通过以上工作的开展，了解到如下情况：

1. 林×自两次加刑后，对改造逐渐失去了信心，认为前途渺茫，况且自己已经是加过两次刑的人了，今后再怎么努力都不可能得到减刑，劳动改造中多做少做都一样，没有多大的意义。

2. 在以后的改造中自己只要不违反监规纪律就行了，劳动中能做多少是多少，意义不大。

3. 林×认为家里人现在已经不管自己了，心理压力大，导致自己在改造中停滞不前，当时脱逃的原因也是因为这个，想回家问个究竟。

4. 林×捕前系×市电力公司工人，且有相对较强的电工专业技术，脱逃前在监狱外劳动点当电工。

5. 林×入监后家里人一直没来看望过他，担心家人是不是不管自己了，加之脱逃、故意伤害两次加刑，使自己的刑期越变越长，自身心理上对刑期有一种恐惧感。

（二）对症下药，因人施教

1. 进行正面的法制观念教育。《监狱法》第62条规定："监狱应当对罪犯进行法制、道德、形势、政策、前途等内容的思想教育。"与文化教育和职业技术教育相比，思想教育处于主导的地位。它是对罪犯进行的旨在转化罪犯思想的系统性影响活动。

针对林×实际情况，本阶段警察对罪犯进行以正面灌输法律知识为主要内容的教育方法。其主要目的是培养罪犯的法制观念，使其知法、懂法、养成遵守法律意识。

（1）进行法律常识教育。着重讲解我国法律的性质、特点以及树立社会主义法制观念的重要意义，让其知道在社会生活中的作用及与自身的关系，启发他们自觉树立和增强法制观念，避免重新违法犯罪。

（2）进行宪法、刑法、刑事诉讼法及有关法律的教育，使其懂得公民的基本权利与义务以及二者之间的关系，懂得什么是违法，什么是犯罪，国家为什么要对罪犯实施惩罚，以及司法机关办理刑事犯罪案件的程序和规则等，以促使林×服法，自觉接受改造。

（3）进行监狱法及监规纪律教育，使其能正确认识我国监狱的性质及宗旨，懂得我国监狱工作的方针、原则和改造罪犯的各项制度，以及罪犯在监狱服刑期间的法定权利和义务，从而使其消除抵触情绪，端正态度，遵守各项监规和行为规范，自觉接受改造。

通过法制教育，使林×在潜意识中认识到自己所犯罪行的严重性以及今后努力的方向。

2. 加强引导，教育感化。

（1）明确指出消极改造的危害及严重后果。利用相关方针政策对其讲解、启发、引导、联系实际，使其打消思想顾虑，积极投入改造。

（2）对其进行个别谈话教育：①谈罪行，讲危害，促其认罪服法；②谈思想、放包袱，使其积极改造；③谈家常，问情况，为其排忧解难；④谈改造，讲法律，使其转变思想；⑤谈监规，讲道德，矫其不良品行；⑥谈成绩，讲进步，勉其奋发向上；⑦谈缺点，找问题，教其明辨是非；⑧谈改革，讲发展，帮其更新观念；⑨谈形势，讲未来，诱其热爱生活；⑩谈理想，讲前途，激其向往明天。

通过谈话，一方面警察了解其基本情况，帮助解决思想问题及满足合理要求；另一方面，让林×了解监狱警察，通过警察亲切的话语、和善的形象使其紧张恐惧的心理得到缓解与放松。

（3）动之以情，晓之以理。在思想感情上对其不歧视、不疏远、不横眉冷对。相反要关心体贴，亲近罪犯，从思想上解除林×与监狱警察之间的对立情绪。只有从其心理上消除隔阂，互相感情交融，才能打开对方心灵的窗口。

（4）给予其信任和希望。凡是人，都希望别人能信任和尊重自己。一个犯了罪的人，由于违法犯罪活动，长期以来，受到学校、家庭与社会、亲戚朋友的冷遇和不信任。所以说，我们要对犯人以家人般的温暖，才能使他们有更大的改造动力。

3. 排忧解难，使其看到希望。该阶段林×处于心理调整适应期，在改造中也有了明显的进步，为加速其改造进程，加强改造信心，警察有针对性地做了一系列工作：

（1）通过监区警察的积极努力，取得了与林×家人的联系，希望他们能够从不同方面给予鼓励，让其看到希望，安心改造。

（2）以亲情电话的形式让其与家人通话，了解情况、打消顾虑。

（3）以现身说法的形式让其明白只有服从管理，安心改造才会有记功、减刑的机会。

(4) 安排林×为生产车间电工，以更好地发挥其特长。

该阶段以个别谈话教育为主，同时在教育中注意方式方法，使其能摆正位置，甩掉思想包袱，轻装投身改造。

4. 巩固阶段。从我们所掌握的情况来看，导致林×的思想波动的根源已基本解决，鉴于此类罪犯的不定期因素，为防止其复发，这必将是一项长期的工作，丝毫不能放松。

此阶段效果明显（2004 年 3 月起），主要有以下表现：

(1) 无违反监规行为发生。

(2) 在改造中表现出前所未有的积极性。

(3) 积极配合监狱对电、线路进行检查维修。

(4) 发现安全隐患积极报告，并提出许多合理化建议。

(5) 服从警察劳动安排，尊重警察，积极完成警察所下达的各项任务。

(6) 由于表现突出，于 2006 年 4 月获得减刑 1 年。

此阶段的工作主要为帮助其利用积极因素克服消极因素。采取的方法主要为激励法与告诫法，同时又以激励法为重。

该阶段林×改造表现良好，较稳定。

5. 教育、转化。自 2004 年 3 月至今，林×在改造中未出现一起违规行为；能积极参加学习、劳动并超额完成劳动任务；在劳动中及时发现问题、处理问题，并提出合理化建议；对改造目标表露出良好渴望，期望通过积极改造获得减刑；对出狱后的生活拟定出正确、可行的目标；服从管理，尊重警察。

综上所述，经过一年多的巩固期，可以确定林×已彻底放下了思想包袱。

六、技能训练

王×，男，1977 年出生。被捕前系某铁路局职工。王×性格偏激，行为偏执。某日在工作时与同事发生矛盾，下班后将该同事约至厂区人员稀少处，要求该同事给他一个说法，两人言语不和，发生打斗，在打斗过程中王×将被害人打成重伤。某区人民法院以故意伤害罪判处王×有期徒刑 8 年。2010 年 2 月入监狱服刑。刚入狱时，王×表现烦躁郁闷，万念俱灰，不服法院的判决，不服监狱警察的管理教育，在监舍经常与其他罪犯发生争执，在劳动改造时抗拒改造，多次顶撞警察。

问题：制定 1 份王×的教育改造方案。

思路：可从顽危犯的特点、教育工作任务、要求和任务流程等方面思考。

项目9-6 外籍犯的教育

一、任务说明

（一）外籍犯的定义

外籍罪犯是指触犯中华人民共和国刑事法律并经中国法院判处刑罚，由中国监狱执行刑罚的外国人，在司法实践中将无国籍罪犯和国籍不明罪犯也视为外籍罪犯。

（二）外籍犯的特点

1. 政治敏感性高，普遍存在不认罪服法问题。外籍犯普遍对我国的方针政策比较关注，关心国籍国和全球信息，对国际形势、两岸关系、港澳情况议论较多。相当一部分罪犯对我国刑罚制度有较深研究，对中国内地刑罚制度、监狱管理与西方国家和我国港澳台地区进行对比议论，特别关注刑罚执行的公平公正。热衷于向外国驻中国使领馆反映情况，普遍认罪服法态度不好。

2. 沟通交流有障碍，第一手资料掌握难。罪犯入监前所在国（地区）社会制度、文化背景、宗教信仰、生活方式、语言文字不同，给教育改造造成较大困难。主要包括：①有一定的语言障碍。外籍犯来自不同国家，由于语育和文字原因，警察的管理教育困难，与罪犯家属联系沟通不易，信件难以检查，罪犯间交流不畅。相当一部分罪犯是小学文化，甚至文盲，有的只会讲本国语言，连简单的英语都不会，给管理教育改造造成很大困难。②存在不同程度的思想文化障碍。社会文化背景差异导致外籍罪犯世界观、人生观、价值观等方面存在不同，使监狱在开展思想、政治、形势教育和规范化教育，“三课”教育等方面有很大困难。犯了罪，在监狱受管束。艰苦的生活、强制性的劳动，与曾经的纸醉金迷、灯红酒绿形成强烈反差，加上刑期长、思乡心切等因素，悲观心理和消极心态较为普遍。③罪犯背景、家庭情况不明。罪犯背景和家庭情况大多只能听其本人所述，难以核查。有的罪犯证件不明确，特别是偷渡犯。罪犯家属联系沟通困难，社会帮教力量薄弱。

3. 以外籍自居，主观上优越感强。相当多的外籍犯认为所在国大使馆能为他们提供庇护，动辄以使馆照会威胁监狱，认为监狱应该对外籍犯网开一面，特别照顾。对监狱正常的严格管理采取消极抵抗，藐视我国法律法规，无视监狱的规定，不认罪、不承认中国法律，服刑意识、身份意识差。有的甚至抱有对立的看法，从心理上不愿接受惩罚与改造，尤其不愿意参加劳动。此外违规抗改严重，部分罪犯在遵守监管规定上阳奉阴违，警察在场时中规中矩，警察不在时则为所欲为。往往不安心在中国监狱服刑，而将希望寄托于本国大使馆通过外交途径达到提前释放或回国服刑的目的。因而表现出浮躁、不安心、对自己的表现好坏、奖惩等问题均持无所谓的态度。

4. 权利意识强，义务观念差。一些外籍犯普遍十分重视自己的权利，不但要求享有中国籍罪犯所有的权利，而且还提出超出法律范围的“权利”要求。一旦他们提出来的不合理要求得不到满足，就采取绝食、向使馆告状、给监狱上级甚至司法部写信等方式，要挟监狱，与监狱讨价还价，以此来达到自己的目的。在强调权利的同时，外籍犯对自己作为一名罪犯应当履行的义务却闭口不谈。

5. 渴望亲情。亲情沟通是人的正常心理需要。由于路途远，外籍犯不能与家人、亲属及时、正常地进行亲情的沟通，甚至有些外籍犯长达数年不能与家人见面，只能通过信件往来了解家中情况。久而久之，容易导致他们在心理上缺乏情感慰藉，亲情观念淡薄，常表现为焦虑不安、脾气暴躁、性格孤僻等消极心理状态。

二、具体任务

（一）教育感化，改造思想

外籍犯在异国服刑，远离家属和亲人，因而比之中国罪犯来说，他们无论在心理上、情感上和对服刑的体验上，都会产生更强烈的痛苦感受，面临更多生活上的困难。监狱人民警察在对外籍犯的教育改造中应充分体现人文关怀和人道主义感化，使他们感受到中国监狱人民警察的博大胸怀和中国监狱制度的文明和进步，认同监狱的教育改造行为。

（二）普法教育，明确身份

1. 针对一部分外籍犯对中国的法律法规一无所知或知之不多的实际情况，应组织外籍犯深入学习我国刑法、刑事诉讼法、监狱法以及相关的外籍犯管理制度和奖惩规定。

2. 反复向外籍犯宣讲我国法律规定及法律精神与国外某些国家法律规定及法律观念的异同，使外籍犯真正通晓我国法律，并对照法律规定反思自己的犯罪行为，明确法律判决的合理性和公正性，敦促外籍犯要认罪服法，提高自己的囚犯意识和服刑身份，彻底打消外籍犯各种不切实际的幻想，只有踏踏实实地认真改造，认罪悔罪，才能早日获得新生。

（三）文化教育，促进改造

1. 对外籍犯的文化教育应以基础中文为主要内容，根据实际情况，可以分为初级班、中级班和高级班。

2. 初级班应以能听懂警察日常管理用语，并能基本表达基于管理而发生的自己行为的意向为目标。监狱可根据实际情况编写日常管理用语的中英文（或中文与其他国家语言文字）对照教材。

3. 中级班应以能正常与监狱警察进行语言沟通，会书写汉字，熟练运用汉语表述本人思想为标准。

4. 高级班应能正常收听广播、收看电视、阅读中文报纸，对中国历史、文化有一定了解。

5. 监狱对于不同层次的中文班要进行考核，对合格的外籍犯应给予一定的奖励。

（四）文化改造，陶冶情操

1. 根据外籍犯情绪低落、性情忧郁、脾气暴躁的特点，美化、绿化监管改造环境尤为必要。

2. 大力开展适应外籍犯民族风情和生活情趣的监区文化活动，并使之寓教于乐、喜闻乐见、全员参与，这些文娱体育活动可包括绘画、书法、音乐欣赏、收听或收看介绍中国历史、文化的影音资料、打篮球、踢足球、打乒乓球、学下中国象棋、围棋等。

3. 在活动中尤其要安排一些有中国特色的活动，使外籍犯了解中国以及中国博大精深的文化。陶冶外籍犯的情操，从而促进外籍犯整体素质的提高。

三、任务要求

（一）集中关押，规范管理

监狱应将外籍犯集中起来，单独关押。但也不宜将同一国家或同一种族的罪犯集中在一起，应分散到不同的班组，避免形成对抗管理的小团伙。根据外籍犯的实际情况，制定《外籍犯管理特殊行为规范》，采用记分考核办法，从抓日常生活卫生、劳动改造、外籍犯行为规范的养成等工作人手，对外籍犯的一日生活进行细化，警察通过原始材料的记录情况，对外籍犯进行“日考核、周评议、月小结”，并及时公布，做到“以分记奖，以奖依法减刑”，调动外籍犯改造的积极性。

（二）尊重习惯，保障权益

对于外籍犯的风俗、饮食习惯，监狱应予以尊重。同时要尊重外籍犯的宗教信仰和民族习惯，要重视他们的节日，妥善合理地安排伙食。可以培养罪犯自我管理的主动性，有意识地引导罪犯自我组织和管理一些业余活动，在警察主导和监管下，可以成立罪犯矛盾调解小组，发挥他们自身的重要作用；实行罪犯伙食、兴趣小组、日常文体活动等自主管理；在重要节日，如元旦、感恩节、圣诞节、复活节等，在不违反监狱管理规定的基础上，组织一定的文体活动。

（三）文明管理、遵守公约

我国已加入了《囚犯待遇最低限度标准规则》《联合国少年司法最低限度标准规则》等国际性监狱规则。对外籍犯的教育改造既要严格遵守国际公约，做到科学管理和文明管理，又要充分运用这些国际公约中有利于罪犯教育改造的道德、精神和其他方面的力量，按照罪犯所需的个别化待遇来有效促进外籍犯的教育改造。

四、任务流程

（一）查阅资料

通过查阅外籍犯档案及有关材料，收集其家庭状况、成长经历、犯罪过程等基本信息，熟悉外国籍罪犯的文化背景、宗教信仰、生活习惯等实际情况，做到充分了解罪犯。

（二）制定计划

考虑到外籍犯的犯罪动机，对于外籍犯的教育改造首先要从转变他们对警察职业的误解开始。在制定教育计划时，一定要注重执法的公平、公正和公开，增强外籍犯对监狱人民警察的信任。

（三）教育评估

对即将实施的教育进行初步的效果评估，看能否达到预先设计的教育目的，对外籍犯的教育，更应做到奖罚分明，公平、公正和公开，只有宽严相济，并采取教育感化等手段，才能实现标本兼治。考虑按照制定的教育计划实施教育，能否达到教育效果，就要进行教育前的预评估。

（四）实施教育

根据掌握的资料和制定的教育计划，对外籍犯进行教育，并对教育转化工作进行记录，并进行有效性分析。

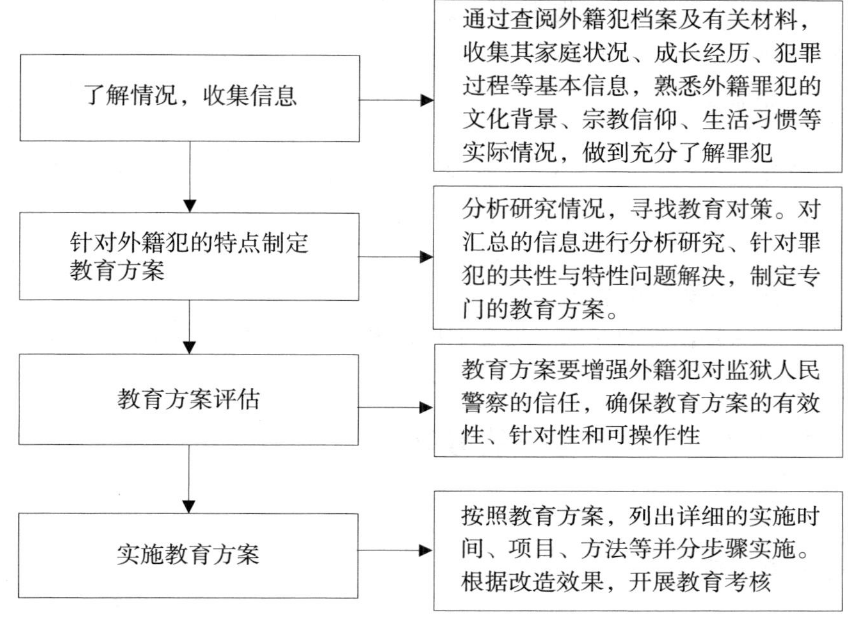

图 9-6　外籍犯教育工作流程图

五、任务示范

外籍罪犯查理斯，男，42 岁，因贩毒罪被判处有期徒刑 7 年，在狱中多次以“人权”为名，拒绝参加劳动改造，并常常提出让警察帮助其传递邮件等不合理要求。在服刑时经常强调其“人权”，并声称在他们国家贩毒合法，毒品是人们生活必需品等错误言论。在监狱人民警察对其教育时，表现极为反复，时而认罪悔改，时而大谈“人权”，拒不接受改造。针对查理斯的情况，监狱采取以下教育改造措施：

1. 了解情况，收集基本信息。深入了解外籍罪犯查理斯的犯罪原因、刑期、身体、心理特征、行为特征、家庭情况、社会关系、个人爱好以及改造表现等。

2. 分析研究情况，寻找教育对策。对汇总的信息进行分析研究、针对外籍罪犯查理斯的个性问题采取个别教育的方法。通过挖掘其犯罪原因、犯罪动机、性格特征等，寻找教育突破口。

3. 针对外籍罪犯查理斯的特点制定个别教育方案。以道德、法制教育为起点，加强认罪悔罪教育。循循善诱地帮助他充分认识其所犯罪行对社会、对受害人、对自己和他人家庭的危害。

4. 实施教育方案。针对提纲性项目，列出详细的实施时间、项目内容，分步骤对查理斯实施教育改造。

六、技能训练

日本籍罪犯山×犯故意杀人罪，被判处无期徒刑。山×在狱中表现消极，时常思念家乡，性格孤僻，与他人交流极少。在日常劳动改造中不能及时完成劳动任务。

问题：如何对外籍罪犯山×进行教育？

思路：可从外籍犯的特点、教育工作任务、要求和流程等方面思考。

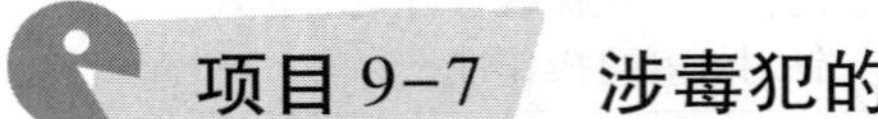

项目9-7 涉毒犯的教育

一、任务说明

（一）涉毒罪犯的定义

涉毒犯是指有吸毒史或者涉嫌毒品违法犯罪的罪犯。

（二）涉毒犯的特点

1. 生理状态异常。由于机体反复吸食毒品、注射毒品，吸食毒品罪犯的身体为适应毒品的存在会发生一系列改变，从而陷入一种周期性或者慢性中毒状态，此时毒品已经成为维持身体正常运转的必要条件，机体与毒品相互作用而形成的一种机体对于毒品的依赖，停止吸毒时会出现各种躯体和精神极不协调和适应的症状。正是由于这种机体对毒品的依赖，使得吸毒罪犯不计后果、不择手段地反复吸食、注射毒品，从而表现出做事不计后果的倾向。

2. 心理健康程度低。对于涉毒罪犯（吸食类）来说，除了机体对毒品的躯体依赖之外，还存在对毒品的心理依赖，这是诱使吸毒者反复吸食、注射毒品的深层次原因。心理依赖既是一种内心的强烈冲动，也是一种慢性病态。心理依赖又称精神依赖，是毒品作用于吸毒者中枢神经系统而引发的一种特殊的心理效应，是吸毒者从心理上对毒品产生的强烈而难以克制的渴求。对于涉毒罪犯来说，解除对毒品的身体依赖是较为容易的，但戒除对毒品的心理依赖是至关重要的且极为困难的，尤其是苯烷胺类和大麻类致幻剂，会产生较为严重的心理依赖。对毒品的心理依赖，会使得涉毒罪犯存在种种心理问题。来自监管改造一线的数据表明，涉毒罪犯的心理健康水平明显低于其他类型罪犯。具体表现为在强迫、抑郁、躯体化、焦虑以及人格障碍等方面远远高于常人。在服刑期间常常出现焦虑、抑郁等症状。

3. 好逸恶劳，贪图享受。涉嫌毒品违法犯罪的罪犯绝大多数好逸恶劳，贪图享受。贩卖毒品会给他们带来巨额的利润，吸食毒品会使他们浑浑噩噩、不思进取，给他们带来金钱和快乐无须经过艰辛的付出即可得到的错误观念，因此，他们往往表现出好逸恶劳，贪图享受的习性。

二、具体任务

（一）坚持科学管理，综合实施教育

坚持科学管理原则，就是坚持科学的戒毒理念，认真构建科学、系统、完整的工作模式，将科学的方法和手段贯穿于涉毒罪犯教育改造的各个环节。

涉毒罪犯因为反复使用毒品而导致慢性复发性脑病，具有做事不计后果、强迫症等行为，要把握其身心特点，运用心理学、行为学、法学、医学等学科知识进行教育改造，坚持综合矫正的理念，全面对涉毒罪犯进行教育改造。

（二）开展关怀救助，丰富改造手段

就某种意义而言，涉毒罪犯虽然触犯了法律，但是由于其吸毒的行为，又使得其成了毒品犯罪的受害者。因此要坚持关怀救助，不歧视、不抛弃涉毒罪犯，切实把“关怀救助”原则贯穿于对涉毒罪犯的教育改造工作之中，自上而下，由内而外、由表及里，采取切实有效的措施，真诚关心涉毒罪犯，不断丰富教育改造手段，为涉毒罪犯重新融入社会创造条件。

（三）开展助人自助，注重个性发展

助人自助是对涉毒罪犯教育改造的一个行之有效的方法，对涉毒罪犯的教育改造要激励罪犯追求更高层次的需求，促使其增加生活的动力，学会适应社会。学会构建人际网络。学会谋生技能，学会自己解决生活、工作中遇到的困难和问题，从中发现个人价值。在帮助他人的同时，提升自己的价值目标和人生追求。

三、任务要求

（一）纠正错误思想，增强法制观念

错误的思想观念、淡薄的法律意识是导致涉毒罪犯违法犯罪的主要原因之一，监狱人民警察要通过开展思想道德教育、法治教育、文化教育、戒毒常识教育转变涉毒罪犯的世界观、人生观和价值观，帮助其树立正确的道德观念和法治观念，使涉毒罪犯能够真正发自内心地转变自己的思想和行为。

（二）坚持正面导向，修复个性缺陷

涉毒罪犯的教育改造坚持正面导向为主，系统性地进行毒品认知教育、心理健康教育、心理康复训练等，帮助他们修复个性缺陷，认识毒品危害，做好心理

康复训练，帮助涉毒罪犯恢复正常的心理功能，塑造完善的人格。

（三）强化生活技能，促进再社会化

通过综合的教育矫治、职业技能教育培训、劳动康复训练以及集体生活的锻炼。逐渐使涉毒罪犯能够不断地提高社会生活的能力，消除好逸恶劳，贪图享受的恶习，促使其能再社会化。如进行职业技能教育和劳动康复训练，使他们掌握一定的谋生技能，回归社会后能找到适合自己从事的工作，做到自食其力，并提高人际交往能力，远离毒品和涉毒人员，避免重新犯罪。

四、任务流程

（一）了解情况，收集基本信息

深入了解涉毒罪犯的犯罪原因、刑期、身体、心理特征、行为特征、家庭情况、社会关系、个人爱好以及改造表现等。

（二）分析研究情况，寻找教育对策

对汇总的信息进行分析研究、针对涉毒罪犯的共性与个性问题区分解决。如果是共性问题则采取集中教育方式解决，如果是个性问题，则采取个别教育的方法。挖掘涉毒罪犯的犯罪原因、犯罪动机、性格特征、教育突破口等。

（三）针对涉毒犯的特点制定教育方案

探讨细化的分类，对于制定适合的教育方案具有重要意义。对无吸毒史的涉毒犯、患有严重疾病或恶性传染病的涉毒犯、老年或残疾涉毒犯、重大涉毒案件的主犯与其他从犯分别制定教育方案。方案中要考虑到：初犯和累犯；吸毒和不吸毒；还要考虑入狱时间、吸毒者毒龄等因素，从生理戒毒和心理戒毒两方面进行制定有效方案。

（四）实施方案，巩固教育成果

按照制定的教育方案，开展教育矫正。因为涉毒犯存在复吸等问题，更要及时跟踪，反馈教育工作的成效，进一步巩固教育成果。

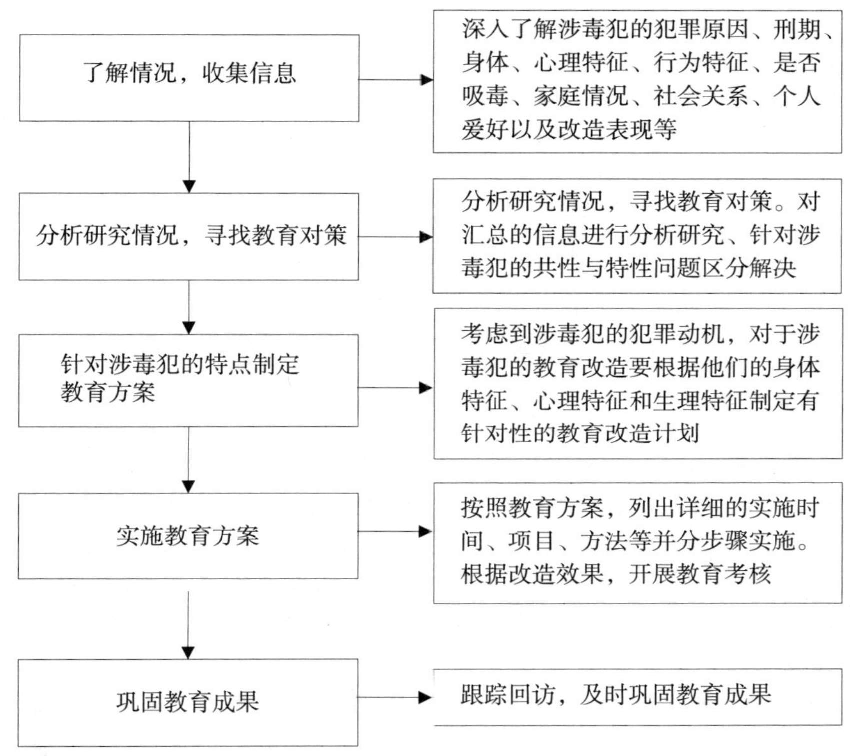

图 9-7　涉毒犯教育工作流程图

五、任务示范

王×，1960 年出生，因运输毒品罪，被判处有期徒刑 8 年。王×初中辍学后，混迹社会，期间与所谓“大哥”结交，在一次聚会中，该“大哥”请王×吸一种“高价”香烟，王×在吸食后感到无比畅快，日渐沾染毒瘾。半年后，该“大哥”让其帮忙携带毒品去 A 市，途中王×被抓获。目前王×已经年过 40 岁，患有双肾结石且正处更年期阶段，身体抵抗力和心理承受力都在下降，频繁产生伤感和紧张焦虑情绪，经常暗自垂泪，对度过漫长的刑期缺乏信心。王×性格内向，敏感多疑，思想固执，极少与他人交流，把自己封闭在自我的小世界里，对警察及其他罪犯心存敌意，被动改造，仇视社会，怨恨亲人不来探望自己，怨恨社会。针对涉毒罪犯王×的情况，监狱采取如下教育措施：

1. 实行分级分类关押。对患有严重疾病或恶性传染病的涉毒犯进行分别关押。
2. 激励和约束相结合，加强养成训练，培养良好行为习惯。

(1) 加强体能训练和行为培养。

(2) 狠抓生活卫生管理。

(3) 注重劳动改造，培养谋生手段。

(4) 强化直接管理，落实监管措施。

第一，严格入监搜身制度。

第二，严格会见、通讯审批、监听制度。

第三，严格体检和药品管理制度。尤其要加强对医用的麻醉药品和精神类药品的管制。严格管理处方使用权限，杜绝医源性药物成瘾。

第四，严格监控措施。落实互监连带区域防控以确保监管安全。

六、技能训练

涉毒罪犯袁×，男，1985 年出生。袁×长期吸食毒品，为了获取毒资，2013 年 7 月 8 日，袁×准备驾驶一辆牌号为粤××××××的红色丰田牌轿车，前往上海运输毒品。次日，袁×驾驶该轿车从广东省河源市出发，途经江西省、浙江省。7 月 10 日 3 时 30 分许，当该轿车行驶至上海市 G60 沪昆高速公路枫泾道口时，被警察拦查，从该轿车两侧后门夹层中查获毒品甲基苯丙胺共计 5063.44 克，袁×被当场抓获。

袁×由于长期吸食毒品，患有较为严重的躁狂症，在监狱服刑期间多次出现自伤自残等情况，多次不服从警察的管理和教育，扬言要自杀给警察好看。

问题：如何对袁×进行有针对性的教育改造？

思路：可从涉毒罪犯的特征、教育工作任务、要求和流程等方面思考。

项目 9-8 职务犯的教育

一、任务说明

(一) 职务犯的定义

职务犯指国家机关、国有公司、企业事业单位、人民团体工作人员利用已有职权，贪污、贿赂、徇私舞弊、滥用职权、玩忽职守，侵犯公民人身权利、民主权利，破坏国家对公务活动的规章规范以及犯有渎职罪的罪犯。

(二) 职务犯的特点

1. 官本位思想严重，罪犯身份意识差。职务犯的官本位思想不会因为其锒铛入狱这个事实而改变，反而想方设法利用自己之前的社会关系，以达到在监服刑时处处获得特殊照顾的目的。比如在普通监区犯人之间必须称“同犯”或直呼其名，而职务犯监区的犯人很多仍是称呼过去的职务，视监规纪律于不顾，在警察面前不叫，警察不在场时则继续叫。由于职务犯的身份意识差，有的入狱后不愿意剃囚头，不想穿囚服，不爱吃监狱大锅饭；在服刑条件好的监狱，他们会提出很多改造要求，比如想增加亲情电话的拨打次数，延长会见的时间等；有的甚至在和警察谈话时动不动就端起架子来，背着手挺起肚子，张口闭口的“想当年、我那时怎么样”，一副不可一世的模样。职务犯这种畸形的职业人格和不良行为会直接造成他们在监狱服刑期间消极的身份意识，带来一系列的负面影响，给日常监管和教育改造带来很大阻碍和困难，加大了教育转化的难度。

2. 心理存在严重失落感。职务犯原本是国家公职人员，其中相当一部分是领导干部，他们由入监前的“高位者”沦落为入狱后的“高墙人”，一墙之隔，一步之遥，这其间的滋味也许只有当局者最能体会。入监初期，监禁生活带给他们巨大的落差感，个人尊严受挫，自由状态受限，无时无刻不在经受着跌落后的巨大心理折磨，他们精神痛苦，内心沉重，烦躁不安。判刑入狱给他们带来的巨大人生落差和心理挫败感，使职务犯的服刑状态处处表现出较深的城府和学问，但在自我利益受损时，则表现出非同寻常的言行，即极端的认识和偏激的情绪。

3. 具备典型的监禁性人格，防御心理突出。职务犯大多是曾经有过一官半职的公务人员，都具备了独到的领导心理、反应、素质。他们生活阅历丰富，见多识广，入狱服刑更是对外界时刻保持高度警惕，不轻易向任何人袒露心迹、表露心声，对自己的犯罪事实和犯罪过程避重就轻，遮遮掩掩，只谈一些细枝末节的东西。他们不会轻易和警察或其他罪犯深入地交流，彼此不容易建立信任的关系。有些职务犯甚至拒绝接受教育改造，长期处于一种自闭压抑的不良情绪之中难以自拔，甚至还会因此自伤自残。

4. 自视清高，关心时政爱学习。基于职务犯之前的社会经历和背景，他们很要面子，爱装斯文，自认为不同于其他犯人，虽然成为阶下囚，但仍有很强的自尊心。因此，平时尽量表现得与众不同，职务犯互相动手的现象鲜为人见，他们平时有了矛盾也会动口不动手，行为上力求“文雅大方”，以显示自己有教养。他们较于普通刑事犯而言更关心时局变化，对国家出台的政策以及国内外重大政治事件非常敏感，也很留心自己所在地区及行业的人事任免及政策变化等方面的新闻。他们生活上讲究作息规律，学习上喜欢高谈阔论，以显示自己与众不同的“高品位”。平时喜好阅读，有翻阅报刊，收看固定电视节目的习惯，大多数还学有专攻，会担任监区文化宣传的工作，如编辑报纸、编播自创的节目，有的甚至还能从事文化或职业技术教育教员工作，平时协助警察对罪犯进行文化补习或岗位技术、职业技能培训，配合警察组织罪犯开展各种文体活动等。

5. 有悔罪思想，自我约束力较普通罪犯强。职务犯大多接受过良好的高等教育，学历层次普遍较高。通过入监教育后的思想改造，普遍养成较好的自制能力，从内心深处有主动悔罪和赎罪的愿望，并且有强烈的对社会现身说法、警示教育的念头。曾经身居要职的职务犯具有较高的理论修养，处世经验也很丰富，因此置身于监狱复杂的改造环境中，他们清楚地知道什么事该做、什么话该说、行为谨慎、举止文明、遵规守纪、能较好地完成警察交给的任务，大多数职务犯也都能深得警察的肯定和尊重。

二、具体任务

（一）分类关押，规范管理

监狱应针对职务犯的特点进行科学分类，集中关押。根据职务犯的不同技能，将他们分派到不同的班组，发挥其特长。根据职务犯的改造情况，可采用记分考核办法，从抓日常生活、劳动改造工作入手，对职务犯进行细化管理，监狱人民警察通过原始材料的记录情况，对职务犯进行“日考核、周评议、月小结”，并及时公布，调动职务犯改造的积极性。

（二）开展身份意识教育，强化遵规守纪意识

针对一部分职务犯熟知政策的特点，组织职务犯学习刑法、刑事诉讼法、监狱法使他们提高身份意识。定期或不定期针对其思想问题召开会议，进行有针对性的教育，促其认罪悔过，遵守监规监纪。

（三）开展思想教育，树立正确“三观”

职务犯由于思想放松，易出现思想滑坡，要对其进行法制道德教育，使他们树立正确的世界观、人生观和价值观，养成良好的社会公德和个人品德，塑造健全人格。通过对职务犯进行思想教育，解决其自身存在的法律意识淡薄问题，引导他们深刻认识自己的犯罪行为给国家、社会、人民、家庭及其个人所造成的危害，以激发其认罪悔过，增强接受改造的自觉性和主动性。

三、任务要求

（一）区别对待，用其所长

根据职务犯的年龄、特长、健康状况及入狱前的社会工作经历和特长等实际情况，给他们安排合适的改造岗位。有的职务犯年富力强、精力充沛，安排其从事一定的体力劳动，或者从事监督岗、号室长等具有管理性质的岗位；有的职务犯年龄大、学历高，安排其从事文化教员、图书管理员等改造岗位，可以充实一线的教学资源；有的职务犯在写作、书法、绘画、乐器等方面见长，可以安排其到广播站、文化站，或在监区、分监区兼任宣传员、文娱组长等工作，用其所

长；有的职务犯具有专业的医疗救护知识，则可以安排到罪犯医务室改造，从事日常的罪犯医护。

（二）劳动改造、洗涤心灵

监狱结合职务犯的特点，有针对性地开辟花卉培育、陶艺烘焙等劳动改造项目，安排一定数量不适合重体力劳动岗位的职务犯从事手工艺方面的劳动改造。同时，定期组织所有的职务犯进行力所能及的集体特色项目劳动改造，这种适宜的体力劳动对职务犯有独到的身心促进作用，这有别于机械单一重体力的流水生产劳动，在相对开阔、自由的劳动环境中体会到集体劳动的益处，在一定程度上调节了职务犯的身心状况，防止其意志消沉、精神颓废、心情压抑，同时他们也会通过体力劳动，一方面体会劳动成果来之不易，另一方面体会自己亲自参加劳动生产后收获的幸福感。看到自己身份变化后的存在价值，燃起对美好生活的希望，会大大增强职务犯改造的信心，使他们在不知不觉中得到进步。

（三）更新教育理念，创新教育方法

发挥监狱一般预防的优势，以监狱为依托，设立廉政教育基地，针对职务犯特设自我反思教育，即现身说法。通过现身说法，结合日常的严格监管，督促职务犯深刻反思自己走过的路，回顾人生历程，从内心深处唤起对社会、家庭的内疚和悔罪心理，激发职务犯的罪责感，激发职务犯改造的积极性和主动性。同时现身说法还和职务犯个人考核分挂钩，更能一举多得。将传统文化融入职务犯的思想教育。中国传统文化博大精深，对于职务犯修身养性、改造思想具有重大意义。职务犯具备优于一般罪犯学习的优势条件，因此，要重视传统文化在职务犯改造中的作用，采取强制教育和自我教育相结合的方式，使其发掘传统文化的精髓，注重经典的学习，使职务犯重新审视人生，真诚悔罪。

（四）完善社会帮教制度

为顺利实现改造职务犯的目标，应将社会资源和社会力量加以有机整合，提高外界资源的利用率，落实教育改造的个别化，并融入社会化的元素。职务犯监狱（监区）可设置专门的部门负责管理社会帮教工作，针对职务犯的现实改造状况，实时捕捉和收集职务犯的思想动态以及他们平时较为关心的一系列问题等，并邀请社会相关领域的专家、学者到监狱帮助警察共同开展社会帮教。同时，为了将社会帮教制度落到实处，监狱应主动联系职务犯所在地的政府（或原单位）共同做好社会帮教工作，应该建立专门的组织或机构来长期负责这方面的工作，做到“能进能出”，灵活运用。

四、任务流程

（一）收集并了解职务犯基本情况

通过查阅档案、个别谈话、心理测量等形式对其基本情况进行梳理，了解其犯罪的自身原因、表层原因、深层原因、刑期、服刑改造情况、心理障碍等，为下一步寻找对策提供依据。

（二）综合分析职务犯的情况并寻找对策

根据汇总的情况，由心理咨询师介入做心理评估，确定职务犯的心理障碍、矫治或干预方法，分析其社会支持系统尤其是亲情帮教的状况，分析职务犯的个人习惯与爱好，找准教育的突破口。

（三）根据前期工作制定职务犯教育方案

制定方案时，注意引导职务犯认清形势；注重因材施教，不断创新教育的方式方法，不断强化职务犯的认罪悔罪意识和身份意识；方案设计应用其所长，激发职务犯参与改造的积极性、主动性和自觉性。

（四）实施教育方案

针对职务犯的情况，列出详细的实施时间、内容、人员分工、方法等并分步骤实施。

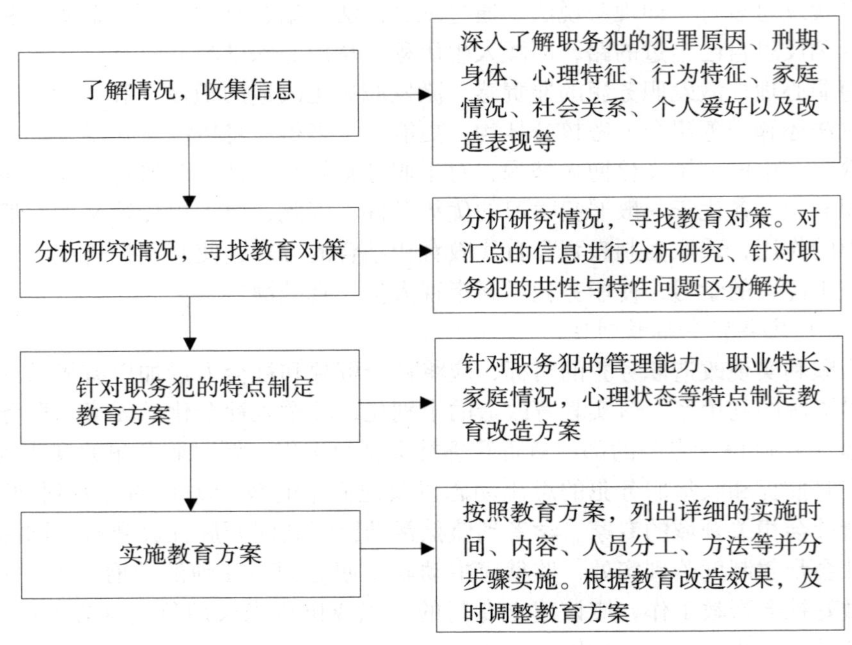

图 9-8 职务犯教育工作流程图

五、任务示范

职务犯王×，男，1968 年生。被捕前系某市财政局办公室主任。王×在职期间，挪用公款 12 万元，贪污公款 9 万元，被判处有期徒刑 15 年。王×在服刑期间意志消沉，表现出极大的心理落差，多次向警察反应晚上无法入睡。王×在罪犯中具有一定影响力。针对王×监狱采取了以下教育改造措施：

1. 收集与了解职务犯的信息。了解王×犯罪原因、刑期、身体、病情、心理特征、行为特性、改造情况、心理需求。王×表现出极大的心理落差，难以适应改造生活。

2. 分析研究职务犯的具体情况，寻找解决策略。主要策略包括：对其进行耐心教育，开展心理疏导；尽量选派有工作经验、有爱心和责任心、有心理咨询师资格证的监狱人民警察负责王×的教育工作；抽调一些积极靠拢政府、踏实改造的罪犯与王×成立互助小组，对他在生活、学习和改造等方面予以帮助。

针对王×的情况，首先要了解其难以入睡的原因，对其进行心理疏导，使王×正视现实，认罪悔改。根据王×曾经担任办公室主任的经历，让王×在监区从事生产统计工作，发挥其职业特长；利用王×在罪犯中的影响力，让王×担任小组长，充分调动其改造积极性。

3. 制定科学的教育方案。对王×的教育方案主要体现在三个注重：注重法制道德教育，提高道德水平；注重亲情教育，增强生活自信心；注重自我教育，激发自我矫正内驱力。

六、技能训练

职务犯游×，男，1973 年生。被捕前系某省直属机关事务管理局房管处副处长。游×在职期间，利用职权多次收受贿赂，累计数额 371 万元，所得赃款均用于挥霍，被捕后态度消极，不积极退赃，被判处有期徒刑 18 年。游×在服刑期间经常高谈阔论，大谈国家政策，面对警察教育时，总喜欢给警察上“政治课”，表面服从管理，而内心不认罪。

问题：如何对职务犯游×进行教育改造？

思路：可从职务犯的特点、教育工作任务、要求和流程等方面思考。

通过学习本单元内容，使学生能掌握罪犯分类教育的基础知识，掌握针对不同类型的罪犯开展思想教育、文化教育、岗位职业技能培训和职业技术教育、法制道德教育、心理健康教育的方式方法。使学生将罪犯分类教育的理念自觉运用

于罪犯教育改造工作实践，切实提高教育改造质量。

问题思考

1. 罪犯分类教育的意义是什么？
2. 什么是顽危犯？如何改造顽危犯？
3. 职务犯普遍存在的心理特征是什么？
4. 对涉毒犯进行教育改造，需要注意哪些方面？

拓展阅读

1. 姜金兵主编：《罪犯分类与处遇研究》，法律出版社 2015 年版。
2. 周雨臣主编：《罪犯教育专论》，群众出版社 2010 年版。
3. 宋行主编：《服刑人员个案矫正技术》，法律出版社 2010 年版。
4. 贾洛川主编：《罪犯教育学》，北京大学出版社 2016 年版。
5. 李振玉主编：《罪犯教育实务》，中国政法大学出版社 2017 年版。

学习单元十　监区文化建设

学习目标

了解监区文化建设的内涵和任务，明确监区文化建设的主题、形式及注意事项。根据基础知识原理和岗位职责的相关要求，依流程组织开展监区文化建设工作，创设有利于罪犯教育改造的监区文化。

重点提示

监区文化建设的内涵；监区文化建设的主题；监区文化建设的形式；监区文化建设的方案制定；监区文化建设的组织实施

基础知识

监狱的一切工作都应该围绕将罪犯改造成为守法公民这一根本目标展开。在以政治改造为统领的“五大改造”格局中，文化改造具有教化功能，是改造工作的“内驱力”。落实文化改造，就是要凸显文化育人功能，实现法治文化规制人、主流文化引导人与传统文化熏陶人相统一。监区文化建设作为文化改造中重要的组成部分，对提高罪犯教育改造质量具有不可替代的作用。

一、监区文化建设的内容

“五大改造”新格局强化了文化改造的功能，发挥文化教化的作用。司法部2007年出台的《教育改造罪犯纲要》在“教育改造罪犯工作的实施”第21条中明确规定：“发挥改造环境和监狱文化氛围对罪犯的熏陶作用。要为罪犯营造良好的改造环境，做到规划合理，设施齐全，环境优美，监区整洁。要广泛开展丰富多彩的文化、体育活动，定期举行文艺演出、体育比赛，组织罪犯学习音乐、美术、书法等，丰富罪犯文化生活，陶冶罪犯情操，使罪犯在文明、人道，有利于身心健康，有利于矫治恶习，有利于重返社会的氛围中得到改造。”监区文化建设既是教育改造罪犯的重要途径，也是向社会展示监狱教育改造成果的一个窗口。

二、监区文化建设的任务

（一）活跃监区文化氛围

监区文化建设不仅能发挥潜移默化的作用，还能使罪犯于无形中受到滋养。在监区文化建设中，各监区应提高自己的积极性，自觉开展文化活动，增强创新意识和实效意识，打造具有自身特色的文化品牌，形成百家争鸣、百花齐放的文化建设氛围。以监区文化氛围带动罪犯参与的积极性，激起罪犯审美的情感体验，净化心灵，陶冶情操，逐渐转变罪犯的认识。

（二）激发罪犯改造信心

健康文明的监区文化蕴藏着明确的改造目标、良好的道德规范和惩恶扬善的改造风尚。罪犯置身于这种氛围，可以激发其对改造、对生活的信心，减少或消除消极情绪，从而树立正确的世界观、人生观、价值观和荣辱观。

（三）培养罪犯良好行为

监狱的各项规章制度，能有效规范罪犯的日常行为，使罪犯懂得什么该做、什么不能做。完善和良好的制度文化熏陶，不仅能使罪犯逐步适应狱内的改造生活，规范其服刑行为，而且有利于促进罪犯养成良好的行为习惯，使他们早日弃恶从善，成为守法公民。

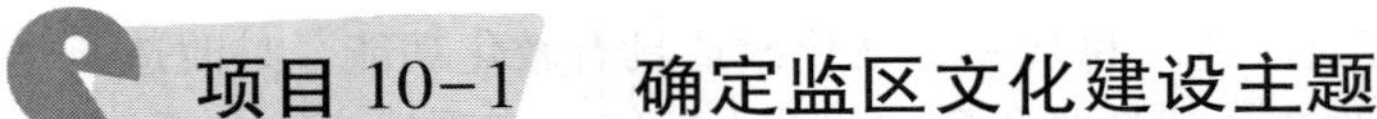

项目 10-1　确定监区文化建设主题

一、任务说明

监区文化建设的主题决定着监区文化建设发展推进的方向，主题的确定决定着监区文化建设的高度和持续推进的深度。从实践来看，监区文化建设的主题主要围绕精神、物质、制度三位一体的文化建设思路来确定。

精神文化是指思想观念、价值体系、文化品牌等精神形态，是监狱文化的灵魂，是监区文化建设的核心和本质。监区精神文化建设的表现形式为监狱愿景、监狱改造领域、监狱价值取向、改造风气、狱内风范、精神风貌、审美观念等。

制度文化是指在价值观指导下形成的，由监狱警察和全体服刑罪犯共同遵守的行为规则，是监狱文化建设的机制性保障，对所有监区文化建设活动具有规范和引导的作用。监区制度文化建设主要包括各项监管法规、各种监规制度、罪犯行为规范、罪犯生活和交往规范等。

物质文化则是一种显性文化，是育人者的价值取向和审美追求的一种物化设计。主要形式是通过监狱环境建设达到潜移默化效果，使硬件环境承载“育人”“化人”功能。

监区文化建设形式丰富多彩，主题的选择范围基本离不开对上述三个维度的建设。

二、具体任务

（一）根据上级部门文件或政策要求确定监区文化建设硬件环境的主题

在上级监狱机关的顶层设计下，结合本地区、本监狱的文化历史沉淀，提炼符合本监狱精神、风气、道德文化观念的，以各种物化设施为主体的硬件建设主题。

（二）结合本单位实际确定监区文化建设的主题

结合监区实际，确定开展各种依托于文体活动的软件建设的主题，比如根据节令、纪念日确定监区文化建设主题，开展节庆文体活动。

（三）系统性多维度审核确定主题

监区文化建设是一项全方位、多层次、长期性、前瞻性的系统工程，核心是精神文化的建设，主题的确定应在组织领导层的参与、倡导和推动下不断积累、升华和提炼。

三、任务要求

（一）主题明确适宜

监区文化建设具有不同于学校、企业等行业的政治性、法律性等特殊属性。监区文化建设的主题选择必须坚持正确的政治方向，必须服务于改造罪犯这一宗旨。

（二）主题贴近实际

监区文化建设多以丰富多彩的活动为载体，但监狱在确定监区文化建设的主题时，应结合本单位和罪犯实际，不可盲目照搬，生硬套取。

（三）注重系统性均衡性

监区文化建设应综合精神文化、制度文化、物质文化三方面确定主题，同时兼顾监狱文化主体的双重性，即监狱警察文化和监区文化建设。

（四）充分发掘监区特色

在确定主题时，可将监狱所处地域的价值取向、风俗习惯、审美追求、人文环境等作为参考因素，融入监区文化建设，以保证主题的鲜活。

四、任务流程

（一）成立组织机构

确定监区文化建设领导小组和工作小组。监狱成立监区文化建设领导小组，监狱长任组长，全面负责该项工作。分管教育改造的副监狱长为副组长，其他监狱领导为领导小组成员，负责协同指挥。领导小组在教育改造科下设办公室，由教育改造科长兼任办公室主任，负责执行具体工作。狱政管理科、生活卫生科、劳动改造科、环境安全科、宣传培训科等相关科室协同配合开展工作。

（二）确定监区文化建设主题

根据上级部门文件或政策的要求，结合本单位实际，研究、确定监区文化建设的主题。分管领导提议、教育改造科召集相关人员参加监区文化建设活动研讨会，传达、学习上级文件精神，大家集体讨论，集思广益，结合监狱实际确定监区文化建设主题，文化主题要重点突出、内容简洁、寓意深刻。

（三）反馈监区文化建设主题

通过总结监区文化建设开展的具体情况，反馈监区文化建设主题是否适应本监狱（监区）文化建设，是否达到预期效果。

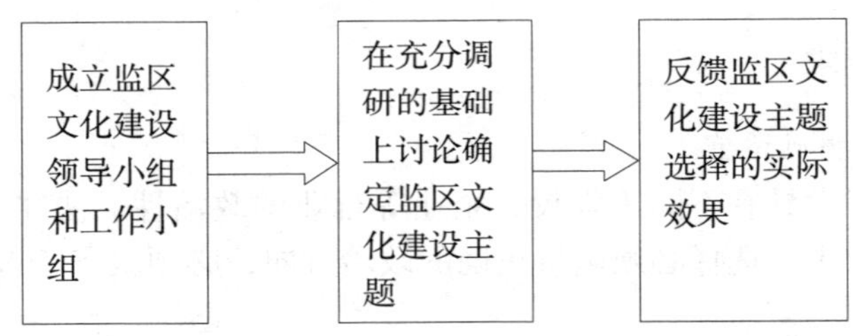

图 10-1　监区文化建设主题工作流程图

五、任务示范

安徽监狱现代监狱文化特色建设研究[1]

监狱文化的实质，就是通过方针、政策、原则、制度来表达监狱核心价值理念。因此，鲜明的个性特点是监狱文化建设的成熟标志。监狱文化要力求摒弃狭隘的文化观点和抽象的建设教条，更加注重其民族性、区域性和独有性；要善于

[1] 秦心福，“安徽监狱现代监狱文化特色建设研究”，载《犯罪与改造研究》2016 年第 11 期。

利用地域文化优势，建设富于个性文化特点的现代监狱文化，实现监狱文化创新和发展的终极目标。

安徽是中华文化的重要发源地之一，文化底蕴深厚，文化发展源远流长，可概括为六大区域文化板块。

1. 合肥区域文化——包公文化。
2. 阜阳区域文化——道家文化和建安文学。
3. 安庆区域文化——皖江文化。
4. 皖南区域文化——徽文化。
5. 皖西区域文化——大别山红色文化。
6. 滁州区域文化——环滁文化。

安徽监狱应重点研究和开发利用以下四种文化资源，并以此为辐射源，打造现代监狱文化的地域特色。

1. 发掘“包公文化”资源，建设现代监狱警察文化。
2. 发掘“道家文化”资源，建设新型监区文化。
3. 发掘“徽商文化”资源，建设新型监狱企业文化。
4. 发掘“红色文化”资源，构建监狱文化的精神内核。

六、技能训练

用“南孔文化”叩开新生之门[1]

浙江省××监狱所在地在××市。××市是全国历史文化名城、南孔圣地。如何将监狱文化根植于地方文化的血脉、将丰厚人文资源融入服刑人员思想改造，省××监狱努力探索践行，培育和打造具有自身特色的矫正文化品牌，以文化人结出丰硕成果。

……

“南孔文化”中的“仁、义、礼、智、信”思想，也是监狱道德教育的题中之义。近年来，××监狱把“塑仁循礼”作为监狱“南孔文化”建设的灵魂内核，着力培塑服刑人员的仁爱、仁义、仁慈之心，引导服刑人员自觉地循礼仪、守规矩、遵法纪，不断丰富教育改造新内涵，拓展新载体，开创新局面。

……

以传统儒家文化演绎为核心的监区文化艺术节，至今已举办三届，届届特色

---

〔1〕 平安浙江网：“用‘南孔文化’开新生之门”，载浙江省文化厅网站，http：//www.zjwh.gov.cn/dtxx/zjwh/2016-10-29/205345.htm，访问日期：2019年6月13日。

浓郁、内涵丰富，引导服刑人员在文艺建设中自我表现、自我教育、自我创造，促进和谐改造。

近年来，××监狱结合“南孔文化”特色，有针对性地选择开展艺术矫正项目，陶冶服刑人员艺术情操。尤其对情绪暴躁、性格冲动的服刑人员，组织他们参加书画、器乐学习班，通过艺术学习与训练，帮助他们改变心理行为，提升改造质量。

问题：请调查你所在地区的一所监狱的监区文化建设情况，并从中提炼主题。

思路：可以从确定主题的具体任务、要求和流程等方面进行思考，注意监区文化建设的主题与形式区别。

项目 10-2 选择监区文化建设形式

一、任务说明

从具体内容来看，监区文化建设的载体包括两个重要组成部分：一是以各种物化设施为主体的硬件建设，诸如：教室、阅览室、图书馆、文化活动器具及场所的设置，监狱环境的绿化、净化、美化，监舍的文明规范设置等。二是以开展各种制度建设、文化教育活动为形式的软件建设。概括说来，监区文化建设主要有以下几种形式：

（一）以各种物化设施为主题的硬件建设

1. 在监狱层面，通过各种途径，努力营造浓厚的人文环境和文化氛围，如办公楼、教学楼、图书馆、文体活动室等建筑的外观设计；监狱范围内的假山、喷泉、绿地等绿化景观设施；监狱范围内文化宣传区、文化长廊、文化橱窗等的整体设计和布置；监狱生产区的安全生产警示标语、安全生产规章制度等；使监区文化建设与狱政管理良好衔接，并进一步提升后者的文化韵味。

2. 在监区层面，根据每个监区的具体情况和关押罪犯的性质、特点等，有针对性地布置监区的文化活动室、体育活动场所、休闲活动区等，在这些场所可以有针对性地悬挂警示标语、名人画像、设计狱务公开栏等。

3. 在监舍层面，统一规范监舍的生活设施，包括储藏柜、床头柜、铁床、书桌、板凳等；力求提供整洁的居住环境，引导罪犯养成良好的生活习惯和高雅的生活情趣。

（二）开展各种依托于文体活动的软件建设

1. 组织罪犯开展文体活动。各种文体活动是监区文化建设不可或缺的重要组成部分，对罪犯的改造发挥着重要作用。从活动项目上分类，主要包括体育类活动，如排球、足球、篮球、乒乓球、拔河、象棋、围棋等体育比赛；文艺类如文艺汇演、歌咏比赛、朗诵比赛、书画比赛、团体操、板报比赛等。

2. 组织罪犯成立各种“兴趣学习小组”。监狱通过有目的、有计划地组织成立各类有益于罪犯身心健康和积极改造的兴趣学习小组，充分发挥非正式群体组织的积极作用，有效提高罪犯的文明水平，打造积极、健康、向上的监区文化。如成立文学创作社、书法绘画小组、朗诵协会、读书协会，文艺表演队、舞龙队、舞狮队、管弦乐队、吹打乐队、合唱团、口风琴乐队，乒乓球队、篮球队、象棋队和围棋队等，可进一步丰富罪犯的文化生活，陶冶罪犯情操，让罪犯在潜移默化中得到改造。

3. 大力开展节庆文化建设。充分利用有利时机，如元旦、中秋、春节、劳动节、儿童节、建党节、建军节、国庆节、母亲节、父亲节等节假日或重大纪念日展开诸如“元旦晚会庆新生”等丰富多彩的文体娱乐活动。

4. 监狱应充分发挥组织协调职能，坚持正确的舆论导向，在监区内创办各具特色的监区小报，使之成为文化教育引导的得力助手，通过加强舆论导向来进一步扫除教育的盲点。

根据《监狱法》第五、六章，《监狱教育改造工作规定》（司法部令第 79 号），《未成年犯管教所管理规定》（司法部令第 56 号），《教育改造罪犯纲要》之规定，监区文化软件建设的业务分类如下图所示：

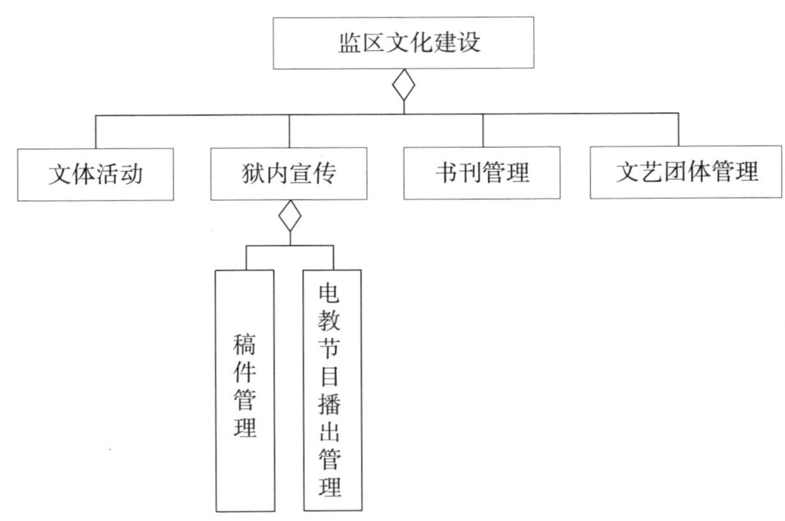

图 10-2　监区文化软件建设的业务分类

二、具体任务

（一）根据监区物质文化建设主题选择可采用的形式

一个环境建设良好的监狱会透露出浓烈的文化气息和生机活力，不仅能使罪犯得到美的享受，而且还使罪犯受到熏陶和感染。监区物质环境影响罪犯的思想品德和生活方式，具体形式可包括在监狱围墙内侧和大门两侧绘制具有鲜明监狱色彩、有震撼力的画像、醒目标语；在监狱广场周边建立具有教育意义的雕塑作品及假山、水池、喷泉等；在罪犯劳动、学习、生活及经常活动的场所、区域设立促进罪犯积极改造的标语、警句牌；建立标准化、规范化、实用型的中心图书馆等；充分利用监狱小报、狱内广播、黑板报等文化载体弘扬改造主旋律，树立改造正气。

（二）根据监区精神文化建设主题选择可采用的形式

健康文明的监区文化蕴含着明确的改造目标、良好的道德规范和抑恶扬善的改造风尚。罪犯置身于这种氛围，可以激发其对改造和生活的信心，减少消除消极情绪，树立正确的世界观、人生观和价值观。监狱可采取自愿的方式，成立多种多样的文化团体，包括篮球、乒乓球、台球、羽毛球等球类兴趣小组；民乐队、摇滚乐队、军乐队、腰鼓队、舞狮队、舞龙队等文艺类团队，定期或不定期进行文艺汇演、演讲比赛、运动比赛、书画作品展、文化交流会等活动，监狱还可以通过开展专家学者讲座、举办文艺帮教晚会等形式，对罪犯进行文化熏陶。此外，监狱还可以组织罪犯收听、收看新闻及其他有益于罪犯改造的广播节目、优秀影视作品，通过看影片、听报告，组织罪犯讨论、写学习心得。

（三）根据监区制度文化建设选择可采取的形式

监狱建立的学籍管理制度、日常生活管理制度、文体活动管理制度和环境管理制度、考核奖惩制度以及“三课”教育管理制度在内的制度体系等制度文化，会形成良好的有利于罪犯改造的文化氛围。制度文化的建设可通过严格落实管理制度、制定学习实施计划、知识竞赛、读书笔记等形式对罪犯起到指向、约束、矫正、激励、整合和保障作用。

三、任务要求

（一）监狱硬件环境建设，要符合监狱功能定位

监狱基础设施建设，必须严格按照相关法律、法规的规定设置，其他的硬件环境建设也必须符合监狱的功能定位，并与经济条件相适应，不可罔顾客观条件，盲目追求“豪华配置”，背离监区文化建设的本意。

（二）选择文体活动的形式，要善于创新

创新是罪犯教育工作的动力和源泉，依托现有资源，凡是对教育改造有益的

事，都可以尝试和探索。文体活动是监狱文化建设开展的一种重要的形式，文体活动的开展重点在于“活”，一般来说，文体活动一方面应以罪犯集体活动为宜，保证大多数罪犯都能参与，但也要注意发挥个别学员的特长，激发其参加活动的积极性；另一方面应根据监狱在押犯的构成情况，针对本监狱（监区）罪犯的不同特点，开展文体活动，不能生搬硬套。

（三）选择监区文化建设形式，要坚持以人为本

监区文化建设的形式，倡导“百花齐放、百家争鸣”，强调“一监区一品牌”，各个监区要修炼精品文化，办出特色，但特色文化、精品文化必须坚持以人为本，不能仅将其中的一个文艺队或者一个（类）精品节目作为监区文化建设形式选择的核心。监区文化建设对象是全体罪犯，在选择监区文化建设的形式时，必须深刻把握不同层次罪犯的需求，注意尊重罪犯的自主选择性，选择那些能充分发挥罪犯主观能动性的文化建设形式，吸引罪犯参与到监区文化建设活动中来，用参与感来调动罪犯的积极性。

四、任务流程

（一）根据监区文化建设的主题选择监区文化建设的形式

根据监区文化建设的三个维度主题要求，初步选择符合现阶段实际、有利于罪犯改造和操作的监区文化建设形式。

（二）充分讨论、拟定监区文化建设形式

监狱（监区）应根据监区文化建设已确定的主题和本单位的具体实际，充分讨论、拟定监区文化活动的具体形式，并编写深入开展主题活动的详细计划。

（三）确定监区文化建设的形式

将拟定的监区文化建设形式向相关部门和领导请示，经批准方可确定监区文化建设的形式。

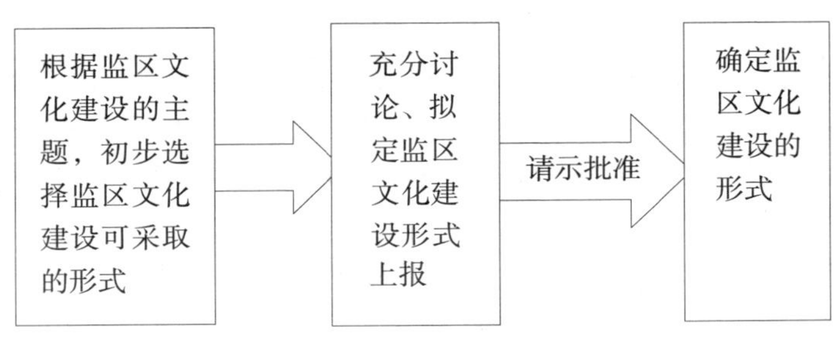

图 10-3 选择监区文化建设形式任务流程图

五、任务示范

广东省××监狱打造特色监区文化建设[1]

2015年以来，广东省××监狱坚持“以需为要、以文化人”的理念，以“监狱主导、监区主办”为原则，积极开展六项常态化的工作，大力推进监区文化建设，用先进、健康的文化正确引导罪犯改造。

以“文化艺术节”为主舞台，营造浓厚的监区文化艺术氛围。广东省××监狱每年举办一期以“放飞梦想、重塑新生”为主题的罪犯文化艺术节，持续时间约6个月，策划4~5个专题，开展多种多样的文艺活动，以积极向上的狱内文化氛围，激发罪犯的改造积极性和主动性。如今年7月启动的文化艺术节，包括“我的梦想我做主”罪犯十佳歌手大赛、“纪念抗日战争胜利七十周年”“阅读改变人生”读书月、文艺汇演等4个专题，开展原创歌曲征集、歌手大赛、征文比赛、艺术品创作比赛、读书分享会、书香进狱园、文艺汇演等14项活动。

以“监区文化品牌建设”为主阵地，深挖监区文化精品的教育活力。广东省××监狱按照“一区一品牌”的要求，打造了民乐团、心理剧社、合唱团、太极拳等10个监区文化精品，在此基础上，各监区还开展庭院文化、走廊文化、床头文化、读书兴趣小组等建设活动，建设罪犯的精神文化家园。

以“正航大讲堂”为主平台，着力提升罪犯的文化素养。广东省××监狱组建警察讲师团、邀请社会学者，以“正航大讲堂”为平台，开展法律、国学、心理、历史、人文等讲坛教育，目前已开展14期系列讲座，七千多名罪犯现场聆听，并录制精品讲座进行全监播放。今年“4·23世界读书日”，监狱邀请深圳知名学者刘家田老师开设了《好人生要靠好观念》讲座，激发罪犯安心改造、自觉改造。

以“阅读改变人生计划”为主渠道，为罪犯提供丰盛的精神食粮。广东省××监狱结合“4·23世界阅读日”“11月份深圳读书月”主题，每年开展2场、每场为期2天的大型现场售书活动，目前还在2个监区试点安放自动售书机，大力为罪犯提供良好的读书学习条件。××监狱将在今年11月份深圳读书月期间，同步开展现场售书、推荐读书、读书分享和演讲比赛等活动，辐射引导全监罪犯通过阅读改变人生。

以“节日专题活动”为主干线，为罪犯带去温暖关怀。广东省××监狱以重

---

〔1〕 陆逸：“深圳监狱以‘六项常态化工作’打造特色监区文化建设”，载法治深圳-法制网，http://www.legaldaily.com.cn/locality/content/2015-10/30/content-6333476.htm，访问日期：2019年6月13日。

大节庆日为载体，以情感教育为主线，全年开展元旦、春节、劳动节、母亲节、父亲节、儿童节、戒毒日、国庆节、中秋节、宪法日等“十节”教育活动和“电影月”活动，教育罪犯学会感恩、珍惜亲情和承担责任等。今年先后开展“孝行天下传统文化帮教会”“母亲节感恩分享会”和“远离毒品、珍爱生命”戒毒月等系列活动，用真情和亲情促使罪犯从内心深处认真改造。

以“正航导报”为主载体，为罪犯走向新生引路。广东省××监狱自办刊物《正航导报》、《心苑》（副刊），每月1期，每期10个版面，按照专业化、正规化、时代化的发展方向，科学设置各版面、栏目内容，注入当前时事政策、狱外信息、心理健康知识等时代元素，以图文并茂的形式，引导罪犯主动阅读，着力把《正航导报》打造成形势政策宣传、罪犯心理自我调适、罪犯服刑指导的主载体，潜移默化地引导罪犯走向新生。

六、技能训练

某监狱为庆祝建监50周年，拟于建监庆典前期在罪犯中举办以“认罪悔罪践于行，拥抱健康新人生”为主题的教育改造成果展示系列活动。

问题：根据提供的材料，谈谈该监狱组织实施这次系列成果展示活动时可采取哪些形式？

思路：可从监区文化建设的不同形式的内容、要求、流程着手。

项目10-3 制定监区文化建设方案

一、任务说明

监区文化建设的形式多样，包括文体活动、物质环境建设，制度文化建设等等，制定监区文化建设方案，有利于总体推进和统筹安排监区文化建设，避免监区文化建设偏离教育矫正罪犯这一中心。监区文化建设方案一般主要包括指导思想、组织机构、总体内容和安排、工作目标和具体措施等。

（一）监区文化建设方案的内容要素

1. 指导思想。监区文化建设方案的指导思想主要包括开展监区文化建设的目的、意义和工作目标等。

2. 监区文化建设活动的组织机构和活动时间。该项内容主要是指监区文化建设的组织者、参与者、任务分工、活动阶段及具体时间安排等。

3. 具体工作安排及措施。该项内容是监区文化建设活动方案的核心部分，活动时间段和活动任务表应明确、具体。实践中一般按照监区文化建设的形式分开制定；比如如何做好监狱硬件环境建设工作，如何开展监区文体活动等。

4. 资料归档和经费预算。根据实际情况，做好监区文化建设活动预算，力求准确、具体、专项；在活动开展过程中，应注意文字材料和音频、视频材料的整理归档工作。

5. 活动要求及应急措施。监区文化建设活动的形式多样，组织实施过程情况复杂，方案执行过程中不确定因素不可避免地会影响方案的顺利执行，因此，活动方案应当提出明确的活动要求，充分考虑各种因素变化，提前做好应对措施，减少不必要的损失。

（二）监区文化建设活动方案的格式要素

1. 标题。从总体活动方案来说，标题包含制定主体、方案计划实施的时间和方案的性质等三个要素，比如“××监狱 2018 年监区文化建设方案”。从具体活动方案来说，方案标题可提炼活动主题，比如“墨香飘狱园·丹青绘新生——罪犯书画比赛活动方案”等。

2. 正文。正文包括以下内容：一是指导思想，简要阐述监区文化建设活动的目的和意义；二是组织领导机构、活动时间、活动地点等；三是完成任务的具体工作安排，包括具体工作措施、任务实施时间表、完成任务工作人员分工、经费预算、活动要求、应急措施等。

3. 结尾。在结尾部分，写明活动方案制定主体和时间。

二、具体任务

（一）深刻把握监区文化建设活动主题

活动主题的确定有助于把握活动的具体目标和任务，主题的确定是制作活动方案的灵魂，为了避免活动方案流于形式，应深刻理解认识监区文化建设活动的主题。

（二）把握监区文化建设的形式和内容

把握监区文化建设的形式和内容，有利于确定活动方案具体的措施。

（三）制定切实可行的活动方案

根据监区文化建设活动的主题、内容和形式以及方案制作规范格式的具体要求，制作监区文化建设活动方案。

（四）明确监区文化建设的标准

在方案中必须明确监区文化建设的标准，提出统一的要求，避免各监区在开展监区文化建设中走偏、走错、脱离罪犯改造实际。但方案的制定也应留有一定的空间，供各个监区结合实际自主发挥，打造“一监区一品牌”。

三、任务要求

(一) 方案必须依法、依规

方案必须符合国家的法律、法规和相关政策，贯彻落实上级文件精神，严格依照上级要求制定方案。

(二) 方案完整、切合实际且具有可操作性

监区文化建设依托于多种形式载体，针对不同形式应制定具体的实施方案，一般包括组织机构、活动时间、活动目的及要求等，方案应完整，符合各监狱（或监区）的具体实际且具有可行性。

(三) 充分发掘监区特色

方案设计时可结合其他监狱在监区文化建设方面的经验与成果，尽可能塑造提炼具有本监狱（监区）特色的有亮点、有实效、有内涵的多彩品牌，以品牌和成果整体提升监区文化建设档次和品味。

(四) 监区层面的活动方案应细化

要将基础工作和“创建特色”相结合，各监区在细化方案时，既要在总体设计上科学严谨，又要在具体工作中有所创新。开展好常规工作，如电化教育中心、狱内报刊、母亲节、国际禁毒日、兴趣小组等；同时又可以有所创新，如开展好“一首狱园歌曲”“一部微电影”“一个认罪悔罪演讲”等工作。

四、任务流程

(一) 依据监区文化建设主题确定监区文化建设方案

在制定监区文化建设方案前，首先要依据监区文化建设主题来制定监区文化建设方案。主题的确定有助于明确监区文化建设方案的指导思想和总体思路。

(二) 根据监区文化建设的形式和内容拟定监区文化建设方案

不同活动形式和内容具体包含的流程不同，在方案中应根据形式和内容拟定具体的活动类型、实施步骤等。

(三) 科学设计监区文化建设方案

监区文化建设方案应结合活动主题、内容和形式，在科学论证和多方征求意见基础上，合理设计和制定具体实施方案。

(四) 印发监区文化建设方案

方案确定后，应以正式文件的形式印发各有关单位及相关部门。

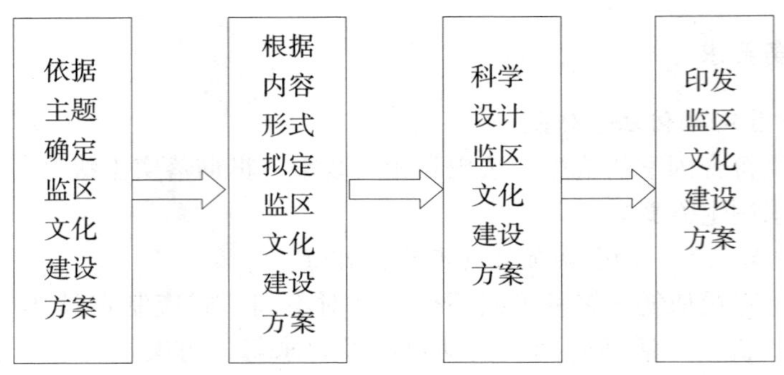

图 10-4 制定监区文化建设方案的任务流程

五、任务示范

向真·向善·向美·向上

——福建省××监狱首届罪犯文化艺术节活动方案

为了进一步推进监区文化建设，大力开展健康有益、充满活力的监区文化活动，搭建具有时代特征、监狱特色和罪犯特色的艺术文化活动平台，激励罪犯积极改造，经监狱研究决定，将在2014年9月至12月举办福建省××监狱首届罪犯文化艺术节。

一、指导思想

文化艺术节活动坚持教育矫治、育人为本的指导思想，体现社会主义核心价值观，以先进文化为导向，对全监罪犯进行爱国主义、思想道德和再社会化教育；面向全监罪犯，坚持普及和提高相结合、思想性和艺术性相结合、文化传承和艺术创新相结合，提高罪犯的道德修养和人文素养；体现时代特征、监狱特色和罪犯特点，体现向真、向善、向美、向上的监区文化特质，使艺术节活动成为进一步提升我监监区文化建设水平的有效载体。

二、活动时间：2014年9月1日至12月1日

三、活动方式

首届文化艺术节活动分为监狱级活动、监区级活动和兴趣小组活动三个层面。

（一）监狱级活动

活动主题：包括“感·中国风范、赏·礼乐雅韵、享·阳光体育、展·创业蓝图”等四大板块。

活动时间：2014年9月11日~11月25日。

活动内容：监狱级活动将在四大活动板块相应安排“水墨情、中国心”书画大赛、汉字拼写大赛、成语接龙大赛、“我的中国梦”征文活动、“微书评”大赛、“重阳敬老”践行活动、“十佳”歌手赛、读书文化活动、罪犯文艺汇演、新年贺卡设计大赛、第三届罪犯运动会、拔河比赛、体育电影放映周、“三人篮球赛”、SIYB创业计划进监区、创业计划书制作大赛、模拟招聘（面试）大赛等丰富多彩的活动。

（二）监区级活动

活动时间：2014年9月11日~11月1日。

活动内容：由各监区组织开展面向本单位罪犯的特色文化艺术活动，原则上每个监区至少要举办两项文化艺术活动。

（三）兴趣小组活动

活动时间：2014年9月11日~11月1日。

活动内容：由各兴趣小组开展罪犯自愿参加的文化艺术活动。

四、推进步骤

（一）宣传发动阶段（9月1日~9月10日）

各单位制定各项活动方案、预算，提交筹备会审批；各单位组织开展宣传和报名工作，并及时向筹备会上报工作进展情况。其中“第三届罪犯运动会”按照《关于举办福建省××监狱“青春飞扬·活力无限·共筑未来”第三届罪犯运动会的通知》的安排推进。

（二）全面实施阶段（9月11日~11月25日）

各单位活动按要求全面开展活动，同时所有比赛项目应于11月25日前结束。

（三）总结表彰阶段（11月25日~12月初）

监狱对各个项目获得一、二、三等奖的罪犯所在单位给予相应优秀分监区考评分奖励；对团体项目（汉字拼写大赛、成语接龙大赛、“三人篮球赛”、创业计划书制作大赛）获奖的前三名队伍颁发奖状和奖金；对于单项奖〔“水墨情、中国心”书画大赛、“我的中国梦”征文活动、“微书评”大赛、新年贺卡设计大赛、模拟招聘（面试）大赛〕每项取前三名颁发奖状和奖金。

参加文艺类和罪犯运动会的奖励办法按照《关于举办Y监狱“青春飞扬·活力无限·共筑未来”第三届罪犯运动会的通知》有关奖励规则进行奖励。

五、任务要求

1. 要求各单位要统一思想、提高认识，成立相应领导机构，制定相应活动方案和具有特色的本单位文化艺术节活动方案，精心组织，确保实效，营造出浓厚、热烈的监区文化氛围。

2. 要求各单位最大限度地调动罪犯的主动性、积极性和创造性，鼓励引导罪犯积极参加文化艺术节的各项活动，力求扩大活动的覆盖面。

3. 要求充分利用展板、宣传栏、板报等，加强对文化艺术节活动的宣传，努力营造良好的文化氛围。

4. 要求处理好开展文艺活动、组织参加全监性活动和监区日常监管改造的关系，合理地安排好各项活动的训练准备和组织实施活动。

六、技能训练

“多彩监区文化”创建显多彩

2017年4月以来，贵州省监狱系统“多彩监区文化建设年”系列活动全面启动，贵州省××监狱高度重视，立即谋划并制定《贵州省××监狱“多彩监区文化建设年”策划方案》下发监属各部门，一监区收到方案后迅速成立以监区长为组长的工作领导小组，精心筹划方案，及时召开领导小组会、警察大会、罪犯动员大会，按步骤、分阶段、有重点地推进，使“多彩监区文化”创建更加多彩丰富。

社会主义核心价值观教育显一彩。在罪犯学习室、餐厅悬挂“社会主义核心价值观”教育内容，并融入思想教育警察教学体系，在传播文化知识的同时传播核心价值观，使罪犯认识到社会主义核心价值是一种精神追求、一种价值标准、是社会先进文化的灵魂，让罪犯在主动学习和潜移默化中得到熏陶。

“国学”文化教育显二彩。重点打造“明礼诚信、知行合一、内化于心、外化于行”和“孝”文化为主题的教育活动；书写“仁”“义”“礼”“智”“信”相关的名言警句装裱悬挂在各分监区学习室、走廊，让罪犯学习传统文化过程由表及里，由抽象到具体。

山水文化、民族风情文化、红色旅游文化创建显三彩。精心设计、部署了贵州山水文化、民族风情文化、红色旅游景区景点摄影画展，从餐厅到各分监区走廊都展示了黄果树瀑布、遵义会议会址、晴隆二十四道拐、西江苗寨等，每一幅景区景点画展，无不让罪犯从惊叹到期待、再到向往。此外，在劳动节、端午节还开展了篮球、乒乓球、象棋、围棋、拔河、趣味游戏等文体活动，充实丰富了“多彩监区文化”内容。

通过开展“多彩监区文化建设年”系列活动，使罪犯仿佛走近了历史，走进了自然，走进了文化。这是一次先进文化与传统文化的熏陶，是一次情操的陶冶。活动使罪犯深感自己违法犯罪、倍加忏悔，从而增强了他们悔过自新，积极改造的动力，坚定了他们重获新生的梦想。

问题：根据范例提供的材料，请你为贵州省××监狱一监区制定监区文化建设方案。

思路：可从指导思想，方案制定的任务、内容、要求和流程，材料所给定的活动范围等着手。

项目 10-4　组织实施监区文化建设

一、任务说明

监区文化建设实行监狱领导下的各级领导负责制。监狱长、监区长分别对监狱、监区的文化建设工作负第一位的责任，主抓教育改造工作的领导负直接责任。

监狱警察是监区文化建设的主导者，监狱应组织监区、分监区基层警察认真学习，掌握法学、美学、文学、社会学等相关知识，为不断加强监区文化建设发挥作用。

监狱教育改造科是监区文化建设工作的主管部门，狱政管理科、生活卫生科、劳动改造科、基建科和财务科等有关部门要积极予以配合。

监狱日常的文化活动由各监区负责组织实施。监狱的硬件设施建设、重大节日及重要文化活动，由监狱组织开展，主管罪犯教育改造工作的监狱领导负责组织有关部门召开筹备会议，教育改造科制定监区文化建设活动方案并负责组织实施。

二、具体任务

（一）规范布置监区改造环境，讲究艺术，突出重点

监区改造环境的布置，特别是监狱主体建筑和文化设施的建设，必须符合相关法律法规和监狱监管改造的要求；监狱根据实际普遍建立四室（图书室、展览室、电化教育演播室、广播室）、二场（文艺演出场、体育运动场）、二队（文艺表演队、体育运动队）、一楼（教学楼）、一报（监狱改造小报）、一中心（服刑指导中心）；监区建立三室（学习阅览室、心理咨询谈话室、文体活动室）、二栏（阅报栏、宣传栏）、一报（墙板报）、一园（学习园地）、一牌（亲情寄语牌）。狱内用于执行刑罚的建筑要凸显威严，体现国家的强制力；用于教育改造的场所要符合教育学的原理，利于罪犯学习和改造。狱内的环境应整洁、美观，建筑之间的空地或活动场地四周的适宜位置要栽种观赏植物和花卉。监舍内外适当悬挂或张贴名言、警句、风景名画或罪犯自创书画作品，以美化罪犯的生活环

境，激发罪犯的进取意识。罪犯生活、学习、劳动场所分别设置与环境相适应的标语，利用板报、墙报、黑板报宣传相关知识。

（二）组织开展监区文化宣传活动

主要包括：通过对墙报、黑板报、监狱小报的组织管理，宣传党的方针政策，贯彻监狱工作方针，把握狱内正确的舆论导向，营造浓厚的教育宣传氛围；开展读书活动，通过读、写、感，提升罪犯自身的素质，促使其形成对社会、生活新的认识；以罪犯学习小组为单位，组织罪犯评报；组织罪犯收听、收看广播、影视节目等。

（三）组织开展监区文艺体育活动

监狱要根据自身实际，为罪犯提供必要的活动场所和活动设施，如运动场、文体活动室、电视、音响、篮球、羽毛球、乒乓球、各类棋具、乐器等。教育改造科要根据上级安排或当前时事需要，结合监狱工作实际，及时组织、安排和部署罪犯开展各项有益的文化或体育活动，保证活动有序进行。各押犯监区要按照监狱的安排部署做好落实工作，组织罪犯认真开展活动。教育改造科加强对活动开展过程的监督、检查，活动结束后要及时进行总结，以提高活动实效。

（四）组织升挂国旗活动

监狱要在国庆节、元旦、春节等重大庆祝、纪念活动日以及每月的第一天，组织罪犯参加升挂国旗仪式，增强罪犯的爱国主义观念。每次升挂国旗的旗手、护旗手必须由警察担任。国旗应当于早晨升起，傍晚降下。升起时，必须将国旗升至杆顶；降下时，不得使国旗落地。降下的国旗要妥善保存，不得升挂破损、污损、褪色或者不符合规格的国旗。

三、任务要求

（一）要加强组织领导

要充分认识监区文化建设的重要性，切实看到文化在塑造监狱品质、提升监狱工作质量、推进监狱发展方面的积极作用，切实看到文化在教育改造罪犯过程中发挥的激励、导向、约束、调节、矫正等方面的积极作用，切实加强对监区文化建设的组织领导，有计划、有目的地加强对监区文化建设的研究和实践，自觉把监区文化建设和监狱日常工作有机地结合起来。

（二）整合资源，为监狱工作全局服务

首先，教育改造部门要精心组织，狱政、劳动、政工、基建等部门要积极配合；其次，充分利用社会资源、社会力量开展监区文化活动，逐步建立一批由社会志愿者参加的监区文化活动队伍；最后，通过监区文化建设，树立罪犯的集体观念、竞争意识和荣誉观念，提升劳动技能，提高劳动效率。

（三）建立科学的监区文化管理机制

监狱在开展监区文化建设中要注意总结，形成相关工作制度，逐步建立健全监区文化建设的工作体系，使这项工作能得到更好的落实。要保障监区文化建设经费，监狱每年应设立监区文化建设的专项资金，也可将一定比例的经费下拨给监区使用。

（四）培养和建立一支懂管理、精业务的监区文化建设管理队伍

监区文化的主体是监狱人民警察与罪犯，警察在监区文化建设中应发挥主导作用。首先，选拔一批热爱监区文化建设工作，具有一定能力的警察作为业务骨干；其次，挑选一批改造表现较好，具有一定文化素质的罪犯作为文化活动骨干，并积极开展业务培训，提高相关人员的综合素质、能力和水平。

（五）将监区文化建设纳入监狱工作整体部署

立足自身监区文化建设现状，着眼于监狱工作的可持续发展，精心谋划监狱文化的发展目标，确定具体思路，制定长远规划和分阶段具体实施方案，形成规划、领导、组织、协调、指导、管理和评价机制融为一体的整体工作部署，确保监区文化建设始终沿着正确的方向健康发展。

（六）注意资料的收集

无论是进行监狱的硬件设施建设，还是开展监狱（监区）文化活动，都应在工程建设验收合格或文化活动结束后，及时收集相关资料，以便总结成功经验和克服存在的问题，为今后开展监区文化建设留下宝贵的资料。

四、任务流程

（一）成立领导组织机构

监狱应成立由监狱长为组长的监区文化建设工作领导小组，并制定监区文化建设工作考核办法，定期督查考核，确保工作推进。监区应相应成立以监区长为组长的监区文化建设工作领导机构，具体落实和推进监区文化建设的各项工作，工作机构人员要经常深入罪犯，广泛开展调查研究，通过个别交流、座谈讨论等途径切实掌握罪犯的需求动态，确保监区文化建设活动主题明确、目标清晰、落实到位。

（二）制定详细的监区文化建设实施细则或具体方案

实施细则或具体方案的主要内容包括目的、意义，时间安排，具体组织机构和职能分工，监区文化建设具体的内容、方法和具体组织实施步骤，具体要求和注意事项等。

（三）组织实施监区文化建设活动

首先，应在警察和罪犯中进行广泛、深入的动员。让全监狱（监区）的警察

和罪犯都清楚监区文化建设的目的、意义，时间安排，组织机构，内容、任务、方法、具体要求和注意事项。可借助宣传栏、板报、横幅、标语、广播、电视等媒介开展宣传工作，也可召开动员大会。其次，根据监区文化建设实施细则或具体方案组织实施监区文化建设活动。最后，在监区文化建设活动实施过程中，根据各种因素的变化，及时充实和调整监区文化建设方案，确保监区文化建设达到预期的目标和效果。

（四）及时总结监区文化建设成果

在监区文化建设项目结束后，对监区文化建设活动的实施情况要进行认真总结，及时总结每项监区文化活动所取得的成果，查找存在的不足，制定下一步改进措施。

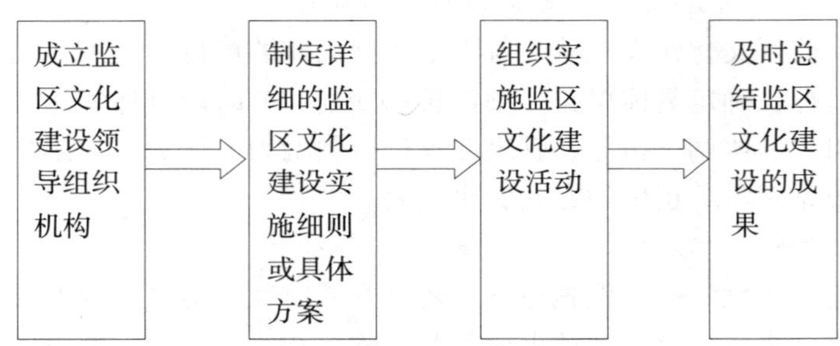

图 10-5 组织实施监区文化建设任务流程图

五、任务示范

示范1： 广东省××监狱监区文化建设概况[1]

一、监区文化设施建设

1. 文化场所。每个监区建设有图书室、阅览室和文化长廊、阅报栏。图书室藏书人均不少于10册，藏书应以文学、艺术、科技、励志等有利于改造的图书为主。并在监狱教学楼设立了图书超市，每个季度安排罪犯进行一次购书活动。

2. 运动场所。各监区建设有运动场地，如篮球场、羽毛球场以及今年新配发的乒乓球台等与此相配套的各项设施。

3. 教育场所。教育场所是指教学楼、文化教室、广播室、电化教育系统等。

〔1〕 载广东省监狱管理局监区文化建设标准-广东省佛山监狱网站，http：//fsjy. gd. gov. cn/ywgk/zcfg/content/post_2266038. html，访问时间：2019年3月28日。

监狱建立音频广播系统，在各监舍设置音频音箱，指定专职警察录制、播放广播节目，各监区设立了1~2名DV宣传报道员，负责本监区内新闻素材的拍摄与撰稿工作，每月完成不少于2条DV视频新闻的报送工作。各分监区每天组织罪犯收看《新闻联播》，及时收听收看由监狱制作或转播的电化教育节目，每月组织罪犯观看一次宣传报道罪犯改造生活的专题片或具有教育意义的影视作品。

4. 文化载体。文化载体是指监狱小报、黑板报、宣传栏等。监狱自办报纸《立新报》，每月出版两期，规格为8版，由专职警察进行排版编辑。各分监区要按照分监区押犯总数3%的比例选用罪犯通讯员，组建罪犯通讯员队伍，积极向《立新报》《狱内新闻》及《广东监狱》投稿，每名通讯员每个月向监狱小报投稿达到2篇以上，罪犯通讯员如有变动，应及时将变动情况报给编辑室并及时补充通讯员。每个监舍小院设置黑板报，每月出版2期，每期至少选用4篇文章进行刊登，其中包含1篇心理矫治方面的文章。

二、文艺队建设情况

监狱文艺队现有7名罪犯，分别负责声乐、器乐、舞蹈、小品、相声、灯光音响、演出道具维护等工作。监狱文艺队着重培养和建立一支懂表演、精业务的监区文化队伍。监区文化的主体是警察与罪犯，警察在监区文化建设中该起到主导作用。各监区要选拔一批热爱监区文化建设工作、具有开展文化体育活动特长的警察作为工作骨干；其次要挑选一批改造表现较好、具有一定文化活动素质的罪犯作为文化活动骨干。

三、监区文化品牌建设情况

各监区根据本监区的实际情况和特点，打造“一区一品牌”的监区文化特色。目前，我监六个监区和医院分监区均已创办自己的品牌特色：一监区是醒狮表演，目前已成立一支由四头舞狮组成的醒狮队，且在不断地壮大醒狮队伍。在监狱的重大庆典活动、开放日、大型晚会和春节期间，组织醒狮队到场表演和到各分监区拜年。二监区是语言艺术，罪犯对朗诵、表演和相声、小品作品的创作进行了学习，培养一批相声、小品方面的表演人才。今年一监区、二监区均购置了一批乐器，打算开展乐队培训，为监区文化活动及监狱大型文艺晚会添砖加瓦。三监区是书画创作，在监舍内的黑板报张贴具有书画特长罪犯的书画作品，组织文艺宣传员学习和交流，在监区形成浓厚的书画氛围。四监区是舞蹈，由监区组织舞蹈专业的警察，挑选出具有舞蹈爱好和特长的罪犯组成舞蹈队，利用休息时间集中进行排练。五监区是乒乓球，努力营造积极向上的乒乓球运动氛围，协助并配合监狱乒乓球比赛，推动乒乓球运动在我监的蓬勃发展。六监区是太极操，由有深厚太极操基础的警察教练，组织太极拳爱好者和身体素质思想改造表现好的罪犯统一练习国家太极拳普及套路二十四式，达到老病残罪犯强身健体，活跃监区文化建设的目的。医院分监区是广播站，主要播报监狱及医院近期任务要求、医院先进罪犯事例、医院违规违纪事例、罪犯生日祝福和点歌、健康保健常识、人物访谈等内容，丰富罪犯文化生活。

四、节日活动情况

1. 节日活动。在元旦、春节、劳动节、建党节、中秋节、国庆节六大节日期间，各监区要组织罪犯开展各种庆祝和纪念活动，如举办运动会、演讲会及其他娱乐活动。监狱给每个分监区每个节日下拨1000元监区文化建设活动经费，即各分监区每年6000元，由分管罪犯教育改造工作的副监区长统管使用（不局限于“六大节日”使用）。每月监区文化活动比赛的奖金也纳入节日文化购物，大力地促进了罪犯参加监区文化活动的积极性。

在元旦、春节、劳动节、建党节、建军节和国庆节节日期间，各监区以轮流承办的方式举行升国旗仪式，加强对罪犯的爱国主义教育。

在春节、元宵节、端午节、中秋节等传统节日和母亲节、父亲节等节日开展“践行社会主义核心价值观”主题的系列活动，教育罪犯学会热爱祖国、遵规守法、诚实守信、善待他人，加速罪犯的积极改造。

2. 特殊活动。各监区抓好每月一歌学唱活动，营造歌声飘扬的狱园环境，分监区每月开展一次比赛，监区每季度开展一次比赛，监狱每年开展一次比赛。

与广州市荔湾区司法局联合举办“亲情帮教开放日”活动，打破过去社会帮教与“开放日”分开举办、监狱单方主办的传统，进一步拓宽对罪犯的帮教渠道，扩大“开放日”的影响，提高监狱教育改造质量。

各监区积极组织罪犯参加监狱每月举办的文艺、体育、征文、演讲、书画和知识竞赛等方面的监区文化活动，充分调动罪犯的积极性，吸引罪犯踊跃参与。

示范2：四川省监狱系统组织实施不同形式——监区文化建设活动的任务流程图[1]

1. 墙报、黑板报、监狱小报的办报流程。监区黑板报、墙报，至少每月更换一次内容。监狱每季度开展一次黑板报、墙报质量评比活动。

---

〔1〕 根据四川省《监狱管理规范》地方标准之教育改造工作标准（第四部分）相关内容整理而成。

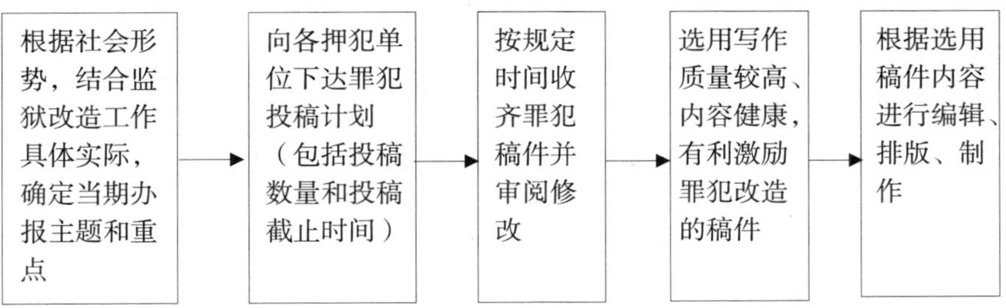

图 10-6　墙报、黑板报、监狱小报的办报流程

2. 图书阅览室管理流程。

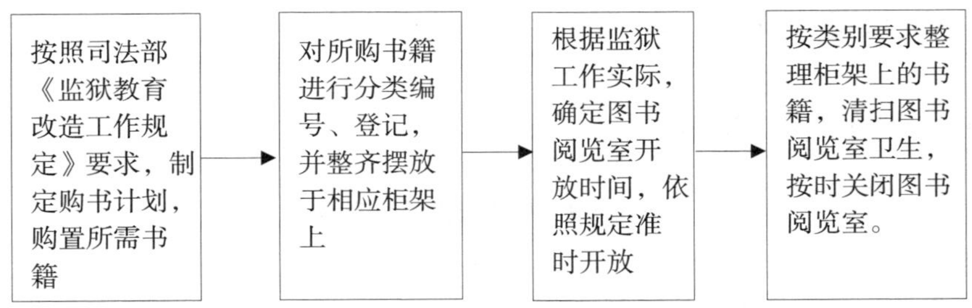

图 10-7　图书阅览室管理流程

3. 罪犯兴趣组管理流程。

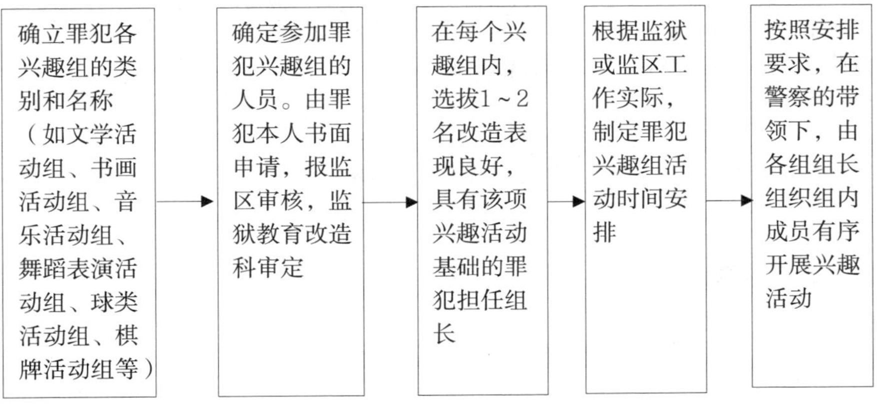

图 10-8　罪犯兴趣组管理流程

4. 升挂国旗活动流程。

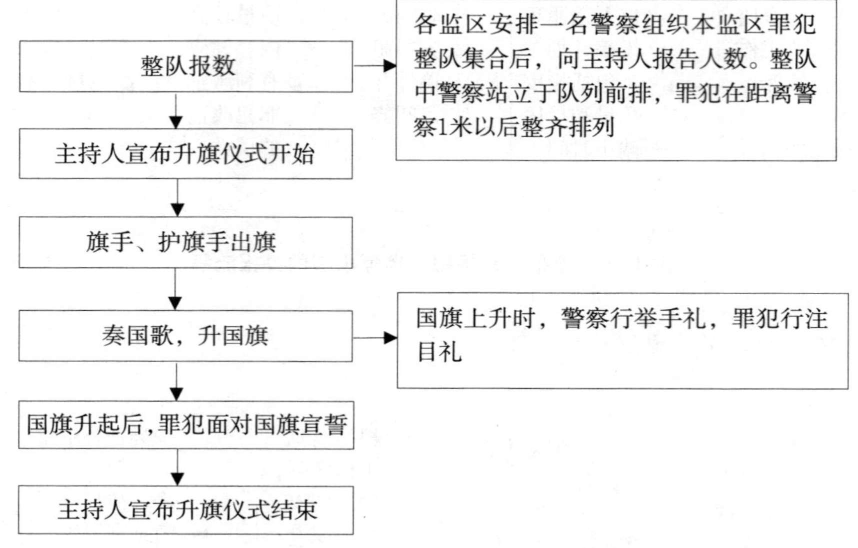

图 10-9　升挂国旗活动流程

5. 罪犯文艺演出队管理流程。

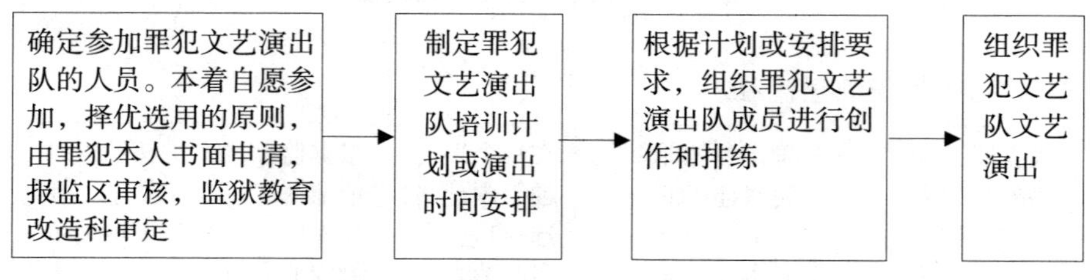

图 10-10　罪犯文艺演出队管理流程

六、技能训练

模拟组织某监区文化艺术节

一、制定一份详细的“监区文化艺术节”活动方案

活动方案的内容包括：开展“监区文化艺术节”活动的目的、意义；开展“监区文化艺术节”活动的时间安排；开展“监区文化艺术节”活动的组织机

构；开展“监区文化艺术节”活动的内容、方法和具体组织实施步骤；开展“监区文化艺术节”活动的具体要求和注意事项。

二、模拟动员

可组织本年级或大队的学生进行模拟动员。内容包括：讲清开展这次“监区文化艺术节”活动的目的、意义、时间安排、组织机构、内容、方法、具体组织实施步骤、具体要求和注意事项。号召全监狱的警察和罪犯思想上务必高度重视这次“监区文化艺术节”活动；行动上积极参与到这次活动中来；组织上要一切行动听指挥，紧紧围绕开展好这次“监区文化艺术节”活动来做好各自的工作。

三、模拟文艺活动

（一）模拟组织罪犯成立形式多样、丰富多彩的各种文艺团体。如在本年级（或大队）成立声乐小组、器乐小组、相声小组、小品小组、合唱团、舞蹈队、醒狮队、秧歌队、手工艺制作小组、书画社等。主要吸收有文艺特长或对文艺有兴趣、爱好，有发展前景的同学参加，并定期邀请学校有文艺特长的老师进行辅导和指导。

（二）模拟组织成立罪犯艺术团。如在本年级（或大队）成立学生艺术团，专门抽调一些有艺术特长或在艺术方面有培养前途的同学参加，并充分利用业余时间组织学生进行文艺创作、训练和表演。

（三）模拟邀请社会上的文艺工作者到监狱讲座，向罪犯传授文艺方面的知识，教罪犯如何进行文艺欣赏，指导监狱开展形式多样、丰富多彩的文艺活动。也可以邀请社会的文艺工作者到监狱进行文艺演出等，启迪罪犯的文艺创作思维，丰富罪犯的业余文艺生活，陶冶罪犯的情操。如邀请学校有文艺特长的老师对本年级（或大队）成立学生艺术团进行辅导和指导，向学生传授文艺方面的知识，教学生如何进行文艺欣赏，指导学生艺术团开展形式多样、丰富多彩的文艺活动，启迪学生的文艺创作思维，丰富学生的业余文艺生活，陶冶学生的情操。

（四）模拟组织罪犯开展各种文艺演出活动。如在本年级（或大队）的学生中，组织开展形式多样、丰富多彩的文艺演出活动和比赛活动，如“综合性文艺汇演”“百歌颂中华”大合唱比赛、专题课学习演讲比赛、诗歌朗诵比赛等，邀请学校有文艺特长的老师与学生同台演出，现场献艺。

四、模拟书法、美术、手工艺作品展

首先，由学生自己制定出一份详细的模拟组织罪犯开展书法、美术、手工艺作品展的实施方案。内容包括：开展展览的目的、意义、时间安排、组织机构、内容、方法和具体实施步骤以及具体要求和注意事项，从中选出较为优秀的方案在本年级（或大队）示范和点评。其次，由学生自己组织本年级（或大队）的学生开展书法作品比赛、美术作品比赛和手工艺作品比赛，邀请学校有书法、美术和手工艺品制作等方面特长的教师担任评委，评出一定数量的、具有一定欣赏价值的书法、美术、手工艺作品准备参展。再次，由学生到社会上（包括省内外的书法、美术、手工艺制作专家、学者、本校教师、教师家属、外校学生）筹集一定数量的、质量较高的书法、美术、手工艺作品供参展使用。最后，邀请学校有书法美术和手工艺品制作等方面特长的教师或社会上知名的书法、美术、手工艺制作专家、学者对参展的作品进行点评，并由学生自己组织整理编写出详细的解说词。然后，有目的、有组织、有计划地分批组织教师、学生、学生家长及兄弟院校的学生观看展览，由口头表达能力较好的学生负责解说。

五、模拟布置监区改造环境

（一）在模拟参与布置监区改造环境时，学生应非常熟悉监区改造环境布置的规范性要求，特别是监狱主体建筑和文化设施的建设，必须符合相关的法律、法规和监狱监管改造的要求。

（二）模拟参与布置监区改造环境、应针对模拟开展“监区文化艺术节”活动的内容来进行。

1. 模拟统一、规范、制作监狱内的标语和警句。如通过电脑制图，模拟制作监狱内的标语和警句。主要内容包括两方面：一方面是提醒罪犯时刻牢记自己的身份，如在醒目的位置书写“你是什么人?”“这是什么地方?”“你来这里干什么?”等；另一方面是激励罪犯奋发向上，提醒罪犯“积极改造有前途，抗拒改造无出路”。

2. 对模拟监狱的罪犯家属会见室进行布置和装饰。根据罪犯的不同处遇等级进行设计，对严管级罪犯的家属会见室既要在布置和装饰上充分体现监狱的威严，又要充分体现以人为本的亲情；对宽管级罪犯家属的会见室，在布置和装饰上多体现关爱、和谐；在模拟监狱的罪犯家属会见室，可以设置罪犯改造表现情况狱务公开宣传栏（或安装电子屏幕触摸查找系统），让罪犯家属能直观了解和适时掌握自己亲人在监狱服刑期间的改造表现。

3. 对模拟监狱礼堂、教室、心理咨询室和各监区的阅览室等进行布置和装饰。如学生可以站在一名监狱基层罪犯教育警察的角度来考虑，在学校的礼堂、教室、餐厅、心理咨询室和阅览室等场所，进行仿真模拟，参与布置监区改造环境。分别悬挂名人名言、警句、书法、绘画作品和摆设手工艺作品等，这些作品既可以是名人名家或学校教职员工之作，也可以是出自学生之手的作品。

4. 对模拟罪犯开展书法、美术、手工艺作品展的展览厅进行布置和装饰，充分体现艺术性。如学生可利用校园开展书法、美术、手工艺作品展的展览厅进行仿真模拟，在展厅的布置和装饰上给罪犯以诸如轻灵或沉思、宁静或活泼、激动或繁丽、淡薄或威严、清丽或庄重等不同的感受，以便激起罪犯强烈的感情火花；给罪犯带来真、善、美的感受，让罪犯赏心悦目，使罪犯在潜移默化中受到教育和启迪。

问题：请你以年级（大队）为单位，模拟组织“监区文化艺术节”。

思路：可从成立领导小组、制定方案、宣传动员、具体组织实施和注意事项入手，并且及时总结反馈在组织实施中出现的问题。

单元小结

学生在了解监区文化建设的内涵与任务的基础上，应能通过课程教学及技能训练掌握监区文化建设的主题确定、形式选择、方案制定及组织实施。根据监区文化建设的知识和要求，较为熟练地开展监区文化建设工作，为监狱改造罪犯营造有利文化环境。

问题思考

1. 监区文化建设的主题一般如何确定?
2. 监区文化建设的形式主要有哪些?
3. 如何制定监区文化建设活动方案，应注意哪些要点?
4. 如何组织实施罪犯文化宣传活动?

拓展阅读

1. 王长江、王齐全主编:《美育概论》，中国建筑工业出版社 2004 年版。

2. 夏宗素:《罪犯矫正与康复》，中国人民公安大学出版社 2005 年版。

4. 于爱荣等:《矫正质量评估》，法律出版社 2008 年版。

5. 赵军编著:《高职校园文化建设概览及实务》，西南交通大学出版社 2015 年版。

学习单元十一　社会帮教

学习目标

通过本单元的学习，了解社会帮教的概念、任务和内容，明确社会帮教主题确定、形式选择、方案制定、组织开展等内容和要求，能够较为熟练地组织开展社会帮教活动。

重点提示

社会帮教任务；社会帮教内容；社会帮教形式；社会帮教方案

基础知识

我国《监狱法》第61条规定，教育改造罪犯要实行“狱内教育与社会教育相结合的办法”，适应新时期监狱发展的需要，监狱罪犯教育要改变传统封闭的模式，尽可能凝聚全社会的力量来参与。社会帮教工作引入社会力量对罪犯开展教育改造，积极有效地推动我国监狱工作的专业化、社会化、科学化发展，为提高罪犯改造质量、降低重新犯罪率发挥重要作用。

一、社会帮教的任务

社会帮教是指监狱积极争取社会各方面和社会各界人士的支持，使其配合监狱开展有益于罪犯教育改造的各种帮助教育活动，通过社会教育资源的整合，实现教育改造的个别化、社会化和科学化，顺应行刑社会化发展趋势，是监管改造机关普遍采用的一种行之有效的基本教育改造手段。

（一）增强罪犯改造信心

社会帮教工作能够增强罪犯改造信心。教育改造罪犯是全社会的共同任务，社会帮教工作融合各种教育力量，发挥教育的综合优势，在法律允许的范围内以各种恰当的方式参与到罪犯的教育活动中。它能够使罪犯感受到国家、社会和家庭的温暖，鼓励罪犯在希望中改造，增强罪犯改造的信心。

（二）促进罪犯认罪服法

社会帮教工作能够促使罪犯反省自身罪行，认罪服法。社会帮教虽然内容丰富，形式多样，但是各种内容和形式都时刻渗透着遵纪守法教育，感染着每一个被帮教的罪犯，使他们能够感受到自己的犯罪行为对受害者、家庭和社会所造成的伤害，正确认识自己的定罪和量刑，促进罪犯责己思过，认罪服法。

（三）促进罪犯再社会化

社会帮教工作能够丰富罪犯的精神生活，促进罪犯再社会化。相对于封闭的监狱来说，社会帮教像一股新鲜的血液，为监狱教育改造工作带来了蓬勃的生机。每一次的帮教活动，都能改变罪犯的服刑生活。社会帮教能够使罪犯及时了解到时代信息，开阔罪犯的眼界，调节罪犯狱内单一的生活节奏，丰富罪犯的精神生活，对他们的再社会化起到积极的作用。

二、社会帮教的内容

（一）亲情帮教

亲情帮教是指利用罪犯和其亲属间的亲情关系，加深罪犯的积极情感体验，达到用亲情感化罪犯，调动罪犯改造积极性的目的，是社会帮教的重要内容。它的主要形式有亲情通讯、亲情会见、亲情会餐、亲情公寓等。

（二）社会救助

社会救助是指从罪犯的实际需要出发，为罪犯提供帮助，或帮助他们解决生活上的困难，或帮助他们减轻精神上的负担，或帮助他们维持良好的心理状态。社会救助是社会帮教的主要内容之一，主要包括法律援助、贫困救助、教育救助、心理救助等。

（三）外出参观

罪犯外出参观学习是指通过层层选拔，选取狱内综合表现优秀的罪犯，走进社会，接触社会现实生活，运用具体生动的事例来说服、教育罪犯。

（四）汇报自省

罪犯汇报自省是指在监狱罪犯教育警察的组织下，罪犯将自己的改造表现实事求是地向亲属或社会有关单位部门进行汇报，以求得他们的理解和鼓励，进而深刻反省自己的错误，促进自身改造。罪犯汇报自省主要有现身演讲、书信汇报和汇报演出等形式。

项目 11-1 确定社会帮教主题

一、任务说明

社会帮教主题，是社会帮教活动所要表现的中心思想，也是社会帮教的中心内容。社会帮教的主题是社会帮教的核心，社会帮教活动要紧紧围绕主题展开。社会帮教的对象是监狱服刑的罪犯，所以监狱要发挥主导作用来组织开展社会帮教活动，而确定主题是开展社会帮教活动的第一要务，是社会帮教活动能否达到预定目的的关键所在。

二、具体任务

（一）根据罪犯教育计划确定社会帮教主题

罪犯教育是一项非常复杂的工作，要在有限的时间内完成一定的教育任务，必须进行周密的计划。宏观角度而言，有监狱的年度罪犯教育工作计划；微观角度而言，有针对每一个罪犯的具体教育改造方案，开展社会帮教活动要紧紧围绕罪犯教育计划来确定社会帮教的主题，促进罪犯教育目的的实现。

（二）针对罪犯实际情况确定社会帮教的主题

监狱（监区）要全面了解罪犯，针对罪犯的实际情况来确定社会帮教的主题。比如罪犯亲情缺失、缺乏关爱，可以开展亲情帮教；罪犯家庭困难，可进行经济救助；罪犯遇有法律政策方面的问题，可以联系有关部门，进行法律政策救助；罪犯遇有心理问题，可进行心理救助。针对罪犯实际情况确定社会帮教的主题，贴近罪犯心灵，引发罪犯深刻的思想感受，必然收到好的教育效果。

（三）根据节令、纪念日确定社会帮教主题

可以根据母亲节、国庆节、中秋节、春节等重要节日确定帮教主题；也可在中国抗日战争胜利纪念日、“九一八事变”纪念日等纪念日，深挖节日内涵，结合当前罪犯教育工作的需要，确定社会帮教的主题。

（四）根据有关部门的意向要求确定社会帮教主题

监狱根据社会有关部门的意向确定社会帮教主题。比如，地方政府根据其所辖籍贯罪犯（或机关、企事业单位根据其原单位干部、职工）在监狱关押情况，提出到监狱开展社会帮教事宜，主要是针对当地籍贯罪犯（或其原单位干部、职工）进行帮教；工、青、妇或社会公益团体，从社会和谐稳定和关心妇女或青少年成长角度出发，提出到监狱开展社会帮教事宜，分别针对不同类型的罪犯进行帮教；机关、企事业单位根据本单位反腐警示教育等实际需要，提出到监狱开展社会帮教，监狱则根据不同主体提出的不同帮教事项，来确定社会帮教的主题。

三、任务要求

（一）主题要有针对性

社会帮教的主题要根据罪犯的实际情况而定，深入观察罪犯改造的客观事实，对影响罪犯改造的因素进行分析，经过认真研究和深入思考后拟定。罪犯是否亲情缺失，是否家庭困难，是否法律问题缠身，是否心理问题突出，等等，这些问题不解决将直接影响服刑改造效果。有针对性地开展社会帮教，贴近罪犯心灵，解决困扰他们的实际问题，有效化解其不良情绪，才能促进罪犯改造。反之，缺乏针对性的社会帮教不能与狱内教育形成合力，不利于教育目标的实现。

（二）主题要正确精准

主题选取是否正确直接关系到社会帮教的好坏与成败。主题是否正确，取决于是否符合党的政策和国家的法律法规，对罪犯实际情况的了解是否全面，对罪犯实际情况的分析是否准确，对罪犯需要救助的情况核实是否准确。只有主题正确，才能对罪犯的改造产生积极的影响。反之，则会产生消极的影响。

（三）主题要集中突出

每一次社会帮教活动的时间有限，社会帮教的主题应该简明扼要、突出重点，不宜同时存在两个或两个以上的主题，避免社会帮教的参与者顾此失彼，影响社会帮教的效果。

四、任务流程

（一）成立社会帮教活动组织机构

监狱应根据社会帮教活动内容，确定帮教领导小组和工作小组成员。由监狱分管罪犯教育改造工作的领导提议，教育改造科召集相关部门人员参加社会帮教活动工作研讨会，成立社会帮教活动组织机构，确定领导小组和工作小组成员。集思广益，商讨开展社会帮教活动的各项具体工作事宜，领导小组和工作小组成员，各负其责，具体策划和组织社会帮教活动。

（二）全面了解罪犯

整体了解，为了更好地对罪犯进行社会帮教，监狱罪犯教育警察应当从宏观上全面、细致、深入了解罪犯的基本情况。比如罪犯的服刑态度、思想动态，罪犯所关心的问题，利益诉求，等等，便于从罪犯整体状况入手提炼主题，进行社会帮教活动。

个体了解，针对个别罪犯的情况进行深入细致了解，如日常表现、脾气性格、家庭状况、认罪悔罪态度、身体状况、心理状况等，分析出影响罪犯服刑改造的原因，对开展社会帮教的必要性和可行性进行分析，确定是否需要开展社会帮教和开展何种类型的社会帮教。

（三）充分讨论、确定社会帮教的主题

根据罪犯的情况和社会帮教实际，明确社会帮教活动所要达到的目的，发挥集体的智慧，在充分讨论的基础上筛选提炼社会帮教的主题。

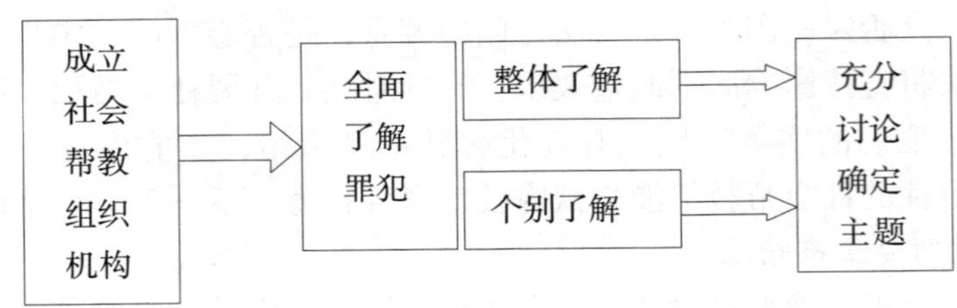

图 11-1 确定社会帮教主题工作流程图

五、任务示范

2018 年伊始，广东省××监狱迎来了第一场法律援助活动，此次活动以“让服法者前行，让悲观者积极”为主题，邀请了××市法律援助中心主任及 4 名市法律援助中心律师进监为罪犯答疑解惑。

为了使法律援助更有针对性和实效性，监狱教育改造科在活动开展前，向律师方提供罪犯案卷和有关法律方面的诉求等综合资料，争取在有限的活动时间里，切实解决罪犯的法律问题。此次活动重点解决罪犯在罚金、减刑及量刑标准等方面的疑惑，律师们耐心解答问题，提出合理化建议，帮助罪犯维护自身合法权益。

六、技能训练

李×，男，45 岁，因抢劫罪被判处有期徒刑 10 年，现在某监狱服刑改造。近几天，监狱罪犯教育警察发现他情绪低落，参加劳动、学习时心不在焉，心事重重。在开导后，他才说出实情，原来自从入监以来，其妻子一直辛勤持家，抚养儿子，但最近妻子探监时说儿子得了尿毒症，已经肾衰竭，需要换肾，巨额的医疗费对原本贫困的家庭来说无异于天文数字。李×十分担心孩子，不知年轻的生命能否继续，为这么多年来没有陪伴和抚养儿子长大而羞愧不已。了解到这一情况，监狱计划对李×开展社会帮教。

问题：请结合该案例，提炼此次帮教活动的主题。

思路：可从提炼主题的依据和要求方面思考。

项目 11-2　选择社会帮教形式

一、任务说明

社会帮教中的亲情帮教、社会救助、罪犯外出参观学习、罪犯汇报自省分别通过不同的形式开展：

（一）亲情帮教的形式

1. 亲情会见。罪犯在服刑期间可以会见亲属、监护人，在会见过程中可以面对面地沟通、交流。缓解相思之苦的同时，亲属、监护人可对罪犯进行劝告，鼓励他们重新做人。为切实提高罪犯改造质量，一些监狱对罪犯的会见方式进行了创新，比如某监狱积极拓展罪犯会见方式，在原有隔离会见的基础上，又增加了会谈会见、同餐会见、同室会见；××省女子监狱在全省率先运行“远程可视会见”系统（“远程可视会见”是集语音、图像、数据于一体的多媒体技术，通过网络，罪犯可以直接和远在他乡的亲人“面对面”对话、交流），为家庭困难、路途遥远、不便到监狱探望的罪犯家属提供了便利。通过“远程可视会见系统”进行亲情会见，既提高了工作效率，缩短了家属等待会见的时间，保证了罪犯的会见权力，又拓展了教育感化罪犯的途径。

2. 亲情通讯。亲情通讯主要有通信和打亲情电话两种形式，通信是通过寄送书信的方式来沟通思想，交流感情；亲情电话专供罪犯同家人联系使用，是罪犯与家人有效沟通的桥梁。亲情电话由专人管理并负责，亲情电话的使用要符合狱内规定的程序，并对通话内容进行监听、做好记录。

3. 亲情会餐。亲情会餐是指符合条件的罪犯与家属到狱内指定的地点共同就餐。亲情会餐一般都有具体的直接目的，需要提前申请。会餐需要持会见证、身份证，会餐过程中不需要监狱警察直接介入，但应遵守法律法规和监狱的相关规定。通过亲情会餐，让罪犯和亲人在会餐时更亲密地接触和交流，达到寓教于乐的目的。

4. 节日感情慰藉。利用春节、中秋节、母亲节等重大节日，邀请罪犯亲属到监狱共度佳节，设立多种活动环节，让罪犯充分享受亲情的温暖，体验节日的快乐，坚定改造的信心。

5. 亲情公寓。对少数改造好、符合条件的罪犯，准许其与父母、配偶和子女在亲情公寓同居一天，唤起罪犯积极健康的情感体验，增加罪犯内心的改造动力。

6. 视频家访。监狱派人到罪犯家中对其亲属的工作生活进行录像，然后带回监狱给罪犯播放，以消除他们的疑虑、担心，缓解思亲之苦。

7. 离监探亲。按照《监狱法》的规定，准许符合条件的罪犯回家探亲。利用罪犯探亲的机会，请罪犯的亲属对罪犯进行教育，加快罪犯改造步伐，促其早日获得新生。

（二）社会救助的形式

1. 生活救助的形式。对于生活困难的罪犯，监狱可争取企事业单位、社会团体和热心人士的支持，多方筹措，设立帮扶基金，依法给予临时救助，或联系民政部门，将符合最低生活保障条件的罪犯家庭纳入低保；对于子女入学困难的，可以联系教育部门减免学费；罪犯遇有政策方面的问题，诸如申请低保、刑释安置就业、户口落转、养老保险与失业金申请等，监狱联系相关部门为罪犯提供政策咨询与解答，为罪犯解忧济困。支持和鼓励全社会都来帮扶这些社会弱势群体，不断创新生活救助的方式。

2. 法律救助的形式。作为监狱主管机关的司法行政部门，将对罪犯的法律援助纳入计划，在监狱系统建立法律援助工作站，组织法律界的专家、学者、律师等为罪犯提供法律咨询、代书、诉讼代理、刑事辩护和刑事代理、公证证明等法律服务。

3. 教育救助的形式。对罪犯进行文化教育，教育部门可统筹规划，提供师资和教材；对罪犯进行职业技术和劳动技能教育培训，监狱可与劳动和社会保障部门共同拟定职业技术和劳动技能教育培训项目，制定方案，组织实施，考核合格者由国家认可的相关机构发放职业资格证书；联系公检法司等机关、高校教师、律师、社会知名人士对罪犯进行道德、法律、时事政策等方面的教育等。

4. 心理救助的形式。监狱可借助社会力量对罪犯开展有关心理健康方面的帮助，具体包括：对罪犯进行心理知识教育、心理咨询和心理危机干预等方面的救助。

（三）罪犯外出参观学习的形式

根据罪犯教育的需要，选取狱内综合表现优秀的罪犯，到具有教育意义的狱外场所进行参观，比如抗战纪念馆、博物馆、现代企业、历史古迹、烈士陵园、爱国主义教育基地、美丽乡村建设典型等，外出参观的罪犯亲身体验党的方针政策的优越和国家、社会的巨大变化，并在回监狱后与其他罪犯交流自己的亲身体会，给其他罪犯带来深刻的触动，激发其他罪犯积极改造的热情。

（四）罪犯汇报自省的形式

1. 口头汇报。在亲属或社会人士来监狱会见时，罪犯口头汇报自己的改造情况。汇报的内容主要包括当前的思想情况、服刑改造表现和实际困难，让他们有所了解，以便有针对性地规劝和帮教。

2. 现身演讲。组织部分改造表现特别优秀的罪犯到社会上向党政机关、企事业单位、学校汇报改造表现，进行现身说法和悔罪演讲。现身演讲不仅对社会能起到警示教育作用，同时对罪犯自身思想改造而言也是一次深刻的洗礼。

3. 书面汇报。组织罪犯定期向亲属、社会汇报改造表现情况，汇报写好后，由警察在信上签署意见，然后统一寄出，罪犯接到亲属、社会的回信，信上的鼓励、安慰、期望，会引起罪犯深刻的情感共鸣，有利于帮助罪犯与亲属、社会建立更加良好的联系，进一步促进罪犯改造。

4. 媒体汇报。制作反映罪犯改造生活成果的视频、微电影、电子邮件、网页、公众号等，以形象、直观、生动的多媒体介质方式，向罪犯亲属和社会汇报，得到社会和亲人肯定的同时，也进一步增强罪犯积极改造的信心。

5. 汇报演出。组织罪犯艺术团到社会上进行演出，通过舞台再现，客观反映罪犯服刑改造的真实情况，让社会充分了解党的教育改造罪犯方针政策和教育改造罪犯所取得的成果，争取社会对监狱工作的理解和支持，同时也可对社会进行法治宣传教育。参加演出的罪犯更能亲身感受到社会的发展变化，从而受到更加深刻的教育。

二、具体任务

（一）熟练掌握社会帮教形式

鉴于每一项社会帮教内容都有灵活多样的形式，罪犯教育警察对不同形式搭配的帮教内容、需要的条件、邀请参加的单位和相关人员等相关情况都要熟知。

（二）正确选择合适帮教形式

围绕社会帮教的主题，综合考虑各种实际情况，对社会帮教的形式进行考量，做出选择，比如对因家庭困难、路途遥远、父母年迈行动不便而缺少探望的罪犯，开展亲情帮教教育，就可以采用亲情电话、视频家访、远程可视会见或离监探亲等方式，而不宜采用亲情会见和亲情会餐等方式。

三、任务要求

（一）形式要切合主题

围绕之前确定的社会帮教的主题来选择形式，形式要服务于内容，最大限度地体现社会帮教的主题。

（二）形式要切合实际

社会帮教的形式选择必须符合法律法规要求，充分考虑帮教各方的实际情况，既要考量监狱、罪犯的实际情况，又要考虑帮教单位和人员的条件，只有考虑周到、全面、切合实际，才能做到形式恰当。

（三）形式要易于接受

社会帮教活动服务对象是罪犯，选择的形式要易于被罪犯接受，让尽可能多的罪犯参与，才能配合社会帮教活动的开展，收到好的教育效果。

四、任务流程

（一）开展多方调查

根据已确定的社会帮教主题和帮教对象，开展多方调查，选定帮教单位或人员。社会帮教的启动有两种方式：一是监狱主动邀请有关机关或社会组织来监开展帮教，二是有关机关或单位主动提出到监狱开展社会帮教。无论哪种方式，监狱都要与有关单位或团体、个人充分沟通，达成帮教意向。

（二）形成初步意见

监狱和有帮教意向的帮教单位或个人，就帮教的具体内容、形式、时间、人员及所需条件、帮教物品等进行商讨研究，从而确定社会帮教的形式，形成初步意见。

（三）确定帮教形式

监狱对初步形成的意见进行汇总后，向相关部门和领导请示，经批准方可确定社会帮教形式。

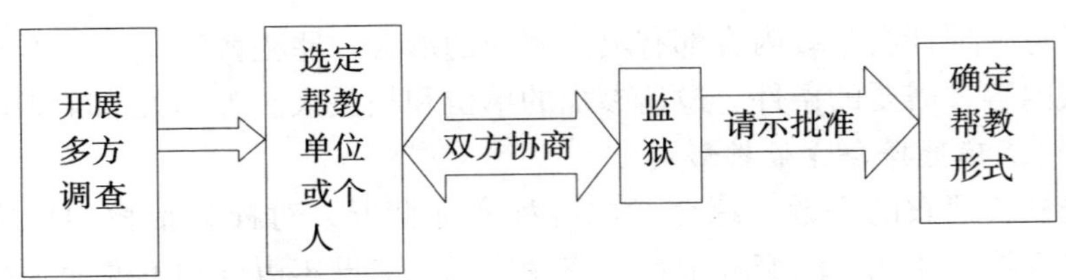

图 11-2 确定社会帮教形式的工作流程图

五、任务示范

大数据创新帮教模式主动作为落实治本安全观[1]

近年来，贵州省××监狱整合社会资源，从更人性化的角度出发主动作为，以该省发展大数据产业为契机，引导充分利用现代化信息技术，创新开展帮教工作模式，为罪犯家属提供便捷高效的帮教渠道。

一、“指尖上的法律援助”

此监狱积极探索创新法律援助方式和途径，联合市司法局创办微信法律服务平台，该平台由市司法局主管并由司法局确定了15家律师事务所承担法律援助工作。罪犯将需要咨询的法律问题通过监狱罪犯教育警察发给平台上的律师，即可在最短时间内得到律师最专业、权威的解答，有效解决了罪犯在特殊环境中寻求法律援助途径单一的问题，为罪犯提供了更加便捷、全面、专业的法律咨询和法律服务，这种一站式、点援制、监地协作措施，进一步满足了监狱罪犯多元化的法律援助需求，有效地增强了罪犯的法律意识。

二、让亲情的路途不再遥远

在此省，农村籍罪犯占比较大，而这部分罪犯的亲属有的居住在偏远山区，有的家庭困难，有的年老多病，亲属探视需要多次往返奔波，还给家庭带来巨大的经济压力。某监狱系统从人性化的角度出发，突破时间和空间的限制，大力推广远程帮教系统，为罪犯亲属提供更为便捷的帮教。去年，该省几所监狱先后建成了罪犯远程帮教系统，罪犯亲属在属地司法所就可以通过远程帮教系统与罪犯会见，完成亲情帮教。仅去年，全省共开展远程视频帮教百余次，上百名罪犯及亲属受惠，解决了罪犯亲属因路途遥远、身患疾病、经济困难等原因不能到监狱进行会见的问题。

三、小企鹅搭起“一对一”沟通桥梁

QQ是一种方便、高效的即时通信工具。监狱本着“让信息多跑路，让亲人少跑腿”的理念，以QQ群为载体，构建QQ帮教交流平台，拓宽亲情帮教渠道，建立罪犯亲情帮教交流平台。通过一段时间的运行，近二百名罪犯亲属经过审核成功加入某监狱罪犯亲情帮教沟通平台，与平台维护管理警察进行“一对一”式的沟通和交流；监狱警察通过QQ平台为罪犯家属提供详尽的刑事执行政策及监狱工作政策咨询服务，及时向罪犯家属反馈罪犯的现实改造情况；家属对罪犯的

---

〔1〕 司法部政府网：“大数据创新帮教模式主动作为落实治本安全观”，载中华人民共和国司法部中国政府法制信息网，http：//www.moj.gov.cn/Department/content/2018-02/02/606_45125.html，访问时间：2018年2月28日。

希望也通过这个QQ群更加快捷地传达给罪犯，促使他们安心改造。平台的建立使监狱赢得了大量罪犯家属对监狱刑罚执行工作的关心、关注、理解和支持，而QQ群所传递的亲情力量也对稳定罪犯思想、维护监狱安全起到了积极作用。

××监狱紧紧跟随大数据的时代潮流，积极探索创新，大胆尝试多触点、多渠道、一站式的移动智能帮教平台，家属只需要动动手指即可完成一次亲情帮教，律师只要打开手机就可以为罪犯提供最便捷的法律咨询服务，极大地缩短了帮教时间，让互动更加便捷，开创了“指尖帮教”新时代。

六、技能训练

监狱罪犯未成年子女是一个特殊的群体，他们因为父亲或母亲入狱而缺失监护，在最需要关心的时候被迫流离。“这些孩子就像是一群不幸的‘小蝌蚪’，必然会失落、迷茫、忧伤、哭泣”，这些“哭泣的小蝌蚪”渴盼亲情的拥抱，渴盼关爱的温暖，他们在狱外的生活、学习情况也严重影响着罪犯的安心改造。

××监狱通过档案调查，全面摸排、调查核实，发现许多罪犯未成年子女缺乏监护、关爱，出现入学、心理等一系列问题。

问题：请你为该监狱选择适宜的社会帮教形式，让罪犯及其未成年子女共享阳光，激发罪犯的改造积极性。

思路：从社会帮教形式的任务和要求等方面思考。

项目11-3 制定社会帮教方案

一、任务说明

（一）社会帮教方案的内涵

活动方案指的是为某一次活动所制定的书面计划，具体行动实施办法、细则和步骤等。社会帮教方案是指监狱（监区）对将要进行的社会帮教活动的每个步骤进行详细分析、研究，为保证活动顺利、圆满进行而撰写的书面计划。它包括社会帮教主题、帮教目的、帮教时间安排、帮教内容、参与者、帮教形式、帮教准备、帮教具体实施过程、帮教预期效果和具体要求等。

（二）社会帮教方案的主要内容

1. 开展社会帮教的背景。这部分内容应根据社会帮教的特点择取以下项目重点阐述，具体项目有：开展帮教活动的基本情况、主要帮教对象、前期准备工作情况、具体组织部门、帮教活动开展原因、社会影响及相关动机、目的等。还应说明环境的内在优势、不足等因素，对其做好全面的分析。

2. 开展社会帮教的目的、意义和目标。应用简明扼要的语言将帮教活动目的与意义的要点表述清楚。在陈述目的要点时，应明确写清楚该帮教活动的核心构成或策划的独到之处及由此产生的教育意义及其影响。帮教活动目标要具体化，并需要满足重要性、必要性、可行性、时效性等要求。

3. 帮教活动内容与形式。详细阐述帮教活动的步骤及活动项目，大型的帮教活动项目可分成子活动项目进行，表述要做到详尽、具体，使帮教活动的参与者清楚明白，做到心中有数。此部分不仅仅局限于文字表述，也可适当加入统计图表等，各活动项目应按照时间的先后顺序排列，绘制实施时间表，有助于方案核查及适时调整。人员的组织配备、帮教对象、相应权责应在这部分加以详细说明，执行过程中的应变程序也应该在这部分加以描述。

4. 帮教活动时间、地点及参加人员。帮教活动时间必须具体明确，可按活动顺序划分为若干时间段；参加人员必须职责分明，明确各个环节的具体组织者、参加的单位或人员、帮教的对象；帮教活动地点和区域范围必须划分清晰。

5. 具体工作安排。帮教活动开展的整个过程包括联络协调、布置帮教现场、参加活动罪犯核实及审核、帮教人员及物品报批、物品验收及运送、安保工作、总结报道、活动后的现场清理等，所有工作任务要具体明确，并提出相应工作要求；明确工作职责，做到责任到人。

6. 效果评估。及时评估帮教活动的效果，可以在社会帮教活动的方案制定中设置这方面的内容，要求主办单位或社会帮教部门在帮教活动完成后，认真总结评估帮教效果与预期的差距，总结经验教训，在今后的帮教活动实践中，发扬优点，克服存在问题和不足，以便今后做得更好。

7. 经费预算和资料归档。社会帮教活动所有的文字材料在帮教活动结束后要整理归档；活动中所用物品要列好明细清单，登记造册；帮教活动方案应根据实际情况做好活动经费预算，预算要求具体、周密、详尽、节约、高效、专项，符合相关的财务管理规定。

8. 社会帮教活动中应注意的问题及细节。社会帮教活动方案的制定，必须有应急措施。应充分考虑内外环境的变化不可避免地会给方案的执行带来一些不确定性因素，因此，方案中要充分考虑环境变化时的应变措施，制定详细的、切实可行的处置突发事件应急预案。社会帮教方案中的内容顺序可根据帮教活动现场实际情况进行适当调整，以确保社会帮教活动的顺利开展。

（三）社会帮教方案的格式

1. 名称。社会帮教方案的名称是对主题的高度概括，也可以说是主题的关键词，是帮教活动内容最精炼、最集中的显示，如“衷亲情、感亲心、报亲恩——母亲节主题帮教活动方案”“放弃抵抗，积极改造——某罪犯亲情帮教活动方案”，等等。

2. 正文。主要包括：一是引言，主要说明这次帮教活动开展的背景，言简意赅地交待此次社会帮教活动开展的目的或意义，这是方案生成的基础，不可或缺，否则就失去了方案制定的意义和依据，因而一定要将其简明扼要地表述清楚。二是方案，主要包括帮教活动的组织机构、时间、内容、地点、参与人员、帮教对象、帮教形式和具体工作安排等。三是要求，提出要求，明确职责。

3. 结尾。结尾部分主要写绩效评估、经费预算、资料归档和活动中应注意的问题及细节等内容。

二、具体任务

（一）深刻认识社会帮教活动主题

好的社会帮教方案，离不开对主题的深刻认识，主题是社会帮教活动的灵魂，只有全面、深刻地理解和认识社会帮教活动的主题，才能在方案制作中紧紧围绕主题来选取方案的内容和形式等，否则，方案的制定就将成为一纸空文，失去它的价值和意义。

（二）详细了解社会帮教活动的形式和内容

在深刻理解和认识社会帮教活动主题的基础上，详细了解社会帮教活动的形式和内容，这是制定社会帮教活动方案的核心，好的内容需要好的形式来展现，好的形式同样需要好的内容去充实，好的社会帮教方案需要把好的形式与内容有机地、完美地结合起来。因此，只有详细了解社会帮教活动的形式和内容，才能制作出高质量的社会帮教方案。

（三）规范制作帮教活动方案

掌握社会帮教活动方案制作的格式和方式、方法。根据社会帮教活动的主题、内容和形式以及帮教活动方案规范格式的具体要求，制作社会帮教活动方案。

三、任务要求

（一）要素齐备

社会帮教活动方案所包含的主要内容即方案的要素，要完整、齐备、不能缺项，否则会影响方案的具体实施。

（二）简明扼要

方案对每一项内容的阐述要简明扼要，不可繁冗或用过多的华丽辞藻修饰，更不可模棱两可、用含糊不清的词语表述，要便于参与人员理解，清楚帮教活动的开展过程。

（三）格式规范

要按照规范的格式撰写，做到美观大方，让人一目了然。

四、任务流程

（一）商讨策划社会帮教活动

帮教活动工作小组召开帮教工作专题会议，集体研究、商讨和策划开展社会帮教活动的初步活动方案。

（二）拟定社会帮教活动草案

职能部门根据帮教活动工作小组集体策划的初步活动方案，与帮教单位（或罪犯亲属）沟通，在形成初步意见的基础上，拟定社会帮教活动草案，草案格式要规范，内容要完整。草案提交分管领导审核后，下发各监区（分监区）征求意见，并将社会帮教活动草案送达帮教单位（或罪犯亲属），与其进一步沟通以达成新的共识。

（三）制定社会帮教活动方案

汇总整理各方意见，修改完善草案，正式制定社会帮教活动方案，提交帮教活动领导小组充分讨论，修改完善送分管领导审核后，报请监狱主要领导审批。

（四）印发社会帮教活动方案

社会帮教工作作为监狱的重大活动，社会帮教方案一般应以正式文件的方式印发各单位及相关部门，同时还应抄报上级有关部门。

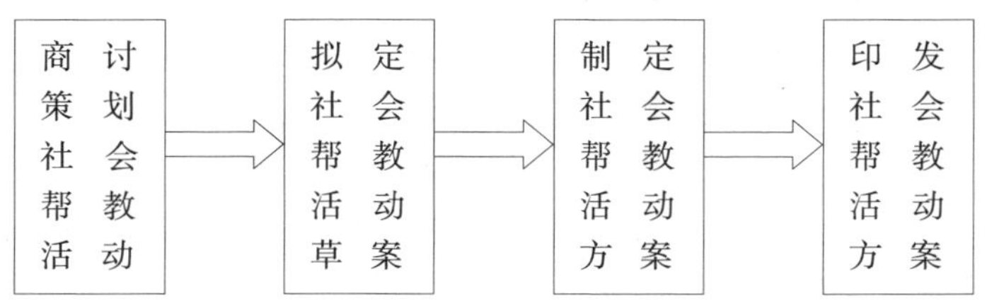

图 11-3　制定社会帮教方案的工作流程图

五、任务示范

示范1： 亲情帮教感召“浪子回头”[1]

监狱工作要全面深化治本安全观，由“不跑人”的底线安全观向输出“合格产品”的治本安全观转变，努力将罪犯转化成守法公民，这是贯彻习近平总书记总体国家安全观的必由之路。

为切实落实治本安全观，发挥亲情在教育改造中的感召和激励作用，提高教育改造质量，2018年2月1日上午，××省未成年犯管教所第二管区“迎新春——让亲情回家帮教会”在视频会议室隆重举行。所党委委员、政治处主任，分管教育改造工作的副所长及管教口各业务科室负责人同二管区全体警察和受邀家长百余人参加了帮教活动。

活动一：致欢迎词。管区长在帮教会上致欢迎词，他感谢家长们对管区工作的支持并介绍了有关教育改造工作。

活动二：领导讲话。副所长在帮教会上对本次活动举办的重大现实意义进行了重点解读。他指出，扎实开展“让亲情回家”系列活动对于进一步坚定罪犯改造信心，促使其真心悔改和用心向善具有重要意义，这也是落实“治本安全观”，提升教育改造质量的一项重要举措。

活动三：学员代表和家长代表发言。在发言中，他们感谢管区警察对服刑学员的关心教育。

活动四：汇报演出。帮教会上，服刑学员为家长们表演了节目。他们精彩的演出深深地打动了在座的每一位家长，大家用热烈的掌声向孩子们表示鼓励，家长和孩子们激动地互相拥抱，现场气氛感人。

活动五：送善心。孩子们把自己亲手制作的新年礼物送到家长手里。学员张×的母亲拿着儿子做的红鞋垫，直夸儿子手艺好；刘×的父亲对身边的警察说，你们把孩子教育得这么好，我们放心。帮教活动中还专门安排了“让亲情回家”全家福照相活动，管区领导把打印好的照片亲自送到家长手里。“迁善堂”书法班的服刑学员们现场展示了书法，他们用毛笔在红心纸上书写“善”字，送给现场的每一个家庭。亲情寄语展板上，贴满了家长和学员们的关怀和期望。为使长期未接受会见的学员也能感受到亲人的关爱，管区还安排了远程视频会见，当久未谋面的家人出现在大屏幕上时，几名“三无”人员流下了激动的泪水。

---

〔1〕“亲情帮教感召‘浪子回头’”，载 https：//sxzf. gov. cn/html/32/201802/02/76199_0. html，访问时间：2018年2月18日。

本次亲情帮教活动，二管区用一个月时间进行筹划，从活动协调准备、正式进行、后续活动都细化分工，明确每一个环节的责任人。活动中，罪犯真正感受到政府的关心和家长的关爱，这种改造动力，必将引领着迷途的浪子们在成为守法公民的路上不断前行。

示范2：　　“传承孝道、感念亲恩”

——广东省××监狱三、四监区开放日活动方案

为进一步宣传监狱工作方针、政策，深化狱务公开工作，增进社会对监狱执法工作的了解，树立监狱公正执法的良好形象，三、四监区按照监狱工作安排，拟于2018年7月31日举办开放日亲情帮教活动，为使活动顺利开展，特制定本活动策划方案：

一、活动目的

通过开放日活动，促进罪犯亲属等社会人士对监狱执法工作的理解和沟通，彰显我监公正执法、规范管理的执法形象。

二、活动时间

2018年7月31日8：30~12：00。

三、活动地点

监狱三、四监区监舍，教学楼一楼多功能大厅。

四、参加人员

分管教育改造工作的监狱领导，驻监监察室领导，监察审计室、矫正与刑务办公室（即教育改造科与刑罚执行科）、狱政管理办公室（即狱政管理科）、心理矫正办公室（即心理矫正科）、劳动改造办公室（即劳动改造科）等科室领导，三、四监区相关领导。

五、活动对象

服从管理、服刑半年以上，近半年内没有严重违纪扣分，以前没有参加过监狱开放日的三、四监区罪犯及其年满18周岁，不超过70周岁的罪犯亲属。

六、活动主题

邀请罪犯亲属，特别是罪犯的父母亲、子女来监参加以“传承孝道、感念亲恩”为主题的开放日活动，为部分改造表现积极、认罪悔罪态度较好的罪犯提供与亲属亲情会见的机会，让罪犯知孝道、学孝道，感念亲恩，带着感恩的心投入改造，促进罪犯安心改造、早日新生。

同时通过主题开放日的开展，不断增强罪犯亲属配合监狱开展工作的主动性和自觉意识，促使他们积极协助监狱做好其亲属的帮教和思想稳定工作。

七、活动方式

（一）安排参观

1. 时间：2018年7月31日9：15~9：40。

2. 地点：三、四监区罪犯生活、学习改造现场。

3. 负责人：刑罚执行科1名警察，三、四监区各4名警察（2名监区管教警察、1名刑罚执行科警察、1名分管刑罚副监区长）。

4. 参观路线为：会见楼一楼会见大厅—三监区、四监区监舍区—心理矫治中心—教学楼一楼

5. 目的：通过组织罪犯亲属参观罪犯学习、生活改造现场，使罪犯亲属亲身感受监狱的文明、公正执法，使他们对监狱进行系统而又直观地了解，进而对监狱警察的公正执法、文明管理更加支持和配合，对其亲属在监狱内的改造生活更加放心和安心，促使罪犯亲属更加积极地配合监狱做好罪犯的思想教育工作。

（二）监狱领导讲话

1. 时间：2018年7月31日9：40~10：00。

2. 地点：教学楼一楼大厅。

3. 负责人：刑罚执行科警察。

4. 活动内容：监狱领导致辞。

5. 目的：通过向参加开放日来宾介绍监狱的改造工作情况，让他们更好地理解和支持监狱工作。

（三）展示监区文化成果

1. 时间：2018年7月31日10：00~10：30。

2. 地点：教学楼一楼大厅。

3. 负责人：三、四监区各2名警察。

4. 展示内容：

（1）观看三、四监区宣传视频短片。

（2）“跪羊图”、歌舞、小合唱等文艺节目。

5. 目的：监区精心安排部分罪犯参加节目演出，使罪犯亲属感受到自己的亲人品德修养得到了提升、亲情观念得到了加强。

（四）现场业务咨询和问卷调查

1. 时间：2018年7月31日10：30~11：00。

2. 地点：教学楼一楼大厅。

3. 负责人：驻监监察室领导、驻监检察室领导；纪检监察室，相关业务科室，三、四监区分管教育改造工作领导及罪犯教育警察。

4. 活动内容：业务科室及驻监监察室人员对罪犯亲属现场提出的疑问及时

作出解答；纪检监察室组织罪犯亲属进行问卷调查。

5. 目的：通过现场业务咨询让罪犯亲属更详细地了解监狱的执法情况，通过问卷调查，广泛征求罪犯亲属对监狱执法的意见和建议，不断规范监狱教育管理工作。

（五）现场亲情帮教

1. 时间：2018 年 7 月 31 日 11：00~12：00。

2. 地点：教学楼一楼大厅。

3. 负责人：监区警察。

4. 活动内容：

（1）孝道化春风，我为父母揉揉肩。

（2）安排罪犯进行主题亲情帮教。

5. 目的：通过亲情帮教，加强罪犯与亲人的感情沟通，稳定他们的改造情绪，促进罪犯积极改造。

八、工作安排

（一）活动前的准备工作

1. 由三监区、四监区各挑选不超过 20 名符合参加开放日活动条件的罪犯，并将罪犯及其直系亲属的姓名及关系、联系电话、地址（含邮编）等情况于 7 月 23 日前交狱政管理科核实。

2. 狱政管理科核实上述罪犯亲属基本信息后，于 7 月 24 日前以书面形式将核实通知刑罚执行科，并附名单及联系方式。

3. 刑罚执行科或者监区罪犯教育警察负责寄发邀请函、电话通知罪犯亲属。

4. 教学楼一楼会场由三监区、四监区在活动前布置完毕。

5. 三监区、四监区负责监区文化成果展示、宣传片及文艺节目的准备工作。

（二）活动当天工作

1. 三监区、四监区于当天 8：30 前各派 2 名警察在会见登记处负责核对罪犯亲属的身份，办理登记手续（提醒未成年亲属不得进入监管区）。

2. 监区和刑罚执行科负责组织罪犯亲属到会见楼一楼集中参加亲情帮教开放日活动，于 9：00 前进场完毕，清点人数并组织乘大巴车进入监管区。

3. 监狱领导、驻监监察室领导，监察审计室、矫正与刑务办公室、狱政管理办公室、心理矫正办公室、劳动改造办公室等科室领导，三、四监区相关领导于 9：30 到教学楼一楼观看表演并参加座谈咨询活动，解答罪犯家属的提问。

4. 参观罪犯伙房、监舍过程中，三监区、四监区各安排 1 名警察跟车负责监区介绍和讲解工作。

5. 三监区、四监区提前将参加开放日罪犯带到教学楼一楼等候会见，保持现场警力充足。

6. 邀请教育改造科负责当日全程摄像工作。

九、活动要求

（一）高度重视，确立监管安全首位意识

各单位必须充分重视此次活动，严格落实审查与检查工作，严禁不符合条件的人员和违禁物品流入监管区。

（二）分工明确、严格按制度办事

各单位必须严格按照活动方案中岗位分工的要求，明晰每一项工作的每一道程序要求，到岗到位，保证开放日活动正常、有序地开展。

（三）文明执法、热情接待

参与活动的警察必须把握好接待过程中的原则和礼节，热情对待罪犯亲属以及社会各界人士，文明、规范执法。

（四）严格搜身、确保安全

对参加开放日的罪犯，事前做好纪律教育，活动结束后罪犯回监舍时，各监区要安排警力严格搜身，杜绝违禁品流入监区，确保监管安全。

三监区、四监区

2018 年 7 月 20 日

六、技能训练

李×，女，35 岁，因诈骗罪被人民法院依法判处有期徒刑 5 年，2016 年 6 月 24 进入监狱服刑。李×在服刑期间，情绪一直不稳定，近期更是异常消极，与同舍罪犯发生了数次争吵，参加劳动时不积极，消极怠工，时常出错，对监狱罪犯教育警察的教育心不在焉，表面顺从实则抗拒。监狱罪犯教育警察针对李×近期的表现，进行深入调查，了解到李×上有父母，下有一子一女年龄尚小，丈夫在外打工，辛劳持家。入狱前李×好吃懒做，游手好闲，对子女也疏于照顾，其入狱后，亲人觉得她让家中蒙羞，对其痛恨在心，既没有电话、信件联系，也没有探望过。最近，李×丈夫第一次来监探望，并提出了离婚的要求，李×对自己的家庭、婚姻、子女感到担忧，情绪异常不稳定，无心改造。为此，监区把李×作为重点罪犯，给予高度的重视。明确了亲情帮教进行规劝的教育思路，成立了亲情帮教小组。

问题：请为这次亲情帮教工作撰写活动方案。

思路：可以参照社会帮教方案的主要内容，结合本案例逐步拟定。本次亲情帮教活动是针对一名罪犯进行的，亲情帮教领导小组规格不宜过高；明确分工，确保帮教活动安全、高效进行。

项目 11-4　组织开展社会帮教活动

一、任务说明

社会帮教是罪犯教育工作一个不可或缺的重要手段，监狱通过社会资源的整合，实现罪犯教育改造的社会化。

组织开展社会帮教，充分利用一切可以利用的社会力量对罪犯进行帮助教育，可以加速罪犯的思想改造，加快其获得新生的步伐；做好社会帮教工作，有利于巩固监狱教育改造成果，稳定监狱教育改造秩序，确保监管安全；社会帮教工作可以向社会宣传监狱的工作方针、政策和监狱教育改造罪犯的成果，是监狱与社会进行沟通的重要桥梁，也是罪犯了解社会的重要途径。

二、具体任务

（一）做好社会帮教前期准备

根据帮教方案，做好帮教活动人、财、物的各项准备；解决好社会帮教人士的吃、住、行等问题；做好帮教对象的思想工作和心理辅导等事前工作。

（二）引导社会帮教人士

引导社会帮教人士按照帮教方案的要求到达指定的位置，采取正确的方式进行社会帮教。进一步强调社会帮教活动的法律要求、注意事项和监狱的相关制度规定。

（三）管理教育帮教对象

组织管理帮教对象准时到达指定的场所，有序入场，积极主动参加活动。同时教育罪犯听从指挥，珍惜机会，积极参与，遵守纪律。引导他们正确认识自己所遇到的问题，以积极、健康的心态参与帮教活动，亲身体验国家、社会、家庭的温暖，从而增强改造信心。

（四）组织开展帮教活动

根据帮教方案，组织帮教活动安全有序开展。对于活动项目多、参与人员多，场地更换频繁的大型社会帮教活动，需根据活动现场的情况，积极做好协调工作，有效确保社会帮教活动安全有序进行。

（五）确保帮教场所安全

监管安全是监狱工作的生命线。在社会帮教活动中，更要时刻确保帮教现场的安全，防范突发事件的发生。

三、任务要求

（一）加强组织领导

社会帮教活动领导小组要统筹指挥，统一调配监狱的各项资源，全面掌控社会帮教活动的开展。社会帮教工作小组，应根据制定的社会帮教活动方案，积极、主动、安全、有序地组织实施好具体的社会帮教活动。

（二）各司其职，各负其责

社会帮教活动要严格按照制定的社会帮教方案组织实施，所有工作人员必须做到各司其职，各负其责。对工作认真负责，责任心强，表现好的工作人员及时予以奖励，对工作责任心不强，脱岗失职，表现差的工作人员要严格追究责任。

（三）把控活动现场

社会帮教活动现场人多事杂，如何有效把控好活动时间、内容、进度和效果，保证内容不偏离主题、过程安全有序、达到预期目标，是具体实施社会帮教活动的关键。首先，要组织和控制好参与帮教的罪犯。罪犯是一个有着诸多不良思想、行为和习惯的特殊群体，因此必须做好对罪犯的管理控制。要求罪犯准时到场、按位就座、遵守纪律，服从命令，听从指挥。其次，要有序地组织、引导好参与帮教活动的社会各界人士或罪犯亲属，让他们按照事先制定的方案做好各自的工作。最后，要安排足够的机动警力在现场布控和待命，做好突发事件处置的应急准备。

四、任务流程

（一）部署社会帮教活动

依据社会帮教方案，召开部署会议，明确方案内容和推进方案落实的时间节点及工作分工，提出组织社会帮教活动的有关要求，为帮教活动的顺利举办奠定基础。

（二）做好前期准备工作

1. 核查帮教人士身份及物品。监狱与帮教单位负责人（个人）联系后，核查进入参加帮教活动人员的身份及物品，并向领导报告，然后填写《关于××单位人员（个人）到我监对罪犯帮教的请示》《非监管人员进入监管区审批表》等，写清进入的人员及帮教物资详细清单，报狱政管理科、分管监狱领导审批。

2. 检查帮教对象是否携带违禁品。在组织接受帮教的罪犯进入帮教现场前，监区警察要严格检查他们是否携带违禁品，同时再次确认他们是否存在精神异常等现实危险性，可否参加等。

3. 准备帮教活动物资。在开展帮教活动前，要准备好必要的物品。主要包括：一是帮教场所必要的物品，如桌椅、板凳、扩音器材以及多媒体设备等；二是参加帮教活动人员所需物品，如服装、化妆品、运动器材、道具等。三是准备文本材料，比如帮教文字材料的拟定与印制，准备双方帮教协议书，等等。

4. 布置帮教现场。做好桌椅摆放、器材安装和调试、横幅悬挂等现场布置工作。

（三）开展社会帮教活动

1. 组织罪犯到达帮教活动现场。监狱警察要提前将罪犯集中到帮教活动现场，并维护好现场秩序，保证活动的顺利进行。

2. 引领社会帮教人员进入帮教现场。监狱（监区）领导引领社会帮教人员进入帮教现场，严格按照相关规定办理登记验证手续及协助检查随身物品，提醒帮教人员严格遵守相关规定，并安排警察全程陪同。做好帮教物品的清点和验收工作，清单需由双方签字，组织人员将帮教慰问品送达帮教现场。

3. 组织开展帮教活动。根据帮教活动方案，组织实施帮教活动。注意控制社会帮教活动时间，一般不宜超过 4 个小时，时间过长容易导致罪犯疲劳，影响教育效果。在活动过程中，要鼓励罪犯积极参与，增强帮教活动的互动性和实效性。

4. 签订帮教协议。根据帮教方案的具体要求，举行帮教单位（个人）、监狱、帮教对象（罪犯）三方签字仪式，正式签订帮教协议。

（四）巩固社会帮教成果

1. 社会帮教活动结束后，及时撰写新闻通稿，做好宣传工作。

2. 监狱（监区）及时总结经验，将之转化为今后教育改造罪犯的宝贵资源。

3. 组织罪犯进行分组讨论、座谈，写心得体会等，及时巩固教育改造效果，激发罪犯情感，引导其以积极正确的改造态度，投入到今后服刑改造生活中。

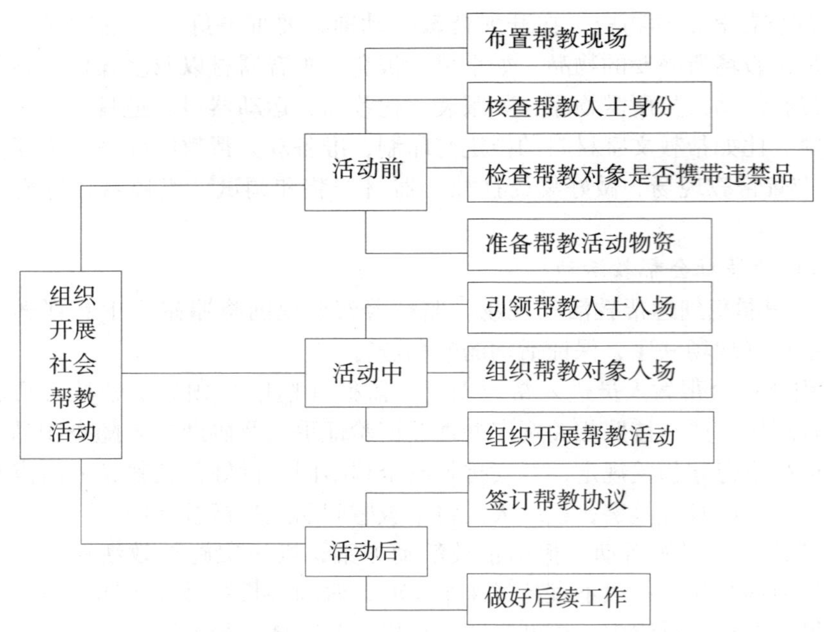

图 11-4　组织开展社会帮教活动的工作流程图

五、任务示范

示范 1：河北省××监狱创新社会帮教模式“解忧行动”促罪犯安心改造[1]

“谢谢，谢谢司法局，谢谢你们！”前不久，在河北省××监狱与某市××区司法局联合开展的社会帮教活动上，听完司法帮教人员关于如何申请养老保险金和失业金的相关政策讲解后，罪犯何×的困惑解除了，脸上露出感激的笑容。今年以来，此监狱通过监狱网络信息平台，与罪犯户籍所在地的三十余个市区（县）司法局、安置帮教部门，建立起绿色信息通报、安置帮扶、就业培训等双向定点联系机制，定期邀请公检法司帮教人员走进监狱举办免费的政策咨询、法律援助、困难救助、就业推介活动，专门为罪犯“解忧济困”。

此监狱与市中级人民法院、市司法局、市劳动就业局、市少年儿童保护中心等单位通力合作，“超前衔接”，落实接茬帮教，到现场或通信接受法律咨询

〔1〕“石家庄监狱创新社会帮教模式‘解忧行动’促服刑人员安心改造”，载《法制日报》2015 年 9 月 8 日，第 2 版。

2516人次，为20名罪犯解决了子女就学等各类实际困难，将罪犯的11名未成年子女送入市少年儿童保护中心学习生活，为25名刑释人员安置了就业。

“通过一次次‘解忧行动’，我们向罪犯传递家乡新变化和人民的期望，激励罪犯积极改造，向他们宣传安置帮教政策，帮助解决法律困惑和实际困难，解除了他们服刑改造的后顾之忧，为其刑释回归顺利走向社会创造了条件。”监狱党委委员、副监狱长告诉《法制日报》记者。罪犯赵×入监后，兄弟姐妹在家庭房屋拆迁时没有给他留出补偿份额，面临刑释后无房可住的困境，赵×一度极为烦恼。监狱得知这一情况后，立即安排监狱警察与其家人联系协调，并向司法部门反映其利益诉求，最终帮助他获得一套50平方米的搬迁补偿房，维护了他的合法权益。

事实上，由于涉及切身利益，子女入学、亲人健康、申请低保、刑释安置就业、房屋拆迁、婚姻纠纷、户口落转、养老保险和失业金申请等都已经成为罪犯关心的热门问题。不解决罪犯的这些问题，将直接影响到他们在狱内的改造效果。监狱开展的一系列“解忧济困”活动，就是要贴近罪犯心灵，解决困扰他们的实际问题，有效化解其不良情绪，确保罪犯踏实改造。

此监狱老残监区的罪犯李×对父母房产继承、过户问题十分担忧，于是在监狱定期举办的法律咨询活动中进行咨询。司法工作人员不仅向他做了详细解答，还承诺帮他办理过户手续。“解决了这个问题，我再没有了后顾之忧，内心的顾虑彻底消除了，我要安心服刑，积极改造”，李×对记者这样说道。

监狱长表示，“解忧济困”活动不仅要解决罪犯在狱内的烦恼，使他们安心改造，更要让他们顺利刑释就业、在社会上立足。为此，监狱不仅联合相关部门和公益组织开展多场帮教活动，还针对罪犯不同特点，推荐他们到市蓝天培训中心免费学习职业技能。原罪犯徐×，是无户口、无房、无亲人的“三无”人员，今年刑满释放后，监狱积极联系当地司法局和公安部门，将徐×纳入专门的集体户口。目前，徐×已能自食其力，成为一名守法公民。

截至目前，监狱已与罪犯户籍地政府、公检法司机关及罪犯亲属签订《联合帮教协议书》6800余份，与30多个政府部门、学校、企业和社会公益组织以及70余名心理咨询师、律师、教师、法官、人大代表、政协委员等个人建立起长期、稳定的帮教合作关系，社会帮教志愿者队伍人数达到1650人，监狱罪犯帮教覆盖面达98%。

监狱长说“我们坚持狱内教育与社会帮教相结合，以创新社会帮教模式为抓手，为监狱社会帮教工作开辟了更为广阔的前景，注入了新的生机和活力。”

示范2： ××省第二女子监狱打好“暖心牌”拓宽帮教模式[1]

为践行治本安全观，充分发挥社会关爱及亲情关怀对罪犯的感化力量，××省第二女子监狱在严格规范执法的前提下，走暖心路，打亲情牌，“点线面”结合做好帮教工作，助推修心教育，激励罪犯走好改造新生路。

1. 发现重点，个别走访、联络罪犯亲属解心结。监狱重点关注改造表现消极的罪犯，通过谈话、心理辅导等方式打开其心结，了解其诉求，并对一些因父母年迈、身体欠佳、家庭特别困难以及其他特殊原因不能经常来会见的家庭进行走访，向家属介绍罪犯的改造表现，并将罪犯亲属的祝福、嘱托录制成视频带回监狱，取得了良好的效果。

2. 千里连线，远程会见、监地合作解乡愁。一是打造“近在咫尺、身临其境”远程会见平台。2017年，监狱建成并正式启用互联网远程会见室，排摸出因路途遥远、家属年迈多病、经济困难等原因无法会见的罪犯，陆续与户籍地司法局取得联系，突破时间、空间的限制，帮助罪犯解乡愁。二是加强监地合作。监狱不断强化社会关爱对罪犯的感化力量，积极联络司法局进高墙组织帮教活动，使罪犯了解家乡近况、感受家乡政府的关怀。同时邀请社会公益机构进监参与帮教活动。

3. 全面铺开，千人帮教、全监参与慰亲思。一是每逢佳节组织亲情帮教。监狱先后组织亲情帮教20余次，如每年春节前举办的“大墙内、小团圆”帮教活动，使同在服刑的罪犯亲属得以团聚，以及“六一”儿童节举办的“亲爱的小孩，等我回家”等主题帮教活动。二是全监范围内全面参与。举办“至亲至情、携手同行”帮教活动，打破传统的亲情帮教模式，去除门槛，鼓励全员参与。活动中，监狱组织罪犯家属参观狱内设施及监区文化建设成果，观看罪犯创作的文艺节目，帮助罪犯及家属实现“面对面”零距离交流，使罪犯感受到亲人的温暖，从亲人的关爱中汲取力量，树立积极改造、重塑新生的改造信心。同时也宣传了监狱文明执法、科学管理的工作理念，赢得家属的理解、支持与好评。

六、技能训练

××省未成年犯管教所与某律师事务所签约共建，并举行了该律师事务所关怀未成年罪犯健康成长系列活动启动仪式。按照共建协议的约定，该律师事务所对部分罪犯开展“一对一”法律咨询，定期对全体罪犯开展法律大讲堂及帮教活

---

〔1〕 司法部政府网：“浙江省第二女子监狱打好‘暖心牌’拓宽帮教模式”，载中华人民共和国司法部中国政府法制信息网，http://www.moj.gov.cn/Department/content/2018-03/21/606_45212.html，访问日期：2018年4月1日。

动。此外，双方还将成立科研课题组，总结研究共建成果在教育改造罪犯工作中的运用。

问题：假如你是未成年犯管教所罪犯教育警察，你将如何组织开展这次社会帮教活动?

思路：可以从组织开展社会帮教活动的任务、内容、形式、要求和工作流程等方面思考。

单元小结

学生在了解社会帮教的任务、内容和要求的基础上，通过训练，掌握社会帮教主题的确定、社会帮教形式的选择、社会帮教方案的制定、社会帮教活动的组织开展等内容及操作要求。根据罪犯教育工作的需要，较为熟练地组织开展社会帮教工作。

问题思考

1. 社会帮教的任务是什么?
2. 社会帮教方案主要包括哪些内容?
3. 组织开展社会帮教活动的基本操作过程是什么?
4. 如何进一步丰富社会帮教活动的内容，创新社会帮教的形式?

拓展阅读

1. 潘度文、蔡鑫主编:《走出迷失的世界——涉罪青少年社会调查与帮教精品案例评析》，中国人民公安大学出版社 2012 年版。

2. 席小华主编:《涉嫌犯罪未成年人帮教工作理论与实务》，中国人民公安大学出版社 2014 年版。

3. 刘国贺主编:《惩教的逻辑艺术》，中国法制出版社 2010 年版。

学习单元十二 罪犯教育管理

学习目标

通过本单元的学习，能够掌握罪犯教育工作计划、总结的撰写方法和罪犯教育工作台账的制作、管理方法，了解罪犯教育工作督查考核的方法、内容和罪犯教育工作的调查研究方法，能够较为熟练地在监狱和监区开展罪犯教育管理工作。

重点提示

罪犯教育工作计划；罪犯教育工作总结；罪犯教育工作台账

基础知识

罪犯教育管理是罪犯教育工作组织在罪犯教育中，按照教育管理的基本原理，通过计划、组织、领导、控制等程序对罪犯教育活动进行协调，从而实现既定的罪犯教育工作目标，以提升罪犯教育工作效率的活动。

罪犯教育管理的具体内容有：制定罪犯教育计划，制作罪犯教育工作台账，督查考核罪犯教育工作，撰写罪犯教育工作总结，对罪犯教育工作存在的问题进行调查研究。

项目 12-1 撰写罪犯教育工作计划和总结

一、任务说明

（一）罪犯教育工作计划

凡事预则立，不预则废。要想做好罪犯教育工作，就必须根据罪犯教育的目标，制定具体的计划，并付诸实施。

制定罪犯教育工作计划是罪犯教育管理工作中的一种常见管理方法，是罪犯教育的组织机构根据其职责，对未来某一阶段内的罪犯教育工作预先进行谋划和安排，以确定教育措施、整合利用罪犯教育资源、协调组织罪犯教育力量，使罪犯教育工作能够有序进行，实现预定的罪犯教育目标。在监狱工作实践中，一般由上级通过制定计划方案指导下级工作，下级则依计划方案开展工作。撰写罪犯教育工作计划就是这种管理方式的具体体现。

罪犯教育工作计划是监狱工作中一类常见的事务性公务，区别于党政机关公文，它没有统一规定的文本格式，不能单独作为正式文件发文，必要时只能作为公文的附件发文，如“××监狱关于印发 2018 年度罪犯教育工作计划的通知”。在监狱工作实践中，罪犯教育计划有许多不同的名称、形式，有比较长远、宏大的“规划”，如“××省监狱管理局‘十三五’时期罪犯教育改造规划”；有比较全面具体的“方案”，如“××监狱××监区百日安全教育活动实施方案”；有比较简明、概括的“要点”，如“××监狱 2018 年度罪犯教育改造工作要点”等，无论称谓如何，其都属于罪犯教育计划的范畴。

罪犯教育计划按照时间跨度长短来分，可分为年度罪犯教育计划、半年罪犯教育计划、季度罪犯教育计划和月罪犯教育计划等；按照内容划分，可分为“三课”教育计划、心理健康教育计划和社会帮教计划等；按教育形式划分，可分为集体教育计划、分类教育计划和个别教育计划等；按教育对象划分，可分为危险犯教育转化方案、顽固犯教育转化方案、严管罪犯教育计划等。分类方式多种多样，不一而足。

（二）罪犯教育工作总结

李瑞环在《学哲学 用哲学》[1] 一书中提倡，总结工作是每个人提高与进步的有效途径。罪犯教育工作总结也属于一种常见的管理方法，是指罪犯教育工作进行到一定阶段、完成某一部分或全部完成时，就所做过的工作进行认真的回顾、检查、分析研究，肯定取得的成绩、找出存在的问题、归纳相关的经验教训，目的在于为下一步更好地开展工作明确方向、提高认识、避免失误。撰写罪犯教育工作总结，既是对罪犯教育工作开展情况的回顾，又是一个对整体工作再认识、再提高的过程。可以有效检查工作完成情况、展示工作成绩、吸取经验教训，还可作为先进经验被上级肯定和推广，为其他单位所借鉴，推动罪犯教育工作整体进步。

罪犯教育工作总结就文体而言也属于事务性公文，其特点、性质与工作计划相同，不能单独作为正式文件发文，必要时只能作为公文的附件发文，如“××监狱关于报送 2017 年度罪犯教育工作总结的报告”。

在监狱工作实践中，小结、汇报、回顾等文体均属于总结性质。罪犯教育工

---

[1] 李瑞环：《学哲学 用哲学》，中国人民大学出版社 2005 年版，第 123 页。

作总结可根据时间跨度长短的不同，分为年度罪犯教育工作总结、半年罪犯教育工作总结、季度罪犯教育工作总结和月罪犯教育工作总结；可根据总结内容的不同，分为罪犯教育工作综合情况的总结或就某一专项活动进行的专题总结。

（三）计划与总结

计划与总结二者相辅相成，前者是罪犯教育工作的开端和前提，后者是罪犯教育工作的结尾和归纳。本阶段的总结往往是针对本阶段的计划实施完成情况来进行，而下一阶段的计划总是在上一阶段总结经验的基础上提出的，其基本规律就是制定计划、工作实施、回顾总结，再计划、再实施、再总结。

二、具体任务

（一）撰写年度罪犯教育工作计划

监狱工作实践中，一般在年初时要根据上级管理机关下发的年度工作要点、年度罪犯教育工作计划或任务分解情况等，结合本单位实际，制定年度罪犯教育工作计划，有步骤、有时限地落实上级机关的罪犯教育工作任务，并层层分解任务。

（二）撰写下半年罪犯教育工作要点

根据年度罪犯教育工作计划完成进展情况，重点针对上半年罪犯教育工作中出现的问题，制定下半年度罪犯教育工作的计划，明确未完成的任务，明确需要完成的重点工作。

（三）撰写年度罪犯教育工作总结

总结年度工作计划完成情况，分析存在的问题，提出下一步工作的方向。

（四）撰写上半年度罪犯教育工作总结

总结上半年罪犯教育工作完成情况，分析存在的问题，重点针对按计划未完成的部分，分析问题及未按计划完成工作的原因，针对问题提出下半年罪犯教育工作的思路和重点任务。

三、任务要求

撰写罪犯教育工作计划和总结，必须注意以下事项：

（一）服从大局的原则

要将党和国家的有关方针、政策和上级管理机关的指示精神、改造罪犯的目标要求作为指导思想，并坚决贯彻执行。所制定的罪犯教育目标、教育方法、工作措施等都必须严格落实上级机关的任务要求，切忌搞变通、搞突破。

（二）切实可行的原则

制定罪犯教育工作计划要从本监狱（监区）工作实际情况出发，所确定的目标任务，既不能因循守旧，也不能盲目冒进。即使是制定较长一段时间的罪犯教育改造规划，也应当保证规划所涉及的内容、措施基本可行，通过努力能够完成，尤其在确定具体工作目标和任务时，应在现实条件和数据统计的基础上，进行合理推算和预判，既不能过高，也不能过低。过高则难以实现，过低则起不到应有的促进作用，二者皆不可取。

（三）实事求是的原则

在撰写罪犯教育工作总结时，对于工作中取得的成绩，表述一定要做到客观真实、数据可靠，切忌夸大成绩、编造数据。

（四）重点突出的原则

无论是撰写罪犯教育工作计划还是总结，都要分清主次和轻重缓急，突出重点、突出亮点、以点带面、高度概括、言简意赅，切忌“眉毛胡子一把抓”、不会取舍，写成流水账。

（五）未雨绸缪的原则

在制定罪犯教育工作计划时，要预先想到在实施过程中可能遇到的问题和阻力，有必要提前制定防范措施或补救办法。在撰写工作总结时，要重点针对实际工作中发生的偏差和失误进行认真分析研究，为下一步工作积累经验和教训，避免重蹈覆辙。

四、任务流程

（一）制定罪犯教育工作计划

1. 收集资料，科学分析。收集上级机关对罪犯教育工作的要求和指导思想，分析本单位罪犯教育工作现状和上一阶段任务完成情况，梳理本单位的工作优势和劣势，把握罪犯教育工作的发展方向和趋势。

2. 归纳任务，确定目标。认真研究资料，分类归纳出重点任务、一般任务和基础任务。根据上级机关的目标要求和规章政策（《教育改造罪犯纲要》）等，科学合理设定工作目标。

3. 熟悉结构，撰写初稿。罪犯教育计划的基本结构为：标题、正文开头（指导思想、任务目标）、正文部分（主要措施、重点任务）、正文结尾（时限要求、任务分解）、行文单位和时间。

4. 征求意见，认真评析。就罪犯教育计划初稿广泛征求工作任务所涉及的各级组织的意见和建议。对所征求的意见进行认真评析，吸收合理意见，对初稿进行修改。

5. 审核印发，督促落实。参照公文处理相关程序规定进行逐级审批后，以单位名义进行正式印发。监狱工作实践中，一般还要就罪犯教育工作计划做进一步的责任分解，明确工作时限和方法步骤，确定具体责任人和责任单位。

6. 制定罪犯教育工作计划工作流程图。

（二）撰写罪犯教育工作总结

1. 收集资料，客观全面。全面向各级组织，尤其是罪犯教育工作具体承担组织，在收集阶段内工作任务完成情况，对罪犯教育工作实施过程中所出现的情况要客观、真实、全面地收集，无论是工作中取得的成绩、好的做法、亮点，还是工作中存在的问题、不足，甚至是工作中的失误都必须毫无遗漏地收集齐全。

2. 归纳比对，分析研判。可以对照工作任务目标，比对时限内是否完成工作任务，达到预期效果；对于工作数据，可采用统计学方法中的同比法（如本年度罪犯教育工作中的某项数据与上一年度罪犯教育工作中的同类数据做对比）等科学方法，判定工作成绩，使得总结中的工作成绩更加客观真实、科学直观。分析研判要客观、公正和科学，既要肯定工作中取得的成绩、好的做法、亮点，又要指出工作中存在的主要问题和不足。

3. 实事求是，撰写总结。罪犯教育总结的基本结构为：任务目标完成情况、工作亮点或创新举措、工作中存在的问题和不足、解决措施及下一步工作计划等。

4. 撰写罪犯教育工作总结流程图。

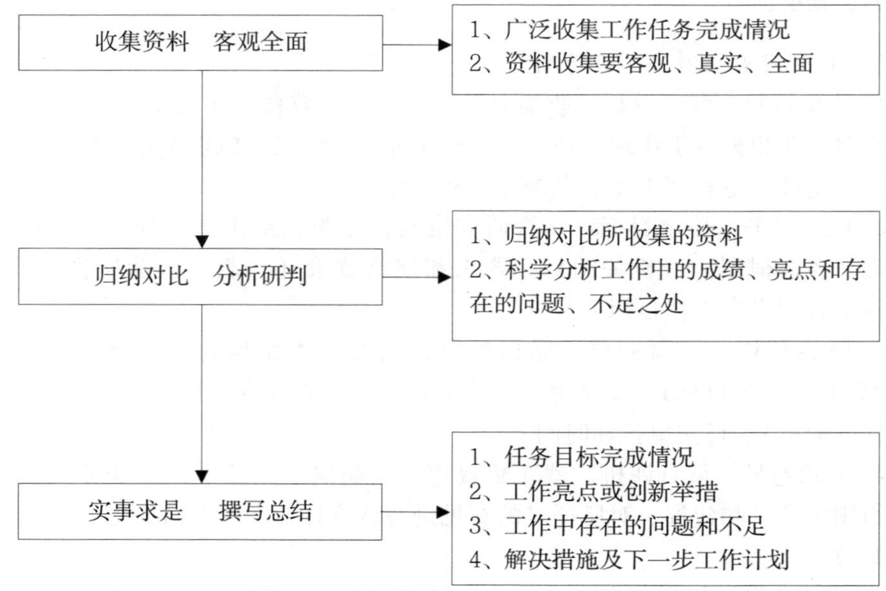

图 12-1　撰写罪犯教育工作总结流程图

五、任务示范

示范 1：　关于印发××省监狱 2018 年罪犯教育改造工作计划的通知

各监狱：

现将《全省监狱 2018 年罪犯教育改造工作计划》印发给你们，请结合实际，认真组织学习，明确责任，抓好落实，全面完成各项工作目标任务。

××省监狱管理局
2018 年 1 月 15 日

全省监狱 2018 年罪犯教育改造工作计划

一、指导思想

以习近平新时代中国特色社会主义思想为指导，全面贯彻落实党的十九大精神及全国司法厅（局）长会议精神。坚持“惩罚与改造相结合，以改造人为宗旨”的监狱工作方针，认真学习、深刻领会、全面落实“治本安全观”工作要求，改善警察教师队伍知识结构，提升警察教育改造本领，以思想文化教育和心灵亲情感化为切入点，积极探索、切实把握新形势下罪犯改造工作的规律，创新改造理念，完善改造手段，坚持以政治改造为统领，统筹推进监管改造、教育改造、文化改造、劳动改造的“五大改造”新格局，努力将罪犯改造成为守法公民。

二、目标任务

以教育改造为中心，以示范监狱创建为抓手，深入推进监狱体制和工作机制改革，全面完成效能目标考核指标和监狱管理局考核指标任务。全面落实“5+1+1”教育工作模式，重点推进成立监狱改造评估中心，服刑指导中心，罪犯回归指导中心工作。不断创新教育改造工作方式方法，力争在教育改造模式和罪犯危险性评估、分类教育、心理矫治、社会帮教等方面实现新突破，全面提升罪犯教育改造质量。

三、主要措施

1. 落实教育日。明确每周二为监狱罪犯教育日，构建罪犯全员参与、全时覆盖、全程管理的“5+1+1”教育改造模式，确保教育时间、内容的落实，积极探索新型教育模式。

2. 充实入监教育。将劳动法、劳动保护法、消防法，安全生产知识、社会主义核心价值观教育纳入入监教育。加强心理健康教育，使罪犯适应改造生活。成立入监改造评估中心，启用新型危险性评估系统。危险性评估，心理测试率达到应测试人数的100%，入监教育合格率达到95%。

3. 夯实三课教育。把社会主义核心价值观教育、中华优秀传统文化教育列入必修课。法制教育不少于100课时，考试及格率达到应入学人数的95%，狱内罪犯守法守规率达到90%。传统文化教育不少于50课时，考试及格率达到95%。脱盲教育、小学教育、初中教育（未成年犯），课时数不少于200课时（未成年犯不少于400课时），脱盲率达到95%、小学毕业率达到90%。对已完成义务教育的罪犯，鼓励其参加高等教育自学考试。技术教育不少于100课时，安全生产教育和岗位技能培训率达到100%，特殊作业岗位人员持证率达100%，职业技能获证率达到90%。

4. 深化分类教育。成立罪犯服刑指导中心，对罪犯服刑期间进行教育改造分类指导，量身定制改造规划，落实差别化、个性化的矫治措施。实施“一人一策”个别化矫治方案，使顽固犯年转化率达到80%、危险犯及时消除危险。继续深入扎实开展罪犯矛盾纠纷调处化解工作，从源头上消除危险因素，夯实监狱安全稳定基础。

5. 提升心理矫治。成立改造评估中心，将评估结果作为分管分押分教工作的重要依据。心理健康教育不少于50课时，普及率达到100%。对有心理问题和存在心理危机的罪犯，实现100%心理干预。确保监狱一线警察心理咨询师人数达到在押犯人数的1%，兼职、专职心理咨询师年内分别完成10个左右心理咨询个案。

6. 注重文化建设。深入推进监区文化建设模式，制作社会主义核心价值观、国学宣传造型、标牌。创建监狱主题文化，成立监狱“文艺队”。组织罪犯做好重要节点重大节日纪念庆祝活动。

7. 拓展社会帮教。加强和深化与政府相关部门、企事业单位、社会团体、行业协会、爱心志愿者、罪犯亲属的互动与共建，积极开展法律援助、心理咨询、结对帮扶、政策落实等形式多样的社会帮教活动，以心灵亲情感化为切入点，最大限度地发挥社会资源的作用，不断拓展延伸社会帮教的形式内容。

8. 完善出监教育。成立回归指导中心，开展法律、形势政策及前途教育，科学制定职业技术教学计划，加强职业生涯规划，充分发挥实训大厅功能，强化罪犯回归社会适应性训练。做好罪犯出监前评估工作，确保出监评估率达到100%。

9. 优化技能培训。加强与政府人社、教育等部门的沟通协调，把罪犯劳动技能培训纳入社会普通公民劳动培训整体规划工作，将余刑在2年以内的罪犯纳入出监技能培训计划，对内依托监狱生产劳动平台，建立相对稳定的技术培训主导项目，对外开发社会资源，建立职业技能培训基地，构建全覆盖的罪犯技能教育培训体系。协同人力资源与社会保障部门，积极搭建技能培训、鉴定发证、择业指导、推荐就业全链条服务平台，帮助罪犯顺利回归社会，有效减少再次犯罪。

10. 加快教育设施建设。设立教育专用场所，重点建设完善教室、谈话室、图书室、心理指导室等教学场所，配备有线广播系统、多媒体教学设备和心理矫治设备。

11. 加强教师队伍建设。落实“改善警察队伍知识结构”工作要求，加大对警察教育改造专业知识、能力的教育培训力度，提高警察改造罪犯的能力。年内对警察教师、心理咨询师进行业务培训，评选优秀罪犯教育转化个案，组织教学观摩，评选精品课，提高警察教师的工作积极性。积极开展“狱园名师”评选活动，进一步激励警察教师钻业务、强能力、提水平。

12. 加强宣传工作。做好示范监狱创建试点和深化监狱机制改革经验的收集整理，注重教育改造亮点工作、创新工作的总结、提炼，注重对兄弟省市先进经验的学习和借鉴，加强教育改造工作理论研究，把工作实践转化为理论成果，加强教育改造工作典型经验、实践创新的宣传，借助多媒体平台强化监狱宣传工作。

示范2：　　　　××监狱201×年罪犯教育工作总结

201×年，××监狱认真落实《201×年监狱罪犯教育工作要点》，全面贯彻治本安全观，创新教育改造工作方法，着力提高罪犯教育改造质量，全力推进罪犯教育改造工作再上新台阶。

一、工作目标完成情况

1. 抓好三课教育，夯实治本之基。通过课堂教学、多媒体教学、狱内电视台等多种形式对罪犯进行法律、道德及形势政策教育，确保罪犯学习的时间、人员、内容落实到位。组织××名罪犯参加脱盲教育和小学学历教育，鼓励××名罪犯参加高等教育自学考试，单科考试通过率达到50%，对×××名即将刑满释放的罪犯进行了出监教育，出监评估率达到100%。

2. 注重文化引领，铸就治本之魂。加强文化引领作用，树立正确舆论导向，促使罪犯重建正确的人生观、世界观、价值观。通过开展主题征文、监区文化节、罪犯运动会、禁毒教育、健身操、广播操、心语操比赛，文化艺术节系列主题活动，自创、传唱狱园歌曲、组建兴趣小组、拍摄微电影、组织文艺汇演等多种形式的活动，丰富罪犯文化生活，陶冶情操志趣，形成健康人格，增强改造动力，提高改造效果。

3. 着力教育攻心，强化治本之柱。深化分类教育，对新入监罪犯侧重服刑常识、法律常识教育，对出监罪犯侧重社会适应性教育、实用性技能培训，对顽危犯、重点犯实施“一人一策、以策定策”，落实罪犯教育矫治的个别化、差别化措施，提高罪犯教育的针对性、有效性、精准性。充分发挥心理矫治的治本功能，广泛开展心理咨询、团体心理辅导、心理健康知识讲座，在押罪犯心理健康教育普及率、刑满释放人员出监评估率均达到100%。

4. 完善帮教体系，拓宽治本之源。加强与政府、企事业单位、社会团体、行业协会、爱心志愿者等互动沟通，积极开展法律援助、心理咨询、“大手拉小手”“一对一”帮教等形式多样的社会帮教活动，共举办各类帮教活动××批次，签订帮教协议××份。

5. 借力数据平台，打造治本之翼。开展多媒体教学，推广使用罪犯教育改造专网，为传统课堂教育注入新鲜血液。积极引入“大数据+罪犯教育改造”模式，提升罪犯教育改造的智能化和信息化水平。尝试将罪犯个别谈话录音录像系统、亲情电话、亲情短信、手持阅读终端等平台上的视频、音频、文本等数据统一汇总到大数据平台。开辟“动态统计、趋势预测、危险预警、改造评估”新路径，初步实现了客观研判和相关时期安全风险预测，为制定有针对性的教育改造措施、优化矫治方案提供科学参考，提高教育改造的科学化水平。

6. 创建评估中心，营建治本之根。尝试建立风险评估中心，以风险评估为核心，辐射至管理、惩罚、教育的各个层面。探索建立以危险性评估、改造质量评估为主要内容的改造新模式，根据风险等级开展科学动态评估，把评估结果作为制定改造措施的重要依据。

7. 加强队伍建设，锻造治本之师。加强警察教师队伍建设，对警察教师的工作职责、教学任务、讲课薪酬、考核奖励等作了明确规定，将教学工作考评结果作为续聘、奖励、晋升的依据，进一步激励警察教师钻业务、强能力、提水平。加大职业继续教育培训力度，通过举办各类培训班等方式，着力提高警察改造罪犯的业务水平，拓展教育改造新思路、新途径，为有效提高教育改造质量提供有力支撑。

二、存在的问题

1. 罪犯教育改造评估标准有待进一步提升。目前，罪犯教育改造评估标准还不够科学完善，不能真实、客观地反映罪犯教育改造工作的情况和改造质量。

2. 出监教育社会适应性训练针对性不强、效果不突出。社会实训大厅模拟内容、视频指导性资源不够全面，缺乏详实的指导书籍、视频资料和实操性强的硬件投入，个人体验感不强，与社会现实情景模拟尚有一定差距。

3. 由于对参加培训的服刑人员条件限制过紧，仅限于本省籍罪犯，致使大量的外省籍罪犯无法参与培训。

三、下一步的努力方向

1. 加大实训大厅实景模拟等基础设施和硬件设备投入，充实出监教育、就业指导手册等方面的相关内容，进一步完善实训大厅的社会化功能。

2. 加强与政府人社、教育等部门的沟通协调，争取将全区 5 所监狱的罪犯劳动技能培训纳入当地劳动培训整体规划，与社会培训项目剥离，单独立项，专项拨款，保证资金到位。

六、技能训练

问题：①请撰写 1 篇本学期个人罪犯教育学习情况总结。②请撰写 1 篇罪犯出监教育工作计划。

思路：按照出监教育单元所学内容编制教育计划，计划应当按照 300 课时进行安排，教育内容分为课堂教育和技能培训，两部分各为 150 课时。

项目 12-2　组织罪犯教育工作督查考核

一、任务说明

督查，是指通过实地查看、翻阅资料、询问答复等方式，对前期下达的工作任务进行督促检查，并将督查结果与奖励惩罚措施挂钩，以推动工作落实或任务完成的一种行政管理手段。李克强总理在 2016 年 1 月 6 日主持召开的国务院常务会议上要求，要根据督查情况，建立奖惩并举机制，以奖罚分明促进勤政有为。由此可见，督查是党政机关促进工作任务落实、推动工作目标实现的一种常用方式。

考核，一般指绩效考核，是指在既定目标下，运用特定的标准和指标，对考核对象的工作行为及取得的工作业绩进行评估，并运用评估结果对将来的工作行为和工作业绩产生正面引导的方法，其本质是一种过程管理。

在罪犯教育工作领域内，督查考核就是指上级司法行政机关和监狱管理机关，依照《关于进一步加强监狱教育改造罪犯工作考核的通知》（司发通［2008］174 号）等规定，采取多种形式、定期或不定期地对监狱及其所属基层单位的罪犯教育工作开展情况和教育改造罪犯工作水平进行检查指导、客观评价，确保国家有关监狱工作方针、政策、法律、法规能够严格贯彻执行，以及教育改造罪犯的目标和各项工作措施的实现。

督查考核结果与考核奖惩挂钩，作为对教育改造罪犯工作成绩突出的单位和个人进行精神和物质奖励的重要依据。

二、具体任务

通过罪犯教育工作督查考核，肯定教育改造工作取得的成绩，指出存在的问题，限期整改，同时将督查考核结果作为激励和问责的主要依据，以促进罪犯教育改造工作再上新台阶。

督查考核的主要依据有：司法部《监狱教育改造工作规定》《监狱教育改造罪犯工作目标考评办法》《监狱教育改造罪犯工作目标考评评分标准》（司发通［2008］174号文件之附件1和附件2）。

按照教育改造工作目标考核办法及其细则，采取现场检查和查阅资料等方式方法，检查考核教育改造工作的主要内容：

（一）督查考核“八保障”工作落实情况

1. 组织保障。主要考核监狱主要领导（监狱长和政委）、监区领导（监区长和教导员）是否主抓改造，监狱长办公会是否每季度、监区长办公会是否每月至少专题研究一次教育改造工作。

2. 机构保障。主要考核监狱是否设置有教育改造专门机构和罪犯心理矫治中心，是否设有专门的入监和出监监区。

3. 人员保障。主要考核教育改造工作人员是否按规定配置到位。其中教育改造科按照在押犯总数的5‰配备警察、心理矫治中心按在押犯总数的3‰配备心理咨询师，监区配备专职教育干事1人，配备专职心理咨询师1人。

4. 场所保障。主要考核监狱是否设立“五室”（教室、广播室、教育室、法律援助室、狱内小报编辑室）、“二中心”（心理矫治中心、改造质量评估中心），监区是否设立谈话室、文体活动室、图书阅览室、板报、阅报栏、学习园地及相应管理运行制度。

5. 设施设备保障。主要考核监狱教育改造场所是否按规定配备相应的设施设备。

6. 时间保障。主要考核监狱是否实行每周5天劳动教育、1天集中学习教育、1天休息的“5+1+1”教育改造模式。成年犯的教育改造时间是否每年不少于500课时，未成年犯是否不少于1000课时，入监教育时间至少为2个月，出监教育时间为3~6个月。

7. 经费保障。主要考核监狱教育改造经费使用是否合理、保障是否到位，是否有克扣和挪用。

8. 资料保障。主要考核监狱教育教学基础资料是否齐备，是否使用统一教材，是否罪犯人均藏书10本，每年图书更新率是否达到10%。

（二）督查考核入监教育

1. 教育计划。主要考核是否有具体的入监教育教学计划，并按照入监教育工作流程组织实施。

2. 教学内容。主要考核入监教育是否落实课堂教育和行为养成训练等相关内容，资料记录是否完备。

3. 考核验收。主要考核入监教育结束后，是否对新收罪犯进行考核验收。

（三）督查考核个别教育

1. 个别谈话。主要考核监狱是否建立、健全个别教育工作制度，是否严格执行“十必谈”，警察是否对包管、包教罪犯每月至少安排1次个别教育谈话，是否对所管理罪犯做到“四知道”。监狱领导、业务科室领导、监区领导、警察是否对罪犯个别谈话教育每月分别不少于2、3、10、15人次。

2. 顽固犯、危险犯攻坚转化。主要考核监狱是否建立顽固犯、危险犯教育转化专档，顽固犯年转化率是否达到50%，危险犯是否及时消除危险。

（四）督查考核思想教育

1. 教育计划。主要考核监狱是否制定年度思想教育教学计划。

2. 教育内容。主要考核罪犯思想教育内容是否包括“认罪悔罪、法律常识、公民道德、时事政治教育等”。

3. 分类教育。主要考核是否按罪犯类型实行分类思想教育，并按周期分阶段进行。

4. 改造生活检讨（周小结）会。主要考核监区是否每周开展一次罪犯改造生活检讨会。

5. 教育指标。主要考核罪犯刑满释放时，是否满足以下要求：刑满释放前1年内没有受到过行政处分的守法守规罪犯达到当年释放人数的90%；法律常识教育、道德常识教育合格率均达到95%。

（五）督查考核文化教育

主要考核监狱是否针对不同文化程度的罪犯，分别开展扫盲、小学、初中文化教育。脱盲比例是否达到应脱盲人数的95%；刑满释放时，小学毕业获证率比例是否达到应参加人数的90%；鼓励罪犯参加高等教育自学考试或其他类型的学习。

（六）督查考核技术教育

主要考核监狱是否结合生产项目开展岗位技术培训，适时组织开展职业技能培训。罪犯刑释前应参加职业技能培训罪犯的获证率是否达到应参加人数的90%。

（七）督查考核监区文化建设

1. 文娱体育。主要考核监狱是否成立罪犯文艺演出队、体育运动队，是否设有各类兴趣小组，组织开展文娱体育活动。

2. 宣传教育。主要考核监狱是否每年开展1次读书、演讲、征文活动，是否办有狱内小报，开展各种主题形式的教育活动，宣传工作形式和内容是否丰富。

3. 环境建设。主要考核罪犯改造场所是否设置各种标语、标志、展板、宣传画板等，是否美化、规范监区环境，营造有利于罪犯身心健康的改造氛围。

（八）督查考核社会帮教

1. 主题帮教。主要考核监狱是否积极开展有益于罪犯改造的各种社会帮教活动，每年开展主题帮教活动是否达到2次以上。

2. 法律援助。主要考核监狱是否成立法律援助工作站，为罪犯获得法律援助提供帮助。

3. 亲情帮教。主要考核监狱是否开通亲情帮教信息平台、亲情电话系统，促进罪犯与亲属保持亲情联系、加强思想沟通。

（九）督查考核心理矫治

1. 心理健康教育。主要考核监狱是否对罪犯开展心理健康教育，普及率是否达到应参加人数的100%。

2. 心理咨询。主要考核是否有针对性地开展心理咨询工作，建立罪犯心理危机干预机制。

3. 心理测试。主要考核监狱是否对新入监罪犯开展心理测试，心理测试率是否达到应参加人数的100%。

4. 心理档案。主要考核罪犯心理矫治档案是否由罪犯心理矫治中心统一保管。监狱是否对危险罪犯、顽固罪犯、危害国家安全罪犯等重点关注罪犯的心理测试、心理情况动态进行密切跟踪，心理档案建档率是否达到100%。

（十）督查考核出监教育

1. 教育计划。主要考核监狱是否制定具体的出监教育教学计划。

2. 教育内容。主要考核出监教育是否对罪犯进行形势政策、前途、遵纪守法教育和必要的就业指导。

3. 就业培训。主要考核监狱是否结合罪犯刑满就业需要，开展职业技能培训和创业培训。

4. 出监评估。主要考核监狱是否根据罪犯的考核情况、奖惩情况、心理测试等情况，对其改造效果、重新犯罪可能性进行综合评估，评估率是否达到100%。

三、任务要求

（一）监狱管理局罪犯教育考核

主要由罪犯教育改造处牵头组织实施考核，考核结果纳入监狱管理局对监狱的综合目标考核，作为评价考核监狱工作成效的重要依据。开展考核检查活动有助于监狱规范教育改造工作的考核内容、考核程序、考核标准和考核奖罚，指导教育改造各项工作切实开展。

1. 考核原则。实行平时考核与年终考核相结合、定性考核与定量考核相结合、过程考核与结果考核相结合的原则，按照规定的标准和程序进行，全面评价监狱教育改造工作。

2. 实行首长负责制。监狱教育改造工作目标考核实行行政首长负责制，监狱管理局、监狱、监区主要领导为本单位罪犯教育改造工作目标考核的第一责任人，各级分管领导负责组织教育改造工作目标考核的实施。

3. 强化考核领导。监狱管理局成立教育改造工作目标考核领导小组。局长任组长，分管副局长任副组长，办公室设在罪犯教育改造处，具体负责监狱教育改造工作目标考核。

4. 考核目标。监狱教育改造工作目标体系包括保障目标和职能目标两大目标。保障目标考核主要由组织保障、机构保障、人员保障、场所保障、设施保障、时间保障、经费保障和资料保障等构成，主要突出对教育改造工作的保障责任；职能目标主要由入监教育、个别教育、思想教育、文化教育、技术教育、监区文化建设、社会帮教、罪犯心理矫治以及出监教育组成。

5. 考核结果。监狱管理局每年对监狱教育改造工作考核一次，监狱每半年考核一次。监狱教育改造工作目标考核实行百分制，根据实际考核得分，区分为优秀、良好、合格和不合格四个等次。综合得分在90分（含）以上的为优秀；80分（含）以上至90分以下的为良好；60分（含）以上至80分以下的为合格；60分以下的为不合格。

6. 考核结果运用。监狱管理局将教育改造工作考核结果纳入对监狱的综合目标考核，作为评价监狱工作成效的重要依据。监狱“教育改造专家”“教育改造能手”“教育改造标兵”要从考核优秀的单位中优先评选。

（二）监狱教育改造工作考核

各监狱的教育改造工作考核领导小组依照本监狱的教育改造工作目标考核办法等规定，定期或不定期地对基层押犯单位开展教育改造工作情况进行考核、检查、指导。考核结果纳入监狱对监区的综合目标考核，作为评价监区教育改造工作成效的重要依据，以促进教育改造各项工作切实开展。

1. 制定考核细则。各监狱结合单位实际，制定本单位具体的考核细则，切实对监区进行教育改造工作全面考核。

2. 坚持严格考核。采用动态考核与静态考核相结合的方式，认真开展督查考核，全面检查，强化经常性指导，不断改进罪犯教育工作。

3. 建立健全罪犯教育教学基础资料。对照教育改造工作规范化建设要求，充实完善、建立健全教育改造工作的各类基础资料，认真做好教育改造工作的各项记录、归档，以备查备用。

4. 落实奖励与处罚措施。各监狱制定奖励处罚措施，将考核结果纳入监狱对监区的综合目标考核，作为评价监区工作成效的重要依据。

四、任务流程

（一）计划

若采取定期考核检查方式的，需提前下达罪犯教育改造工作检查考核计划安排，包括检查时间、内容、人员和要求。不定期抽查无需下达计划安排。

（二）检查

检查可采用平时自查、交叉检查、组织抽查与年终考评等方式，也可采用现场检查和查阅教育改造资料相结合的办法。

（三）总结评比

要对每次教育改造工作的督查考核情况进行总结，梳理讲评，充分肯定成绩，推广好的经验和做法；发现存在问题和不足，及时研究制定整改措施，严格落实改进时间、内容、责任和效果。

（四）上报反馈

对教育改造工作督查考核情况，要形成书面材料，及时向有关部门报告，同时也要实事求是地向被考核单位反馈督查考核意见。

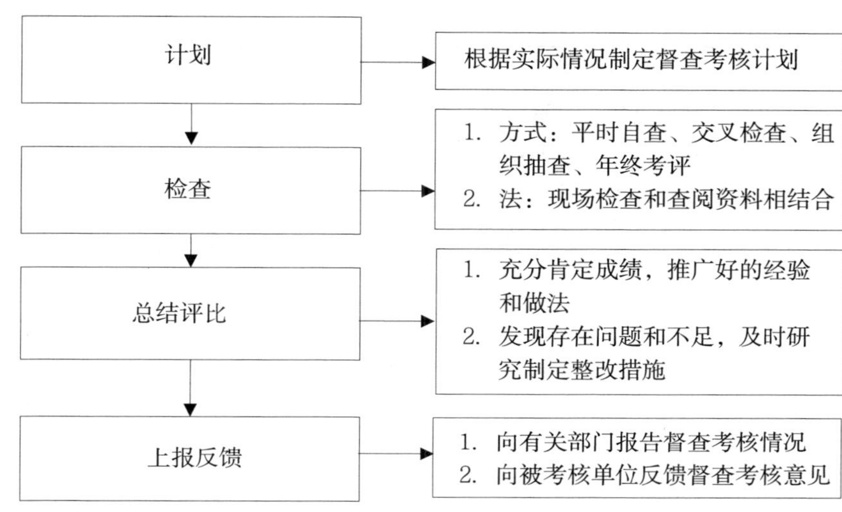

图 12-2 督查考核工作流程图

五、任务示范

表 12-1 ××监狱罪犯教育工作目标督查考核实施细则

类别	项目	分值	工作要求	评分标准	考核方法	相关说明
一、保障工作	1. 组织保障	5分	监狱主要领导主抓改造；监狱长办公会每季度至少专题研究一次教育改造工作。	主要领导未主抓改造的扣1分；专题研究教育改造工作的监狱长办公会每少一次扣1分。	查阅领导分工文件；查阅监狱党委会和监狱长办公会会议记录和会议纪要。	主要领导指监狱长和政委。
	2. 机构保障	6分	监狱设教育与劳动改造科和罪犯心理矫治中心；教育与劳动改造科下设思想教育教研室、文化教育教研室、技术教育教研室、罪犯改造质量评估中心；有专门的出、入监监区。	监狱未设教育与劳动改造科和罪犯心理矫治中心的，扣3分；下设机构每差一个扣1分；无出、入监监区的，各扣1分。	现场检查监狱机构，查阅相关机构设置文件。	本省区已专门设立入监教育机构或出监教育机构的，不再考核各监狱是否设立出、入监监区。

续表

类别	项目	分值	工作要求	评分标准	考核方法	相关说明
	3. 人员保障	6分	人员按规定配置到位。其中教育与劳动改造科、罪犯心理矫治中心分别按在押犯比例5‰、1.5‰配备专职警察，监区应当至少配备专职教育警察1人。	人员配备每少1人，扣1分。	查阅警察花名册。	
	4. 场所保障	3分	监狱是否设立“五室”“二中心”，监区是否设立图书阅览室、学习园地、板报、谈话室及相关管理运行制度。	监狱、监区设置每差一室扣0.5分。一间屋挂2个牌子及以上的扣0.5分。	现场查看。	正在迁建和改、扩建的监狱教育改造场所考核另作处理；场所建设时间以3年为限。
	5. 设施保障	5分	教育改造场所按部局、省局规定配备相应的设施。	未按规定配备相应设备的，每缺一项扣0.5分。	现场查看。	正在迁建和改、扩建的监狱教育改造硬件设施考核另作处理；设施建设时间以3年为限。

续表

类别	项目	分值	工作要求	评分标准	考核方法	相关说明
	6. 时间保障	6分	实行每周5天劳动教育、1天集中学习教育、1天休息的“5+1+1”模式。成年犯的教育改造时间每年不少于500课时，未成年犯不少于1000课时。入监教育时间为2个月；出监教育时间为3个月。	未实行“5+1+1”模式的扣2分。教育时间未达到要求的，视情况扣1分。	查阅相关文件资料，检查“三课”教育台账和报表。	教育改造教学时间包括课堂文化教育、罪犯参加文化体育活动、收看专题广播电视等时间。
	7. 经费保障	5分	监狱教育改造经费使用合理、保障到位；无克扣和挪用。	教育改造经费使用未达标准的，每少10%扣2分；出现挪用的，扣5分。	查看教育改造经费使用明细表，并结合监狱局审计结果进行考核。	
	8. 资料保障	4分	教育教学基础资料齐备；使用统一教材；罪犯人均藏书10本以上；每年图书更新率达到10%。	资料每少一项扣0.5分；人均藏书每少一本扣0.5分；图书未更新的，扣0.5分。	现场检查。	
二、入监教育	9. 教育计划	2分	有具体的入监教育教学计划并按照入监教育工作流程组织实施。	没有计划的扣0.5分；未按工作流程进行的，每缺一项扣0.5分。	检查入监教育计划的纸质文件或电子文档，查阅相关基础资料。	

续表

类别	项目	分值	工作要求	评分标准	考核方法	相关说明
	10. 教育内容	2分	认真落实课堂教育和行为养成训练等相关内容。资料记录完备。	教育内容不全、记录不完备的，每缺一项扣1分。	查阅相关文件、资料；现场检查入监教育工作开展情况。	
	11. 考核验收	2分	入监教育结束后，监狱（监区）对新收罪犯进行考核验收。	未考核验收的，每缺1次，扣0.5分。	检查考核验收资料。	
三、个别教育	12. 个别谈话	2分	有健全的个别教育工作制度，严格执行“十必谈”，警察对包管、包教罪犯每个月至少安排一次个别教育谈话，对所管理罪犯做到“四知道”。监狱领导、管教业务科室领导、监区领导、罪犯教育警察对罪犯个别谈话教育每月分别不少于2、3、10、15人次。	个别教育次数未达到规定标准的，每缺1次扣0.5分；未落实好“十必谈”扣0.5分，未落实好“四知道”的扣0.5分。	查阅警察个别教育记录，回听、回看个别谈话录音录像。	建立、健全个别教育管理制度，确保谈话质量。
	13. 顽危犯转化	2分	建立顽固犯、危险犯教育转化专档，指定警察负责教育转化；顽固犯年转化率应当达到50%。	教育专档不规范和包教不明确的，扣0.5分；未达到转化率的扣0.5分。	检查顽固犯、危险犯专档和工作资料、报表。	邪教类罪犯转化率另行考核。

续表

类别	项目	分值	工作要求	评分标准	考核方法	相关说明
四、思想教育	14.计划	2分	制定年度思想教育教学计划。	没有制定计划的扣1分；计划实施不完整的扣0.5分。	检查思想教育计划的纸质文件或电子文档。	
	15.内容	2分	罪犯思想教育内容包括：认罪悔罪、法律常识、公民道德、时事政治教育。	教育内容不完善的，缺一项扣0.5分。	查阅相关基础资料。	
	16.分类教育	1分	按罪犯类型实行分类思想教育，并按周期分阶段进行。	没有实行分类教育的扣0.5分；没有分阶段进行的扣0.5分。	查阅相关基础资料。	
	17.生活检讨会	2分	监区每周开展1次罪犯改造生活检讨会。	没有召开的，每少一次扣0.5分。	查阅相关基础资料。	
	18.目标	4分	罪犯刑满释放时，达到"3率"：符合守法守规罪犯条件的达到当年释放人数的90%；法律常识教育、道德常识教育合格率分别达到95%。	每降低1个百分点扣0.5分。	查阅教学计划、教案和教学记录；查阅教育登记台账、统计报表；询问有关人员。	1. 守法守规罪犯是指刑满释放前1年内没有受到过警告、记过、禁闭处分的罪犯；2. 对罪犯法律常识、道德常识的考试由监狱统一组织实施，每半年进行1次。

续表

类别	项目	分值	工作要求	评分标准	考核方法	相关说明
五、文化教育	19.内容及目标	5分	针对罪犯不同文化程度，分别开展扫盲、小学、初中文化教育，脱盲比例达到应脱盲人数的95%；小学毕业获证率达到应参加人数的90%；鼓励罪犯参加电大、函大、高等教育自学考试或其他类型的学习。	每降低1个百分点扣0.5分；未开展扫盲教育的扣0.5分；未开展小学教育的扣0.5分。	查阅相关基础资料，教育档案、试卷、统计台账、报表；检查教案、教学日志和课时安排。	
六、技术教育	20.内容及目标	6分	结合监狱生产项目开展岗位技术培训，适时组织开展职业技能培训，每年刑释罪犯获得职业技能证书达到应参加职业技能培训罪犯的90%。	未开展岗位技术培训的扣0.5分；未开展技能培训的扣0.5分；获证率未达到要求，每降低1个百分点扣0.5分。	查阅相关培训计划、教育教学台账及职业技能等级证书获证情况登记。	岗位技术培训是为满足狱内劳动岗位的要求而开展的培训；职业技能教育是指人力资源和社会保障部门的专业培训。
七、监区文化建设	21.文娱体育	2分	成立罪犯文艺演出队、体育运动队，设有各类兴趣小组，组织开展文娱体育活动。	未建有文艺队、体育运动队的扣0.5分；未建文体兴趣小组的，扣0.5分。	现场观摩罪犯文艺队表演，查看文体活动安排等资料。	
	22.宣传教育	2分	每年开展1次读书活动；办有监狱小报；开展各种主题形式的教育活动，宣传工作形式、内容丰富。	未开展读书活动的扣0.5分；没有办小报的扣0.5分；未有效开展工作的每少一类扣0.5分。	现场查看，检查工作开展情况。	

续表

类别	项目	分值	工作要求	评分标准	考核方法	相关说明
	23. 环境建设	2分	罪犯改造场所应设立各种标语、标识、展板、宣传画板等；美化、规范监区环境，营造有利于罪犯身心健康的改造氛围。	未建有标志、标语、宣传展板的，每少一类扣0.5分。	现场检查各种标识、装饰情况。	监狱环境整洁、规范、统一、美观，形成较好的改造氛围和文化生活气息。
八、社会帮教	24. 主题帮教	2分	积极开展有益于罪犯改造的各种社会帮教活动。每年开展主题帮教活动2次以上。	未签订帮教协议，扣0.5分；未开展主题帮教活动的，每缺1次扣0.5分。	查阅社会帮教相关资料，询问相关人员。	
	25. 法律援助	1分	成立法律援助工作站，为罪犯获得法律援助提供帮助。	未建立机构的，扣0.5分；未有效开展工作的，扣0.5分。	查阅相关资料。	
	26. 亲情帮教	2分	监狱开通亲情电话或亲情短信、语音信箱等系统，促进罪犯与亲属保持亲情联系、加强思想沟通。	未开通或未有效开展工作的扣1分。	检查硬件设施、现场工作情况及查阅相关资料。	
九、心理矫治	27. 心理健康教育	2分	对罪犯开展心理健康教育普及率达到应参加人数的100%。	每降低1个百分点扣0.5分。	查阅教学日志和有关台账及罪犯心理档案。	
	28. 心理咨询	2分	有针对性地开展心理咨询工作，建立罪犯心理危机干预机制。	未开展心理咨询和个体分析的扣0.5分；未建有干预机制的，扣0.5分。	查阅心理咨询记载薄。	

续表

类别	项目	分值	工作要求	评分标准	考核方法	相关说明
九、心理矫治	29. 心理测试	3分	对新入监罪犯的心理测试率达到应参加人数的100%。	每降低1个百分点扣0.5分。	查阅心理咨询、测试记载簿以及罪犯心理档案。	
	30. 心理档案	3分	罪犯心理矫治档案由罪犯心理矫治中心统一保管。监狱对危险罪犯、顽固罪犯、危害国家安全罪犯等重要罪犯的心理测试、心理情况动态跟踪，心理档案建档率要达到100%。	未统一保管档案的，扣0.5分；对重要罪犯建档率不达标的，扣0.5分。	查阅罪犯心理档案。	
十、出监教育	31. 教育计划	1分	监狱制定具体的出监教育教学计划。	未制定计划的扣1分。	查阅出监教育教学日志、计划。	
	32. 教育内容	2分	出监教育应对罪犯进行形势、政策、前途教育，遵纪守法教育和必要的就业指导；协调社会有关部门向罪犯介绍就业、安置、社会保障等方面的政策和情况。	教育内容不全的，每缺一项扣0.5分；未按工作流程进行的，每缺一项扣0.5分。	查阅出监教育相关的教学计划、教育教学日志、备课情况和相关资料。	已建成社会适应性训练场所的应对罪犯开展相关社会适应性实训。
	33. 就业培训	2分	结合罪犯刑满就业需要，开展职业技能培训和创业培训。	未开展职业技能培训的扣0.5分；未开展创业培训的扣0.5分。	查看教学日志及台账。	

续表

类别	项目	分值	工作要求	评分标准	考核方法	相关说明
	34. 出监评估	2分	监狱根据罪犯的考核情况、奖惩情况、心理测试情况，对其改造效果、重新犯罪可能性进行综合评估，评估率达100%。	每降低1个百分点扣0.5分。	查阅评估专档资料。	

六、技能训练

问题：制定监区罪犯教育工作目标督查考核实施细则。
思路：从罪犯教育改造目标督查考核的任务、内容、要求及工作流程入手。

项目 12-3 罪犯教育工作台账管理

台账，也称流水账，原指摆放在柜台上供人翻阅的账簿。后经演化，把与工作有关的一切文件、制度、计划、总结、记录等资料，分类整理、装订成册后均称为台账。而对工作中形成的各种资料进行收集、制作、整理、保存的过程，就是台账管理，常见于行政管理与企业管理之中，可以详细记录工作信息、有效加强内部管理、便于日常查阅和上级检查。台账一般没有固定的格式和内容，可根据工作需要自行设计。

一、任务说明

罪犯教育工作台账也称教育改造工作基础资料，是监狱（监区）在教育改造罪犯过程中，按照一定的程序和方法，收集、整理、保管相关资料而形成的原始账册，既是教育改造工作的真实反映，又是罪犯教育警察工作质量和业务素质的体现；既是监狱（监区）教育改造罪犯的原始凭证或原始资料，又是教育改造工作总结过去、规划未来发展的依据。因此，罪犯教育工作台账是建立教育改造档案的基本条件和基础，罪犯教育工作台账不齐全或不完整，将直接影响教育改造档案的建立和完善。

台账管理普遍应用在监狱的各项业务管理之中，如刑罚执行、狱政管理、狱内侦查等，尤其是罪犯教育改造工作，因其本身业务繁琐、内容庞杂、专项活动种类繁多、时间跨度长短不一等特点，更加需要通过制作台账对罪犯教育工作过程进行客观真实地记录。

在工作实践中，虽然制作管理罪犯教育工作台账非常繁琐，但罪犯教育管理台账不仅仅是为了应对上级检查和督查考核，制作好、管理好罪犯教育工作台账，对推动罪犯教育工作发展有极其重要的意义：

1. 罪犯教育工作台账是确保罪犯教育改造质量的重要工具。认真落实罪犯改造的总目标，向社会输送守法公民，最大限度地预防和减少重新犯罪，切实提高罪犯教育改造质量的前提和基础就是不打折扣地严格完成罪犯教育改造的各项工作任务和具体要求，而台账作为罪犯教育工作的备忘录、督查表，可随时查阅以了解工作是否按计划进行、是否按标准落实，便于督促罪犯教育工作按要求开展。

2. 罪犯教育工作台账是罪犯教育改造工作的参谋助手。一部全面、合格的罪犯教育工作台账，包含了从工作计划、实施方案到总结报告等全部内容，真实记录着教育改造工作中的每一个环节，能够帮助我们梳理出工作的发展脉络和要点，从而实现罪犯教育管理过程的可控性。

3. 罪犯教育工作台账是开展罪犯教育工作调查研究的有效依据。以往的罪犯教育管理经验、活动开展情况、教育改造数据是罪犯教育工作创新发展的基础，而台账就如实记录了工作过程中的一切资料。

4. 罪犯教育工作台账是规范化、标准化建设的必然要求。监狱管理一直在倡导规范化、标准化的内部管理模式，而对各类与罪犯教育有关的规章制度、标准流程的积累完善，都建立在不断对工作实践进行详细记录、总结提炼、丰富完善的基础上。

二、具体任务

在罪犯教育工作实践中，要重点对以下内容资料进行收集整理，并建档成册：①教育改造工作保障资料（包括教育改造基础设施、教育改造的师资以及经费使用等台账）；②出、入监教育资料；③“三课”教育资料；④个别教育工作资料（包括危险犯和顽固犯转化教育台账）；⑤心理矫治工作资料；⑥监区文化建设资料；⑦社会帮教资料；⑧评审激励资料；⑨考核和奖惩资料等。

三、任务要求

罪犯教育台账管理的具体工作要求为：

（一）收集积累要求

罪犯教育警察负责收集原始资料，平时必须做到“五勤”，即眼勤、口勤、腿勤、脑勤、手勤。每做一件教育改造工作，就要把过程写下来或者记录下来，将这些记录保存起来就形成原始资料。要在工作过程中去收集、去积累，工作过后发现缺少的资料，应及时补上。要熟悉教育改造中的各种指标、数据，如“思想、文化、技术”三课教育的参学率、到课率、合格率、获证率等，如果不熟悉上述应达到的指标，收集的资料就有可能不达标，需要重新补课和收集资料。

（二）资料整理要求

罪犯教育警察把教育改造过程中所积累的原始资料，包括计划方案、过程记录、影像资料、总结等，按《教育改造罪犯纲要》规定的主要内容进行整理归类。例如，思想教育中的法律常识教育台账，可按以下方法整理：第一页是封面，封面写上《法律常识教学资料》，下方写明单位名称、建立的时间，即××监狱×监区，××年×月×日；第二页为目录；第三页应为年度法律常识教学成绩统计表，注明参学率、优秀率、合格率；第四页开始按以下顺序整理：法律常识教学计划、法律常识教学花名册、点名册、成绩登记册、课堂记录、作业簿、考试试卷等，这样就形成一册完整的法律教育台账。

（三）台账管理要求

罪犯教育工作台账一般应由监区教育干事或者内勤专人负责管理。罪犯教育工作台账管理，要制定规范化管理制度，要符合数据准确、内容齐全、字迹清楚的整体要求，格式、标题、大小统一，装订规范、放置要有序，台账建立一般不跨年度。

（四）归档保存要求

监狱重要教育改造台账应按时间或事件先后顺序统一装盒归档保存，保存年限按《中华人民共和国档案法》（以下简称《档案法》）的要求执行；涉密资料应妥善保管，查阅时应按规定办理。

四、任务流程

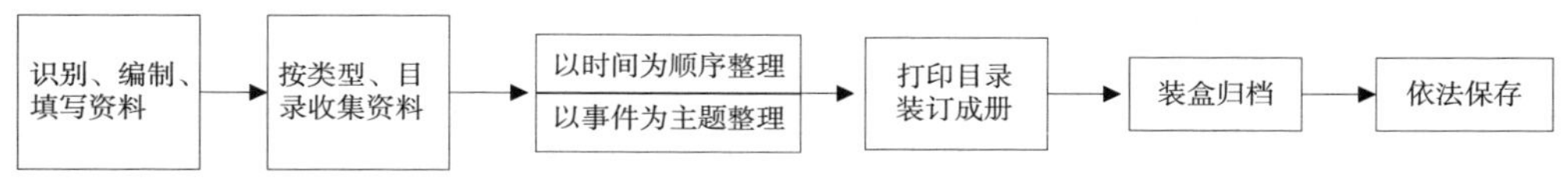

图 12-3　归档保存流程图

五、任务示范

示范 1：《宁夏监狱教育改造工作规范化建设规定》中有关罪犯教育工作台账的分类的内容

1. 教育改造工作文件资料类：①教育改造工作制度汇编。②部、厅、局及监狱教育改造工作文件。

2. 教育改造工作人员保障资料类：①教育改造科工作人员资料；②警察教师队伍资料；③心理矫治中心人员资料。

3. 教育改造工作场地保障资料类：①文化课教学场所；②心理矫治场所；③出监教育模拟实训场所。

4. 教育改造工作设施保障资料类：①基础教学设施管理资料；②狱内广播、电视设施资料。

5. 教育改造工作经费保障资料类：①教育改造经费使用明细表；②罪犯教育经费审计报告。

6. 入监教育资料类：①入监教育教学计划；②入监教育考试考核登记；③新犯危险程度评估资料；④新犯分流登记。

7. 个别教育资料类：①个别谈话记录；②个别谈话教育登记本；③顽固犯、危险犯教育转化资料。

8. “三课”教育资料类：①教学安排、计划资料；②教材教具资料；③罪犯考试考核情况登记资料；④罪犯考勤资料；⑤罪犯获证登记；⑥教案；⑦集体教育记录；⑧罪犯学习记录。

9. 监区文化建设类资料：①板、报资料；②图书管理资料；③兴趣小组资料；④文艺体育活动资料。

10. 社会帮教类资料：①社会帮教志愿者、志愿团体登记；②帮教活动资料；③帮教协议。

11. 评审与激励类资料：①年终评审资料；②罪犯改造积极分子委员会活动资料。

12. 心理矫治工作类资料：①心理健康教育计划安排资料；②罪犯心理健康档案；③罪犯心理咨询登记；④心理矫治中心资料。

13. 罪犯改造质量评估类资料：①危险程度评估资料；②重新犯罪预测资料；③个别化矫正资料。

14. 出监教育类资料：①出监教育教学安排资料；②出监教育教学内容资料；③重新犯罪预测评估资料；④守法守规率登记资料。

15. 专项教育活动资料：将每个专项活动按时间顺序进行收集、装订成册。

16. 教育改造工作考核资料：收集整理历次考核的基本情况、考核结果、奖惩情况、整改落实情况等。

17. 教育改造工作创新发展资料。收集整理在教育改造工作中的各项创新措施、研究成果等。

示范 2：

表 12-2 罪犯教育改造台账中各类表格汇总

序号	表名	字段描述
1	编班花名册	班级、罪犯账号、姓名、罪名、刑期、监区
2	点名册	班级、罪犯账号、姓名、签到情况
3	考试考核登记表	班级、姓名、罪犯账号、监区、成绩
4	罪犯入监登记表	见狱政管理系统入监登记表
5	罪犯个体改造质量评估手册	罪犯入监登记表、罪犯心理测验情况登记表、面谈记录表、罪犯入监评估表、罪犯个别化矫正方案、罪犯年度评估表、罪犯出监评估表
6	面谈记录表	面谈时间、地点、警察、罪犯、问题清单、回答记录、面谈总体评价
7	罪犯入监评估表	姓名、案别、刑期、入监时间、年龄、文化程度、生理特征、心理特征、行为特征、综合素质、危险程度、恶性程度、改造难度、总体评价、管控建议、建议改造岗位
8	罪犯个别化矫正方案	姓名、年龄、文化程度、罪名、刑期起止、罪犯个人发展需求和改造目标、矫正方案、警察与罪犯签字
9	责任警察包教情况登记表	包教警察、包教罪犯名单、人数、包教起止日期
10	顽固犯、危险犯 包教情况登记表	姓名、年龄、刑期、案别、认定时间、撤销时间、监区、包教警察
11	个别谈话登记表	时间、地点、谈话人、被谈话人、谈话记录
12	顽固犯、危险犯 教育转化专档	认定审批表、撤销审批表、包教警察谈话记录、罪犯思想汇报、包夹人汇报
13	“四知道”考核情况表	考核日期、被考核人、考核成绩
14	罪犯年度评估表	评估对象、项目（认罪悔罪、遵规守纪、认真学习、积极劳动）、自评、班组评议、警察评议、总分、评估等次、监区评估小组意见、监狱评估意见
15	监狱级个别教育能手审批表	被推荐人基本情况、主要事迹、监区意见、职能部门审核意见、监狱意见

续表

序号	表名	字段描述
16	省级个别教育能手审批表	被推荐人基本情况、主要事迹、监狱意见、省局职能部门审核意见、省局意见
17	文化程度测查登记表	罪犯基本情况、原文化程度、测查日期、测查科目、测查成绩、测查认定文化程度
18	教学配档表	科目、时间、内容、教师、课时、教学地点
19	成绩登记表	罪犯账号、姓名、班级、科目、成绩
20	升留级登记表	罪犯账号、姓名、原班级、升入班级、留入班级
21	学历教育发证登记表	罪犯账号、姓名、证书名称、证书编号、发证单位、发证时间
22	职业技能鉴定获证登记表	罪犯账号、姓名、证书名称、证书编号、发证单位、发证时间
23	警察教师花名册	姓名、性别、年龄、职称、文化程度、任教科目、任教时间
24	警察教师培训登记表	姓名、性别、年龄、职称、文化程度、任教科目、培训时间、培训科目
25	警察教师考核表	姓名、任教科目、考核结果
26	罪犯教员花名册	姓名、罪犯账号、性别、年龄、职称、文化程度、任教科目、任教时间
27	罪犯教员培训登记表	姓名、罪犯账号、性别、年龄、职称、文化程度、任教科目、培训时间、培训科目
28	罪犯教员考核表	姓名、罪犯账号、教科目、考核结果
29	外聘教师花名册	姓名、性别、年龄、职称、文化程度、任教科目、任教时间
30	文体活动登记表	时间、地点、活动名称、活动内容、参加人员
31	奖励登记表	罪犯账号、姓名、奖励名称、时间、内容
32	投稿情况登记表	罪犯账号、姓名、稿件题目、时间、单位
33	用稿情况登记表	罪犯账号、姓名、稿件题目、时间、单位、题材、字数、用稿去向

续表

序号	表名	字段描述
34	电视、广播节目播出登记表	时间、内容、播放人
35	文艺团体登记表	文艺团体名称、人员、组建时间、辅导老师
36	文艺团体活动登记表	文艺团体名称、活动名称、活动时间、活动地点
37	帮教协议登记表	帮教人（单位）、签订日期、帮教对象
38	帮教活动登记表	帮教人（单位）、帮教对象、帮教内容、日期、地点
39	救助基金登记表	资金来源、数额、管理人
40	救助基金审批表	被救助人基本情况、救助理由、救助金额、监区意见、审核意见、审批意见
41	救助基金发放登记表	罪犯账号、姓名、救助金额、发放时间、接收人签字
42	心理测试登记表	罪犯账号、姓名、测试内容、测试时间、测试人
43	个体心理咨询登记表	罪犯账号、姓名、咨询内容、咨询时间、心理咨询师
44	反馈意见书	罪犯账号、姓名、反馈意见、心理咨询师、时间
45	团体心理咨询登记表	参加人员名单、咨询内容、咨询时间、心理咨询师
46	心理危机干预登记表	罪犯账号、姓名、内容、时间、心理咨询师
47	罪犯心理档案	罪犯基本情况、心理测试记录、心理评估、矫治建议、心理咨询记录、心理危机干预情况、心理预测报告
48	罪犯心理矫治档案	并入罪犯心理档案
49	改造积极分子合议记录	合议内容、时间、参加人员、意见
50	监区级改造积极分子审批表	姓名、性别、出生日期、罪名、刑期（原刑期、现刑期）、刑期起止时间、改造表现、分监区意见（二级化管理无此项）、监区意见、科室意见、监狱意见、备注

续表

序号	表名	字段描述
51	监狱级改造积极分子审批表	姓名、性别、出生日期、罪名、刑期（原刑期、现刑期）、刑期起止时间、改造表现、分监区意见（二级化管理无此项）、监区意见、科室意见、监狱意见、备注
52	省级改造积极分子审批表	姓名、性别、出生日期、罪名、刑期（原刑期、现刑期）、刑期起止时间、改造表现、分监区意见（二级化管理无此项）、监区意见、科室意见、监狱意见、批准机关意见、备注
53	改造积极分子名册	序号、姓名、性别、年龄、文化程度、罪名、刑期、刑期起止日期、岗位
54	出监评估表	基本情况、改造表现情况、心理健康素质、就业谋生技能、社会支持系统、监区评估意见、监狱评估意见（帮教建议）
55	教育设施设备登记表	设备名称、型号、数量、购置日期、保管人
56	会谈记录	时间、地点、会谈人、次数、罪犯账号、罪犯姓名、会谈摘要
57	心理评估报告	一般信息、心理测验结果、行为观察、危险程度、矫治建议
58	咨询登记表	罪犯基本信息、时间、地点、心理咨询师、次数
59	心理咨询记录	时间、地点、心理咨询师、罪犯基本信息、咨询摘要、次数
60	心理治疗登记表	罪犯基本信息、时间、地点、心理咨询师、心理治疗师、次数
61	心理预测报告	罪犯基本信息、心理发展、危险性、预测建议
62	心理矫治组织机构登记表	机构名称、负责人、人员名单、成立时间
63	心理咨询师登记表	姓名、年龄、性别、职务、职称、资格类别、获证时间
64	心理互助员登记表	罪犯账号、姓名、年龄、监区、组别

六、技能训练

问题：将下列某监狱监区的罪犯教育台账目录按类进行重新编排，并列出欠缺的台账名称。

①警察教师审批表；②罪犯文化课编班；③“三课”教育教学安排、教学计划；④“三课”教育教学活动记录；⑤罪犯“三课”教育考试成绩册；⑥教育改造工作记录；⑦警察个别谈话情况月统计表；⑧罪犯文体活动情况记录；⑨罪犯心理测试、咨询、矫治情况记录；⑩心理健康教育情况记录；⑪罪犯心理互助学习活动记录；⑫罪犯社会帮教工作情况记录；⑬罪犯亲情帮教协议书签订情况记录及汇总表；⑭罪犯亲情帮教协议书。

思路：从罪犯教育台账管理的任务、内容、要求和工作流程入手，参考《宁夏监狱教育改造工作规范化建设规定》的相关内容。

项目 12-4 开展罪犯教育工作调查研究

一、任务说明

在监狱工作实践中，罪犯教育工作目前还处在发展过程中，这是一个需要不断探索、不断创新、不断完善的领域。因此，在罪犯教育领域开展调查研究，推进罪犯教育工作科学化、规范化、制度化发展就显得尤为重要。这要求全体罪犯教育警察要解放思想、大胆创新，掌握科学的调查研究方法，不断提高调查研究的质量与水平，及时将罪犯教育调查研究成果进行转化应用和技术推广，不断提高罪犯教育工作科学化水平和罪犯教育改造能力，在确保监狱安全的同时，向社会输出守法公民，最大限度地预防和减少重新犯罪。

所谓调查，是指运用各种方法，有计划、有目的地了解事物真实情况。而研究则是指对调查材料进行去粗取精、去伪存真、由此及彼、由表及里地思维加工，以获得对客观事物本质和规律的认识。调查是研究的前提和基础，研究则是调查的发展和深化。

罪犯教育工作调查研究主要是以当前罪犯教育工作中存在的实际问题及表现形式为研究对象，运用问卷、访谈、测量等调查方法，有计划、有目的地收集罪犯教育过程中的相关事实材料，并加以科学分析，形成调查研究成果，从而对罪犯教育工作实践进行指导的一种研究活动。

做好罪犯教育工作的调查研究有利于警察自身的专业成长，也有利于解决罪犯教育工作实际中遇到的困难，形成严谨的工作作风，最终成长为专家型监狱人民警察。

二、具体任务

司法部《教育改造罪犯纲要》第 29 条明确提出，要认真分析研究新时期教育改造罪犯出现的新情况、新问题，寻找一般性的规律，寻求解决问题的方法和措施，不断丰富教育改造罪犯的理论与实践，推进改造罪犯工作的深入开展。调查是研究的前提和基础，罪犯教育工作领域常用的调查方法有：

（一）访谈法

访谈法也称走访法、座谈法，是调查者依据提前设计的访谈提纲，采用对话、讨论等方式与调查对象进行互动，收集语言资料的一种口头交流、互动式的调查方法。可以进行个别访谈，也可进行集体访谈。

（二）问卷调查法

问卷一般由标题、前言、指导语、个人特征资料、事实性问题、态度性问题等部分组成。调查者一般先根据所要调查的问题和研究目的设计问卷，再确定受访者、分发问卷、回收与审查问卷、统计分析问卷，最终通过问卷得出相关问题的结论。

（三）数据统计法

通过收集一定期间的罪犯教育数据资料，并通过统计学方法进行分析，客观反映出罪犯教育工作的实际情况或运行规律，并加以研究，如采用常见的环比法、同比法等。

（四）观察法

调查者根据调查目的制定观察计划或观察表，按计划直接对研究对象进行观察并做好观察记录，整理观察结果，并对观察结果进行研究分析。如对“内视观省”这种新型罪犯教育方法的效果进行评估，可采用观察法详细观察记录罪犯参与内视观省后的现实改造表现情况，与对比组（未进行内视观省罪犯）进行对比，得出内视观省法在罪犯教育中发挥了相关作用的结论。

（五）个案研究法

个案研究法是指调查者从研究对象中选取某一特定对象，对其特点及其形成过程进行追根溯源式的深入调查分析的一种研究方法。在罪犯教育研究实践中，可将个案研究法分为：如针对某一名顽固犯的成功转化案例进行深入调查分析、总结经验的个案调查；对犯同一罪名的全部罪犯教育转化措施进行调查的团体调查；对聋哑罪犯教育改造实施困难等教育改造中存在的问题进行的问题调查或现象调查。

三、任务要求

罪犯教育调查研究要认真分析新时期教育改造罪犯出现的新情况、新问题，紧密围绕监狱罪犯教育工作实际，严格按照调查研究工作的方法和程序，寻找罪犯教育工作中的一般性规律，寻求解决问题的方法和措施。所形成的调查研究成果要对监狱罪犯教育工作具有现实指导意义，有利于总结改进罪犯教育工作，不断丰富教育改造罪犯的理论与实践，提高罪犯教育工作科学化水平，推进罪犯教育工作深入开展，提升罪犯教育改造质量。

四、任务流程

（一）提出问题，明确目的

没有问题就没有调查研究，提出一个具有研究价值、新颖性的问题，是做好罪犯教育工作调查研究的前提。所提出的问题必须是罪犯教育工作实际中现实存在的，并且该问题的解决具有可行性、操作性，可以指导实践，推动发展。通过提出的问题，确定调查研究的目的、重点和主题。

（二）搜集资料，熟悉情况

充分掌握与问题相关的文献资料、理论研究情况，是搞好罪犯教育调查研究的基础。在开始实际调查之前，应围绕所要研究的问题，多渠道地搜集有关资料，以熟悉和掌握研究问题的基本情况，避免重复研究。

（三）编制调查研究计划

调查研究计划的内容一般应包括调查目的、调查对象、调查步骤、调查项目和调查方法等，并确定是单独进行调查研究还是组建课题组进行调查研究。

（四）充分准备，开展调查

根据调查目的和调查对象科学选择调查方法，作好充分的调查准备工作，如设计访谈提纲、制作调查问卷等，然后进行实地调查，如实记录，对结果进行整理和分析，有时还要用数学方法进行统计。

（五）资料汇总，分析研究

在掌握大量调查资料的基础上，进行认真的汇总分析，去粗取精，去伪存真，并以一定的理论或思想为指导，深入研究，得出结论，草拟调研报告提纲，讨论修改提纲。

（六）形成成果，撰写报告

罪犯教育工作调查研究成果可以以专著、论文、研究报告、对策建议、理论文章等形式呈现，工作实践中最常见的是以调查报告作为调查研究成果。罪犯教育工作调查报告是在对罪犯教育现象中的客观事物或问题进行深入细致地调查研究之后，将获得的成果编制成的书面报告。它是对罪犯教育调查研究成果的概括和总结，是反映罪犯教育调查研究成果的一种文体。一般包括：调查目的、调查对象、调查内容、调查方式、调查时间、调查结果、调查体会（可以是对调查结果的分析，也可以是探究原因及应对办法）。

（七）及时转化、指导实践

罪犯教育工作调查研究的基本出发点和根本目的就是服务罪犯教育工作实践、推动罪犯教育工作发展。因此要及时通过将调查研究成果公开发表或上报，上级机关审批、推广、试点等方式进行转化，以作为制定罪犯教育政策的依据、作为从事罪犯教育理论研究的资料、作为指导罪犯教育工作实际、解决问题的方法或将罪犯教育实践中存在的问题及时反映出来，以引起有关方面的关心和注意。

图 12-4　开展罪犯教育调查研究工作流程图

五、任务示范

××监狱罪犯调查问卷表

作答说明：

1. 评价表由罪犯本人根据自身情况填写。
2. 请在符合你情况的题目后，用“√”标记。
3. 第1、2、3题，初犯仅做1-1、2-1、3-1题。

<table>
<tr><th>题号</th><th colspan="2">题　目</th><th>符合</th></tr>
<tr><td rowspan="2">1</td><td>1-1</td><td>初次犯罪时在35周岁以下</td><td></td></tr>
<tr><td>1-2</td><td>本次犯罪时在35周岁以下</td><td></td></tr>
<tr><td rowspan="8">2</td><td rowspan="4">2-1
初次
罪名</td><td>盗窃罪</td><td></td></tr>
<tr><td>抢劫罪</td><td></td></tr>
<tr><td>诈骗罪</td><td></td></tr>
<tr><td>抢夺罪</td><td></td></tr>
<tr><td rowspan="4">2-2
本次
罪名</td><td>盗窃罪</td><td></td></tr>
<tr><td>抢劫罪</td><td></td></tr>
<tr><td>诈骗罪</td><td></td></tr>
<tr><td>抢夺罪</td><td></td></tr>
<tr><td rowspan="10">3</td><td rowspan="5">3-1
初次
刑期</td><td>不满1年</td><td></td></tr>
<tr><td>1年以上不满3年</td><td></td></tr>
<tr><td>3年以上不满5年</td><td></td></tr>
<tr><td>5年以上不满10年</td><td></td></tr>
<tr><td>10年以上（含死缓、无期）</td><td></td></tr>
<tr><td rowspan="5">3-2
本次
刑期</td><td>不满1年</td><td></td></tr>
<tr><td>1年以上不满3年</td><td></td></tr>
<tr><td>3年以上不满5年</td><td></td></tr>
<tr><td>5年以上不满10年</td><td></td></tr>
<tr><td>10年以上（含死缓、无期）</td><td></td></tr>
<tr><td>4</td><td colspan="2">在户口所在地犯罪</td><td></td></tr>
</table>

续表

题号	题　目	符合
5	共同犯罪	
6	18 周岁前去过不适宜未成年人进入的场所	
7	18 周岁前有过旷课、夜不归宿的行为	
8	18 周岁前有过打架斗殴、辱骂他人的行为	
9	18 周岁前看过黄书或黄片	
10	18 周岁前有过性行为	
11	18 周岁前参与过赌博	
12	18 周岁前有过偷窃行为	
13	抚养人不管不问	
14	抚养人经常打骂	
15	18 周岁前不是由父母抚养	
16	18 周岁前父母离异	
17	与家庭成员关系差	
18	未婚	
19	未领结婚证同居	
20	离婚或配偶死亡	
21	犯罪前独自居住	
22	没有报答过家人	
23	家庭成员中有人犯罪	
24	犯罪前居住地治安环境差	
25	犯罪前家庭经济条件差	
26	犯罪前收入低	
27	14 周岁前就不上学了	
28	犯罪前为初中以下文化程度	
29	对学习没有兴趣	
30	离开学校后在社会上混	
31	犯罪前没有谋生技能	
32	犯罪前没受过职业培训	
33	犯罪前就业不稳定	

续表

题号	题　目	符合
34	因上网成瘾犯罪	
35	因赌博犯罪	
36	因吸毒犯罪	
37	一时冲动犯罪	
38	生活所迫犯罪	
39	犯罪是因为社会不公	
40	犯罪是受朋友影响	
41	犯罪是代人受过	
42	犯罪是被人陷害	
43	犯罪是情有可原的	
44	犯罪后没有感到愧疚	
45	认为法院判决不当	
46	很难适应狱内生活	
47	在监狱内感到痛苦	
48	不太愿意参加教育改造活动	
49	和朋友讲义气	
50	喜欢与人交往	
51	遇到问题时不善于听取别人的意见	
52	遇到困难时难以解决	
53	喜欢用暴力解决问题	
54	犯罪前和朋友一起有违法违规行为	
55	犯罪前有违法犯罪的朋友	
56	犯罪前不善于理财	

罪犯姓名：＿＿＿＿＿＿＿＿　　罪　　名：＿＿＿＿＿＿＿＿

刑　　期：＿＿＿＿＿＿＿＿　　犯罪次数：＿＿＿＿＿＿＿＿

六、技能训练

问题：请以学习小组为单位，帮助本课程授课教师设计一份调查问卷，就本班学生对罪犯教育课程掌握程度、喜爱程度等问题进行调查研究，并以调查报告的形式向教师书面反馈调查研究结果。具体要求：调查问卷要素齐备，对调查结果进行真实数据统计分析，调查报告格式正确、结论客观真实。

思路：可从调查研究的任务、内容、要求、工作流程和调查问卷的要素入手。

单元小结

通过对本单元的学习和训练，学生系统掌握了罪犯教育计划和总结的写作方法和写作要求，掌握了罪犯教育工作中的督查考核内容和考核方式，学会了如何制作罪犯教育工作台账，对罪犯教育工作的调查研究方法有了一定程度上的认识，也对本书所学内容进行了一次全面的复习。根据罪犯教育管理的知识和要求，能够在罪犯教育警察的工作岗位上较为熟练地开展罪犯教育管理工作。

问题思考

1. 罪犯教育工作计划的制定过程包括哪些步骤？
2. 罪犯教育工作总结由哪些部分组成？
3. 罪犯教育工作督查考核的意义是什么？
4. 为什么要制作罪犯教育工作台账？
5. 罪犯教育工作调查研究的方法有哪些？

拓展阅读

1. 张保忠编著：《党政机关公文处理工作条例释义与实务全书》，人民出版社 2012 年版。
2. 王利平编著：《管理学原理》，中国人民大学出版社 2017 年版。
3. 褚宏启、张新平编：《教育管理学教程》，北京师范大学出版社 2013 年版。
4. 付亚和编著：《绩效考核与绩效管理》，电子工业出版社 2017 年版。
5. 张文霖编著：《谁说菜鸟不会数据分析》，电子工业出版社 2016 年版。
6. ［美］弗洛德·福勒：《调查研究方法》，孙振东、龙藜、陈荟译，重庆大学出版社 2009 年版。
7. 盖威、郭圣莉：“行政督查法治化的现实问题、理论依据及路径研究”，载《中国行政管理》2015 年第 2 期。